Die öffentliche Akzeptanz der Europäischen Union in Großbritannien

Robert Flader

# Die öffentliche Akzeptanz der Europäischen Union in Großbritannien

## Britische Printmedien und ihr Einfluss auf das Wahlverhalten ihrer Leser am Beispiel des EU-Referendums 2016

PETER LANG

**Bibliografische Information der Deutschen Nationalbibliothek**
Die Deutsche Nationalbibliothek verzeichnet diese Publikation in der Deutschen Nationalbibliografie; detaillierte bibliografische Daten sind im Internet über http://dnb.d-nb.de abrufbar.

Zugl.: RWTH Aachen University, Diss., 2018

Umschlagabbildung: © Robert Flader

D 82
ISBN 978-3-631-80296-0
E-ISBN 978-3-631-80305-9
E-ISBN 978-3-631-80306-6
E-ISBN 978-3-631-80307-3
DOI 10.3726/b16181



Peter Lang – Berlin · Bern · Bruxelles · New York · Oxford · Warszawa · Wien



Diese Publikation wurde begutachtet.

www.peterlang.com

# Vorwort

Die politische Situation in Großbritannien hat mich bereits vor der historischen Ankündigung des britischen Premierministers David Cameron (Januar 2013), bei einer erfolgreichen Wiederwahl und absoluten Mehrheit seiner Konservativen Partei bei den kommenden Unterhauswahlen 2015 das britische Volk über eine weitere Mitgliedschaft in der Europäischen Union entscheiden zu lassen, fasziniert. Die daraus folgende ebenso spannende wie dramatische Entwicklung bis zum dann tatsächlich stattfindenden Referendum am 23. Juni 2016 habe ich zum Anlass genommen, mich diesem Thema als Dissertationsvorhaben zu widmen. Für mich stellte sich besonders die Frage, welchen Einfluss die britischen Medien, genauer: die nationalen Zeitungen, auf die Referendumskampagne und letztlich den Ausgang der Wahl hatten. Als ehemaliger Journalist und aktueller Pressesprecher habe ich persönlich einen besonderen Bezug zum Einfluss von Medien auf politische und gesellschaftliche Prozesse. Ein besonderer Anreiz lag für mich darin, dass zu diesem sehr aktuellen Thema bislang kaum wissenschaftliche Ergebnisse vorhanden sind.

Zu untersuchen, warum gerade Großbritannien als selbsternannte älteste Demokratie der Welt das europäische Gemeinschaftsprojekt in seiner gesamten Konstruktion infrage stellt, ja dass es sogar seine Mitgliedschaft im europäischen Staatenverbund trotz (oder gerade wegen?) langjähriger Zweifel an der europäischen Politik aufs Spiel setzt, ist für mich ein lohnenswertes Dissertationsprojekt gewesen. Im Kern ging es mir darum zu erörtern, mit welchen Mitteln britische Printmedien im Vorfeld des Referendums EU-Themen bzw. die Europäische Union als Ganzes dargestellt und kommentiert haben. Da das Wahlergebnis letztlich so knapp ausfiel und nicht einmal 1,5 Millionen Stimmen den Unterschied pro „Brexit" ausmachten, lag für mich die Vermutung nahe, dass insbesondere euroskeptische Zeitungen mit ihrer klar gegen Brüssel gerichteten Berichterstattung bei unentschlossenen Wählern den Ausschlag gaben. Diese Arbeit hat hierfür einige belastbare Ergebnisse zutage gefördert.

Eine Arbeit über ein aktuelles und sich ständig weiterentwickelndes Thema wie den britischen Austritt aus der Europäischen Union zu verfassen, war eine große Herausforderung, die ich ohne die Hilfe von sehr engagierten Menschen vor allem in meinem familiären Umfeld nicht hätte erfolgreich bewältigen können. Bedanken möchte ich mich bei meinen Eltern und meiner Frau, die mir alle stets mit großem Engagement wertvolle Hinweise gegeben haben und sich auch stets die Zeit genommen haben, diese Arbeit bis ins kleinste Detail wieder und wieder zu lesen und wichtige Verbesserungsvorschläge zu machen. Gleichzeitig hatten sie während der gesamten Dissertationsphase immer Verständnis für zeitliche Entbehrungen meinerseits.

Mein besonderer Dank gilt außerdem meinen beiden Betreuern, Prof. Dr. Ralph Rotte und Prof. Dr. Emanuel Richter, beide vom Institut für Politische Wissenschaft der Rheinisch-Westfälischen Technischen Hochschule Aachen. Mit ihrer immer hilfsbereiten und konstruktiven Art sowie mit ihrer Expertise haben sie mir entscheidend dabei geholfen, dass diese Arbeit als wissenschaftliches Werk veröffentlicht werden kann.

*Robert Flader*
Aachen, im November 2019

# Inhaltsverzeichnis

# Abbildungsverzeichnis

# Abkürzungsverzeichnis

| | |
|---|---|
| **BBC** | British Broadcasting Corporation |
| **Brexit** | Austritt Großbritanniens aus der Europäischen Union (aus „Britain“ und „Exit“) |
| **BSA** | British Social Attitudes Survey |
| **BUF** | British Union of Fascists |
| **bzw.** | beziehungsweise |
| **DUP** | Democratic Unionist Party |
| **EEA** | Einheitliche Europäische Akte |
| **EEC** | European Economic Community |
| **EG** | Europäische Gemeinschaft |
| **EGKS** | Europäische Gemeinschaft für Kohle und Stahl |
| **ESVP** | Europäische Sicherheits- und Verteidigungspolitik |
| **et al.** | et alii / et aliae (und andere) |
| **EU** | Europäische Union |
| **EWG** | Europäische Wirtschaftsgemeinschaft |
| **GASP** | Gemeinsame Außen- und Sicherheitspolitik |
| **GBCS** | Great British Class Survey |
| **Lib Dems** | Liberal Democrats |
| **NATO** | North Atlantic Treaty Organization |
| **NHS** | National Health Service |
| **SNP** | Scottish National Party |
| **UK** | United Kingdom |
| **UKIP** | United Kingdom Independence Party |
| **WTO** | World Trade Organization |

# Einleitung

*„Diejenigen, für die Europa das Vaterland sein soll, können nicht umhin anzuerkennen, dass Europa in britischen Augen (außer für eine kleine Minderheit) niemals mehr als ein Mittel für etwas anderes sein wird.“*[1]

1.269.509 Stimmen. Dies war am Ende die exakte Differenz zwischen „Drinnen“ und „Draußen“, zwischen Großbritanniens weiterem Verbleib in der Europäischen Union und außenstehendem Drittland. Großbritanniens Mitgliedschaft in der Europäischen Union entschied sich letztlich an weniger als 1,3 Millionen abgegebenen Wahlzetteln. Anders ausgedrückt: Wenn lediglich 634.750 Wählerinnen und Wähler am 23. Juni 2016 statt gegen *für* einen britischen Verbleib in der europäischen Staatengemeinschaft gestimmt hätten (alternativ: falls mehr Menschen zwischen 18 und 24 zur Wahlurne gegangen wären), würde das Vereinigte Königreich auch über den 30. März 2019, an dem es offiziell austreten wird, der Europäischen Union als Mitglied erhalten bleiben. Etwas mehr als 600.000 Stimmen mehr für *Remain* und weniger für *Leave* hätten die bis heute unübersehbaren Brexit-Folgen verhindern können. So endete das dramatischste politische Ereignis, das in den vergangenen mehr als 40 Jahren im Vereinigten Königreich stattgefunden hatte, mit einem Paukenschlag.

Viele Beobachter vertreten die Meinung: Der Brexit passe ja zu den Briten, die nie wirklich warm mit dem europäischen Kontinent und vor allem den politischen Institutionen wurden. Doch ganz so einfach ist es nicht, denn letztlich wäre der EU-Ausstieg Großbritanniens ohne ein paar entscheidende Akteure und Ereignisse nicht Realität geworden. Diese Arbeit hat insbesondere die Rolle der britischen national-konservativen Presse und ihren Einfluss auf das Wahlergebnis und dabei erstaunliche Hinweise für eine, letztlich mitentscheidende, Beeinflussung der britischen Printmedien in Bezug auf das Wahlverhalten ihrer Leser herausgefunden. Dies ist gerade mit Blick auf den knappen Referendumsausgang nicht zu unterschätzen und verdient höchste Aufmerksamkeit. Denn bei einem ähnlichen Ausgang wie beispielsweise beim ersten britischen Referendum zur weiteren Mitgliedschaft in der damaligen Europäischen Wirtschaftsgemeinschaft 1975 – damals votierten 67 Prozent der Wähler für einen Verbleib – würde es weitaus schwieriger werden, einen möglichen Einfluss der (damals pro

---

1 Raymond, Aron: Memoirs: Fifty Years of Political Reflection. New York 1990. S. 288.

Europa plädierenden) Presse nachzuweisen. Anders ausgedrückt: Gerade wegen der engen Zeitung-Leser-Bindung im Vereinigten Königreich, die bei vorangegangenen Wahlen bereits verschiedentlich untersucht worden ist, ist das enge Abstimmungsergebnis hochinteressant. Würden die Briten ohne die teils deutlich hasserfüllten Kampagnen der konservativ-nationalen Presseteile ebenso aus der Europäischen Union austreten? Dagegen sprechen einige Gründe. Zum einen haben verschiedene Studien bereits darauf hingewiesen, dass gerade die Wählermobilisierung der sogenannten *Leave*-Seite, den Anhängern eines Brexits, im Vorfeld der Wahl deutlich unterschätzt wurde. Wenn also die Presse nicht so deutlich gegen die EU Stellung bezogen hätte und damit auch in traditionellen Labour-Wahlbezirken in den alten nord-nordöstlichen Industrieregionen sowie im ländlich geprägten Süden Englands nicht so erfolgreich gewesen wäre, hätte es dann überhaupt für *Leave* gereicht? Dies darf mit Blick auf das ohnehin schon knappe Wahlergebnis bezweifelt werden. Zum anderen muss auch beachtet werden, dass das Referendum, das von Premierminister David Cameron eigentlich ohne Not angekündigt wurde, die schon seit Jahren im UK vorhandenen EU-Gegner nicht nur mobilisiert, sondern auch zahlreiche, vorher nicht für existent gehaltene euroskeptische Wähler an die Urnen gelockt hatte. Dass es also zum *Brexit* gekommen ist, scheint in der politischen Entwicklung zwischen London und Brüssel der vergangenen 30 bis 40 Jahren wenig überraschend. Was überrascht, ist vielmehr die Art und Weise, wie schwach die *Remain*-Seite ihre Kampagne durchführte und den vielen offensichtlichen Lügen nichts entgegensetzen konnte. Denn Warnsignale waren von Anfang an sichtbar, wie auch den *Remain*-Verantwortlichen, vor allem in den Medien, hätte bewusst sein müssen, dass ein potenzieller EU-Austritt des Vereinigten Königreichs in großen Teilen fernab jeder sachlichen Ebene diskutiert werden würde. Und hier, im Bereich der Emotionen, war *Leave*, auch mit Unterstützung der euroskeptischen Printmedien einfach besser organisiert beziehungsweise hatte weniger Herausforderungen zu bewältigen.

Die Verantwortlichkeiten für den britischen Ausstieg aus der Europäischen Union sind an mehreren Stellen zu suchen. Klar ist: Es waren weder allein britische Journalisten noch Politiker noch die Europäische Union, denen man nachsagen könnte, dass sie letztlich die entscheidende Verantwortung am Ausgang des Referendums tragen. Was die vorliegende Arbeit aber aufzeigen wird, ist die klare und einseitige Positionierung überwältigender Teile der überregionalen britischen Zeitungen, die mit dem Wahlverhalten ihrer Leserschaft einhergeht. Gerade weil ein solches Verhalten als eigenständiger politischer Akteur in anderen europäischen Ländern, vor allem in Deutschland, kaum vorstellbar scheint, wird es ein wichtiger Aspekt in dieser Arbeit sein, die Eigenarten der britischen

Presse von den Eigentümern über die Chefredakteure bis zur täglichen Berichterstattung darzustellen. In Großbritannien ist die Presse ein aktiver Mitspieler in politisch-gesellschaftlichen Ereignissen. Vor allem der euroskeptische Teil der Presse hat bereits mehrere Premierminister in den Rücktritt beziehungsweise in Wahlniederlagen getrieben. Margaret Thatcher, John Major, ja sogar Tony Blair und ganz besonders David Cameron sind am Ende ihrer Karrieren in 10 Downing Street alle über das Thema „Europa" gestürzt. Letztlich ging es bei allen um vermeidbare Detailentscheidungen, die aber von Teilen der Presse massiv genutzt wurden, um eigene Agenden durchsetzen und Druck auf die Politik aufbauen zu können. Große nationale Zeitungen beziehungsweise deren Besitzer verfolgten zum Teil seit Jahrzehnten schon das Ziel, mithilfe ihrer Publikationen Großbritannien aus der Europäischen Union zu führen. Dieses Ziel haben Rupert Murdoch, Richard Desmond, aber auch einflussreiche Chefredakteure wie Paul Dacre mit ihrer einseitigen und diffamierenden Berichterstattung erreicht. Stand Mitte 2018 sieht es ebenfalls so aus, als wenn Premierministerin Theresa May über das schwierige und für die Zukunft nach wie vor ungeklärte Verhältnis UK – EU früher oder später stolpern wird.

Einige Parameter im britisch-europäischen Verhältnis scheinen unstrittig: Großbritannien und die Europäische Union verhalten sich zueinander wie zwei Stiefkinder, die sich nicht wirklich ausstehen, aber ohne einander auch nicht auskommen können. Gerade das Vereinigte Königreich hat sich von Anfang an seiner Mitgliedschaft in der damaligen Europäischen Wirtschaftsgemeinschaft (1973/74) mit der neben vielen Vorteilen auch Pflichten abverlangenden Partnerschaft schwergetan. Die Europäische Union ihrerseits befindet sich heute nicht nur wegen Großbritannien in einer ernstzunehmenden Schieflage. Zwischen ständiger Eurokrise, dem nach wie vor nicht gelösten Ukrainekonflikt, dem andauernden Flüchtlingschaos und verstärkt auftretenden Terroranschlägen wird in den EU-Mitgliedsstaaten derzeit immer häufiger die Frage gestellt, wofür der 1992 aus der Europäischen Gemeinschaft hervorgegangene Staatenverbund eigentlich steht. Politische Unsicherheit, für den Bürger wenig transparente Entscheidungen und eine – zumindest öffentlich – wenig aussagekräftige Zukunftsvision haben die EU aus dem Gleichgewicht geworfen. Was Europa stattdessen durch alle Krisen hinweg konstant begleitet, ist ein Eindruck, der sich mit jedem Streitthema weiter zu verfestigen scheint: Europa als Staatenverbund spaltet die Gemüter. In immer mehr Staaten verzeichnen EU-kritische Parteien – links wie rechts – bei Wahlen teils massive Stimmengewinne. Frankreich, Niederlande, Österreich, Tschechien, die Visegrád-Staaten, ja selbst Großbritannien mit der United Kingdom Independence Party sind hierfür prägnante aktuelle Beispiele. Man könnte meinen: Die Zahl der Befürworter der Europäischen Union mit ihren aktuell (noch) 28 Mitgliedsstaaten sinkt zunehmend, was auch das negative Votum der Niederländer zum Assoziierungsabkommen mit der Ukraine am 7. April 2016 und nationale Wahlen in zentralen europäischen Staaten zeigen. Für den unzweifelhaften Höhepunkt sorgten 2016 aber die Briten: Nach Jahren, in denen die Stimmung in der britischen Politik zunehmend euroskeptischer wurde, stimmten die Briten am 23. Juni, einem regnerischen Donnerstag auf den britischen Inseln, über den Verbleib des Vereinigten Königreichs in der EU ab – und votierten letztlich, wenn auch knapp, dagegen. Der sogenannte Brexit markierte eine tiefe Zäsur in der europäischen Integration

Der europäische Zusammenschluss stand lange Zeit, vor allem nach dem Ende des Kalten Krieges, für einen einzigen Weg: den nach vorne. Besonders die Jahre nach Ende des Kalten Krieges standen für eine beispiellose europäische Zusammenarbeit, dem Ende von innereuropäischen Grenzen und einer tiefergehenden Integration. Doch spätestens seit der weltweiten Finanzkrise 2008/2009, in Ansätzen sogar schon seit der EU-Osterweiterung 2004, gibt es eine Reihe von Herausforderungen, die nur gemeinschaftlich gelöst werden können, die in der Praxis aber die Mitgliedsländer eher auseinanderdividieren lassen als zusammenschweißen. Hierzu zählt ganz aktuell auch die Flüchtlingskrise in Europa, an der man anschaulich sehen kann, wie unterschiedlich diese kritische Situation in den einzelnen Mitgliedsstaaten beurteilt wird und die EU-Staaten, und das nicht nur hier, nicht mit einer Stimme sprechen. Diese Herausforderungen, die Europäer von Italien bis Schweden, von Bulgarien bis Großbritannien unmittelbar betreffen, werden von den Staaten teils so unterschiedlich bewertet, dass gemeinsame politische Lösungen nur schwer oder gar nicht möglich erscheinen. Die nach wie vor ungeklärte Lage der Ukraine zwischen Europa und Russland, die Eurokrise, die in großen Teilen unkontrolliert verlaufende Flüchtlingssituation und die mittlerweile regelmäßigen Terroranschläge in einzelnen europäischen Staaten – all dies stellt einem geeinigten und starken Europa eine ungewisse Zukunft in Aussicht.

Diese in wohl jedem Mitgliedsland leidenschaftlich diskutierten Themen dominieren täglich die mediale Landschaft und werden von dieser zum Teil auch noch befeuert. Außerdem, und das macht es Befürwortern einer tiefergehenden europäischen Integration nicht leichter, werden sie äußerst emotional und selten auf sachlicher Grundlage diskutiert. In dieser ungewissen Situation befragte im Frühsommer 2016 einer der wichtigsten europäischen Anker und die zweitgrößte Wirtschaftsnation, Großbritannien, seine Bürger zum Verbleib in der Europäischen Union. Premierminister David Cameron hatte den Briten bereits im Januar 2013 im Rahmen seiner als „Bloomberg Speech" berühmt gewordenen Rede zur Lage der Europäischen Union zugesichert, dass seine

Bürger das letzte Wort haben würden, falls seine Konservative Partei bei den Unterhauswahlen im Mai 2015 eine absolute Mehrheit erreichen würde. Diese Abstimmung wurde schließlich, nach einer tatsächlich erreichten Tory-Mehrheit, auf den 23. Juni 2016 festgelegt. Dieser Tag sollte fortan schließlich für ein historisches Ergebnis, ja für eine europäische Zäsur stehen: 51,9 Prozent der britischen Wähler votierten für den Austritt aus der Europäischen Union. Es waren genau 1.269.509 Stimmen, die *Leave* letztlich den entscheidenden Vorsprung verschaffen sollten. Es war ein europäisches Erdbeben mit unabsehbaren wirtschaftlichen, politischen, wirtschaftlichen und gesellschaftlichen Folgen für Großbritannien und den Rest der Europäischen Union bis weit ins nächste Jahrzehnt hinein.

Die vorliegende Arbeit setzt sich zum Ziel, die öffentliche Akzeptanz der Europäischen Union am Beispiel des britischen Referendums zum EU-Verbleib aus medialer Perspektive, genauer: aus Sicht der Printmedien, zu untersuchen. Dabei geht es um das Spannungsfeld zwischen europäischer Integration einerseits und EU-Ablehnung im United Kingdom andererseits. In dieser Arbeit werden fünf große britische Tageszeitungen mit ihrer Berichterstattung zu europäischen Themen untersucht. Es handelt sich um Medienhäuser mit unterschiedlicher politischer Grundausrichtung und Einstellung zur Europäischen Union: Die seriösen *The Times* und *The Guardian* sowie die drei Boulevardzeitungen, auch „Tabloids" genannt, *The Sun*, *The Daily Mail* und *The Daily Express*. Diese Zeitungen bilden einen repräsentativen Überblick über die britische Medienlandschaft. Zum einen sind mit der *Sun* und der *Daily Mail* die beiden auflagenstärksten britischen Zeitungen in der Analyse vertreten, sowie mit dem *Daily Express* die Zeitung, die gewissermaßen zu den Begründern des britischen Euroskeptizismus zählt und ihrerseits als allererstes bereits um den Jahreswechsel 2010/11 lautstark die britische „Unabhängigkeit" von Europa forderte. Der *Guardian* (linksliberal) und der *Times* (konservativ) repräsentieren auch aufgrund ihrer Historie den Teil der britischen Presse, der ausgewogen(er) über europäische Themen berichtet.

Der Fokus dieser Arbeit richtet sich konkret auf die mediale Berichterstattung dieser Tageszeitungen vom offiziellen Kampagnenstart (15. April 2016) bis zum Rücktritt Camerons als Premierminister und der Regierungsübernahme von Theresa May (13. Juli 2016). Auch die (soweit vorhandenen) Sonntagsausgaben der jeweiligen Zeitungen werden in die Analyse mit einbezogen.

Die inhaltliche Auswertung konzentriert sich auf die Vermittlung von Themen, welche die Europäische Union betreffen. Gerade Großbritannien hat spätestens seit den 1980er Jahren ein schwieriges Verhältnis zu „Brüssel" beziehungsweise „Straßburg", so dass an dieser Stelle einige wichtige Eigenheiten beachtet werden müssen. Da Massenmedien, nicht nur im United Kingdom, von denen Tageszeitungen die ältesten überhaupt sind, in politischen Debatten als eigenständige Akteure auftreten, zum Beispiel in Kommentaren, äußern sie somit auch ihre eigenen Positionen und Präferenzen. Eine wichtige Aufgabe ist, dass sie politische Prozesse beobachten, kommentieren und somit ein Stück weit kontrollieren. Die These dieser Arbeit ist, dass speziell britische Printmedien auch im Internetzeitalter und trotz sinkender Auflagen einen nicht zu unterschätzenden und messbaren Einfluss auf die öffentliche Meinung der eigenen Bevölkerung mit Blick auf die Europäische Union und damit letztlich auf das Wahlverhalten haben. Dies gilt umso mehr für politische Entscheidungen mit europäischer Tragweite. Um diese These auf ihre Richtigkeit hin zu überprüfen, muss eine Vielzahl verschiedener Aspekte wie Besitzverhältnisse, politische Ausrichtung und Positionierung bei bisherigen Wahlen berücksichtigt werden, die sich in Hinblick auf die Darstellung der Europäischen Union im Wesentlichen auf vier grundlegende Fragestellungen konzentrieren lassen, auf die die Untersuchung aufbauen wird:

1. Welche Bedeutung und welchen Einfluss besitzen britische Zeitungen und wie begründet sich dies möglicherweise aus der Stellung des britischen Empire heraus?
2. Wie wurden und werden europäische Themen, die Europäische Union selbst sowie die weitergehende Integration in Großbritannien medial dargestellt?
3. Aus welchen sozialen Schichten setzt sich die jeweilige Leserschaft zusammen und welche Rückschlüsse lassen sich hierbei auf das Wahlverhalten ziehen?
4. Wie sind die beiden Kampagnenseiten, „IN" und „OUT", im Rahmen der Referendumskampagne dargestellt worden?

Dieses Frageschema soll die Grundlage der Untersuchungen bilden. Inhaltlich ist die vorliegende Arbeit in drei große Teilbereiche gegliedert. Ein erster Abschnitt wird Aufschluss über das Verhältnis des Vereinigten Königreichs zur Europäischen Union und die Entwicklung der britischen Medienlandschaft geben. Hier wird zunächst die Historie und das Selbstverständnis Großbritanniens vorgestellt und die Frage erörtert, inwiefern sich das Königreich im 21. Jahrhundert noch als Weltmacht beziehungsweise als besonderer europäischer „Player" begreift. Hierbei wird auch die Entwicklung der Presse wird am Beispiel von historischen Ereignissen, vor allem den beiden Weltkriegen, skizziert. An dieser Stelle geht es insbesondere um das Spannungsfeld zwischen *Britishness* beziehungsweise *National Identity* und einer vertieften Integration auf dem europäischen Festland. Untersucht wird außerdem die EU-Akzeptanz in den einzelnen sozialen Klassen, worüber der Great British Class Survey von 2013 einen aktuellen und detaillierten Überblick gibt. Fragen wie ‚Welche gesellschaftlichen

Schichten lesen welche Zeitungen und wie wählen sie?‘ werden hier beantwortet. Im Anschluss wird auf das in der Wissenschaft noch recht neuartige Phänomen Euroskeptizismus und populistische Tendenzen im Vereinigten Königreich eingegangen. Hier stellt sich auch die Frage, inwieweit Großbritannien als zerrissene beziehungsweise geteilte Nation angesehen werden kann und inwiefern hierin möglicherweise auch ein Grund dafür liegt, warum letztlich eine knappe Mehrheit der Wähler für den EU-Austritt votierte. Abschließend werden der Weg zum Referendum und die offiziellen „*IN*“- beziehungsweise „*OUT*“-Kampagnen mit den wichtigsten Ereignissen und Personen skizziert.

Im zweiten Teil der Arbeit wird der Untersuchungsgegenstand in den Fokus gestellt, also die britische Medienlandschaft untersucht und erörtert, warum Tageszeitungen im UK auch im digitalen Zeitalter der wichtigste gesellschaftliche „Meinungsmacher“ sind und einen extrem großen Einfluss auf politische Entwicklungen im gesamten United Kingdom haben. Im Zentrum steht dabei auch die Frage nach dem Demokratieverständnis britischer Medien. Außerdem wird es konkret um den Unterschied in der Berichterstattung von Qualitätszeitungen einerseits und Tabloids andererseits gehen, von denen insgesamt fünf in dieser Arbeit abgebildet werden. In der Klassifizierung werden ein Schwerpunkt auch die konkreten Besitzverhältnisse, kommerzielle Interessen und Ziele sowie um den Auflagenwettbewerb sein. Dies sind wichtige Grundlagen, die das Verhalten und die Positionierung der Zeitungen in der Referendumskampagne letztlich erklären können. Auch die politische Bedeutung von *Fleet Street*, der als Synonym geltenden Heimat aller großen überregionalen Tageszeitungen, wird an dieser Stelle vorgestellt und in den Kontext der Dissertation eingearbeitet. Im Anschluss werden alle in dieser Arbeit zu untersuchenden Tageszeitungen in ihrer Grundausrichtung und im historischen Kontext einzeln eingeordnet. Auffälligkeiten in der Berichterstattung zu historischen Ereignissen werden hervorgehoben. Die Leserschaft des jeweiligen Mediums wird im sozialen Kontext untersucht und es wird aufgezeigt, inwieweit die verschiedenen sozialen Schichten über die Zeitungen abgebildet werden. Eine wichtige Frage dieser Arbeit lautet: Kann der Leser letztlich mit dem Wähler gleichgesetzt werden? In einem nächsten Schritt geht es um die Berichterstattung zur europäischen Integration selbst. Dieser soll Aufschluss über die Grundlagen zur Positionierung der Untersuchungsmedien zu europäischen Themen liefern. An dieser Stelle kann der Weg der Medien von einer zunächst Europa befürwortenden zu einer skeptischen bis schließlich ablehnenden Haltung bis ins 21. Jahrhundert historisch nachvollzogen werden. Ausgehend von der europäischen Zusammenarbeit nach dem Zweiten Weltkrieg wird zunächst untersucht, über welche Ereignisse und Themen berichtet wird. Hierbei geht es darum, die zeitliche Linie der europäischen

Integration aus britischer Perspektive darzustellen und Großbritanniens Reaktion hierauf zu untersuchen. Nach dieser Untersuchung sollen, dem allgemeinen Ziel dieser Arbeit entsprechend, mögliche wechselnde mediale „Bilder“ der Europäischen Union in Bezug auf verschiedene thematische Zusammenhänge aufgezeigt werden. Auch politische Reaktionen britischen Regierungen werden in die Untersuchung miteinbezogen.

Die empirisch-inhaltliche Analyse der Berichterstattung und ihre Einordnung in den politischen Kontext stehen im Zentrum des dritten Teils. Das verwendete Analyseverfahren geht dabei nicht quantitativ, sondern qualitativ vor. Die Auswahl zielt daher nicht in erster Linie darauf, ein möglichst breites Spektrum an Printmedien zu berücksichtigen, sondern eine repräsentative und verwertbare Mischung, die verschiedene ideologische Lager und Zeitungstypen aufzeigt. Alle ausgewählten Artikel zur Europäischen Union stammen aus der Zeit vom 15. April 2016 bis 13. Juli 2016. Das Suchergebnis führte insgesamt 951 Artikeln. Inhaltlich geht es zunächst um das methodische Vorgehen, den Analysezeitraum sowie die Positionen und Präferenzen der zu untersuchenden Zeitungen. Zentraler Gegenstand dabei werden auch die „*IN*“- beziehungsweise „*OUT*“-Umfragen sein, die in den ausgewählten Zeitungsausgaben kurz vor der Wahl selbst in Auftrag gegeben und veröffentlicht wurden. Welche Quellen liegen diesen Umfragen zugrunde und (wie) stehen sie möglicherweise im Gegensatz zu nationalen Umfragen von britischen Meinungsforschungsinstituten? Eine weitere wichtige Fragestellung lautet: Geht es in der Phase kurz vor dem Referendum noch um konkrete inhaltliche Argumente, die für oder gegen einen Verbleib in der Europäischen Union sprechen? Oder wird mit einfacher und möglicherweise bewusst unvollständiger Meinungsmache versucht, Emotionen zu erzeugen und somit auf das Abstimmungsverhalten Einfluss zu nehmen? Das Referendumsergebnis und seine Aufarbeitung in den Zeitungen werden zum Abschluss des Analyseblocks betrachtet. Hierbei wird es auch darum gehen, wie das Ergebnis von den Untersuchungsgegenständen aufgenommen und kommentiert wurde. Hier zeigen sich ebenfalls deutlich die redaktionelle Leitlinie und der Einfluss in einzelnen Publikationen.

Auf der Basis dieser medialen Querschnittsanalyse durch die zentralen thematischen Komplexe soll im abschließenden Kapitel ein Überblick über die gegenwärtig diskutierte Situation des UK und der EU in den britischen Medien gewährleistet werden, der zukünftige Trends und Tendenzen am Beispiel des britischen Referendums auszumachen versucht. Die Befunde, die diese Arbeit zusammengetragen hat, werden abschließend in den Stand der Forschung eingeordnet und die weiteren Perspektiven für Großbritannien und Europa nach dem Referendum skizziert. Wird die Europäische Union nun, da eine Mehrheit der britischen Wähler für den Austritt aus dem Staatenverbund gestimmt hat, Nachahmer fürchten müssen? Außerdem werden die direkten Folgen der „*Brexit*“-Wahl, die Entscheidung des High Court of Justice zur Beteiligung des britischen Parlaments an den Austrittsverhandlungen (November 2016), die offizielle Übergabe des Austrittsgesuchs (März 2017) und schließlich die Neuwahlen des Unterhauses (April bis Juni 2017) aus Sicht der untersuchten Medien in den Kontext dieser Arbeit gestellt. Inhaltlich endet die vorliegende Arbeit mit der sogenannten zweiten Runde der Brexit-Verhandlungen zwischen den britischen und den EU-Unterhändlern im Dezember 2017. Ob es 2019 tatsächlich zu einem geordneten Austritt Großbritanniens aus der Europäischen Union inklusive einer neuen, vertraglich fixierten Partnerschaft kommen kann oder ob das Vereinigte Königreich möglicherweise ohne einen entsprechenden ‚Deal‘ aus der EU austritt und wie die künftigen wirtschaftlichen und rechtstaatlichen UK-EU-Beziehungen zueinander geregelt sein werden, kann in dieser Arbeit aufgrund der nach wie vor unklaren Verhandlungen abschließend nicht geklärt werden.

# Kapitel 1: Forschungsstand und Forschungsfragen

Britischen Printmedien, vor allem dem konservativen Teil, wird spätestens seit dem britischen EWG-Beitritt 1973 und der folgenden, sich vertiefenden politisch-ökonomischen Integration nachgesagt, zutiefst euroskeptisch zu sein, sich als verlängerter Arm eines immer kleiner werdenden Empire zu fühlen und gleichzeitig gegen alles und jeden zu „wettern", der von außen in vorgeblich rein britische Angelegenheiten interveniert. Mit früheren Auflagen von teilweise mehr als vier Millionen (*The Sun, The Daily Mirror*) waren und sind sie ein entscheidender Mitspieler bei der Durchsetzung der politischen Agenda des United Kingdom mit Blick auf europäische Angelegenheiten. Als wichtiger gesellschaftlicher Meinungsmacher und -verbreiter stehen sie stets an der Schnittstelle zwischen Politik und Bevölkerung und nehmen damit eine ganz zentrale Rolle im öffentlichen Raum ein. Allerdings nutzten und nutzen sie diesen häufig allzu oft über die Grenzen des verantwortbaren Journalismus hinaus aus.

Es gibt verschiedene wissenschaftliche Arbeiten, die sich mit dem Einfluss der großen, überregionalen britischen Tageszeitungen auf die öffentliche Meinung beschäftigt haben. Eine zentrale Frage lautet dabei stets: Ist der Einfluss von Zeitungen auf seine Leser und damit auf die Wähler messbar? Und falls ja, in welchem Umfang? „Do newspapers […] matter? Do they change society or merely reflect changs created by others?"[2]. In den meisten Fällen wird allerdings der Schluss gezogen, dass der Einfluss nicht messbar sei, da zu viele Faktoren, die ein breites Bild für eine bestimmte Einflussnahme zeichnen könnten, nicht ermittelt werden könnten. In der britischen Medienforschung wurde (wohl auch deswegen) erst spät, in der zweiten Hälfte des 20. Jahrhunderts tatsächlich untersucht, ob besonders Printmedien einen möglicherweise entscheidenden Einfluss auf Wahlausgänge gehabt haben, wie sie sich dabei vor nationalen Abstimmungen „positioniert" und wie beziehungsweise ob sie sich selbst als entscheidenden Mitspieler in politischen Diskussionen gesehen haben: „[…] empirical research as a whole has at least begun to question the way in which we understand the effects of the media. Thus writers on the press and broadcasting have credited the media with the power to ‚influence' or ‚persuade' their audience, to ‚change

2 Curran, James und Seaton, Jean: Power without Responsibility. The press, broadcasting and new media in Britain. New York/Routledge 2003. S. 323.

attitudes', or even to ‚affect behaviour'. Yet these terms are imprecise and obscure. What is it to persuade or influence?"[3]

Klar ist, dass der Medieneinfluss auf Wähler ein sehr komplexes Thema darstellt und aus mehreren Facetten besteht: „The political effects of the media on public opinion are complex, and need to be examined in their historical context."[4] Beispielhafte Werke für eine umfassende Medienuntersuchung gibt es, auch wenn diese noch nicht allzu umfangreich gestaltet sind. So wurden beispielsweise das erste Referendum zum britischen Verbleib 1975 und seine verschiedenen „Sub"-Themen von Butler und Kitzinger (The 1975 Referendum, 1976) wissenschaftlich untersucht. Besonders intensiv wurde knapp zwei Jahrzehnte später der Einfluss der *Sun* auf den Ausgang der Unterhauswahlen 1992 diskutiert. Hierbei stand vor allem die Frage im Raum, ob es wirklich die Zeitung von Rupert Murdoch mit ihrer überwältigenden „Pro-Conservatives-Kampagne" um Premierminister John Major war, die den überraschenden und sehr knappen Sieg der Tories letztlich ermöglichte. Für den unerwarteten Wahlausgang feierte sich die *Sun* schließlich auch selbst: „It's the Sun wot won it". Auch der, für *Sun*-Verhältnisse, allgemein betrachtet untypische Wechsel und Positionierung pro Labour 1997 war Gegenstand zahlreicher Analysen.[5] Denn ganz besonders bei den damaligen richtungsweisenden Wahlen, als „New Labour" nach fast 20 Jahren die Konservative Partei das erste Mal aus dem Regierungssitz drängen konnte, demonstrierten Tony Blair und Rupert Murdoch offen ihre ungewöhnliche „Partnerschaft". Blair ist sogar Patenonkel von Murdochs zweitjüngster Tochter Grace – ein Umstand, der bislang allerdings kaum oder gar nicht für Aufsehen gesorgt hat. Von 1997 an blieb *The Sun* (und damit Rupert Murdoch) bis zu Blairs Ausscheiden aus seinem Amt als Premierminister am 30. Juni 2007 als treuer Begleiter fest an dessen Seite. Auf die wie in diesem Fall vielfach sehr engen Kontakte zwischen Politikern und hochrangigen Personen aus der Medienbranche und die daraus resultierende, gegenseitige Abhängigkeit wird in dieser Arbeit eingegangen. Beziehungen wie zwischen Murdoch und Blair, zwischen Murdoch und Thatcher zwei Jahrzehnte vorher oder, im umgekehrten Fall noch ganz aktuell, zwischen Cameron und dem ihm während der Referendumskampagne nicht wohlgesinnten Chefredakteur von *The Daily Mail*, Paul Dacre, lassen auf eine sehr direkte Verbindung zwischen Politik und Presse

3 Curran, James und Seaton, Jean. S. 329.
4 Ebd. S. 334.
5 Vgl. The Guardian, online (Roy Greenslade): It's the Sun wot's switched sides back to Blair. 18. März 1997.

schließen. Das Besondere an diesem britischen „Modell" ist, dass solche wechselseitig fruchtbaren Beziehungen nicht etwa im Geheimen, sondern vor den Augen der Öffentlichkeit gepflegt werden.

Ende 2009 schwenkte *The Sun* wieder auf Tory-Linie um – und seitdem konnte Labour nicht eine nationale Wahl gewinnen. Dies mag in der Theorie Zufall sein, doch kann man durchaus auf einen Zusammenhang zwischen der auflagenstärksten britischen Tageszeitung und dem jeweiligen Wahlsieger schließen, denn seit 1979 hatte sich die *Sun* auf die Seite des tatsächlichen späteren Wahlsiegers gestellt. In Großbritannien wurden regelmäßig Umfragen durchgeführt, beispielsweise vom Londoner Institut YouGov, in denen die Zeitungen in ihrer Ausrichtung kategorisiert werden. Häufig finden die Befragten die *Daily Mail* als am „stärksten rechts von der Mitte" und den Guardian am „stärksten links von der Mitte".[6] Die Zeitungen pflegen ihre Ansichten, auch gegen die direkte Konkurrenz, teilweise sehr offen. Historisch pflegte die „neue" *Sun* (1964) schon seit Beginn ihrer Neuausrichtung eine offene Feindschaft mit der direkten Konkurrenz von links, dem *Daily Mirror*. Ganz aktuell (ab Frühjahr 2017) sind es die *Daily Mail* und der *Guardian*, die sich in einer wechselseitigen Hetzkampagne gegenseitig Lügen vorwerfen und offen bekämpfen.

In diesem Zusammenhang wird in der Forschung auch von einem „negativen" medialen Effekt gesprochen: „Views may become ore strongly held because they are reinforced by the media. However views may also wither and die because they receive no public reinforcement. Martin Harrop argues that this negative power of the media – selectievely to neglect some ideas – is a critical, and little recognized media effect. Thus the media have an authoritative relationship with their audience. This is one of dependence and trust and it provides the media with a potentially independent power base in society and one that may have become more powerful recently."[7]

Die Forschung zum vorliegenden Thema ist sich nicht einig, ob der Einfluss von Zeitungen auf die Politik und konkret auf Wahlen wirklich messbar ist. Einige wenige wissenschaftliche Arbeiten argumentieren in diese Richtung, halten sich aber in ihren Schlussfolgerungen bedeckt. Andere Arbeiten schließen einen direkten Einfluss der britischen Presse auf das Wahlverhalten mehr oder weniger komplett aus. Die vorliegende Arbeit setzt an dieser Stelle an und wird anhand von Eigentumsverhältnissen, politischer Berichterstattung, dem

6 You Gov, online (Matthew Smith): How left or right-wing are the UK's newspapers? 7. März 2017.

7 Curran, James und Seaton, Jean. S. 333f.

gleichzeitig stattfindendem „Auflagenkrieg", der Positionierung von Zeitungen vor Wahlen und besonders aufgrund von Wahlergebnissen und Auflagenstärke von Zeitungen in bestimmten regionalen Gebieten einen direkten Zusammenhang *für* einen nicht unerheblichen redaktionellen Einfluss auf Wahlen herstellen.

Der Einfluss von britischen Tageszeitungen auf politische Prozesse ist teilweise so groß, dass Politiker von sich aus die Nähe zu den Besitzern (und Chefredakteuren) suchen und teilweise fast schon Angst vor der Berichterstattung bei kritischen Themen haben. An dieser Stelle setzt die vorliegende Arbeit an. Zum EU-Referendum 2016 gibt es, auch aufgrund der Aktualität des Ereignisses, noch keine umfassenden Forschungsergebnisse. Lediglich das Londoner King's College („UK media coverage of the 2016 EU referendum campaign") und ein Gemeinschaftsprojekt der Bournmouth University und Loughborough University („EU Referendum Analysis 2016: Media, Voters and the Campaign Early reflections from leading UK academics") haben Studien zur medialen Positionierung in der Referendumskampagne vorgelegt, deren Ergebnisse in dieser Arbeit analysiert werden. Die Studien deuten auf eine deutlich pro-Brexit eingestellte Presse hin, deren Berichterstattung der Remain- deutlich weniger Platz einräumte als der *Leave*-Seite, und selbst bei entsprechenden Themen vor allem Kritik an den *Remain*-Themen übte. Darüber hinaus gibt es zahlreiche Analysen, die einzelnen Akteuren, etwa UKIP, Boris Johnson oder gar der British Broadcasting Corporation (BBC) den Hauptanteil am Referendumsausgang geben.

Die vorliegende Arbeit nimmt diese Forschungslücke zum Anlass, um den konkreten Einfluss der britischen Printmedien auf den Ausgang der Volksabstimmung zu untersuchen. Dabei nutzt sie vorliegende Studien und Statistiken, die untersuchen:

- Wer liest welche Zeitungen?
- Wie sieht die regionale Verteilung im UK aus?
- Wie haben sich Zeitungen bei bisherigen Wahlen und europäischen Themen positioniert?
- Welche Präferenzen haben sie im Vorfeld des Referendums gesetzt?
- Wie haben die Leser der Zeitungen am 23. Juni 2016 abgestimmt?

Analysiert werden Artikel der ausgewählten Tageszeitungen vom offiziellen Kampagnenstart am 15. April 2016 bis zum 13. Juli 2016, also bis zu dem Tag, als David Cameron die Regierungsgeschäfte an seine Nachfolgerin Theresa May übergab.

Die in dieser Arbeit vorgenommene Analyse lässt starke Indizien dafür zu, dass vor allem ein Großteil der konservativen Presse Großbritanniens den Brexit förmlich herbeigeschrieben und mit zu verantworten hat. Dies liegt insbesondere daran, dass das Wahlergebnis sowohl in relativer Hinsicht (52 zu 48 Prozent) als auch in absoluten Zahlen (1,5 Millionen Stimmen zwischen „In" und „Out") äußerst knapp ausgefallen ist und auf eine mitentscheidende Beeinflussung der nationalen Zeitungen hinweist.

Um in der Untersuchung ein möglichst aussagekräftiges Bild skizzieren zu können, folgt zunächst ein historischer Rückblick auf die Entwicklung des britischen Empires, die Anfänge des britisch-europäischen Verhältnisses sowie auf die Entstehung der nationalen Zeitungstitel im Vereinigten Königreich und ihre Entwicklung am Beispiel von bedeutenden politischen Ereignissen. Davon ausgehend werden einzelne Stationen der europäischen Integration aus britischer Perspektive untersucht und historisch eingeordnet.

# Kapitel 2: Theoretisch-historische Einordnung: Großbritannien und Europa

Um das Wesen der britischen Printmedienlandschaft, ihre Rolle in der britischen Politik und Gesellschaft sowie ihre Einstellung gegenüber Europa analysieren zu können, ist es wichtig, zunächst das Vereinigte Königreich selbst im europäisch-historischen Kontext einzuordnen. Diese Arbeit setzt inhaltlich und schwerpunktmäßig ganz bewusst in der Zeit des Imperialismus an, als Zeitungen in sämtlichen europäischen Industrieländern bereits als Massenmedien fungierten und als Kommunikator auftraten, wenn auch noch völlig anders als dies heute der Fall ist. Auf dem europäischen Festland wurde lange Zeit kaum verstanden, warum Großbritannien vor allem in der zweiten Hälfte des 20. Jahrhunderts ein so schwieriger Partner in wirtschaftlichen und politischen Fragen war und auch heute noch immer ist, ja warum die britische Regierung 2016 überhaupt ein Referendum über ihre weitere EU-Mitgliedschaft abhalten wollte. Die britische Geschichte und das britische Selbstverständnis als Weltmacht liefern hierfür einen wichtigen Erklärungsansatz. Für die Analyse sind außerdem die internen Strukturen des europäischen Einigungsprozesses mit Blick auf das wechselseitige Verhältnis zu Großbritannien grundlegend. Dieses Kapitel wird zunächst die neuere Geschichte des Vereinigten Königreichs als Weltmacht sowie anschließend sein Verhältnis zur europäischen Integration historisch einordnen. Es soll untersucht werden, welche internen (britischen) und externen (europäischen/globalen) Parameter bei der Analyse der EU-Akzeptanz in Großbritannien zu berücksichtigen sind und welchen Ursprung sie haben. Das historisch gesehen noch recht junge Phänomen *Euroskeptizismus* wird dabei ebenfalls Gegenstand der Darstellung sein. Außerdem wird das Referendum zum Verbleib in der damaligen Europäischen Wirtschaftsgemeinschaft 1975 und dessen Folgen aus medialer Sicht in die Analyse einbezogen.

Geht man von der These aus, dass ein Großteil der britischen Bevölkerung früher und heute Britishness lebt beziehungsweise anders denkt als die Menschen auf dem europäischen Festland, vor allem *über* Europa, stellt sich zu Beginn die Frage, warum das so ist und wo eine solche Einstellung ihren Ursprung hat. Zentrales Anliegen ist es, ein möglichst umfassendes Bild der Geschichte des Empire und der britischen Gesellschaft zu zeichnen und dabei insbesondere das Verhältnis zum europäischen Kontinent und zu europäischen Institutionen in den Mittelpunkt der Untersuchung zu stellen. Hierbei werden auszugsweise auch schon Positionen von nationalen Zeitungen dargestellt und im jeweiligen historisch-politischen Kontext analysiert. Im Anschluss wird es um eine Analyse der Bevölkerungsstrukturen Großbritanniens und die EU-Akzeptanz in einzelnen sozialen Schichten gehen. Außerdem werden, im Rahmen der euroskeptischen Analyse, auch populistische Strömungen in Großbritannien untersucht. In den folgenden Unterkapiteln werden der Weg zum Referendum skizziert und die beiden Kampagnen, „*Stay*" und „*Leave*", mit den wichtigsten Stationen und Personen vorgestellt. Dabei lautet die zentrale Frage: Wie sehr hat das britische Bild von Europa zu der Entscheidung des ehemaligen Premierministers David Cameron beigetragen, sein Volk über einen EU-Verbleib abstimmen zu lassen? Welche zusätzlichen Gründe gibt es möglicherweise, die zu der letztlich dramatischen Entscheidung im Jahr 2016 führen sollten? Entsprechend der thematischen Ausrichtung dieser Arbeit richtet sich der Fokus dieses Kapitels auf das historische Verhältnis Großbritanniens zu Europa als besondere Voraussetzung für die britische Politik Ende des 20., Anfang des 21. Jahrhunderts. Dabei werden die Zeit nach dem Zweiten Weltkrieg sowie die nachfolgenden Jahrzehnte mit den bedeutendsten Ereignissen (Ende des Kalten Krieges, europäische Vertiefung mit den Verträgen von Maastricht und Lissabon) im Mittelpunkt stehen.

## 2.1 Großbritanniens Selbstverständnis als Weltmacht aus Sicht der Medien

> „In recent years Britain has punched above her weight in the world. We intend to keep it that way."[8]

Großbritannien tat und tut sich aus Sicht aller Beteiligten – Briten, europäischer Partner und Wissenschaftler gleichermaßen – sichtbar schwer mit Europa. Das Vereinigte Königreich hatte bereits seit Beginn seiner Mitgliedschaft in der Europäischen Wirtschaftsgemeinschaft ein eher schwieriges Verhältnis zu seinen europäischen Partnern und den Brüsseler Institutionen. Wohl kaum ein anderes europäisches Land war von Anfang an innerlich so zerstritten über die Frage, welche Rolle es in Europa nach dem Beitritt zum Staatenverbund spielen soll. „Die englische Debatte ist grundsätzlicher als anderswo in Europa."[9] Noch Jahrzehnte nach dem Beitritt zur Europäischen Wirtschaftsgemeinschaft wurde im Königreich leidenschaftlich diskutiert, ob der politische Zusammenschluss der

---

8 Schwarz, Klaus-Dieter: Englands Probleme mit Europa. Ein Beitrag zur Maastricht-Debatte. Baden-Baden 1997. S. 20.

9 Ebd. S. 11.

Staaten zu fördern, eher zu bremsen oder gar noch zu verhindern sei: „Auf das Verhältnis zu Europa reagieren die Nerven der englischen Politik offenkundig höchst empfindlich, und das um so heftiger, je mehr sich Europa zu einer „ever closer union“ zusammenschließen will.“[10] Doch worauf basiert diese Einstellung, die in Großbritannien, anscheinend von Generation zu Generation weitergegeben wurde und nun hochdramatisch mit dem EU-Austritt enden wird? Um dies zu ergründen, folgt eine kurze Zusammenfassung der neueren britischen Geschichte, die auch die Frage klären soll, ob sich Großbritannien nach seinem Selbstverständnis immer noch als Weltmacht sieht und, falls ja, ob darin auch ein Grund dafür liegen kann, dass die Europäische Union im Vereinigten Königreich kritischer wahr- und vielleicht auch weniger ernst genommen wird als auf dem Kontinent. Dabei soll es auch darum gehen, wie sich Großbritannien nach seinem Eintritt in die damalige Europäische Wirtschaftsgemeinschaft, 1973, gegenüber seinen europäischen Partnern verhalten und welchen Einfluss der Beitritt auf seine eigene Identität hatte. Hatte sich das Vereinigte Königreich mit (s)einer neuen Rolle arrangiert?

Fakt ist: Das Britische Weltreich war das größte Kolonialreich der Geschichte. Unter seiner Herrschaft vereinte es Dominions, Kronkolonien, Protektorate, Mandats- und weitere abhängige Gebiete, die aus den englischen Überseebesitzungen, Handelsposten und Strafkolonien hervorgegangen waren. Im Jahr 1922, zur Zeit seiner größten Ausdehnung, umfasste Großbritannien mit 458 Millionen Einwohnern ein Viertel der damaligen Weltbevölkerung. Das Königreich erstreckte sich über eine Fläche von rund 33,7 Millionen Quadratkilometern, was einem Viertel der Landfläche der Erde entspricht. Sein politischer, juristischer, sprachlicher und kultureller Einfluss wirkt bis heute in vielen Teilen der Welt nach.[11] Dabei sind vor allem die englischen Monarchen im 20. und 21. Jahrhundert über die eigenen Empire-Grenzen hinaus sehr beliebt. Die britische Krone ist „bei weitem der älteste Bestandteil der ungeschriebenen britischen Verfassung. Die Krone kann in Großbritannien auf eine Tradition von mehr als 1.000 Jahren zurückblicken.“[12] Dabei setzte der Wandel in der öffentlichen Wertschätzung der Monarchie erst im späten 19. Jahrhundert ein, konkret in den ausklingenden Jahren der langen Regierungszeit von

---

10 Schwarz, Klaus-Dieter. S. 11.

11 Vgl. Ebd. S. 11.

12 Alter, Peter: Krone und Königin. Zwischen Tradition und Fortschritt. In: Großbritannien und Deutschland. Nachbarn in Europa. Hrsg. von der Bundeszentrale für politische Bildung. Bonn 1988. S. 141.

Königin Viktoria (1837–1901). In Großbritannien war und ist – im Gegensatz beispielsweise zu einigen skandinavischen Ländern – die Stellung der Monarchie auch heute unangreifbar. Das Zeitalter Viktorias ist außerdem eine gute Referenz mit Blick auf eine bedeutsame Zeit für den globalen Anspruch Großbritanniens in der Zeit des Imperialismus. Denn der Zeitraum zwischen 1815 und 1914 wird (aus britischer Sicht) von Historikern häufig als *imperiales Jahrhundert (imperial century)* bezeichnet. Denn nach dem Sieg über Frankreich im Revolutionskrieg (1802) hatte Großbritannien keine ernstzunehmenden Rivalen mehr, mit Ausnahme vielleicht des Russischen Reiches, was strategisch aber eher in Richtung Zentralasien blickte. Die auf See uneingeschränkt dominierenden Briten übernahmen die Rolle eines „Weltpolizisten", eine später als „*Pax Britannica*"[13] bezeichnete Staatsdoktrin. Ihre Außenpolitik war dabei vom Prinzip der „*splendid isolation*"[14] geprägt: Andere Mächte waren durch Konflikte in Europa gebunden, während die Briten sich selbst heraushielten und durch die Konzentration auf den Handel ihre Vormachtstellung noch weiter ausbauten. Großbritannien übte nicht nur die Kontrolle über seine eigenen Kolonien aus, sondern beeinflusste dank seiner führenden Position in der Weltwirtschaft auch die Innenpolitik zahlreicher nominell unabhängiger Staaten, die auch „Informelles Empire" genannt werden. Dazu gehörten unter anderem China, Argentinien und Siam.[15]

Den Grundstein für seine Macht legte Großbritannien bereits vorher, in der zweiten Hälfte des 18. Jahrhunderts, als es sich zur See gegen die Niederlande (Britisch-Niederländische Kriege, bis 1784) und in den Überseegebieten (Indien, Nordamerika) gegen Frankreich durchsetzen konnte. Gleichzeitig hatte das United Kingdom ein ausgesprochenes Interesse am Gleichgewicht in Europa zur Sicherung seiner Macht und Expansion in Übersee. Auch wenn es Rückschläge durch den amerikanischen Unabhängigkeitskrieg (ab 1775) sowie Gebietsverluste in der Karibik und Afrika gab, behauptete das Vereinigte Königreich auch im 19. Jahrhundert seine unangefochtene Position in Europa.[16]

---

13 Vgl. Hyam, Ronald: Britain's Imperial Century, 1815–1914: A Study of Empire and Expansion. Basingstoke/Hampshire 2002. S. 71.

14 Vgl. Parsons, Timothy H.: The British Imperial Century, 1815–1914: A World History Perspective. Lanham/Maryland 1999. S. 45.

15 Vgl. Smith, Simon: British Imperialism 1750–1970. Cambridge 1998. S. 98.

16 Vgl. Rotte, Ralph: Stichworte zur Entwicklung des internationalen Systems 1648–1990/91. Berlin 2014. S. 19f.

Großbritannien beteiligte sich an zahlreichen, vor allem europäischen Kampfhandlungen, beispielsweise am Krim-Krieg (1853–1856). Dieser Krieg wird allgemein als erster „Medien-Krieg" bezeichnet, in dem vor allem der britische *The Times-Korrespondent* William Howard Russell weltweit bekannt wurde. Als britischer Sonderkorrespondent wurde er nach dem britischen Kriegseintritt zunächst mit den Soldaten des UK nach Malta und schließlich an die Front geschickt.[17] Dort schickte er dann mittels elektrischer Telegrafie seine Nachrichten innerhalb weniger Stunden von der Krim an die Londoner Zeitungszentrale. Gerade für europäische Zeitungsleser war der Krimkrieg die erste große militärische Auseinandersetzung, die sie durch neue Technologien wie den Telegrafen und die Fotografie unmittelbar gewissermaßen von Zuhause miterleben konnten. Russell hatte mit seiner Berichterstattung großen Einfluss auf die heimische Politik. So wurde sein Vorschlag, nicht nur Offiziere, sondern auch einfache Soldaten für Tapferkeit auszuzeichnen, vom britischen Unterhaus aufgenommen. Das Parlament bat Königin Victoria am 19. Dezember 1854, einen neuen Orden einzuführen. Dies geschah in Form des Victoria-Kreuzes. Eine spätere Konsequenz seiner Artikel war die Einführung der Militärzensur durch den britischen Oberbefehlshaber William John Codrington am 25. Februar 1856. „This was the first ‚modern' war in the age of mass communication – the first to be photographed, the first to use the telegraph, the first ‚newspaper war'."[18] Russell war dafür bekannt, seine Ansichten – auch über die angebliche Inkompetenz der Armeeführung und mangelhafte Versorgung der Soldaten – recht freizügig einem breiten Publikum zu schildern: „Russell was quick to realise that all was not well with the British army [...],The management is infamous [...] and the contrast offered by our proceedings to the conduct of the French most painful."[19] Seine Berichte erregten in der britischen Politik und Öffentlichkeit großes Aufsehen, vor allem der Artikel „Der Sturm der leichten Brigade" („The charge of the light brigade") über einen verlustreichen Angriff bei Balaklawa. Russells Berichterstattung von der Krim führte zu scharfer Kritik an der Regierung von Premierminister George Hamilton-Gordon, des 4. Earl of Aberdeen. Doch Russell und sein Chefredakteur, John Delane, standen selbst in der Kritik, vor allem vonseiten der Militärs, Politiker und der damaligen Königin Victoria. „But [...] they stuck

17 Vgl. Knightley, Phillip: The first casualty. The war correspondent as hero and myth-maker from the Crimea to Kosovo. London 2000. S. 3f.

18 The Telegraph, online (Orlando Figes): The Crimean War: The war that made Britain ‚great'. 2. Okober 2010.

19 Knightley, Phillip. S. 5f.

to their guns. Result: the government fell and The Times did not."[20] Der Einfluss von Russells Berichten auf die politischen Entscheidungen im UK waren enorm, denn ein Antrag des liberalen Abgeordneten John Arthur Roebuck zur Einsetzung einer Untersuchungskommission wurde im House of Commons mit 305 zu 148 Stimmen angenommen, Aberdeens Regierung stürzte daraufhin. „War became much more immediate – a massive leap forward on the way to our age of instant global coverage by satellite."[21] Howards berichtete „often exaggerated or partial, caught the attention of the public, and played a large part in bringing down the prime minister, Lord Aberdeen's government in 1855."[22] Die Präsenz von Medienvertretern wurde von zahlreichen Soldaten allerdings nicht willkommen geheißen: „Many officers regretted the presence of reporters, regarding them as a source of security leaks and tried to control the news."[23]

Neue Technologien, die in der zweiten Hälfte des 19. Jahrhunderts entwickelt wurden, stützten die imperiale Macht Großbritanniens und erleichterten die Koordination, Kontrolle und Verteidigung des Empire. Dies galt vor allem für das Dampfschiff und die Telegrafie. 1902 waren sämtliche Kolonien durch ein Netz von Telegrafenkabeln miteinander verbunden. Andererseits nahmen um die Jahrhundertwende im Vereinigten Königreich Befürchtungen zu, Großbritannien werde langfristig nicht mehr in der Lage sein, das gesamte Empire zu verteidigen und gleichzeitig die *„splendid isolation"* zu bewahren. Das Deutsche Reich, zu dieser Zeit gemeinhin als größter europäischer Gegner wahrgenommen, hatte nach 1870 einen rasanten Aufstieg vollzogen, sowohl militärisch als auch wirtschaftlich, und galt nun als potenzieller, wenn nicht sogar wahrscheinlicher Gegner in einem möglichen künftigen Krieg.[24] Großbritannien schloss auch deswegen neue Allianzen: 1902 mit Japan sowie den ehemaligen Erzfeinden Frankreich 1904 („Entente cordiale") und Russland 1907 („Triple Entente").

Großbritanniens Empire beruhte während dieser Zeit durchgehend auf zwei elementaren Stärke: militärischer Macht und partnerschaftlicher Zusammenarbeit.[25] Das UK besaß noch im ersten Jahrzehnt des 20. Jahrhunderts neben seiner starken Flotte ausreichend Soldaten, um seine Macht in den Kolonien zu

---

20 The Guardian, online (Roy Greenslade): Drama in Crimea – historic dispatches from the father of war reporting. 28. Juli 2014.

21 BBC, online (Andrew Lambert): The Crimean War. 23. März 2011.

22 Ebd. 23. März 2011.

23 Ebd. 23. März 2011.

24 Vgl. Brüggemeier, Franz-Josef: Geschichte Großbritanniens im 20. Jahrhundert. München 2010. S. 32f.

25 Vgl. Ebd. S. 28.

sichern, sofern dies denn nötig war. Denn das Vereinigte Königreich verfügte mit Blick auf seine Kolonien über einen enormen Vorteil: eine funktionierende Zusammenarbeit mit seinen Kolonien auf partnerschaftlicher Ebene. So gelang es, selbst große Länder mit möglichst wenig eigenem Personal zu unterhalten. „Dies erklärt wiederum, weshalb so wenig weiße Soldaten oder Verwaltungsbeamte nötig waren, um das Empire funktionsfähig zu erhalten. Beispielsweise gab es nur 70 000 in Indien (davon viele im ständigen Militärdienst an der afghanischen Grenze), um die Sicherheit eines Staates mit über 100 Millionen Menschen zu gewährleisten; in Ägypten wurden nur 500 gebraucht, um eine Bevölkerung von 10 Millionen zu kontrollieren, während sich im südlichen Uganda ganze 25 Weiße um eine Bevölkerung von 3 Millionen Schwarzen kümmerten. [...] Zusammenarbeit, nicht Zwang, bildete deshalb das Wesensmerkmal britischer Herrschaft."[26] Möglicherweise wollte Großbritannien seine Protektorate frühzeitig auf eine früher oder später wahrscheinlich eintretende Unabhängigkeit vorbereiten.[27] Großbritannien hatte Anfang des 20. Jahrhunderts berechtigten Grund zu der Annahme, außenpolitisch die am besten aufgestellte aller großen Nationen zu sein. Allerdings hatte bereits der Zweite Burenkrieg (1899–1902) gezeigt, dass das britische Empire verwundbar war. Vor allem dann, wenn es zu ernsthaften Konflikten mit anderen europäischen Mächten kommen sollte. „Es benötigte deshalb Verbündete, die jedoch nicht leicht zu finden waren, da alle Länder, die als Partner infrage kamen, mit der britischen Weltmacht konkurrierten."[28] In der allgemeinen Verunsicherung, die der Burenkrieg auslöste, schien vor allem eine Option eine gesicherte Zukunft zu versprechen: die Stärkung des Empire. In den Kolonien bestanden Spannungen, die aus britischer Sicht jedoch keine ernsthaften Gefährdungen bedeuteten – im Gegensatz zu den europäischen Mächten, die sich spätestens mit Beginn des 20. Jahrhunderts in ernsthaften Konflikten miteinander befanden. Ebenso wie in vielen anderen europäischen Ländern existierte in Großbritannien eine Mischung von Nationalismus und populärem Militarismus.[29]

Der Ausbruch des Ersten Weltkrieges infolge der Juli-Krise von 1914 war nicht zwangsläufig, und selbst in der britischen Regierung blieben die Frage eines Eingreifens bis zum tatsächlichen Entschluss und auch die Motive der Regierung

---

26 Sked, Alan: Großbritannien: Von der Weltmacht zur Mitgliedschaft in der Europäischen Gemeinschaft. In: Großbritannien und Deutschland. Nachbarn in Europa. Hrsg. von der Bundeszentrale für Politische Bildung. Bonn 1988. S. 75f.

27 Vgl. Sked, Alan. S. 74f.

28 Brüggemeier, Franz-Josef. S. 29.

29 Vgl. Ebd. S. 104.

von Premierminister Herbert Henry Asquith umstritten. Zahlreiche Politiker und einflussreiche Persönlichkeiten in Großbritannien waren der Ansicht, dass der nach der Ermordung des österreichischen Erzherzogs Franz Ferdinand ausgebrochene Krieg zwischen Österreich und dem Deutschen Reich auf der einen Seite sowie Frankreich und Russland auf der anderen mit Großbritannien nichts zu tun habe.[30] Großbritannien hatte jahrzehntelang die Haltung vertreten, sich nicht in Konflikte einzumischen, die nicht unmittelbar die Interessen des Königreichs oder des Empires als Ganzes betrafen. Andererseits gibt es unterschiedliche wissenschaftliche Analysen, die Großbritannien auch eine aktivere Rolle hin zu einer wirtschaftlichen Blockade gegen das Deutsche Kaiserreich zuschrieben[31]: „[…] plante die britische Admiralität am Vorabend des Ersten Weltkriegs, einen möglichen und erwarteten Krieg mit dem Deutschen Reich in kurzer Zeit durch den massiven Einsatz wirtschaftlicher und finanzieller Instrumente zu beenden. Auf der Basis der britischen Seeherrschaft und Kontrolle über faktisch 80 Prozent der Welthandelsmarine […] sowie der global dominierenden Position des Börsenplatzes London sollten zu Beginn eines Krieges sofort alle Maßnahmen, einschließlich des völkerrechtlich bedenklichen Vorgehens gegen neutrale Schiffe und Firmen, ergriffen werden, um Deutschland möglichst komplett vom Außenhandel und den internationalen Finanzmärkten abzuschneiden und innerhalb weniger Wochen oder Monate seinen ökonomischen Kollaps und damit das Kriegsende herbeizuführen."[32] Dies würde dafür sprechen, dass Großbritannien keineswegs unvorbereitet in einen großen Krieg stolperte, sondern diesen erstens schon länger kommen sah und, zweitens, diesen beziehungsweise dessen möglichen Verlauf von langer Hand mitgeplant hatte. „Die britischen Planungen eines umfassenden Wirtschaftskrieges gegen Deutschland basierten damit auf einer differenzierten Sicht des globalisierten Wirtschafts- und Finanzsystems mit der massiv gewachsenen gegenseitigen Abhängigkeit der nationalen Volkswirtschaften und der Drohung massiver Kosten im Falle eines (damit ökonomisch irrationalen) großen Krieges […]. Mit anderen Worten war das Deutsche Reich aus britischer Sicht 1914 aufgrund seiner geographischen Lage und Ausstattung, seines handels- und finanzpolitischen Status' und seiner militärischen (vor allem maritimen) Position besonders

30 Vgl. WELT, online (Christian Frey): Der Kriegseintritt kostete England sein Empire. 10. April 2014.

31 Vgl. Rotte, Ralph: Krieg und Wirtschaft. Beiträge zur Politischen Ökonomie von Kriegführung und Kriegswirkung. Berlin 2017. S. 117f.

32 Rotte, Ralph: Krieg und Wirtschaft. Beiträge zur Politischen Ökonomie von Kriegführung und Kriegswirkung. S. 125.

verwundbar gegenüber einer fundamentalen Störung des ökonomischen Systems, während diese *vulnerability* im Fall Großbritanniens wesentlich schwächer ausgeprägt war, auch wenn das Empire durchaus gegenüber den Konsequenzen einer *economic warfare* empfindlich war."[33] Hierbei sollte es nicht um einen Ansatz einer Wirtschafts- und Finanzkriegführung, sondern um den „eher traditionellen Ansatz der (Fern-) Blockade"[34] gehen, bei dem das Vereinigte Königreich auch versuchte, die Ressourcen Deutschlands indirekt durch Angriffe auf seine Verbündeten (siehe Angriff auf die Dardanellen 1915) zu schwächen. Allerdings ist dieser Ansatz Lamberts wissenschaftlich vor allem dahingehend kritisiert worden, dass die Kosten für die *economic warfare* für ihren Initiator, also Großbritannien, „untragbar hoch sein würden, eben weil die Mechanismen des internationalen Wirtschaftssystems unabhängig von deutschen Reaktionsmöglichkeiten zu einem massiven Rückschlag auch für britische Unternehmen und Financiers führen würden"[35].

Die britische Regierung hatte dem Deutschen Reich am 3. August 1914 schließlich ein Ultimatum gestellt. Bis Mitternacht kontinentaleuropäischer Zeit sollte sich das Deutsche Reich erklären. Den Briten ging es offiziell vor allem um die Sicherheit Belgiens. Die Truppen des Deutschen Reiches hatten am Morgen die belgische Grenze auf dem Weg nach Frankreich überschritten. Großbritannien gehörte zu den Mächten, die Belgien seit 1839 immerwährende Neutralität garantiert hatten. Die Furcht vor einer grundsätzlichen deutschen Hegemonie in Europa spielte aber mindestens eine ebenso große Rolle für die tatsächliche Kriegsbereitschaft der britischen Regierung wie die Unterstützung für Frankreich (Entente cordiale) und Russland (Triple Entente).[36] Deutschland ließ das Ultimatum verstreichen, denn eine Alternative zum Schlieffen-Plan, der den Vormarsch nach Frankreich durch Belgien vorsah, gab es in Berlin nicht. Was folgte, war der vierjährige ‚Great War', wie der Erste Weltkrieg in Großbritannien auch heute noch genannt wird, und der erst im November 1918 offiziell beendet und durch die Schließung des Friedensvertrages von Versailles (1919) besiegelt werden sollte.

Die britische Presse war im Ersten Weltkrieg eine wichtige politische Größe: „[…] in 1914 Northcliffe (Gründer und damaliger Besitzer der *Times*,

---

33 Ebd. S. 127f.

34 Ebd. S. 128.

35 Rotte, Ralph: Krieg und Wirtschaft. Beiträge zur Politischen Ökonomie von Kriegführung und Kriegswirkung. Berlin 2017. S. 117f. S. 129.

36 Vgl. Rotte, Ralph: Stichworte zur Entwicklung des internationalen Systems 1648–1990/91. S. 72f.

der *Sunday Times* und des *Daily Express*) was the dominant force in British journalism, more dominant in that sphere than even Rupert Murdoch today. He controlled 40 percent of the morning, 45 percent of the evening and 15 percent of the Sunday press, at a time when there were many more titles than today."[37] Der vor allem von der Presse lang erwartete Krieg gegen Deutschland wurde von den Zeitungen überwiegend willkommen geheißen. Diejenigen, die sich wie der Daily Herald gegen den britischen Kriegseintritt stellten, verloren massenhaft Leser: „Like the *Daily Mail*, the British newspapers were mostly pro war – the *Daily Express* expected ‚every man to do his duty' and those against the war, like the Daily Herald, lost readers as the rising tide of patriotism swept aside reasoned objections. The Manchester Guardian had opposed war, but once it was declared, its legendary editor C. P. Scott saw that his paper had no choice but to help secure victory."[38]

Während des Krieges kritisierten Northcliffes Zeitungen, vor allem die *Daily Mail*, die britische Regierung teilweise scharf, beispielsweise in der sogenannten Munitionskrise von 1915, die schließlich zur Bildung einer Allparteienregierung unter Herbert Henry Asquith führen sollte. Allerdings kam diese Kritik nicht ausnahmslos gut an, denn die *Daily Mail* verlor infolge ihrer wochenlangen kritischen Haltung gegen die Regierung deutlich in ihrer Auflage, was wiederum dem Daily Mirror zugutekam, der während des Krieges mehr als eine Million Zeitungen täglich verkaufte: „The Mirror's dominance was helped by the extraordinary fall in circulation suffered by the *Daily Mail* in 1915 after Northcliffe's attack on Lord Kitchener, the Secretary of State for War, accusing him of incompetence in ordering ‚the wrong kind of shells'. Northcliffe knew the potential consequences of attacking a national hero and shattering the cosy consensus between government and press that the war was going swimmingly, but when warned of the consequences, he said privately that it was ‚better to lose circulation than to lose the war'."[39] Innerhalb kürzester Zeit verlor die *Daily Mail* mehr als 80 Prozent ihrer Auflage (von rund 1,4 Millionen auf 250.000). Auch wenn viele Londoner Kioske und private Clubs daraufhin die *Daily Mail* aus dem Sortiment nahmen, war seine Position in der Munitionskrise eine von Northcliffe's „finest hours"[40], denn zahlreiche andere Zeitungen schlossen sich seiner „Truth Will Out"-Kampagne an. „It was apparent that Northcliffe's attacks on Kitchener were

37 Temple, Mick: The British Press. New York/Maidenhead 2008. S. 31.
38 Temple, Mick. S. 31.
39 Ebd. S. 31f.
40 Ebd. S. 32.

justified and upon Kitchener's death in June 1916, Northcliffe allegedly remarked that ‚providence is on the side of the British Empire after all'."[41] Neuer Kriegsminister, mit Zustimmung von Lord Northcliffe, wurde David Lloyd George, der Asquith in den letzten Kriegsjahren schließlich auch als Premierminister ablöste. Auch nach der verlorenen Schlacht von Gallipoli (1917), in deren Folge Asquith zurücktreten musste, ging die heimische Presse mit ihren eigenen Politikern hart ins Gericht, ganz besonders Lord Northcliffe, der sich mit seinem politischen Einfluss auch öffentlich rühmte. Northcliffe, der mit Abstand mächtigste Pressebaron seiner Zeit, hatte auch bei dieser politischen Personalie seine Hände beziehungsweise seine Zeitungen im Spiel „and later regarded the destruction of the Asquith government as his biggest achievement"[42]. Der Preis, den das Königreich während des ‚Great Wars' gewissermaßen auch *für Europa* zahlte, war in jedem Fall hoch. Im Ersten Weltkrieg verloren mehr als eine Million britische Soldaten ihr Leben, mehr als im darauffolgenden Zweiten Weltkrieg. Allein im Zuge der gescheiterten Landung auf der türkischen Gallipoli-Halbinsel starben mehr als 20.000 britische Soldaten, was den damaligen Marineminister Winston Churchill kurzfristig sein Amt kostete. Gerade die fehlgeschlagene Operation rund um Gallipoli zeigte letztlich, dass der Erste Weltkrieg nur an Land zu gewinnen war. Hinzu kommt: Die britische Propaganda musste vor allem in den ersten Kriegsjahren alles daransetzen, die Bevölkerung von der Notwendigkeit des Krieges zu überzeugen, gerade weil es aus Sicht der britischen Bevölkerung für ein Eingreifen auf dem europäischen Kontinent keinen überzeugenden Grund gab.[43] Weder das Bündnis mit Frankreich, noch die Neutralitätsunterstützung für Belgien mussten zwingend zu einem militärischen Eingreifen seitens Großbritanniens führen. Als das Königreich schließlich doch in den ‚Großen Krieg' eingriff, verzeichnete es Verluste, die es vorher und nachher nicht gekannt hatte.

Von anderen Zeitungen wie dem *Star* wurde Northcliffe neben dem deutschen Kaiser als einflussreichste Person der Kriegsjahre genannt, „next to the Kaiser, Lord Northclife has done more than any living man to bring about the war."[44] Northcliffes Einfluss hörte mit Kriegsende nicht auf. Nach dem Vertragsabschluss von Versailles mobilisierte Northcliffe eine Kampagne in Parlament und Öffentlichkeit, die die Regierung daran hinderte, die Reparationsforderungen

41 Ebd. S. 32.

42 Temple, Mick. S. 32.

43 Vgl. WELT, online (Christian Frey): Der Kriegseintritt kostete England sein Empire. 10. April 2014.

44 Temple, Mick. S. 32.

an das Deutsche Reich zu verringern. Premierminister Lloyd George sah sich durch die heimische Presse, neben der *Daily Mail* waren auch andere nationale Zeitungstitel so national eingestellt, dass sie den Blick für eine ausgewogene Berichterstattung schlicht nicht mehr hatten. Im Zentrum von allem aber stand Lord Northcliffe: „Northcliffe himself was everywhere, intriguing in Whitehall, inspecting the Western Front, supporting the generals against the politicians."[45] Northcliffe verlangte im Jahr 1919 sogar einen Platz in der Friedenskonferenz, was ihm von Lloyd George verweigert wurde. „Three years later the greatest, most dominating, journalist Britain has ever known was dead."[46]

Was Northcliffe nach dem Ersten Weltkrieg hinterließ, war eine stark veränderte Zeitungslandschaft: „Alfred Harmsworth, Viscount Northcliffe, had changed the business of newspapers beyond recognition. Now the war had changed the world; and people began to want a different kind of newspaper. The British public emerged from the most serious trauma in the nation's history in a very unserious mood. And the man who took over Northcliffe's mantle was the man who grasped that."[47]

Anfang der 1920er Jahre dominierten drei Männer die britische Zeitungslandschaft: „Lord Northcliffe owned The Times, the *Daily Mail*, the Weekly Dispatch and London's Evening News, his brother Harold Harmsworth, now Lord Rothermere, owned the Daily Mirror, the Sunday Pictorial, the Daily Record, Glasgow Evening News and Sunday Mail; and Lord Beaverbrook owned the Daily Express, Sunday Express and London's Evening Standard. With no competition from broadcasting, the three pressbarons had great influence in the aftermath of the First World War. […] The barons also had considerable stakes in the local press."[48] Nach Northcliffes Tod übernahm sein Bruder, Lord Rothermere, einen Großteil seines Imperiums, so dass Rothermere und Beaverbrook die Zwischenkriegsjahre der britischen Presse dominierten und einen großen Einfluss auf die britische Politik jener Zeit hatten.

Großbritannien selbst, auch bei der technischen Entwicklung neuer Waffen wie zum Beispiel Panzern führend, sollte vor allem außenpolitisch zunächst gestärkt aus dem Ersten Weltkrieg hervorgehen. Durch die weitgehend kampflose Vernichtung der deutschen Flotte war die wichtigste konkurrierende

45 Engel, Matthew: Tickle the Public. One Hundred Years of the Popular Press. London 1996. S. 88.

46 Ebd. S. 88.

47 Ebd. S. 88.

48 Temple, Mick. S. 33.

Seemacht verschwunden, ohne dass dafür britische Marineressourcen im größeren Maß verbraucht worden wären.[49] Das Kolonialreich wurde durch den Erwerb ehemals deutscher Kolonien (etwa große Teile des heutigen Tansania gehörten dazu), mehr aber noch durch Teile des zerfallenen Osmanischen Reiches vergrößert. Zudem war Russland durch die Revolution vorerst als geopolitischer Konkurrent ausgeschaltet. London konnte auch dadurch nicht nur die Nachkriegspolitik in Europa entscheidend mitbestimmen und hatte das auch wirtschaftlich gefährlich groß gewordene Deutschland in die Schranken gewiesen. Es hatte auch seinen Einflussbereich weltweit ausgebaut. Gemeinsam mit Frankreich teilte man sich große Gebiete des zerfallenen Osmanischen Reichs. Deutschland konnte man den Großteil seiner Afrika-Kolonien abnehmen, etwa große Teile des heutigen Tansania. Das Empire erreichte nach Kriegsende seine größte Ausdehnung. Allerdings gibt es vor allem unter heutigen Wissenschaftlern auch kritische Stimmen, wie den schottischen Wissenschaftler Niall Ferguson, die Großbritanniens Beteiligung am Ersten Weltkrieg als „einen der größten Fehler der Geschichte“[50] bezeichnen.

Geopolitisch hatte sich Großbritannien in einer vorteilhaften Situation gewähnt, denn neben dem Osmanischen Reich waren mit dem Ende des Krieges auch das Deutsche Reich und Österreich-Ungarn verschwunden. Das russische Zarenreich versank nach der Revolution im Chaos und die USA zogen sich wieder in die Isolation zurück. Sieht man einmal von der wirtschaftlichen und organisatorischen Umgestaltung im Vereinigten Königreich selbst ab, konnte es sich als Weltmacht recht sicher fühlen.[51] Gesellschaftlich setzte sich nach dem ersten weltweit geführten Krieg, auch unter dem Eindruck einer starken Friedensbewegung in der Arbeiterschaft, eine Haltung durch, die auf Verhandlungen zum Klären internationaler Streitigkeiten setzte und aus der sich später die Appeasement-Politik der 1930er Jahre entwickeln sollte.[52] Das Verhältnis zu den USA war ambivalent. Die Vereinigten Staaten von Amerika überflügelten Großbritannien in der Zwischenkriegszeit als wichtigste Wirtschaftsmacht der Welt und erzielten die Hoheit über das internationale Finanzsystem. Zudem begann die amerikanische Flotte die Größe der britischen zu erreichen. Aufgrund der zwischen Isolationismus und Intervention schwankenden Haltung der Vereinigten

49 Vgl. Smith, Simon. S. 147.

50 WELT, online (Christian Frey): Der Kriegseintritt kostete England sein Empire. 10. April 2014.

51 Vgl. Sked, Alan. S. 80.

52 Vgl. Brüggemeier, Franz-Josef. S. 188.

Staaten blieb die britische Außenpolitik im Umgang mit der ehemaligen britischen Kolonie unsicher. Anfang der 1920er Jahre schlossen beide Länder ein Flottenabkommen, wofür die Briten aber ihr Bündnis mit Japan aufkündigen mussten. Außerdem hatte sich das Vereinigte Königreich zur Finanzierung seiner Kriegsbeteiligung hoch bei der amerikanischen Regierung verschuldet. Nicht zuletzt angesichts der Entwicklung in Russland wollte die britische Regierung ein Machtvakuum in Mitteleuropa vermeiden und Deutschland im Sinne der klassischen *Balance-of-Power*-Strategie nicht zu sehr schwächen.[53] Dabei waren auch in Großbritannien selbst zahlreiche innenpolitische Probleme zu lösen. Grundlegende Reformen mussten angeschoben werden, die unter anderem die im Krieg erbrachten Opfer entschädigen sollten. Es kam wiederholt zu sozialen Spannungen zwischen den Mittelschichten und der Arbeiterschaft.[54]

Zwischen den beiden Weltkriegen blieb nur Großbritannien als europäische Großmacht mit weltweiter Bedeutung übrig. Da sich die USA, wie erwähnt, weitgehend aus der internationalen Politik zurückzogen, entfielen sie sowohl als Konkurrent als auch als Verbündeter. Dies war nicht unwichtig, denn jenseits der beeindruckenden Gebietsgewinne ging das Vereinigte Königreich tatsächlich eher geschwächt aus dem Krieg hervor. Vor allem die hohen Schulden und wirtschaftlichen Probleme sorgten dafür, dass die jeweiligen Regierungen in ihren Handlungsfähigkeiten eingeschränkt blieben. Außerdem nahmen die internationalen Bedrohungen spätestens mit den Machtübernahmen Mussolinis und Hitlers zu. Die aggressive Außenpolitik Deutschlands, Italiens und auch Japans forderte die Briten in Europa, dem Nahen Osten und in Asien heraus. Gleichzeitig verwiesen eigene Kolonien wie Indien auf mehr Mitsprache. Gerade hier bestanden bereits seit langem eigene Kulturen, Traditionen und Machtzentren, die auch die britische Kolonialherrschaft nur oberflächlich überlagerte. Allerdings hatte sich noch kein tragfähiges indisches Nationalbewusstsein entwickelt, dazu war Indien schlicht zu heterogen.[55]

Ende der 1920er, Anfang der 30er Jahre waren mit dem Aufstieg Benito Mussolinis, dem japanischen Kaiserreich und dem ins Rampenlicht tretenden Adolf Hitler aus britischer Sicht bereits dunkle Wolken am Horizont aufgetaucht, doch wurde Großbritannien erst durch Hitlers Machtübernahme 1933 machtpolitisch herausgefordert. Tatsächlich hatte das Vereinigte Königreich einige gute Gründe, Hitlers Aufstieg vorsichtig zu verfolgen. Zumal Großbritannien den Spagat

53 Vgl. Brüggemeier, Franz-Josef. S. 127ff.
54 Vgl. Ebd. S. 128.
55 Vgl. Ebd. S. 181.

wagen musste, die gegen Wiederaufrüstung und Kriegstreiberei eingestellte Bevölkerung bei Laune zu halten und gleichzeitig nicht unvorbereitet in eine erneute Krisensituation hineinzugeraten. Gerade für die britische Bevölkerung war die Erinnerung an den Ersten Weltkrieg noch zu frisch und schmerzhaft, als dass sie sich wieder aktiv mit diesen Themen beschäftigen konnte.[56] Doch die öffentliche Meinung war nur ein Grund, warum die britische Wiederaufrüstung zwischen 1934 und 1938 nur schleppend anlief. Ein weiterer war die Empfindung nicht weniger Briten (auch Teilen der Regierung), dass einige Forderungen Deutschlands mit Blick auf die Revision des Versailler Vertrages vernünftig erschienen. Selbst in Großbritannien war die Meinung, dass Deutschland durch den Friedensvertrag von 1919 unfair behandelt worden sei, recht populär. Dies unterschied das UK klar von Frankreich, das seine Hegemonialmacht zur Sicherung gegen Deutschland ausbauen wollte, dem aber die Macht fehlte, Deutschland allein selbstbewusst entgegentreten zu können.[57]

Der konservative Teil der britischen Presse betrachtete Hitler zunächst nicht allzu kritisch, im Gegenteil: „Throughout the 1930s, many papers, including the Observer, The Times and the *Daily Mail*, defended Hitler's policies and favoured appeasement, that is, giving in to Germany's territorial demands rather than defending the rights of former allies. On the other hand, Beaverbrook was against appeasement but optimistic that ‚there will be no war'."[58]

Großbritannien wollte sich in den 1920er und 30er Jahren außenpolitisch nicht engagieren und lieber vorrangig auf sein Commonwealth konzentrieren. Das UK nahm beispielsweise Anstoß am französischen Verhalten in der Ruhrfrage (1924/25). Auch aus diesem Grund neigte sich die öffentliche Meinung Ende der 1920er Jahre eher gegen Frankreich als gegen Deutschland. Die britische Regierung ließ Hitler schließlich 1935 und dann noch einmal ganz besonders 1937 wissen, dass sie zu weiteren Zugeständnissen bereit sei, was vor allem die Fragen nach dem Anschluss von Österreich und den Sudetendeutschen ans Deutsche Reich anging.[59]

Die britische Presse begleitete diese Ereignisse aus ihrer eigenen starken Position heraus, denn die Politik in Europa, vor allem die Demokratiebestrebungen in einzelnen Ländern, waren noch sehr unbeständig und keineswegs

56 Vgl. Sked, Alan. S. 80.

57 Vgl. Rotte, Ralph: Stichworte zur Entwicklung des internationalen Systems 1648–1990/91. S. 84f.

58 Temple, Mick. S. 36.

59 Vgl. Sked, Alan. S. 80f.

langfristig gesichert, wie die Beispiele Deutschland, Spanien, Italien und die Sowjetunion zeigten. „Whatever their populist rhetoric, British newspapers were not necessarily defenders of democracy and their inputs into the public sphere was dominated by their admiration for (especially) Hitler and Mussolini's economic miracles.“[60] Faschistische Tendenzen gab es in den 1930er Jahren auch in Großbritannien, als die British Union of Fascists (BUF) in der *Daily Mail* sogar kurzfristig einen prominenten Unterstützer fand.[61] Mit dem Titel „Hurrah for the Blackshirts“ ergriff Rothermeres *Daily Mail* sichtbar Partei für die Faschisten um Oswald Mosley. Nach gewalttätigen Auseinandersetzungen im Land kündigte Rothermere seine Unterstützung für die BUF auf. Der Einfluss der Mail auf die öffentliche Meinung zur BUF lässt sich auch anhand der Mitgliederzahlen ablesen: 1934, zur Zeit der deutlichsten *Daily Mail*-Unterstützung, waren es 50.000, 1935, nach Aufkündigung der Unterstützung, nur noch 5.000.

Grundsätzlich waren die Zwischenkriegsjahre für die britischen Zeitungen eine profitable Zeit, zu der technische Neuerungen wie der flächendeckende Einsatz von Fotos, ein lebendigerer Stil und günstige Preise gehörten. Die Pressebarone der damaligen Zeit waren eindeutig aktive Mitspieler in der politischen Arena und „created the modern British press and their influence is still felt.“[62]

Auch mit Unterstützung der heimischen Presse flog Premierminister Neville Chamberlain im September 1938 nach München, um im Zuge der Sudetenkrise mit Hitler zu verhandeln und einen drohenden Krieg zu verhindern. Die Sudetenfrage war infolge des Versailler Vertrages entstanden, der zur Gründung der Tschechoslowakei geführt hatte. Auf deren Gebiet lebten mehrere Millionen Deutsche, die größere Selbständigkeit und, angeheizt durch Hitler, eine Abspaltung derjenigen Teile forderten, in denen sie eine Mehrheit stellten. Chamberlain war dazu bereit, doch Hitler verschärfte seine Forderungen. Am 30. September 1938 schließlich unterzeichneten Frankreich, Italien, Deutschland und Großbritannien das Münchener Abkommen, in dem Hitler seine Forderungen in Bezug auf das Sudetenland durchsetzte. In einem separaten Brief bekräftigte er außerdem seinen Wunsch, „dass Deutschland und Großbritannien nie wieder Krieg gegeneinander führen sollten“[63]. Chamberlain rezitierte nach seiner Rückkehr aus diesem Brief und sprach vor einer jubelnden Menge in London von einem „*peace for our time*“[64].

---

60 Temple, Mick. S. 37.
61 Vgl. Ebd. S. 37.
62 Ebd. S. 39.
63 Vgl. Brüggemeier, Franz-Josef. S. 183.
64 Vgl. Ebd. S. 183.

Doch die Erleichterung hielt nicht lange an. Bereits im März des kommenden Jahres besetzte Hitler die noch verbliebenen tschechischen Regionen und wandelte die Slowakei in einen deutschen Vasallenstaat um. Das Zögern der Westmächte, vor allem die Appeasement-Politik Großbritanniens führte dazu, dass Hitler immer größere Ansprüche stellte, die früher oder später aber in einer militärischen Auseinandersetzung gipfeln würden. Frankreich hatte in den „Zwischenkriegsjahren" zu viel Einfluss verloren, um Deutschland seine Grenzen aufzeigen zu können. Es folgte der Linie Großbritanniens, das voll auf Appeasement-Politik setzte.[65] Darauf setzte auch die britische Presse: „As war approached the popular press was, in general, against war and in favour of appeasing Germany."[66]

Am 1. September 1939 brach schließlich mit dem deutschen Angriff auf Polen doch der Krieg aus, den Chamberlain unbedingt hatte verhindern wollen. Der „Held von München"[67] zählte jetzt ebenso zu den ‚guilty men'[68], die den Ausbruch des Zweiten Weltkrieges nicht verhindert hatten. Der Begriff „Appeasement" war zu einem Schimpfwort geworden, was in der historischen Rückschau jedoch einfacher festzustellen ist als es in der damaligen Zeit tatsächlich der Fall war. Denn Chamberlain machte nicht nur Politik mit einigen ‚guilty men', sondern besaß auch gesellschaftlich eine breite Unterstützung. Die Frage lautete, ob die gegenüber Hitler gezeigte Kompromissbereitschaft zu weit ging, welche Alternativen bestanden und wie realistisch diese waren. Außenpolitisch war es ausgeschlossen, dass Großbritannien zeitgleich gegen Japan, Italien und Deutschland Krieg führen konnte. Im Grunde war sogar fraglich, ob das Vereinigte Königreich gegen *eines* dieser Länder ausreichend gerüstet war. Hinzu kam ein weit verbreiteter Pazifismus, der in der Bevölkerung deutlich zu spüren war.

Der Presse, dies sei an dieser Stelle bereits vorweggenommen, kam im Verlauf besonders der ersten drei Kriegsjahre eine entscheidende Bedeutung zu. Vor dem Krieg war sie deutlich pro Appeasement und dem Erhalt des immer brüchiger werdenden Friedens ausgerichtet. Die politische Situation in Europa war mit verschiedenen Strömungen – Faschismus, Kommunismus und Demokratie – ohnehin ausgesprochen schwierig. Trotz dieser teilweise unübersichtlichen Situation war das UK und mit ihm große Teile der Presse gegen den heraufziehenden

---

65 Vgl. Rotte, Ralph: Stichworte zur Entwicklung des internationalen Systems 1648–1990/91. S. 85.

66 Temple, Mick. S. 41.

67 Brüggemeier, Franz-Josef. S. 183.

68 Vgl. Foot, Michael, Owen, Frank und Howard, Peter (Cato): Guilty Men. London 1998 und Brüggemeier, Franz-Josef: S. 183.

Krieg eingestellt. Dies galt vor allem für den boulvevardesken Teil der britischen Zeitungen: „As war approached the popular press was, in general, against and in favour of appeasing Germany. Even some of the left wing press, for example the Daily Herald supported an agreement with the National Socialist (Nazi) government which recognised the injustices of the Versailles settlement which had bankrupted post-war Germany."[69] Der *Daily Express* etwa versicherte seinen Lesern noch 1938: „Britain will not be involved in a European war this year, or next year either"[70]. Beaverbrook, der die letzten vier Worte selbst noch eingefügt hatte, sollte diese noch bereuen. „Even six months into the war, Beaverbrook was still calling for a negotiated settlement with Germany."[71]

Die Vorsicht auf Seiten der britischen Politiker und der heimischen Presse hatte mehr als nur rein pazifistische Gründe. Die Gräuel des Ersten Weltkrieges waren im Vereinigten Königreich noch in leidiger Erinnerung. Gerade führende Köpfe in Militär und Politik erinnerten sich noch gut daran, dass der Krieg 1914 nicht zuletzt deshalb ausgebrochen war, weil alle Seiten ein rasches Ende erwarteten. Jetzt herrschte die gegenteilige Überzeugung. Basierend auf den Erfahrungen des „*Great War*" wurde allgemein angenommen, dass er dieses Mal mindestens genauso lange dauern und ebenso viele Opfer fordern würde. Chamberlain war überzeugt, dass Hitler dazu nicht bereit war und die vielen potenziellen Opfer nicht riskieren würde. Sollte dieser Fall dennoch eintreten, erwarteten die Briten erneut einen Stellungskrieg, da wie im Ersten Weltkrieg keine der beteiligten Armeen einen Vorteil gegenüber den anderen haben würde. „Dieses Patt werde schließlich zu Gesprächen und dann zu einem Ende der Kämpfe führen."[72] Für einen erneuten Stellungskrieg sahen sich Großbritannien und Frankreich ausreichend vorbereitet. Einen deutschen Sieg hingegen, zumal noch einen raschen, wie ihn die Wehrmacht im Sommer 1940 dann tatsächlich erringen sollte, erwarteten Briten und Franzosen nicht. Dies gilt übrigens auch für die deutsche Generalität und Hitler selbst. Auch deshalb schien es sinnvoll, in München nachzugeben. Das Abkommen mit Deutschland verhinderte die befürchtete Herausforderung an mehreren Fronten und erlaubte es, das Empire und die englische Großmachtstellung zu sichern. Doch wie überfordert Großbritannien tatsächlich war, zeigte sich in aller Deutlichkeit, als der Zweite Weltkrieg mit dem Überfall auf Polen ausbrach.[73]

---

69 Temple, Mick. S. 41.

70 Ebd. S. 41.

71 Foot, Michael, Owen, Frank und Howard, Peter (Cato). S. 42.

72 Vgl. Brüggemeier, Franz-Josef. S. 191.

73 Vgl. S. 191.

Auf den deutschen Einmarsch in Polen hin erklärten am 3. September 1939 das Vereinigte Königreich und Frankreich Deutschland den Krieg. Während des Kriegs in Polen konnte die britische Armee vor allem aufgrund des schnellen Vormarschs der Wehrmacht nicht mehr eingreifen. Vielmehr wurden zunächst innenpolitische Kriegsvorbereitungen getroffen. Premierminister Neville Chamberlain nahm Winston Churchill, zuvor Anführer der innerparteilichen Opposition und heftiger Kritiker des Appeasements, als Marineminister in seine Kriegsregierung auf. Zudem wurden die Steuern erhöht, wichtige Güter rationiert und die Wehrpflicht wiedereingeführt. Erste militärische Aktion war eine Seeblockade gegen das Deutsche Reich. Bodentruppen wurden erstmals gegen den deutschen Überfall auf Dänemark und Norwegen eingesetzt, dann jedoch ohne größere Kampfhandlungen abgezogen, weil die Deutschen erneut überraschend schnell vorgingen. Briten und Franzosen hatten die deutsche Besetzung Polens und Dänemarks sowie den Angriff auf Norwegen nicht verhindern können. Mit dem Scheitern des ‚Plans R 4', der Invasion des neutralen Norwegens durch die alliierten Truppen, verlor Premier Chamberlain den letzten politischen Rückhalt in Bevölkerung und Parlament. Nach der Debatte um die fehlgeschlagene Hilfe für Norwegen sah sich der frühere Verfechter der Appeasement-Politik zum Rücktritt gezwungen. Als Reaktion darauf wurde Churchill neuer Premierminister und bildete eine Koalitionsregierung. In Frankreich kam es kurz darauf zu den ersten schweren Kämpfen und einer Niederlage des britischen Expeditionsheeres, die in der Schlacht von Dünkirchen am 3. Juni 1940 und dem folgenden spektakulären Rückzug von rund 340.000 britischen Soldaten auf die englische Insel gipfelte.[74]

Frankreich kapitulierte im Juni 1940, womit das Vereinigte Königreich isoliert war. Spätestens ab diesem Moment kam der britischen Presse eine entscheidende Rolle als Kommunikator zu, obwohl sie selbst während des Krieges auch einigen Schaden genommen hatte: „The British press, after a shaky start, had a ‚good war' and yet, by the end of the war, its central role in the public sphere as a trusted purveyor of news had gone. […] The bitter struggles of the pevious two decades between the political classes and the press barons had helped to damage the reputation of the press."[75] Ganz besonders nach dem britischen Rückzug von Dünkirchen im Mai 1940 hatte die britische Presse ihre erste große Stunde, „which was to be one of its finest hours"[76]. Dünkirchen wurde von der

74 Vgl. Frieser, Karl-Heinz: Blitzkrieg-Legende. Der Westfeldzug 1940. München 2005. S. 251 und Brüggemeier, Franz-Josef: S. 197.

75 Foot, Michael, Owen, Frank und Howard, Peter (Cato). S. 43.

76 Ebd. S. 44.

britischen Presse als heroische Stunde beschrieben, was zwar der Realität nicht entsprach, aber entscheidend mithalf, die Moral der britischen Bevölkerung zu heben und letztlich wesentlich zur Entscheidung beitragen sollte, dass Großbritannien alleine gegen die deutsche Übermacht weiterkämpfen sollte. Mehr noch: Der Zeitungstriumph von Dünkirchen „was the result of a brilliant piece of myth-making (largely) by the British press. […] The press reports talked in biblical terms: God really was on our side, claimed the Sunday Dispatch."[77]

Dünkirchen sollte allerdings nicht der einzige Mythos der britischen Presse bleiben: „future lnd, sea and air battles would achieve such status, notably El Alamein, the sinking of the Bismarck and the Battle of Britain."[78] Besonders der „Battle of Britain" sollte eine entscheidende Rolle am Ausgang des Zweiten Weltkriegs spielen: Im Sommer und Herbst 1940 kam es zur entscheidenden Phase der Luftschlacht um England. Die deutsche Luftwaffe versuchte zunächst ihren britischen Gegner am Boden zu vernichten, um eine Invasion auf der Insel vorzubereiten. Als dies misslang, gab Hitler im Herbst 1940 die Invasionspläne auf und setzte verstärkt auf den Luftkrieg gegen englische Städte. Bei deutschen Luftangriffen wurden Coventry, große Teile Londons und anderer Städte zerstört und mehr als 32.000 Zivilisten getötet. Bereits im Februar 1940 waren britische Truppen in Abessinien erfolgreich gegen Italien als Verbündeten Deutschlands vorgegangen und waren damit auch auf dem afrikanischen Kriegsschauplatz aktiv geworden, vor allem um seine Positionen im Nahen Osten zu schützen. Die Situation entspannte sich etwas, als Anfang 1941 die Vereinigten Staaten Großbritannien mit Kriegsmaterial unterstützten (Leih- und Pachtgesetz vom 11. März 1941) und im August die Atlantik-Charta zwischen Churchill und dem US-amerikanischen Präsidenten Franklin D. Roosevelt vereinbart wurde.

Nach dem japanischen Angriff auf Pearl Harbor im Dezember 1941 wurden große Teile des britischen Empire in Südostasien von den Japanern besetzt, wodurch Churchill innenpolitisch unter Druck geriet. Im August 1942 scheiterte eine erste, übungsweise durchgeführte Landung an der französischen Küste. Churchills politische Lage verbesserte sich mit der günstigeren militärischen Lage im Herbst 1942. Im Frühjahr 1942 begann die britische Luftwaffe mit verstärkten Angriffen auf Ziele in Deutschland, zunächst wurden ausschließlich militärische Einrichtungen unter Feuer genommen, schnell aber auch Städte, wobei dieses Vorgehen auch in Großbritannien umstritten war. Am 1. Dezember 1942 legte Lord William Beveridge einen Bericht zur Einführung des

---

77 Foot, Michael, Owen, Frank und Howard, Peter (Cato). S. 47.
78 Ebd. S. 47.

Wohlfahrtsstaates vor. Von Ende 1942 an stellten sich militärische Erfolge ein, zum einen im Nordafrikafeldzug unter Führung des Generals Bernard Montgomery, zum anderen bei der Invasion Siziliens und Italiens 1943, schließlich bei der Invasion in Frankreich 1944 und der endgültigen Niederwerfung Deutschlands 1945. Rund 300.000 britische Soldaten waren gefallen, etwa 60.000 britische Zivilisten durch deutsche Luftangriffe umgekommen. Dennoch haben die Briten mit ihrem Durchhalten 1940/41 einen ganz entscheidenden Beitrag zum Ausgang des Krieges geleistet, wobei der Anteil der britischen Presse (auch des Radios) besonders betont werden muss.

Kaum war der Zweite Weltkrieg mit der Kapitulation von Nazideutschland zumindest in Europa beendet, wurde Churchill aus dem Amt gewählt. Denn trotz des militärischen Sieges wurden die Konservativen bereits am 5. Juli 1945 abgewählt und Clement Attlee wurde erster Labour-Premier mit einer eigenen parlamentarischen Mehrheit. Erstmals war es der Labour-Partei gelungen, im größeren Umfang bürgerliche Wähler zu gewinnen.[79] Dabei hatte Churchill im Vertrauen des sicheren Sieges – und angespornt von Lord Beaverbrook – mit der Beendigung der Kampfhandlungen in Europa eine kurzfristige Unterhauswahl angesetzt, von der er annahm, dass er sie haushoch gewinnen würde. Doch Fehler in der Präsentation seines Wahlprogramms und überzogene Warnungen vor einer kommunistischen Machtübernahme im Falle eins Labour-Sieges kosteten den Kriegspremier letztlich das Amt. Nicht zu unterschätzen waren hier auch die Verschiebungen innerhalb der britischen Presselandschaft, denn „by the end of the war and for the first time, the working class dominated the consumption of the available forms of mass media". Hinzu kommt, dass Churchill in den Augen vieler Briten zwar der „war hero" war, doch: „People remembered not the war but the miseries and blunders that had preceded it."[80]

All das war am 8. Mai 1945 allerdings noch nicht abzusehen. An jenem Tag endeten in Europa die Kämpfe, doch in Asien hielten sie an, bis Japan nach den amerikanischen Atombombenangriffen auf Nagasaki und Hiroshima am 15. August kapitulierte. Doch selbst danach herrschte in Asien, im Nahen Osten und weiten Teilen Afrikas noch kein Frieden.[81] Vielerorts war die europäische Kolonialherrschaft durch den Krieg geschwächt, und Unabhängigkeitsbewegungen kämpften für die Freiheit ihrer Länder. Doch damit wollte sich besonders das Vereinigte Königreich nicht abfinden und trat weiterhin als globaler Akteur auf.

---

79 Vgl. Schwarz, Klaus-Dieter. S. 48.
80 Engel, Matthew. S. 173.
81 Brüggemeier, Franz-Josef. S. 222f.

Zwar nicht gegenüber den USA und der Sowjetunion, definitiv aber gegenüber ihren eigenen Kolonien. „Diese hielten sie nach wie vor für unreif und wollten ihre Herrschaft noch auf Jahre behalten, notfalls auch mit Gewalt.“[82] Damit nahmen sie in Europa automatisch eine Sonderrolle ein, obwohl der Kontinent, so viel stand kurz nach Kriegsende fest, nie wieder so sein sollte wie zuvor. Europa hatte die Welt mehrere Jahrhunderte lang dominiert und lag buchstäblich in Trümmern. Die nunmehr dominierenden Weltmächte USA und Sowjetunion hatten ihren Machtbereich enorm ausdehnen können. In einer Reihe von Staaten wurden Besatzungstruppen stationiert, ihr jeweiliges politisches System eingeführt und Militärstützpunkte errichtet. Sie stiegen folglich zu globalen Supermächten auf. Großbritannien wiederum hatte riesige Schulden angehäuft und entging 1946 nur knapp dem Staatsbankrott, nicht zuletzt dank einer US-Anleihe in Höhe von 3,5 Milliarden Dollar.[83] Am Ende des Krieges war Großbritannien im wahrsten Sinne am Ende seiner Kräfte angekommen. Nichtsdestotrotz war es einer der Sieger und nach wie vor eine Weltmacht –wenn auch nur noch auf Abruf. Das United Kingdom konnte nicht davon ausgehen, mit den beiden neuen Weltmächten zu konkurrieren. „Dieses anerkennend, stellte es sich dennoch seiner weltweiten Verantwortung – in Gestalt von Verteidigungsverpflichtungen rund um den Erdball [...], nicht zuletzt auch in militärischer Rolle in Deutschland, Griechenland, Österreich und Italien. Die größte Sorge Großbritanniens war jedoch, was mit der Sowjetunion und dem Mächtegleichgewicht in Europa geschehen sollte.“[84] Gerade die Vereinigten Staaten von Amerika sollten Großbritannien zusehends zu ihrem eigenen Juniorpartner machen und „in die Unterwürfigkeit“[85] führen.

Zur selben Zeit gewannen antikolonialistische Bewegungen an Bedeutung. Die Situation wurde durch die wachsenden Spannungen im Kalten Krieg zwischen den Vereinigten Staaten und der Sowjetunion weiter verkompliziert. Beide Staaten lehnten den europäischen Kolonialismus ab, wenngleich bei den Amerikanern und Westeuropäern der Antikommunismus weitaus stärker ausgeprägt war als der Antiimperialismus und die Briten deshalb weiterhin Unterstützung erhielten. Das Ende des Britischen Weltreichs war endgültig absehbar und Großbritannien versuchte eine Politik des friedlichen Rückzugs aus den Kolonien,

82 Ebd. S. 222.
83 Vgl. Smith, Simon. S. 201.
84 Sked, Alan. S. 83.
85 Charmley, John: Der Untergang des Britischen Empires. Roosevelt – Churchill und Amerikas Weg zur Weltmacht. Graz 2005. S. 71.

was nicht immer gelang.[86] Ziel war es einerseits die Staatsgewalt an stabile antikommunistische Regierungen zu übertragen und andererseits durch stabile wirtschaftliche Beziehungen den britischen Siedlern weiterhin eine sichere Heimat zu garantieren. In manchen ehemaligen Kolonien Afrikas etablierte sich jedoch ein afrikanischer Sozialismus, beispielsweise in Sambia oder Tansania. Andere Staaten wie Frankreich oder Portugal, führten teilweise kostspielige und letztlich erfolglose Kriege, um ihre Kolonialreiche zu retten. Zwischen 1945 und 1965 nahm die Zahl der Menschen, die außerhalb des Vereinigten Königreichs unter britischer Herrschaft standen, von 700 Millionen auf fünf Millionen ab (davon drei Millionen in Hongkong).[87] Im Laufe der kommenden Jahre zog sich Großbritannien auch von anderen Stützpunkten und Kolonien zurück, so aus Zypern (1960), den Westindischen Inseln (1962), Bahamas (1973) und anderen Orten, so dass als nennenswerter Besitz schließlich nur Hongkong (bis 1997) blieb. In diesen Fällen verlief die Übertragung der Macht ohne größere Probleme und löste in der britischen Öffentlichkeit nur wenig Widerspruch aus. „Das Ende des Empire war gekommen, daran gab es keinen Zweifel."[88]

Der Moment, als dies auch der britischen Bevölkerung bewusst wurde, war die Suez-Krise 1956. Anthony Eden hatte gerade erst den Posten des Premierministers von dem für eine Wahlperiode zurückgekehrten Winston Churchill übernommen, als die Krise um den Suez-Kanal auch die britische Presse vor eine Zerreißprobe stellen und entzweien sollte. „In circulation terms the press were fairly evenly divided on the issue although the majority of papers were generally supportive of tough action."[89] Das politische Problem um den Suez-Kanal war nicht der Kanal selbst, der vom ägyptischen Machthaber Gamal Abdel Nasser und der von ihm verstaatlichten „Suez Canal Company" handstreichartig übernommen wurde, sondern die – im Nachhinein vorschnelle – Reaktion von Franzosen und Briten, deren Regierungen an der Company beteiligt waren. Die Franzosen eroberten den Kanal schließlich zurück, „Eden agreed with the French, but his decision to invade Egypt and ‚recapture' the Canal was to destroy his reputation."[90] Der militärische Einmarsch scheiterte schließlich, vor allem an der Intervention der beiden neuen Supermächte USA und UdSSR.

86 Vgl. Smith, Simon. S. 247.
87 Vgl. Ebd. S. 251.
88 Brüggemeier, Franz-Josef: S. 256 und Abromeit, Heidrun und Stoiber, Michael: Demokratien im Vergleich. Einführung in die vergleichende Analyse politischer Systeme. Wiesbaden 2005. S. 156f.
89 Temple, Mick. S. 59.
90 Ebd. S. 59.

In der Forschung wird Edens Anteil an dem britischen Desaster – weder die Rückgabe des Kanals noch der Sturz Nassers wurden erreicht – unterschiedlich bewertet. Auch wenn die Invasion letztlich vor allem auf in der Öffentlichkeit blamable Art und Weise scheiterte und hierbei insbesondere der weltpolitische Einfluss der USA und Sowjetunion deutlich wurden, stand Eden unter dem Druck vor allem der heimischen Presse: Nassers politischer Streich könne nicht ungesühnt bleiben, „the public and the press were generally outraged by Nasser's presumption and the public mood favoured decisive intervetion. Also, the Conservative-supporting press had been highly critical of Eden virtually since his arrival in office."[91] Besonders die konservativen Zeitungen hatten schon kurz nach seiner Amtseinführung keine Geduld mehr mit Churchills Zögling.[92] Und der Druck auf Edens Regierung nahm schon vor der Suez-Krise deutlich zu, denn auch die Presse spürte, dass sich Großbritanniens Stellung als Weltmacht dem unausweichlichen Ende nähern sollte. „Such persistent criticism from his supposed allies in the press could not fail to have ‚a major impact on subsequent developments'. The jibes of the Conservative press, combined with Eden's desperation to prove himself a charismatic and decisive leader after so long waiting so take over from Churchill, must have contributed to his decision for military intervention."[93] Insgesamt positionierten sich lediglich vier überregionale Zeitungen gegen eine militärische Intervention: Der *Daily Mirror*, der *Daily Herald*, der *News Chronicle* und der *Guardian*. Hier zeigte sich, ähnlich wie im Falle der *Daily Mail* im Ersten Weltkrieg, dass die Zeitungen, die sich gegen den Krieg stellten, teils dramatisch an Auflage verloren. Einzige Ausnahme war hier der *Daily Mirror*, „its opposition to the Suez invasion went down well with its readership and Labour supporters."[94] Eigene Fehler hatte sich die Presse, links wie rechts gleichermaßen, bei der Suez-Krise nicht eingestanden: „The press have always had short memories for their own errors of judgement. Embarrasing military defeat – or perhaps more accurately and fairly, embarrasing knee-bending to the dictates of the new super-powers – was something even supporters of the original action found hard to stomach and the press were unremitting in their criticism."[95] Eine direkte Folge des Suez-Debakels war der Rücktritt Edens Anfang 1957, offiziell aus gesundheitlichen Gründen, „although he would have

91 Ebd. S. 59.

92 Vgl. Greenslade, Roy: Press Gang. How Newspapers make Profits from Propaganda. Basingstoke/Oxford 2003. S. 130.

93 Temple, Mick. S. 59f.

94 Ebd. S. 60.

95 Ebd. S. 60.

had to resign anyway: the blow to Britain's pride was too enormous to pass without him accepting the ultimate responsibility."[96]

Das Ende der britischen Weltmachtstellung zeichnete sich also sowohl für die Briten selbst als auch für den Rest Europas und vor allem den langjährigen Partner, die USA, immer deutlicher ab – zumindest aus heutiger Sicht. In der zweiten Hälfte des 20. Jahrhunderts erschwerten allerdings der Kalte Krieg und das enge britische Verhältnis zu den USA eine objektive Beurteilung. Ein Beispiel dafür sind die britischen Atomwaffen, die eigens dafür entwickelt wurden, um eine von den USA unabhängigere Außenpolitik betreiben zu können. Dies erwies sich in der Praxis allerdings als nicht ganz einfach, denn Atomwaffen waren nicht gerade günstig in der Unterhaltung. Um sie einzusetzen, waren Raketen erforderlich, deren Entwicklung hohe Summen verschlang und deren Einsatz eine kostspielige globale Infrastruktur erforderte. Beides konnte die britische Regierung nicht finanzieren. Sie besaß zwar Atombomben, musste aber in den USA Raketen „bestellen", die der damalige US-Präsident John F. Kennedy schließlich 1962 zusagte. „Damit war der Anspruch, eine Großmacht zu sein und über eigene Atomwaffen zu verfügen, vordergründig gewahrt, allerdings wurde auch die elementare Abhängigkeit von den USA deutlich."[97] An dieser Stelle lässt sich festhalten, dass die 1960er Jahre einen endgültigen Wendepunkt in der außenpolitischen Bedeutung des UK markierten.

Das gefiel – vor allem auf dem europäischen Kontinent – nicht allen (ehemaligen) Partnern und auch nicht den britischen Medien, die begannen, sich besonders auf Frankreich als Gegenspieler einzuschießen. Insbesondere der französische Staatspräsident Charles de Gaulle wurde, zum Teil auch zu Recht, als Gegner einer britischen Annäherung zum europäischen Kontinent beschrieben.[98] Wie schon der Verlauf der Suezkrise bestätigte die US-britische Vereinbarung über die Atomwaffen seine Überzeugung, Großbritannien sei „lediglich ein Pudel Washingtons"[99], aber kein verlässlicher europäischer Partner. Diese Meinung de Gaulles sollte sich noch als wegweisend für die britischen Beitrittsgesuche zu den europäischen Institutionen erweisen. „De Gaulle war wütend, dass Großbritannien bereit war, eher Atomraketen in Amerika zu kaufen als in der Frage atomarer Verteidigung mit Frankreich zusammenzuarbeiten. Deshalb

96 Ebd. S. 60.

97 Brüggemeier, Franz-Josef. S. 256.

98 Vgl. The Guardian, online (Nesta Roberts): Emphatic ‚No' by de Gaulle. Ursprünglich veröffentlicht am 28. November 1967.

99 Ebd. S. 256.

glaubte er, Großbritannien sei nicht wirklich europäisch eingestellt.“[100] Am französisch-britischen Verhältnis sieht man anschaulich, wie sehr sich die politischen Verhältnisse auf dem Kontinent innerhalb weniger Jahre verschoben hatten: „After Charles de Gaulle's inauguration as president in January 1959, France seemed to have the upper hand for the first time since the beginning of the second world war.“[101]

Hinzu kamen die engen Beziehungen zum Commonwealth, so dass de Gaulle gegen die britischen Versuche, der Europäischen Wirtschaftsgemeinschaft beizutreten, mehrfach sein Veto einlegte.[102] De Gaulle selbst hatte wohl auch privat keine allzu hohe Meinung zum Empire: „l'Angleterre, ce n'est plus grand chose (‚England is not much any more‘).“[103]

Neben den Atomwaffen verursachten vor allem die weltweiten britischen Stützpunkte erhebliche Kosten. Im Verlauf des Kalten Krieges schienen sie erforderlich zu sein, und die britischen Regierungen hielten ausnahmslos daran fest, auch Labour. Doch die Kosten stiegen immer weiter, und die Bereitschaft der Wähler, dafür aufzukommen oder gar selbst Wehrdienst zu leisten, schwand. Aus diesen Gründen beendete die konservative Regierung unter Harold Macmillan 1960 die Wehrpflicht, kürzte den Militäretat und zog britische Truppen in den folgenden Jahren auf europäische Stützpunkte zurück. Diese Politik setzte die dann amtierende Labour-Regierung ab 1964 fort. Daraufhin entstanden neue Bündnisse, vor allem in Asien. Hier übernahmen Australien, Neuseeland und Japan, aber auch Singapur und Malaysia zusätzliche Verpflichtungen. Doch in erster Linie wurde die britische Hegemonie durch eine US-amerikanische ersetzt. Eine besondere Kontroverse war der Vietnamkrieg, für den die USA Unterstützung von Großbritannien einforderte, diese aber nur begrenzt erhielt. Trotz hartnäckigen Drängens weigerte sich die britische Regierung unter Premierminister Wilson, den USA Truppen für ihre Kriegsführung zur Verfügung zu stellen. So weit ging die Abhängigkeit zu den USA zwar nicht, aber die wirtschaftliche Situation des UK verschlechterte sich zusehends und die Handlungsmöglichkeiten wurden noch enger. Vor allem das Pfund geriet unter Druck und musste 1967 trotz aller Bemühungen abgewertet werden. Die Labour-Regierung erlebte dies als Niederlage und beschloss endgültig, ihre Truppen „East

100 Sked, Alan. S. 85.

101 The Guardian, online (Kathryn Hadley): Back when Britain was banging on Europe's door. 13. Oktober 2012.

102 Vgl. Loth, Wilfried: De Gaulle. München/Zürich 1997. S. 232.

103 The Guardian, online (Kathryn Hadley): Back when Britain was banging on Europe's door. 13. Oktober 2012.

of Suez“[104], also aus Südostasien, abzuziehen. Die britischen Großmachtambitionen waren nun auch offiziell an ihr Ende gekommen.[105] Schon als Indien 1947 unabhängig wurde, äußerte der südafrikanische Premier Jan Christiaan Smuts den vielsagenden Satz: „Das Römische Empire brauchte 500 Jahre, um zu sterben. Jetzt erleben wir einen vergleichbaren Prozess fast in Monaten.“[106] In der Tat: Der britische Abschied erfolgte erstaunlich rasch und folgenlos – zwar nicht für die Kolonien, wohl aber für Großbritannien. „In den 1950er Jahren wurde immer deutlicher, dass sich das Empire politisch, moralisch und nicht zuletzt ökonomisch überlebt hatte. Die Kosten stiegen und ließen sich immer weniger rechtfertigen, zumal gerade zu dieser Zeit ein Niedergang der britischen Wirtschaft befürchtet wurde, der Politik und Öffentlichkeit mehr beschäftigte und kontroversere Diskussionen auslöste als der Abschied vom Empire.“[107]

Debatten über einen Niedergang hatte es zuvor mehrfach gegeben, etwa um die Jahrhundertwende oder in den 1930er Jahren. Dabei hatte gerade der Vergleich mit den USA und Deutschland in den heimischen Medien eine große Rolle gespielt. Genau das war auch jetzt, wenige Jahre nach dem Zweiten Weltkrieg, der Fall, als ab Ende der 1950er Jahre Statistiken über die wirtschaftliche Entwicklung verschiedener Länder informierten. Großbritannien schnitt nicht gut ab, vor allem im Vergleich zu Deutschland, das den Krieg verloren hatte und zu großen Teilen zerstört war, Anfang der 1950er Jahre aber sein Wirtschaftswunder erlebte.[108] „Es ist nicht nur der Abschiedsschmerz beim Verlassen der weltpolitischen Bühne, auf der das britische Königreich im 18. und 19. Jahrhundert nur erste Rollen und im 20. wenigstens zweite Rollen gespielt hat. Die Engländer befinden sich in dieser Stimmung schon seit Ende des Zweiten Weltkrieges, den sie zwar gewonnen haben, der sie aber das British Empire gekostet hat.“[109]

In den 1960er- und 1970er- Jahren war der Großteil der britischen Kolonien und Protektorate im Zuge der Dekolonisierung schließlich unabhängig geworden. Das Britische Empire hatte sich aufgelöst und Großbritannien Schritt für Schritt von einer Weltmacht zu einer europäischen Mittelmacht entwickelt.[110] Dem britischen Politiker, Schriftsteller und Herausgeber Ian Gilmour zufolge

---

104 Brüggemeier, Franz-Josef. S. 257.
105 Vgl. Ebd. S. 257.
106 Brüggemeier, Franz-Josef. S. 257.
107 Ebd. S. 257.
108 Vgl. Ebd. S. 257.
109 Schwarz, Klaus-Dieter. S. 11.
110 Vgl. Smith, Simon. S. 207.

lässt sich die Entwicklung Großbritanniens im 20. Jahrhundert folgendermaßen zusammenfassen: „Even before the war, Britain held a position in the world which her power did not warrant. Her Empire looked wonderfully impressive on the map, but she was in reality greatly overstretched. [...] The Empire did well to last as long as it did. The rise of the two super-powers, America and Russia, merely accentuated Britain's loss of status and power."[111]

## 2.2 Im Spannungsfeld: „Britishness" und vertiefte europäische Integration

Englands schwieriger Weg nach Europa ist ohne seine imperiale Geschichte und ihre Nachwirkungen sowie seine politische Geographie nicht erklärbar. Zum einen begünstigte und beschützte die Insellage von jeher Englands Unabhängigkeit, der freie Zugang zu den Weltmeeren ermöglichte erst den Aufstieg des Königreichs zur Weltmacht.[112] Gefahr drohte höchstens vom katholischen Absolutismus Spaniens und später dem sowjetischen Kommunismus. Diesen Gefahren begegnete das Vereinigte Königreich immer wieder mit Paktsystemen, die Europa und seine kontinentalen Mächte beeindrucken sollten, damit England sich seinen weltweiten Interessen widmen konnte.[113] Großbritanniens Interesse lag also jahrhundertelang darin, die Länder auf dem Kontinent im Gleichgewicht zu halten und gewissermaßen eine europäische Einheit zu verhindern, indem es alle hegemonialen Versuche, diese Einheit herzustellen, blockierte. Diese Rolle spielte die britische Politik bis zur Zeit Winston Churchills, der sein Land machtbewusst und zunächst fast auf sich allein gestellt in den Zweiten Weltkrieg zur Abwehr des deutschen Hegemonialversuchs und zur Bewahrung des Empires geführt hatte.[114]

Dieser letzte Akt britischer Weltmachtpolitik, der Sieg über Deutschland, beendete nicht nur das europäische Mächtesystem, sondern auch die englische Kolonialherrschaft. Immerhin war es dem Königreich möglich, wenigstens „die Reste des britischen Status als Großmacht durch Fortsetzung der angloamerikanischen Allianz in der Ära des Kalten Krieges zu bewahren und in das neue Gleichgewicht der Supermächte einzubringen".[115] Aus dieser Perspektive ist es durchaus nachvollziehbar, dass Großbritannien nicht bereit war, diese

111 Gilmour, Ian: Inside Right. A Study of Conservatism. London 1977. S. 13.
112 Vgl. Ebd. S. 19.
113 Vgl. Ebd. S. 19.
114 Vgl. Ebd. S. 19.
115 Gilmour, Ian. S. 19.

„Restbestände" seiner einstigen Rolle als Großmacht in Europa zu integrieren. Genauso war übrigens Frankreich darauf bedacht, dass die Gemeinschaftspolitik seinen nationalen Interessen nicht zuwiderlief, sondern diesen viel eher zu dienen hatte.[116]

Klar war aber auch, dass Großbritannien durch die Geschehnisse auf dem europäischen Kontinent eine Sonderrolle einnehmen würde: „In the wake of the second world war the shattered nations of Western Europe looked instinctively towards Britain for leadership in the immediate chaos of the post-war world."[117] Britische Politiker unterstützten die europäischen Einigungsbemühungen, obwohl sie sich selber nicht daran beteiligen wollten. Dies betonte beispielsweise Winston Churchill bereits im September 1946 an der Universität Zürich, wo er eine vielbeachtete Rede hielt, in der er die Lage Europas analysierte und einen Plan für Westeuropa aufstellte: „[...] we must re-create the European family in a regional structure called, it may be, the United States of Europe. [...] Great Britain [...] must be the friends and sponsors of the new Europe and must champion its right to live and shine."[118] Churchills Forderung nach den „Vereinigten Staaten von Europa" (ohne Großbritannien und das Commonwealth) sollte eine gemeinsame europäische Bewegung in Gang setzen, aus der 1949 der Europarat zur Förderung der Kooperation und Demokratie hervorging.[119] Churchill sagte 1946 in Zürich: „We must all turn our backs upon the horrors of the past. [...] There is a remedy which [...] would in a few years make all Europe [...] free and [...] happy. It is to re-create the European family, or as much of it as we can, and to provide it with a structure under which it can dwell in peace, in safety and freedom. We must build a kind of United States of Europe."[120] Churchill sah in dieser Art von enger, staatlicher Zusammenarbeit zur Verhinderung zukünftiger einzelstaatlicher Hegemonie und damit Kriege allerdings keine Aufgabe für das britische Empire: „Great Britain [...] must be the friends and sponsors of the new Europe and must champion its right to live and shine."[121]

---

116 Vgl. Ebd. S. 19 und Powell, David: Nationhood & Identity. The British State since 1800. London/New York 2002. S. 135f.

117 Richard, Ivor et al.: Europe or the open Sea? The Political and Strategic Implications for Britain in the Common Market. London 1971. S. 20.

118 Jansen, Jürgen: Britische Konservative und Europa. Debattenaussagen im Unterhaus zur westeuropäischen Integration 1945–1972. Baden-Baden 1978. S. 107.

119 Vgl. Rotte, Ralph: Stichworte zur Entwicklung des internationalen Systems 1648–1990/91. S. 126.

120 The Churchill Society London, online: Mr. Winston Churchill speaking in Zurich 19th September 1946.

121 Ebd.

Wichtig aus britischer Sicht war, dass Europa von wirtschaftlichem Ruin und politischer Teilung beschützt werden sollte. „[...] in dealing with this Britain felt America held the key to European recovery with her immense riches and resources. And America now seemed ready to help. France, Germany and Italy desperately needed help."[122] Trotzdem konnte und wollte Großbritannien nicht alleine die Koordinierung der europäischen Einigung übernehmen: „Britain was too weak to carry the burden alone; and when the logic of this was accepted Marshall aid was born; but Britain had been ready to seize the initiative the moment the American Government indicated its willingness to act. [...] Europe's recovery was about to begin. Britain felt reassures that America now saw where her responsibilities lay."[123]

Der Druck auf eine zunehmend stärkere europäische Zusammenarbeit stieg zunehmend, besonders auf wirtschaftlichem und militärischem Gebiet. „Britain perceived the need for several overlapping and complementary institutions of which the setting up of the Organization for European Economic Recovery (OEEC) was one, together with the co-ordinating role provided by the European Recovery Programme (ERP) which sought to approach the problem of Europe's diverse needs in a comprehensive way."[124] „Britain's attitude towards Europe was [...] a little Olympian and disdainful: to the French it certainly appeared patronizing. [...] in the early post-war years Sir Winston Churchill and other prominent Conservative politicians played a distinguished part in the nascent European movement."[125] Die angestrebte Einigung beziehungsweise Zusammenarbeit sahen die britischen Politiker in erster Linie als Aufgabe der kontinentaleuropäischen Staaten, die nach dem Krieg zunächst stabile Demokratien aufbauen und etablieren mussten und für den Wiederaufbau einander sowohl politisch wie ökonomisch benötigten. Im Vergleich dazu präsentierte sich Großbritannien äußerst stabil und besaß seine wichtigsten Handelspartner außerhalb Europas. Entsprechend gering blieb deshalb auch das britische Interesse an der 1957 gegründeten Europäischen Wirtschaftsgemeinschaft.

Man darf bei einer analytischen Betrachtung dieser ersten europäischen Annäherungsversuche nicht außer Acht lassen, dass viele – vor allem konservative – Abgeordnete und auch die meisten nationalen Zeitungen bis etwa 1960 nicht nur ablehnend den supranationalen Tendenzen in Bezug auf eine mögliche

---

122 Richard, Ivor et al. S. 22.

123 Ebd. S. 22f.

124 Ebd. S. 23.

125 Richard, Ivor et al. S. 23.

britische Beteiligung gegenüberstanden, sondern auch allgemein an dem Gelingen des europäischen Ansatzes. „It is one of the sad features of European federalism that it tends to prevent the unifying of Europe."[126] Jean Monnet, französischer Wegbereiter der europäischen Einigungsbestrebungen, hatte bereits in den 1940er Jahren vor der Gründung der Europäischen Gesellschaft für Kohle und Stahl (EGKS) zwei Anläufe unternommen, um Großbritannien für die Idee einer europäischen Integration zu gewinnen, im Juni 1940 und erneut im April 1949. Sein Ziel war die Gründung einer Wirtschaftsunion zwischen Frankreich und Großbritannien, die als Grundstein für eine europäische Wirtschaftsunion fungieren sollte. Großbritannien und Frankreich sollten kooperativ die Führungsrolle in Europa übernehmen. Beide Initiativen scheiterten am Desinteresse Großbritanniens. Jean Monnet und der französische Außenminister Robert Schumann veränderten daraufhin ihre Strategie. Unterstützt durch die USA arbeiteten sie nun an einer französisch-deutschen Partnerschaft als Motor für die europäische Integration. Politisch wurde diese Führungsstruktur mit der Gründung der Montanunion umgesetzt.[127] Hierbei bestimmten allerdings „nicht [ein] Gesellschaftsideal, sondern wirtschaftliche und politische Selbsterhaltung die Römischen Verträge"[128].

Die ablehnende Haltung der Briten gegenüber den französischen Offerten resultierte zum einen aus den anhaltenden politischen Spannungen zwischen Frankreich und Großbritannien. Zum anderen war die britische Wirtschaft zum Zeitpunkt der Verhandlungen um die Etablierung europäischer Kooperationsstrukturen noch zu sehr mit dem Commonwealth verwoben, als dass eine wirtschaftliche Integration mit Europa denkbar gewesen wäre. 1950 gingen knapp 50 Prozent der britischen Exporte in die Länder des Commonwealth. Umgekehrt importierte Großbritannien 42 Prozent seiner Waren aus dem Commonwealth. Noch zwanzig Jahre später gingen und kamen rund ein Viertel aller britischen Exporte und Importe in das bzw. aus dem Commonwealth. Der neue Zusammenschluss, so die Meinung in London, werde keine Dauer haben.[129] Für britische Wirtschaftsexperten erschienen die Mitgliedsländer zu schwach und deren Interessen zu unterschiedlich. Bald jedoch zeigte sich die EWG als stabiles, gut funktionierendes Gebilde. Außerdem wuchs die Wirtschaft der Mitgliedsländer

126 Jansen, Jürgen: S. 143 und Biggs-Davison, John: Council of Europe and Western European Union. Bloomington 1962. S. 861.

127 Vgl. Knill, Christoph: Staatlichkeit im Wandel. Großbritannien im Spannungsfeld innenpolitischer Reformen und europäischer Integration. Wiesbaden 1995. S. 49f.

128 Jansen, Jürgen. S. 12.

129 Vgl. Gilmour, Ian. S. 267.

schneller als erwartet. Der britische Handel mit der Wirtschaftsgemeinschaft nahm zu und war bereits 1960 wichtiger als mit den traditionellen Partnern Australien und Neuseeland. Diese lieferten weiterhin preiswertes Fleisch und Getreide, doch für die britischen Konsumenten war es wichtiger geworden, vom europäischen Festland günstige Kühlschränke und Automobile zu importieren.[130]

Kurz darauf strebte Premier Harold Macmillan einen EWG-Beitritt Großbritanniens an, der allerdings die Frage aufwarf, welche Folgen sich hieraus für die Länder des Commonwealth ergeben würden. Denn diese lieferten traditionell Lebensmittel nach Großbritannien, während der gemeinsame Agrarmarkt, der sich zum Kernstück der EWG entwickelte, durch Zölle geschützt war und Importe erschwerte. Entscheidender war jedoch das französische Veto de Gaulles. Doch auch unabhängig von seiner Meinung bestanden in Frankreich erhebliche Vorbehalte gegen einen britischen Beitritt, die zum großen Teil auf den britischen Rückzug von Dünkirchen und die Suezkrise oder das Raketenabkommen mit der US-Regierung zurückzuführen waren. Hinzu kam die Orientierung auf das Commonwealth, die der frühere amerikanische Außenminister Dean Acheson im Dezember 1962 passenderweise so beschrieb: „Großbritannien hat ein Empire verloren, aber noch keine neue Rolle gefunden."[131] Zumindest gab es Ersatzrollen, die Großbritannien Auswege beim „Abstieg in die Mittelmäßigkeit"[132] boten, beispielsweise eben das Commonwealth und die *„special relationship"* mit den USA, die das Königreich zum Juniorpartner in der „Anglo-Saxon World Order" des Kalten Krieges gemacht hat.[133]

De Gaulle seinerseits vermutete auch, dass die Briten „eben anders [sind, Anm. d. Verf.] als der Rest Europas wegen ihres Selbstverständnisses als Weltmacht mit Empire"[134]. Er sah sich durch Aussagen verschiedener britischer Politiker bestärkt. So lehnte Hugh Gaitskell, der Labour-Vorsitzende, auf dem Parteitag 1962 den EWG-Beitritt ab, da er das Ende Großbritanniens als unabhängigen Staat zur Folge habe: „Er bedeutet das Ende von tausend Jahren Geschichte. Ihr könnt sagen: Lass sie enden. Doch, du meine Güte, das ist eine Entscheidung, die etwas Sorgfalt und Nachdenken erfordert."[135] Die europäische Einigung

130 Ebd. S. 267.
131 Gilmour, Ian. S. 267.
132 Schwarz, Klaus-Dieter. S. 11.
133 Vgl. Ebd. S. 11.
134 Spiegel online (Anna Reimann): Cameron hat ein verantwortungsloses Spiel gespielt. 24. Juni 2016.
135 Gilmour, Ian. S. 268.

polarisierte aber auch bei den Konservativen, die sich ihrerseits vor allem um die Souveränität Großbritanniens sorgten.[136] Denn gerade hier stellte sich die Frage, wie die Souveränität des Staates im internationalen System trotz der europäischen Annäherung gewahrt werden konnte. Hinzu kommt, dass vor allem aus Sicht der Conservative Party der Charakter der britischen Europapolitik und des britischen Engagements in Westeuropa als „pragmatisch, empirisch, weniger anspruchsvoll bezeichnet“[137] wurde. Diese Standpunkte werden im Laufe dieser Arbeit noch genauer untersucht.

Mit Beginn der 1960er Jahre gingen die meisten britischen Politiker dazu über, ihre Erkenntnis, dass Großbritannien auf sich allein gestellt weder Weltmacht noch Zentrum der drei Kreise Europa, Commonwealth und atlantischer Raum sein konnte, in eine Politik umzusetzen, die sich des Naheliegenden bediente, um den eigenen weltpolitischen Ansprüchen, weiterhin genügen zu können: der in EGKS, Europäische Wirtschaftsgemeinschaft (EWG) und Euratom integrierten westeuropäischen Staaten.[138] Die britische Sonderrolle in Europa sollte zur Führungsrolle innerhalb Westeuropas umgewandelt werden, um Großbritannien erneut zu einer Weltmachtrolle zu verhelfen. Wie diese Rolle genau aussehen sollte, darüber gab es unterschiedliche Meinungen. In den 1960er Jahren übten konservative Beitrittsbefürworter auch Kritik an dem europapolitischen Verhalten der Labour-Partei. Selbst als sich Premier Wilson um einen EWG-Beitritt bemühte, wurden Labour-Vertreter von den Konservativen aufgefordert, sich stärker für eine westeuropäische Integration einzusetzen und ihre Politik des *„sitting on the fences“*, also sich alle Entscheidungen offen zu halten, zugunsten Europas aufzugeben.[139]

Unterdessen betrachtete der französische Präsident diesen Schritt ebenfalls als „voreilig“[140] und wollte, dass die EWG-Staaten zunächst eine gemeinsame Außen- und Sicherheitspolitik entwickeln. Doch seine Initiative war gescheitert. Die sechs Mitglieder waren noch nicht so weit, wie es de Gaulle gerne gehabt hätte. Keine gute Voraussetzung, fand er nun, für die Aufnahme weiterer Mitglieder. Außerdem, erklärte er Macmillan, würde ein Beitritt Großbritanniens das Gleichgewicht innerhalb der Gemeinschaft verändern und das Gewicht Frankreichs schmälern. Am 14. Januar 1963 äußerte sich de Gaulle im

136 Vgl. Jansen, Jürgen. S. 147.
137 Ebd. S. 145.
138 Vgl. Gilmour, Ian. S. 253.
139 Vgl. Ebd. S. 256.
140 Ebd. S. 268.

Élysée-Palast deutlich. „Der Vertrag von Rom ist zwischen sechs kontinentalen Staaten geschlossen worden, die, wirtschaftlich gesehen, von gleicher Art sind", sagte er. „Es gibt zwischen [diesen sechs] keine Streitigkeiten, keine Grenzprobleme, überhaupt keine Rivalität in Fragen von Macht oder Dominanz."[141] Außerdem sei keines der sechs Länder durch einen politischen oder militärischen Vertrag außerhalb der gemeinsamen Verpflichtungen gebunden. England hingegen, fuhr de Gaulle fort, sei insular, maritim, durch seinen Handel und seine Märkte den verschiedenartigsten und häufig weit auseinanderliegenden Ländern verbunden.[142] Auch habe das Land „in all seinem Tun sehr eigenwillige Gewohnheiten und Traditionen"[143]. Ein Beitritt der Briten und der anderen Kandidaten würde die Gemeinschaft daher unwiderruflich verändern. Es entstünde „eine riesige atlantische Gemeinschaft"[144], die von den USA abhängig wäre. Kurz gesagt, ein Beitritt kam nach wie vor nicht infrage.

De facto hatte der französische Präsident die Europäische Wirtschaftsgemeinschaft zunächst einmal zu einer geschlossenen Gesellschaft erklärt. Damit war die Tür für Großbritannien zu und der Weg für das große Fest der deutsch-französischen Freundschaft geebnet. Eine Woche später schloss de Gaulle mit Bundeskanzler Konrad Adenauer den deutsch-französischen Freundschaftsvertrag. Ein weiteres, inoffizielles Gründungsdokument, das die politische Statik der EU bis heute bestimmt. Ende Januar 1963 wurden die Beitrittsverhandlungen der Wirtschaftsgemeinschaft mit Großbritannien, Irland, Dänemark und Norwegen abgebrochen. Das Aus traf auch einen aufstrebenden Tory-Politiker: Edward Heath. Der spätere Premierminister hatte im Auftrag Macmillans in Brüssel verhandelt. Gewissermaßen zum Trost für de Gaulles Brüskierung wurde ihm noch im selben Jahr der Aachener Karlspreis für seine Verdienste um die europäische Einigung zugesprochen.[145]

Das de Gaullesche Motto – „Hier wir sechs und dort der Rest"[146] – hielt ein ganzes Jahrzehnt. Dennoch stellte das Vereinigte Königreich 1967 erneut einen Antrag auf Mitgliedschaft. Die wirtschaftliche Situation Großbritanniens hatte sich in den 1960er Jahren verschlechtert. Zudem fürchtete die britische

---

141 Wall, Stephen: The Official History of Britain and the European Community. London 2013. S. 224.

142 Vgl. Knill, Christoph. S. 55.

143 Ebd.: S. 55f.

144 Jansen, Jürgen. S. 172f.

145 Vgl. Karlspreis, online: Der Internationale Karlspreis zu Aachen. Für die Einheit Europas. Preisträger 1950–2016: www.karlspreis.de/preistraeger

146 Zeit online: Die Zeit Nummer 6/2013. 31. Januar 2013.

Regierung – seit Oktober 1964 amtierten Harold Wilson und Labour in 10 Downing Street – einen weiteren Macht- und Einflussverlust des Landes. Doch das ‚Nein' des französischen Präsidenten blieb zunächst unumkehrbar.[147] Doch erst 1969 nahm die Geschichte eine Wendung. Am 28. April trat Charles de Gaulle zurück. Sein Nachfolger Georges Pompidou signalisierte Zustimmung. Zudem wurde im Oktober in Bonn Willy Brandt zum Bundeskanzler gewählt. Im Dezember schließlich brachen die sechs EG-Staaten auf einer Gipfelkonferenz in Den Haag den Bann und beschlossen, möglichst rasch mit allen beitrittswilligen Ländern zu verhandeln. Im Gegenzug für sein Einlenken erhielt Pompidou weitreichende Zugeständnisse in der Agrarpolitik. Außerdem verständigten sich die Regierungschefs darauf, eine Wirtschafts- und Währungsunion (WWU) zu etablieren. Frankreich, so lässt sich sagen, ermöglichte erst nach dem Erfolg der westdeutschen Ostpolitik den EWG-Beitritt, als das UK als mögliches Gegengewicht zu Deutschland gebraucht wurde.[148]

Zum ersten Mal wurden damit zwei widerstreitende Motive sichtbar, welche die Gemeinschaft fortan unter Spannung hielten und damit auch das UK unmittelbar betreffen sollten: der Wunsch nach Erweiterung und der Wunsch nach Vertiefung. Im selben Moment, in dem die sechs Gründungsmitglieder ihre Gemeinschaft für neue Mitglieder öffneten, beschlossen sie gleichzeitig eine noch weitreichendere Integration: Bis 1980 sollte die Europäische Gemeinschaft zur Europäischen Union ausgebaut werden, mit umfangreichen Kompetenzen in der Regional-, Umwelt-, Sozial- und Energiepolitik.[149]

Im Juni 1970 wurde in Großbritannien ein neues Unterhaus gewählt, und zur allgemeinen Überraschung vor allem der heimischen Presse hieß der Sieger nicht Wilson, sondern Edward Heath: „Newspaper enthusiam for Wilson had faded by 1970, but he was still considered a winner by most editors."[150] Dies war aus europäischer Sicht ein historischer Glücksfall – jedenfalls für die, die einen Beitritt Großbritanniens grundsätzlich für eine gute Idee hielten. Der richtige Mann rückte zur richtigen Zeit an die richtige Stelle. Heath war in mancher Hinsicht der unwahrscheinlichste britische Premier, den man sich heute vorstellen kann. Schon mit 14 Jahren, noch als Schüler, reiste er zum ersten Mal nach Paris. Fortan bewunderte er die französische Literatur und die Sprache, obwohl er sie

---

147 Vgl. Zeit online: Die Zeit Nummer 6/2013 und Knill, Christoph: S. 61f.

148 Vgl. Sked, Alan. S. 85.

149 Vgl. Hanska, Iwona, Schuck, Christoph, Vasilache, Andreas (Hrsg.): Nachdenken über Europa. Probleme und Perspektiven eines Ordnungsmodells. Baden-Baden 2009. S. 79f.

150 Greenslade, Roy: Press Gang. S. 235.

nie besonders gut beherrscht haben sollte. Als Student und Musiker verbrachte er seine Sommerferien häufig in Deutschland, 1937 verfolgte er in Nürnberg Hitlers Reichsparteitag. Nach dem Krieg kehrte er als Beobachter der Nürnberger Prozesse zurück. Auch das Spanien Francos bereiste Heath noch vor dem Krieg. „Seine europäischen Erfahrungen aus erster Hand waren so groß und bemerkenswert wie die keines anderen jungen Engländers.“[151] Margaret Thatcher, die Heath erst im Parteivorsitz und später als Regierungschefin nachfolgen sollte, notierte in ihrer Autobiografie hingegen kühl, dass Heaths Begeisterung für Europa „ihm mit der Zeit zur Obsession geworden“[152] sei.

Zunächst war es ein Zufall, dass Heath, der ehemalige Unterhändler, im selben Monat Premierminister wurde, in dem in Brüssel erneut Gespräche mit Großbritannien, Irland, Dänemark und Norwegen begannen. Im Mittelpunkt stand schon damals die Frage, wie hoch der britische Nettobeitrag zum EG-Haushalt sein würde. Denn anders als Frankreich oder Deutschland profitierte das Industrieland Großbritannien kaum von den umfangreichen Agrarsubventionen der Gemeinschaft. Außerdem stritten die Briten leidenschaftlich für Regelungen, die es ihnen erlaubten, auch künftig Lebensmittel aus den Commonwealth-Staaten günstig zu importieren. Es ging um Butter aus Neuseeland und Zucker aus der Karibik. Schon damals umfassten die Vorschriften und Regeln, die von den Beitrittskandidaten übernommen werden mussten, insgesamt rund zehntausend Seiten.

Mit der Regierungsübernahme im Juni 1970 setzte dann auch die offizielle pro-europäische Kampagne unmittelbar ein.[153] Edward Heath und seine Regierung unternahmen einen erneuten Anlauf auf einen Beitritt und fanden dafür eine breite Mehrheit, besonders unter den konservativen Politikern und Wählern, aber auch bei Teilen der Labour-Partei und der heimischen Presse. Dieses Bündnis mag zunächst überraschen, doch die heterogene Gruppe begrüßte den Beitritt vor allem aus innenpolitischen Gründen. Er sollte einen „Schutz gegen die radikale Linke bieten“[154], deren Streiks und Einfluss sowohl der vorherigen Labour- als auch der amtierenden Tory-Regierung große Probleme bereiteten. Ein Beitritt zur Europäischen Gemeinschaft sollte die in Großbritannien anstehenden Reformen erleichtern, um die wirtschaftliche Wettbewerbsfähigkeit des

151 Young, Hugo: This Blessed Plot. Britain and Europe from Churchill to Blair. London 1998. S. 114.

152 Ebd. S. 114f.

153 Vgl. Jansen, Jürgen: S. 193.

154 Young, Hugo: S. 117.

Landes zu verbessern. Denn klar war, dass das Vereinigte Königreich vor allem wirtschaftlich hinter zahlreiche Staaten auf dem Kontinent zurückgefallen war.

Die britischen „Europäer" hatten seit dem ersten Beitrittsantrag nicht nur Einflussnahme auf die Abgeordneten gesucht, sondern auch auf die britische Öffentlichkeit: „From early 1961 onward, the British public was inundated by a wave of discussion Common Market entry involving the mass media, promotional groups, and public lectures and debates."[155] Als die Verhandlungen feststeckten, trafen sich Heath und Pompidou in Paris. Am 21. Mai 1971 traten sie gemeinsam vor die Presse. Pompidous Worte klangen wie eine späte Korrektur de Gaulles: „Es gab viele Leute, die glaubten, dass Großbritannien nicht europäisch war und nicht europäisch werden wollte [...]. Viele glaubten auch, Frankreich wollte alle Hebel in Bewegung setzen, um ein neues Veto gegen Großbritanniens Beitritt zur Gemeinschaft einzulegen. Nun, meine Damen und Herren, vor Ihnen stehen zwei Männer, die vom Gegenteil überzeugt sind."[156]

In London begann die Debatte unterdessen erst richtig Fahrt aufzunehmen. In den anderen drei Ländern, die der Europäischen Gemeinschaft beitreten wollten, fanden bereits Referenden statt. In Irland stimmten 83 Prozent für den Beitritt, in Dänemark 63 Prozent. In Norwegen behielt das Nein-Lager mit 53,5 Prozent knapp die Oberhand. Nur in Großbritannien, dem Mutterland des Parlamentarismus, wurde diese Frage im Parlament und nicht direkt durch das Volk entschieden – was einige Medien wie der *Daily Express* vier Jahrzehnte später immer wieder anprangern sollten. Im Oktober 1971 kam es im Unterhaus zur Abstimmung. Insbesondere die Labour-Partei offenbarte hier ihren zerrissenen Zustand. Als Premier hatte Wilson vier Jahre zuvor selbst einen Beitrittsantrag in Brüssel gestellt, nun lehnte er das Verhandlungsergebnis ab und stellte sich gegen die britische EWG-Aufnahme. Doch nicht alle Labour-Abgeordneten folgten ihm: 69 stimmten immerhin für den Beitritt und sorgten so für die nötige Mehrheit von 356 zu 244 Stimmen. Auch die Konservativen zeigten sich, obwohl sie die Regierung stellten, nicht geschlossen. Dennoch reichte es für eine klare Mehrheit. Am 22. Januar 1972 wurden im Brüsseler Palais d'Egmont die Beitrittsverträge für Großbritannien unterzeichnet – ein Jahr später erklang im Londoner Opernhaus die Fanfare für Europa.

Doch was zunächst wie ein Aufbruch aussah, verkehrte sich rasch ins Gegenteil. Die Rohölpreise stiegen, das Wirtschaftswachstum sank und Zukunftsangst machte sich in der britischen Bevölkerung breit. Es begann, was der britische

155 Jansen, Jürgen. S. 195.
156 Schwarz, Klaus-Dieter. S. 27f.

Historiker Tony Judt später das psychologisch „deprimierendste Jahrzehnt des 20. Jahrhunderts“[157] nennen sollte. Dies waren sicher keine guten Vorzeichen für einen „europäischen Honeymoon“[158]. In den 1970er Jahren galt Großbritannien als *„sick man of Europe“*[159], dem nach dem Verlust des Empires drohte, wirtschaftlich hinter der Entwicklung auf dem Kontinent zurückzubleiben. In Großbritannien streikten die Bergarbeiter, die Inflation schürte große Unsicherheit. 1974 kam es zum erneuten Regierungswechsel. Wilson löste Heath ab, der Vorgänger wurde zum Nachfolger. Der Labour-Chef musste nun das Versprechen einlösen, das er im Wahlkampf gegeben hatte: Er musste in Brüssel nachverhandeln und das Ergebnis dem Volk zur Abstimmung vorlegen.[160] Die Presse war vom Beitritt zur EWG zwar mehrheitlich überzeugt und sah die Notwendigkeit eines britischen Beitritts, jedoch wurde die Idee eines eigenen Referendums über den Verbleib in der Gemeinschaft eher abgelehnt: „They had seen the Common Market issue through three elections, in one of which, 1966, they had fought the party leaders‘ desire to play it down. [...] The issue was past history: yet now it was to be raised all over again.“[161]

Ungewöhnlich scheint, dass ein Land, das zwölf Jahre lang auf den Beitritt zur Europäischen Gemeinschaft warten musste, diesen Beitritt, kaum war er erreicht, wieder infrage stellte. Am 5. Juni 1975 schließlich fand die von Wilson angekündigte Volksabstimmung zum Verbleib in der Europäischen Gemeinschaft statt. Es handelte sich um das erste Referendum überhaupt in der Geschichte des United Kingdoms. Die Debatte drehte sich vor allem um die wirtschaftlichen Folgen der Mitgliedschaft. Um die Labour-Mitglieder zu überzeugen, reiste Bundeskanzler Helmut Schmidt im November 1974 nach London. Seit einem halben Jahr war er westdeutscher Regierungschef und nun warb er im „Tempel des britischen Anti-Europäismus“[162] für Europa: Er sprach vor dem Labour-Parteitag: „Ihre Genossen auf dem Kontinent möchten, dass Sie bleiben und Sie sollten diese Bitte erwägen.“[163]

---

157 Judt, Tony: Große Illusion Europa. Herausforderungen und Gefahren einer Idee. München/Wien 1996. S. 244.

158 Ebd. S. 244f.

159 Bundeszentrale für Politische Bildung: Großbritanniens Rolle innerhalb und außerhalb der EU. Bonn/Berlin 2016. S. 7.

160 Vgl. Young, Hugo. S. 198.

161 Butler, David und Kitzinger, Uwe: The 1975 Referendum. London/Basingstoke 1976. S. 214.

162 Die Zeit, online (Matthias Krupa): „Ein Königreich für Europa“. In: Die Zeit. Ausgabe 26/2016. S. 2.

163 Ebd. S. 3.

Bei der Conservative Party rang derweil eine neue Parteivorsitzende um ihre Position: Margaret Thatcher. Sie warb für den Verbleib in der Gemeinschaft. Eine Entscheidung, die sie in ihrer Autobiografie als am liebsten rückgängig zu machen beschrieb. „Europa war Teds Ding“[164], schrieb sie und meinte ihren Tory-Vorgänger Edward Heath. In einem seltenen Anfall von Selbstkritik führte sie aus, dass sie zum Zeitpunkt der Abstimmung noch nicht begriffen habe, dass mit dem Beitritt die Souveränität Großbritanniens berührt war. Als Premierministerin würde sie diese Souveränität in der Folge immer wieder gegen die Europäische Gemeinschaft ins Feld führen. Die deutlichste Kritik kam zur damaligen Zeit aber von der Linken, die in der „EWG einen kapitalistischen Zusammenschluss sah, der einseitig die Unternehmer begünstigte“[165], politisch aber kaum Gewicht besaß.

Am 9. April 1975 stimmten im britischen Unterhaus 396 Abgeordnete (bei 170 Gegenstimmen) für den Verbleib. Das Votum des Volkes kurze Zeit später war ebenso eindeutig: Mehr als 17 Millionen Briten stimmten für den Verbleib in der Europäischen Gemeinschaft, nur 8,4 Millionen dagegen. 67,2 Prozent Ja- und 32,8 Prozent Nein-Stimmen. Nicht nur die Wirtschaft und die anglikanische Kirche hatten sich zuvor für die Europäische Gemeinschaft ausgesprochen. Auch die heimischen Zeitungen (siehe Kapitel 3.5.2.1) vertraten in dieser Zeit fast einhellig proeuropäische Positionen. Interessant ist, dass beispielsweise in Schottland die EWG-Skepsis größer als in England war – 2016 sollte sich dieses Verhältnis umdrehen. Ein weiterer bemerkenswerter Punkt: Auch das Boulevardblatt The *Sun* des australischen Medienunternehmers Rupert Murdoch positionierte sich klar pro Europa. Am Abend des Referendums zeigte sich Premierminister Wilson erleichtert: „14 Jahre nationaler Debatte sind vorüber.“[166] Sein Parteifreund Roy Jenkins sprach von einem „Tag des Jubels: Wir lassen die Unsicherheit hinter uns.“[167]

In der Realität brach eben jene Unsicherheit schnell hervor. Zwar stimmten letztlich mehr als zwei Drittel der britischen Bevölkerung für den Verbleib in der Europäischen Gemeinschaft, doch war diese Zustimmung nicht von Dauer: Bereits wenige Jahre später tauchte die Europafrage wieder auf der innenpolitischen Agenda auf. Dies lag nicht zuletzt daran, dass Wilsons Strategie vor allem an parteipolitischen Bedürfnissen ausgerichtet war und daher

---

164 Thatcher, Margaret: The Autobiography. London 2013. S. 191.

165 Brüggemeier, Franz-Josef. S. 268.

166 Brüggemeier, Franz-Josef. S. 274.

167 Ebd. S. 274.

eine prinzipielle Debatte über das Für und Wider der EG vermeiden wollte. „Die Engländer betraten den Weg der Europäischen Gemeinschaft als Nachzügler und sind ihr auf der Strecke bis heute widerwillig als Einzelgänger gefolgt. Und welches die englischen Interessen in Europa sind, das ist seit den britischen Beitrittsverhandlungen bis heute umstritten.“[168] Diese grundsätzlichen Interessen sind aus britischer Sicht in erster Linie: die Sicherheit Großbritanniens und der Frieden in Europa, die Erhaltung der nationalen Souveränität und Identität. Außerdem sollte von der ehemaligen globalen Rolle „so viel wie möglich erhalten werden“[169] und dies so lange wie möglich, etwa im Sicherheitsrat der UN, im Commonwealth, in der NATO und bei den Streitkräften mit ihren globalen und nuklearen Fähigkeiten. „Britons are reluctant to support policies that entail a level of redistribution across the EU that goes beyond traditional EU funding, such as EU citizens' right to work and access to the welfare state of another EU country."[170]

Ein ebensolches Interesse war die Bewahrung des Nationalstaates als einzige „legitime Instanz“[171], die britische Interessen wahrnehmen und befördern kann. „Der Nationalstaat ist und bleibt aus britischer Sicht das Fundament des internationalen Systems. Das gilt besonders mit Blick auf die europäischen Nachbarn.“[172] Großbritannien betrachtete Europa in erster Linie als einen Markt, auf dem sie sich mit Erfolg für den Freihandel einsetzte, „nicht aber als ein politisches Unternehmen, gegen das sie sich bei jedem Fortschritt der Integration sträubte.“[173]

## 2.3 Das United Kingdom im 21. Jahrhundert: eine geteilte Nation

Großbritannien ist im zweiten Jahrzehnt des 21. Jahrhunderts ein politisch und gesellschaftlich zerissenes Land. Eine entscheidende Frage, auch für diese Arbeit lautet, wie es innerhalb weniger Jahrzehnte dazu kommen konnte. Das englische Dilemma bestand in der Zeit rund um den EWG-Beitritt darin, dass es keinen politischen Konsens über Europa als notwendige Ergänzung oder mögliche

168 Schwarz, Klaus-Dieter. S. 15.
169 Ebd. S. 15.
170 Vasilopoulou, Sofia: Mixed Feeling: Britain's conflicted attitudes to the EU before the referendum. Policy Network. London 2015. S. 3.
171 Jansen, Jürgen. S. 244.
172 Schwarz, Klaus-Dieter. S. 15.
173 Ebd. S. 7.

Alternative zum United Kingdom gab.[174] Die britischen Regierungen der damaligen Zeit wussten selbst nicht abschließend zu bewerten, welches die „richtige Art“[175] von Europa war. Der Beitritt zur Europäischen Wirtschaftsgemeinschaft geschah grundsätzlich aus nüchterner Gleichgewichtserwägung, denn Großbritannien konnte mit dem wirtschaftlichen Fortschritt der sechs EWG-Gründungsländer nicht mithalten. Somit war es eine schwierige wirtschaftliche Lage, in der England sich spätestens in den 1960er Jahren befand, die es ja letztlich dazu bewegen sollte, der Gemeinschaft beizutreten. So wollte das Land seine negative Handelsbilanz, den Verfall der Währung, den Rückgang der Produktion sowie Missmanagement in Verwaltung und Wirtschaft bekämpfen.

Spätestens die in der Einheitlichen Europäische Akte (1985/86) gezogene Linie zwischen nationaler Souveränität und supranationaler Kompetenz der Union ließ sich nicht einhalten und wurde im Maastrichter Vertrag 1992 neu gezeichnet. In der britischen Europapolitik entstand entlang dieser Linie ein sich vergrößernder Zwiespalt zwischen den pro- und antieuropäischen Kräften. Dieser Konflikt wurde umso ideologischer geführt, je mehr es um das im Grunde abstrakte Prinzip der Souveränität ging.[176]

Auch auf internationaler Ebene glich die Beziehung zwischen Großbritannien und Europa spätestens ab Ende der 1970er Jahre einer schwierigen Partnerschaft. Der Europäische Rat hatte am 25. und 26. Juni 1984 auf der Tagung in Fontainebleau den sogenannten *Briten-Rabatt* beschlossen, einen finanziellen Ausgleich für die Eigenmittelzahlungen Großbritanniens an die Europäischen Gemeinschaften. Das Land erhielt fortan einen Rabatt in der Höhe von etwa zwei Dritteln seiner Nettozahlungen, der von den übrigen Mitgliedstaaten aufgebracht werden musste. Die ab 1979 amtierende britische Premierministerin Margaret Thatcher hatte nach längeren Verhandlungen diesen Rabatt mit dem Hinweis ausgehandelt, ihr Land profitiere kaum von der gemeinsamen Agrarpolitik der Europäischen Gemeinschaften („*I want my money back*“[177]).

Thatcher ihrerseits stellte zahlreiche britische Rekorde auf: Sie war die erste Frau, die an der Spitze einer Partei stand; sie führte als erste Premierministerin eine Regierung und gewann drei Wahlen in Folge, was zuletzt Lord Palmerston Mitte des 19. Jahrhunderts gelungen war. Mit elf Jahren stand sie länger an der

---

174 Vgl. Ebd. S. 12.

175 Vgl. Ebd. S. 12.

176 Vgl. Schwarz, Klaus-Dieter: S. 27.

177 Paterson, William E.: Eine eigene Kategorie – Das Vereinigte Königreich und die europäische Integration. Baden-Baden 2007. S. 156 und Brüggemeier, Franz-Josef: S. 326.

Spitze einer Regierung als jeder andere Premierminister des 20. Jahrhunderts. Zudem ist Thatcher die wohl einzig demokratisch gewählte Politikerin, deren Name ein politisches Programm bezeichnet: *Thatcherismus*.

Dieses Programm sollte Großbritannien spalten: Es diente einerseits weltweit als Vorbild gelungener reformistischer Politik, stieß aber aus sozialer Sicht auf heftige Ablehnung. Entsprechend ergibt sich kein klares Bild über Margaret Thatcher und ihre Politik. Bei ihr stoßen Zustimmung und Abneigung stark aufeinander, weshalb ein distanziertes Bild herauszustellen schwerfällt. „Das gilt umso mehr, als Person und Inhalte schwer zu trennen sind und Thatcher schon durch ihr persönliches Auftreten polarisierend wirkte.“[178] Immerhin konnte sich die Premierministerin von Beginn an auf den Rückhalt der konservativen Presse verlassen, vor allem auf die beiden Flagschiffe *Sun* und *Daily Mail*: „The arrival of Margaret Thatcher as Conservative prime minister in 1979 introduced a leader whose instincts were closer to those of the new breed if entrepreneurs moving into Fleet Street – and especially Rupert Murdoch.“[179] Die *Daily Mail* hatte bereits einige Jahre vorher Thatcher unterstützt, beim parteiinternen Machtkampf um den Tory-Vorsitz gegen Edward Heath: „„[…] the Mail was the only paper that said – out loud – that she was going to win.“[180] Hierbei spielte auch die gegenseitige Abneigung von Heath und dem damaligen Mail-Chefredakteur David English eine bedeutende Rolle.

Dass Thatcher Ende 1990, und im Übrigen auch ihr Nachfolger als Premierminister John Major, im Grunde während seiner gesamten Zeit als Premierminister mit dem Thema konfrontiert, schließlich selbst über das Europa stolpern sollten, war Mitte der 1980er Jahre noch nicht abzusehen. Doch vor allem innerparteiliche Widerstände, Gruppierungen und auch eine sich immer stärker gegen europäische Institutionen positionierende Presse machten den Parteivorsitzenden und Premierministern das Regieren schwer bis unmöglich. Für viele waren Europa und die Torys eng miteinander verbunden, was zur Folge hatte, dass die europäischen Institutionen bis weit in die 1990er Jahre hinein in der britischen Politik und den, vor allem konservativen, Medien einen schweren Stand hatte.

Mitte der 1990er Jahre schließlich keimte bei den Europa-Befürwortern neue Hoffnung auf: Falls die Labour-Partei 1997 nach fast 20 Jahren wieder Einzug in den britischen Regierungssitze 10 Downing Street halten könnte, würde sich

---

178 Brüggemeier, Franz-Josef: S. 309.

179 Temple, Mick. S. 66.

180 Addison Adrian: Mail Men. The unauthorized story of the Daily Mail. London 2017. S. 174.

Großbritannien dann womöglich endlich zu einem europäischen Land mit einer Führungsrolle in der Europäischen Union entwickeln.[181] Klar war: „Wenn England ernsthaft am Gelingen des europäischen Einigungsprozesses interessiert ist und wenn es seine globale Rolle behalten will, und zwar künftig als ein Hauptakteur der Union, dann stellt sich die Frage nach der Führung in Europa neu."[182] Vom jungen Premierminister Tony Blair und „New Labour" (ab Mai 1997) wurde erwartet, dass sich das UK in der Europäischen Union neu positioniert und durch ihre Nähe zur damaligen US-Regierung von Bill Clinton mithilft, die transatlantischen Beziehungen zu verbessern. Doch Großbritanniens positivster Beitrag während der Blair Jahre (bis 2007) erfolgte „in neuen Politikfeldern, wie der gemeinsamen Außen- und Sicherheitspolitik und der Europäischen Sicherheits- und Verteidigungspolitik, [...] und nicht in denen, die bereits vor dem britischen Beitritt bestanden hatten"[183]. Ende der 1990er, Anfang der 2000er Jahre bestimmte der Kampf gegen den internationalen Terrorismus die britische Außenpolitik. „The british involvements in Afghanistan and, particularly, in Iraq were to split opinion at home, while the shelving of serious debate on Europe merely postponed an issue that would have to be resolved at some point."[184] Tony Blair selbst betonte zum Ende seiner Regierungszeit: „It was the events of September 11 that marked a turning point in history."[185] Auf Blair als Premierminister folgte 2007 sein ehemaliger Schatzkanzler Gordon Brown, der jedoch bei den folgenden Unterhauswahlen 2010 dem jungen Tory-Leader David Cameron unterlag. Am 23. Januar 2013 hielt dieser eine verhängnisvolle Grundsatzrede zum britischen Verhältnis zur Europäischen Union. Darin versprach er, im Falle eines Wahlsiegs und einer absoluten Mehrheit der Conservative Party bei der kommenden Unterhauswahl 2015, die Beziehungen Großbritanniens zur EU neu auszuhandeln und ein Referendum über den Verbleib seines Landes in der Europäischen Union abzuhalten.[186] Welche Gründe genau dafür ausschlaggebend waren, wird in Kapitel 2.7 erläutert.

Doch bis zum Referendum, das bis spätestens 2020 abgehalten werden sollte, gab es aus Sicht des Königreichs noch ein kritisches Datum zu überstehen: den

---

181 Vgl. Schwarz, Klaus-Dieter: S. 8 und King, Anthony (Hrsg.): Britain at the Polls, 2001. New York 2002. S. 47f.

182 Schwarz, Klaus-Dieter. S. 9.

183 Paterson, William E. S. 158.

184 Turner, Alwyn W.: A classless Society. Britain in the 1990s. London 2013. S. 566.

185 Ebd. S. 564.

186 Vgl. The Guardian, online (Alberto Nardelli): Who will win the UK general election?. 7. Mai 2015.

18. September 2014, als die Schotten im Rahmen eines Unabhängigkeitsreferendums über ihre weitere Zugehörigkeit zu Großbritannien entscheiden sollten. Gleichzeitig stand auch die Frage zur Diskussion, ob ein unabhängiges Schottland weiterhin EU-Mitglied sein sollte. Letztlich votierten 55,3 Prozent Wähler gegen eine schottische Unabhängigkeit und somit auch für den Verbleib in der EU. Wenige Monate später, am 7. Mai 2015, sicherten sich die britischen Konservativen tatsächlich einen überraschend deutlichen Sieg bei den Unterhauswahlen, der auch die seit 2010 bestehende Koalition mit den Liberal Democrats beenden sollte. David Cameron stärkte seine Position als Premierminister: „I want to bring our country together, our United Kingdom together, not least by implementing as fast as we can the devolution that we rightly promised and came together with other parties to agree both for Wales and for Scotland. In short, I want my party, and I hope a government I would like to lead, to reclaim a mantle that we should never have lost- the mantle of One Nation, one United Kingdom."[187] Dies sollte sich allerdings bereits ein Jahr später als hinfällig erweisen. Denn mit dem klaren Wahlsieg im Rücken kündigte Cameron an, bereits im kommenden Jahr ein Referendum über die britische Mitgliedschaft in der Europäischen Union abzuhalten. Dies war in dieser Schnelle allgemein nicht erwartet worden. 2016 sollte sich schließlich in der Tat zu einem dramatischen Jahr für das Vereinigte Königreich und die gesamte Europäische Union entwickeln.

Vor diesem erneuten Referendum über den Verbleib in der Europäischen Union versuchte David Cameron im Winter 2016, auf dem EU-Gipfel in Brüssel ein Reformpaket mit den übrigen Staats- und Regierungschefs der EU auszuhandeln. Er selbst wollte die Union nicht verlassen, diese aber zu entscheidenden Änderungen im Verhältnis zu Großbritannien unter dem Druck des Referendums zwingen. Unter anderem sollten die Sozialleistungen für geringverdienende Arbeitnehmer aus anderen EU-Staaten für vier Jahre beschnitten werden können und die Höhe des Kindergeldes von dem Land abhängig gemacht werden, in dem das Kind lebt. Tatsächlich wurde von der EU anerkannt, dass Großbritannien eine Sonderrolle innehatte und nicht zu einer weiteren politischen Integration verpflichtet sei. Diese Reformen sollten in Kraft treten, falls sich die britische Bevölkerung am 23. Juni 2016 für den Verbleib des Landes in der EU entscheiden sollte.[188]

---

187 The Guardian, online (Michael White): Cameron vows to rule UK as 'one nation' but Scottish question looms. 9. Mai 2015.

188 Vgl. World and Press: The ‚sweetest victory'. Cameron hails historic election result as three party leaders step down. 1. Juni 2015. S. 1 und S. 16.

Eine zentrale Frage, die es im Folgenden zu analysieren gilt, ist: Warum hat Cameron letztlich auf eine Volksentscheidung bezüglich einer EU-Mitgliedschaft gedrängt? Warum hat er, und das ausgesprochen leichtfertig, eine Abstimmung von solch enormer Tragweite angekündigt und diese so spektakulär verloren? Um dies zu beantworten, wirft das nächste Unterkapitel zunächst einen Blick auf die Struktur der britischen Gesellschaft, die verschiedenen Klassen und die Akzeptanz der europäischen Institutionen. Denn diese sind letztlich gleichbedeutend mit den Wählern, die das Referendum 2016 entscheiden sollten. Für diese Arbeit wird letztlich wichtig sein, welche sozialen Klassen welche Zeitungsleser und schließlich Wähler stellen.

## 2.4 Die britische Gesellschaftsstruktur

Mehr als andere europäische Staaten galt Großbritannien lange als eigentliche Klassengesellschaft, in der sich die verschiedenen sozialen Schichten stärker als anderswo herausbildeten und das gesellschaftliche Bild dominierten. Die ursprüngliche britische Klassengesellschaft geht aus dem Ständesystem hervor, das die Gesellschaften in Europa teilweise noch bis Ende des 19. Jahrhunderts prägte. Klassen wurden in Großbritannien traditionell nach Herkunft, Berufen, Wohlstand und Bildung unterschieden. Inzwischen haben Jahrzehnte des sozialen Wandels nach dem Ende des Industriezeitalters aber ihre Wirkung getan. Die alten Klassenschranken sind verschwunden, aber nicht durch eine „klassenlose" Gesellschaft ersetzt worden, sondern durch neue Klassen mit anderen Merkmalen. Während des 20. Jahrhunderts waren jahrzehntelang zwei Klassen vorherrschend: „the middle and the working"[189]. Dabei hatten sich diese Klassen schon durch die Industrialisierung und die Entwicklung einer kapitalistischen Gesellschaft heraus entwickelt. Der steigende Lebensstandard nach dem Zweiten Weltkrieg verbesserte vor allem die Situation der unteren Schichten. Der britische Soziologe Seebohm Rowntree kam bereits 1951 zu dem Ergebnis, dass Armut in Großbritannien „nahezu verschwunden"[190] sei. Auf das ganze Land gerechnet, gingen die Unterschiede der Einkommen zurück, wovon vor allem die Mittelschichten profitierten, während die Spitzenverdiener einen Rückgang erlebten. Die untere Hälfte der Bevölkerung wiederum erfuhr eine nur geringe Verbesserung ihrer Lebensumstände, die sich dann aber unter Margaret Thatchers Regierung eher wieder verschlechterten. Dies steht im Gegensatz zu den

189 The Guardian, online (George Arnett): UK became more middle class than working class in 2000, data shows. 26. Februar 2016.

190 Brüggemeier, Franz-Josef. S. 290.

oberen zehn Prozent, die erst Verluste verzeichneten, dann aber in wenigen Jahren ihren Anteil erheblich vergrößerten.[191]

Allerdings hatte im UK schon im Laufe des 20. Jahrhunderts, besonders in der zweiten Hälfte, die Bedeutung von Klassenzugehörigkeit abgenommen. Dies wird in der Forschung vor allem mit steigender sozialer Mobilität begründet: „The children of many working-class parents have been upwardly mobile socially. The children of some middle-class parents have taken up working-class occupations."[192] Die Entwicklung der verschiedenen Klassen im 20. Jahrhundert sollte schließlich dazu führen, dass sozialer Status in Großbritannien zwar wichtig bleibt, „but it is no longer the central feature of British society that it was in preceding centuries."[193] Auch beim persönlichen Vermögen fand eine Angleichung statt, allerdings weitgehend innerhalb der wohlhabenden 25 Prozent der Bevölkerung, die 1970 immer noch fast 93 Prozent des gesamten Vermögens besaßen und erst später Abstriche machen mussten. Dazu trugen höhere Steuern bei, vor allem aber der gestiegene Wohlstand, der insbesondere den unteren Schichten zugutekam. Weiterhin bestanden also erhebliche Ungleichheiten, die allerdings leichter zu akzeptieren waren, da alle sozialen Klassen ihre Lage verbesserten. Die Armut war in den 1960er Jahren allerdings noch nicht verschwunden, was zahlreiche Studien belegen.[194]

Zu dieser Zeit gaben in Großbritannien etwa 67 Prozent der Bevölkerung an, zur Arbeiterschaft zu gehören. Weitere 29 Prozent rechneten sich zur Mittelklasse und nur ein einziges Prozent zur Oberschicht.[195] Diese Selbstbeschreibung ist insofern aufschlussreich, da sie das Bewusstsein der Briten ausdrückt, in einer Klassengesellschaft mit klaren Zuordnungen zu leben. Danach gab es mit der Arbeiterschaft und der Mittelschicht nur zwei große Klassen, die anscheinend genügend Gemeinsamkeiten aufwiesen. Diese unterschieden sich tatsächlich in ihrer Binnenstruktur erheblich, beispielsweise im Beruf, Verdienst, Qualifikation oder politischer Überzeugungen. Doch diese beiden Klassen – Arbeiterschaft und Mittelschicht – blieben als große Blöcke bestehen. Deren zentrales Merkmal war die abhängige Beschäftigung und ließ sich klar voneinander trennen. Und dafür gab es verständliche Gründe, denn jenseits der Angleichungen, die Wirtschaftswachstum, Wohlfahrtsstaat und Konsum bewirkten, blieben die

---

191 Vgl. Ebd. S. 290.
192 Turner, Alwyn W.: A classless Society. Britain in the 1990s. S. 12.
193 Ebd. S. 12.
194 Vgl. Brüggemeier, Franz-Josef. S. 291.
195 Vgl. Ebd. S. 291.

Gegensätze zwischen den Klassen greifbar. Zahlreiche Betriebe beispielsweise besaßen getrennte Umkleide- und Speiseräume für Arbeiter und Vorgesetzte. Die zudem in unterschiedlichen Stadtteilen wohnten und ihre Kinder zu unterschiedlichen Schulen schickten.

Angesichts der noch immer anhaltenden, wenn auch nicht mehr ganz so deutlich wie noch im 20. Jahrhundert offensichtlichen, Klassenunterschiede überraschte es nicht, dass die Gewerkschaften große Unterstützung erhielten. 1951 etwa zählten sie insgesamt etwa 7,7 Millionen Mitglieder und organisierten 56 Prozent der männlichen und 25 Prozent der weiblichen Arbeitnehmer.[196] Im folgenden Jahrzehnt erreichten sie bei den Frauen einen Anstieg auf knapp über 30 Prozent. „Weiterhin erkrankten Arbeiter und ihre Angehörigen öfter, starben früher und lebten in größerer Unsicherheit. Nur wenige erreichten einen sozialen Aufstieg, zu dem das Bildungssystem wenig beitrug."[197] Klassenzugehörigkeit wird auf den britischen Inseln eher nicht so sehr über „protzig" dargestellten Besitz und die Höhe des Einkommens als vielmehr über „Lebensstile" bestimmt. Grundsätzlich signalisieren die sehr dezent gezeigten „*fine distinctions*" von Ausbildung, Sprache, Wohngegend sowie Lese- und Freizeitgewohnheiten die Klasse, der man sich zurechnet.[198]

### 2.4.1 Klasseneinteilung nach dem Great British Class Survey

Klassenzugehörigkeit in Großbritannien spielt nicht nur eine soziale, sondern – vor allem mit Blick auf Wahlen – auch eine wichtige politische Rolle. „The importance of class is political as well as social. For most of the twentieth century, there has been a significant relationship between class and politics."[199] Dabei galten im 20. Jahrhundert zumindest überwiegend die Labour-Partei als Partei der Arbeiter und die Tory-Partei als Partei der Mittelklasse

Peter Pulzer schrieb Ende der 1960er Jahre: „Class is the basis of British party politics; all else is embellishment and detail"[200]. Er behauptete, die britische Parteipolitik drehe sich um Fragen sozialer Klasse und alles andere sei nur „ausschmückendes Detail", es gebe in der Parteipolitik schlicht nichts anderes als

---

196 Vgl. Brüggemeier, Franz-Josef. S. 292.

197 Marwick, Arthur: Culture in Britain since 1945. Oxford 1991. S. 80.

198 Döring, Herbert: Großbritannien: Regierung, Gesellschaft und politische Kultur. Opladen 1993. S. 41.

199 The Guardian, online (George Arnett): UK became more middle class than working class in 2000, data shows. S. 11. 26. Februar 2016.

200 Döring, Herbert. S. 42.

den Klassenkonflikt. Vielmehr war in der „politischen Arena" seit 1945 nur eine der oben skizzierten logisch möglichen soziopolitischen Konfliktlinien dramatisch sichtbar. Die anderen bildeten als latente Gegensätze nur selten oder nie die Grundlage für Parteienstreit.

Anders als in der Zwischenkriegszeit und anders als beispielsweise noch in den 1980er Jahren war nur eine einzige soziopolitische Konfliktlinie im aktuellen Streit dominant. Es handelte sich um die nach den Begriffen „Links" und „Rechts" politisierten Fragen von Verstaatlichung, Regelung der Arbeitsbeziehungen zwischen Unternehmern und Gewerkschaften und Verbesserung der Lebensbedingungen der Unterschicht durch Besteuerung der Reichen. „Die übrigen soziopolitischen Konfliktlinien – *cleavages* – waren in diesem Zeitraum in Großbritannien nicht aktuell bzw. brisant."[201]

In den vergangenen Jahrzehnten, der „goldenen Zeit" des britischen Zweiparteiensystems, als Regierung und Opposition zwischen nur zwei Parteien wechselten, die auch von der großen Mehrheit der Bevölkerung gewechselt wurden, gab es im Wesentlichen eine eindimensionale Konfliktstruktur.[202] Dazu passt, dass die britische Gesellschaft aus zwei, höchstens aus drei Klassen bestand: „[…] British society is divided into two primary classes. […] It seems to be deeply rooted in the mind of the ordinary British citizen. […] The importance of class is political as well as social."[203]

Im 20. Jahrhundert waren Klassen und Wahlverhalten in Großbritannien eng miteinander verbunden, mehr als in den anderen europäischen Ländern. Soziale, objektive Gegensätze setzten sich allerdings nie automatisch in der Politik um. Der von ihnen ausgehende Problemdruck musste grundsätzlich zunächst durch politische Parteien oder andere Akteure gedeutet, organisiert und propagiert werden, ehe eine objektive Spaltung politische Aktualität gewann. Döring schreibt dazu: „In diesem Sinne kann man auch das Ausmaß der Homogenität einer Gesellschaft geradezu über die Politisierung ihrer latenten sozialen Konflikte definieren."[204]

In einer „homogenen" Gesellschaft wie der Großbritanniens gab es nach 1945 zunächst nur einen Konflikt von politischer Relevanz: den Klassenkonflikt. „In a complete homogeneous society, real differences in wealth and social

201 Ebd.: S. 38.
202 Vgl. Ebd. S. 38.
203 The Guardian, online (George Arnett): UK became more middle class than working class in 2000, data shows. 26. Februar 2016.
204 Vgl. Döring, Herbert. S. 38f.

class are apparent, but the other influences (…) are not politically operative."[205] Doch auch in dieser Zeit wären Konservative und Labour als reine „Klassenparteien" ohne Verankerung in vielen Gesellschaftsgruppen nicht mehrheits- und damit regierungsfähig gewesen. Damals wählten die „Manuals", die einen guten Anhaltspunkt für die working class bilden, überproportional die Labour-Partei. Dagegen entschieden sich – und das noch bis weit in die 1990er Jahre hinein – die „nicht-manuell tätigen" Wähler überwiegend für die Konservativen. Aber auch ein nicht gerade kleiner Teil der Arbeiterschicht, etwa ein Viertel wählte die Tories.[206] Es handelte sich hier um die sogenannten „*working class tories*"[207]. Ein etwa ebenso großer Teil der Mittelschicht wählte Labour. Während die „*working class tories*" einen leicht ansteigenden Trend auch schon vor der Wahl Margaret Thatchers 1979 aufwiesen, zeigte sich bei den übrigen statistischen Gruppen einen „*Decline of Class Voting*"[208]. Der Rückgang der Bindung zwischen sozialen Schichten und politischen Parteien ist besonders anschaulich an der Loyalität der Manuals für die Labour-Partei festzustellen.[209] Der Niedergang des „Klassenwahlverhaltens" scheint also in besonderem Maße ein Problem von Labour zu sein, denn hier sind deutliche Proportionen in der Abschwächung der Klassenwählerbindung festzustellen.

Doch etwa Mitte der 1990er Jahre proklamierten Politiker sowohl von der Conservative Party als auch der Labour Party das Ende der herkömmlichen Klassengesellschaft. „A broad consensus around economic and social liberalism had seemingly been achieved and, as the global economic boomed, so did British creativity, opportunity and happiness."[210]Die herkömmliche britische Klassengesellschaft aus Arbeiter-, Mittel- und Oberschicht gibt es im beginnenden 21. Jahrhundert nicht mehr. An die Stelle dieser klassischen Struktur sind laut einer großangelegten Studie insgesamt sieben neue Klassen getreten: die „Elite", die „etablierte Mittelklasse", die „technische Mittelklasse", die „traditionelle Arbeiterklasse", die „neuen wohlhabenden Arbeiter", die „aufsteigenden Dienstleistungs-Arbeiter" und das „Prekariat" beziehungsweise die „Arbeiter in prekären Bedingungen".[211] Dies ist das Ergebnis des „*The Great British Class Survey*"

---

205 Smith, Simon. S. 12.

206 Vgl. Döring, Herbert. S. 39.

207 Ebd. S. 39.

208 Ebd. S. 39f.

209 Vgl. Ebd. S. 39.

210 Turner, Alwyn W.: A classless Society: Britain in the 1990s. S. 309.

211 Vgl. The Great British Class Survey: British Broadcasting Company, The Great British Class Survey. www.bbc.co.uk/science. 03. April 2013.

(einer Studie im Auftrag der British Broadcasting Company, 2013)[212], die in diesem Umfang erstmals zu diesem Thema unternommen wurde. 161.000 Briten wurden hierzu nach Verdienst und Vermögen, kulturelle Interessen und Art ihrer sozialen Kontakte befragt. Im April 2013 führte die London School of Economics eine Umfrage unter rund 161.000 britischen Staatsbürgern durch – *The Great British Class Survey (GBCS)*. Dabei wurde die britische Gesellschaft in sieben Klassen unterteilt. Neue Klassenmit anderen Merkmalen: Dies steht in völligem Kontrast zum beginnenden 20. Jahrhundert. „A century ago [...] industrial Britain had three classes and three political parties."[213] Die Umfrage aus 2013 zeige auch: „Too often the parties seem to be fighting old class battles without much recognition of the way that context and identities have changed."[214]

Dabei könne laut der *GBCS* insbesondere festgestellt werden, dass die Grenzen zwischen der herkömmlichen Arbeiterklasse und der Mittelschicht verschwinden. Gerade viele der aufsteigenden Dienstleistungsarbeiter und der neuen, wohlhabenden Arbeiter würden sich selbst nicht mehr automatisch entweder als „Arbeiter" oder „Mittelstand" bezeichnen. Diese, vor allem in der zweiten Hälfte des 20. Jahrhunderts entstandene Schicht scheint ihrerseits mehrheitlich aus Nachkommen der früheren Arbeiterklasse zu bestehen, die durch Deindustrialisierung, Massenarbeitslosigkeit, Einwanderung und der Veränderung von städtischen Wohngebieten weitgehend aufgelöst wurde. Dies zeigt: Großbritannien hat sich zwischen 1950 und dem beginnenden 21. Jahrhundert nicht nur wirtschaftlich, sondern vor allem gesellschaftlich verändert. Besonders deutlich wurde dies auch bereits in den 1990er Jahren, als Politiker beider großer Parteien gleichermaßen „proclaimed an end to class divisions in the UK. A broad consensus around economic and social liberalism had seemingly been achieved and, as the global economy boomed, so did British creativity, opportunity and happiness."[215]

Eine zentrale Frage im Rahmen dieser Arbeit lautet, wie sich diese gesellschaftlichen Änderungen auf das Wahlverhalten der Bevölkerung auswirken und wie sich die regionalen Unterschiede im Vereinigten Königreich manifestieren. Wie wird die Europäische Union in England, Wales, Nordirland und Schottland gesehen? Wie sehen die regionalen Unterschiede im Wahlverhalten aus und wie

---

212 Vgl. Ebd.

213 The Guardian, online (Martin Kettle): Seven social classes. Three political parties. It's the mathematics of failure. 3. April 2013.

214 Ebd.

215 The Independent, online (Will Gore): The media missed the real story about Brexit divides – it's not about age, it's all about class. 04. Juli 2016.

lassen sie sich erklären? Welche Rückschlüsse lassen sich vor dem EU-Referendum ziehen? Zwischen dem Süden Englands und dem Rest Großbritanniens gab es traditionell schon immer ein starkes, vor allem wirtschaftliches, Gefälle. Dies wird mit Blick auf das tatsächliche Wahlverhalten zum EU-Verbleib 2016 noch wichtig zu beachten sein. Angesichts dieser regionalen Unterschiede „erscheint die Fahrt vom südöstlichen Prosperitätspol ins nordenglische Hinterland wie eine grenzüberschreitende Reise“[216].

### 2.4.2 EU-Akzeptanz in den einzelnen Schichten

Im einstigen Mutterland eines noch vor wenigen Generationen die Welt umspannenden Weltreichs wirft das britische Empire heute zwar nicht mehr außenpolitisch, aber doch politisch-kulturell und demografisch lange Schatten. Dies umso mehr durch einen hohen Anteil der farbigen Bevölkerung vor allem in den Großstädten. Der Anteil farbiger Staatsbürger macht in Großbritannien nach wie vor zwar nur einen Bruchteil der Gesamtbevölkerung aus. Doch ihre Konzentration in den großstädtischen Ballungsgebieten, und dort vor allem in den Sanierungsgebieten der „inner city areas“[217] hat ein soziales Ungleichgewicht durch eine generell hohe Arbeitslosigkeit der 1970er und 80er Jahre entstehen lassen, von dem ethnische Minderheiten nach wie vor besonders betroffen waren.[218] Die Labour-Partei machte sich unterdessen zum Fürsprecher der neuen sozialen Unterschicht. So wählten beispielsweise in der Unterhauswahl von 1987 rund 46 Prozent der weißen Arbeiter verglichen mit 76 Prozent der farbigen Arbeiter die Labour-Partei. In den 1990er Jahren waren die Briten nach wie vor eine gespaltene Gesellschaft, „a country deeply divided by class: working hours were longer in Britain than any of its EU partners, while chief executives‘ pay was higher.“[219] Daran konnte zunächst auch die Labour-Partei, die erstmals seit fast 20 Jahren wieder regierte und es sich zur Aufgabe machte, die sozialen Spaltungen im UK zu überwinden, etwas ändern.[220] An dieser Stelle wird die Analyse der vorliegenden Arbeit ansetzen und, vorausgesetzt ein solches Ungleichheitsgefühl existiert tatsächlich im Vereinigten Königreich, die Wahlpräferenzen der verschiedenen Klassen untersuchen.

216 Turner, Alwyn W.: A classless Society: Britain in the 1990s. S. 55.
217 Turner, Alwyn W.: A classless Society: Britain in the 1990s. S. 55.
218 Vgl. Ebd. S. 57f.
219 Ebd. S. 573.
220 Vgl. Ebd. S. 573.

Möglicherweise war das Referendum über den EU-Verbleib 2016 letztlich weniger eine Abstimmung über die Europäische Union als vielmehr „the latest expression of a longstanding divide that underpins our society“[221]. Laut Professor Matthew Goodwin, Politikwissenschaftler an der University of Kent, könne die Zustimmung zu „Remain“ und „*Leave*“ auch auf unterschiedliche Bevölkerungsgruppen zurückgeführt werden: „On June 23rd support for remaining in the EU will arrive mainly from younger or middle-aged Britons who tend to have more qualifications, social mobility and financial security. [...] On the other side of the divide are the Leave voters, who look quite different clearly feel uneasy with the general direction of Britain – older, white, working-class or self-employed Britons who are often struggling on lower incomes and have few qualifications to their name. Identity is also important to these voters.“[222] Der entscheidende Punkt liege laut Goodwin eben genau in der Identitätsfrage: „For the Leave voters Britain's EU membership is merely one of an array of threats that they feel to their identity, national culture and ways of life. This is way, should Britain vote to remain in the EU, the referendum might do little to resolve this underlying divide and why there will remain a significant reservoir of public support for campaigns that oppose European integration, the free movement of EU workers, rising net migration and rapid social change more generally. [...] Should Leave exit the referendum with upwards of 40 per cent of the national vote it is difficult to envisage a scenario in which these intense concerns over Europe and migration simply evaporate.“[223]

## 2.5 Phänomen Euroskeptizismus

> „A significant proportion of the population has consistently expressed a desire for Britain to leave the EU or fundamentally reform the terms of its membership.“[224]

221 Goodwin, Matthew: Whether in or out, Britain is divided. In: The World today. June & July 2016. S. 39.

222 Goodwin, Matthew: Whether in or out, Britain is divided. In: The World today. June & July 2016. S. 39.

223 Ebd. S. 39.

224 Goodwin, Matthew: Britain, the European Union and the Referendum: What drives Euroscepticism? In: Chatham House. The Royal Institute of International Affairs. London 2015. S. 1.

Großbritannien wird in der Wissenschaft auch als „Mutterland des Euroskeptizismus“[225] bezeichnet. Diese Annahme gilt es im Folgenden zu überprüfen, wobei zunächst der Begriff „Euroskeptizismus“ näher vorgestellt wird. Euroskeptizismus ist eine seit rund zwei Jahrzehnten in der politischen Diskussion verwendete Sammelbezeichnung für eine sehr breite Palette von Einstellungen gegenüber dem EU-Europa, die von punktueller Kritik bis zu kategorischer Ablehnung reicht. Zielobjekte des Euroskeptizismus können unterschiedlich sein: das europäische Integrationsprojekt insgesamt, die EU in ihrer gegenwärtigen Struktur, konkrete Entscheidungen in einzelnen Politikfeldern der EU oder bestimmte Vorhaben der Weiterentwicklung des Integrationsverbandes, beispielsweise Vertiefung und Erweiterung. Träger solcher Einstellungen sind in erster Linie politische Parteien, wobei das Etikett „euroskeptisch“ grundsätzlich auch Parteien zugeschrieben wird, die über das gesamte politische Spektrum verteilt sind – also nicht nur Parteien an den äußersten Rändern –, sofern sie in ihrem Verhalten entsprechende Einstellungen zeigen.

### 2.5.1 Theoretischer Ansatz

Da Euroskeptizismus als Sammelbezeichnung unscharf ist, wird der Begriff zunächst genauer untersucht und nach Beweggründen für eine andauernde beziehungsweise aufkommende EU-Skepsis gefragt, damit auch unterschiedliche Formen und Ausprägungen von Euroskeptizismus identifiziert werden können. Ein Einteilungsversuch unterscheidet zwischen hartem („hard“) und weichem („soft“) Euroskeptizismus, wobei Letzterer für gemäßigt-kritischen Widerspruch und entsprechende Opposition steht, während Ersterer grundsätzliche, umfassende und vielfach auch offen feindselige Ablehnung bezeichnet, die sich in der Befürwortung des Austritts aus der EU manifestiert. Parteien und Politiker, denen das Etikett „euroskeptisch“ zugeschrieben wird, weisen diese Charakterisierung vielfach mit dem Argument zurück, dass ihre Einstellung und Politik „Eurorealismus“ widerspiegele. Der Vertrag von Maastricht (1992) wird in der Wissenschaft als Wendepunkt betrachtet. Nach diesem bis dahin größten Schritt des europäischen Integrationsprozesses wurde die europäische Erweiterung beziehungsweise Vertiefung in der öffentlichen Diskussion zunehmend skeptischer beurteilt.[226]

225 Oberkirch, Thomas und Schild, Joachim: Wachsender Euroskeptizismus – Anatomie eines Phänomens. Arbeitspapiere zur europäischen Integration. Trier 2010. S. 57.

226 Vgl. Leconte, Cécile: Understanding Euroscepticism. New York/London 2010. S. 43f.

## 2.5.2 Aktuelle Entwicklungen in Europa

Im Zuge dieser als „Post-Maastricht-Blues“[227] bezeichneten Entwicklung erlangte der Begriff „Euroskeptizismus“ in der politischen und medialen Debatte europaweit wachsende Prominenz – und erregte folgerichtig auch das Interesse der Wissenschaft. Tatsächlich werden heute im alltäglichen Gebrauch verschiedene Formen von Ablehnungsverhalten als Euroskeptizismus bezeichnet. Eine erweiterte Interpretation des Begriffs beschreibt Euroskeptizismus als „idea of contigent or qualified opposition, as well as incorporating outright and unqualified opposition to the process of European integration“[228] bezeichnet werden. Daraus folgt, dass Euroskeptizismus in verschiedenen Formen auftritt: Parteien können etwa die Übertragung nationalstaatlicher Befugnisse an die EU grundsätzlich ablehnen oder lediglich einzelnen politischen Entwicklungen skeptisch gegenüberstehen, ohne dabei die europäische Integration insgesamt in Frage zu stellen.

Im 21. Jahrhundert haben sich in fast allen EU-Mitgliedsstaaten Parteien etabliert, die sich entweder aktiv gegen eine weitere Integration oder für den Ausstieg des eigenen Landes aus der Union einsetzen.[229] Beispielhaft hierfür stehen die United Kingdom Independence Party (UKIP) in Großbritannien, die italienische Fünf-Sterne-Bewegung, die Alternative für Deutschland, die Freiheitliche Partei Österreichs, die Partij voor de Vrijheid (Niederlande), der Front National (Frankreich) und die Politische Bewegung ANO 2011 (Tschechien), um nur ein paar Beispiele zu nennen. In den vergangenen 15 bis 20 Jahren wurden außerdem zahlreiche bekennende Europa-Gegner ins EU-Parlament gewählt. Außer in Großbritannien sind EU-skeptische Positionen heute in Skandinavien und in den mittel- und osteuropäischen Ländern, die nach dem Ende des Kalten Krieges der Europäischen Union beitraten, recht verbreitet. Die Gründe für die Ablehnung einer supranationalen Integration sind dabei vielfältig, wobei sich einige zentrale Punkte in ihrem Kern gleichen. Beispielsweise werden von EU-Skeptikern, nicht nur in Großbritannien, seit Jahren auch ökonomische Argumente gegen eine weitere Vertiefung der Union angeführt. Zum Beispiel wird häufig behauptet, dass die Brüsseler EU-Bürokratie die wirtschaftliche Dynamik bremse und daher besser durch eine reine Freihandelszone zu ersetzen sei. Insbesondere in Osteuropa wurde außerdem im Zuge der ökonomischen

---

227 Vgl. Eichenberg, Richard C. und Dalton, Russell J.: Post-Maastricht Blues: The Transformation of Citizen Support for European Integration, 1973–2004. Irvine 2007. S. 79.

228 Ebd. S. 79.

229 Vgl. Eichenberg, Richard C. und Dalton, Russell J. S. 80f.

Integration ein Ausverkauf nationaler Vermögensgüter an die wirtschaftlich stärkeren westeuropäischen Unternehmen befürchtet. In den westeuropäischen Ländern steht dem die Furcht vor dem Verlust von Arbeitsplätzen und in den skandinavischen Wohlfahrtsstaaten die Angst vor dem Abbau sozialer Standards entgegen. In Zusammenhang mit Euroskeptizismus wird außerdem häufig mit dem Demokratiedefizit der Europäischen Union argumentiert. Dabei vertreten EU-Skeptiker oft die Ansicht, dass die EU das Subsidiaritätsprinzip („Entscheidungen sollten stets vom kleinstmöglichen Gemeinwesen getroffen werden“[230]) verletze, da viele politische Entscheidungen sinnvoller auf nationaler, regionaler und sogar kommunaler Ebene getroffen werden könnten. Auch eine Verschwendung der verwalteten Gelder und verteilten Subventionen wird kritisiert, ebenso wie Korruption und Vetternwirtschaft.Ein oft vertretenes Argument ist die Sorge um die nationale Unabhängigkeit: So wird in Großbritannien häufig die Zerstörung der britischen Lebensart befürchtet: „Britain has a long and entrenched tradition of Euroscepticism. Its voters have been consistently less likely than their continental neighbours to think positively about EU membership and the EU more generally.“[231] Auch andere Staaten hatten eigene Bedenken: Besonders in Mittelosteuropa wurde nach dem Zusammenbruch der Sowjetunion die nationale Souveränität und Würde betont. Umgekehrt fürchten EU-Skeptiker in Westeuropa durch die rasche EU-Erweiterung eine zu große Heterogenität im Wertesystem der EU und begründen damit ihre Ablehnung einer intensiveren Integration.

## 2.6 Populismus und Medien in Großbritannien

*„The argument is that anxieties over European integration are less about trade, regulation and economics than about a pooling of national sovereignity and communities.“*[232]

Auch wenn der Begriff „Euroskeptizismus“ als solcher relativ jung ist, so ist das Phänomen, welches er bezeichnet, schon sehr viel länger ein fester Bestandteil britischer Innen- und Außenpolitik. „The term Euroscepticism entered the British political lexicon in the mid-1980s, first appearing as a citation from an article in The Times from June 1986. […] the term Euroscepticism gained widespread

230 Leconte, Cécile: S. 101f. und S. 139.

231 Goodwin, Matthew: Britain, the European Union and the Referendum: What drives Euroscepticism? S. 1.

232 Ebd. S. 5.

use during the 1990s in the context of British domestic debates over the development of the EU's supranational dimension."[233] Großbritannien bezeichnet sich selbst auch als stolzes Zuhause des Euroskeptizismus.[234]

Bei der Beschreibung der Beziehung zwischen Großbritannien und der Europäischen Union müssen zwei Dinge besonders im Kontext betrachtet werden: Die Historie und die (Insel-)Lage des Vereinigten Königreiches. Der Kanal zwischen England und Frankreich, der an seiner engsten Stelle kaum mehr als 30 Kilometer breit ist, konnte vor allem im 20. Jahrhundert als physische, aber auch psychologische „Barriere" gesehen werden. Und gerade auch aus diesem Grund müsse die „*Island mentality*"[235] besonders berücksichtigt werden: „Deep-seated history, geography, law and intellectual traditions and (much under-remarked) religion, played their parts. All contributed to a distinctive strand of European culture, sometimes integrated (400 years of Roman rule), but often semi-detached: ‚Fog in Channel, Continent Isolated', as a headline once put it."[236]

In der Zeit nach dem Zweiten Weltkrieg hatte das Vereinigte Königreich enge Bindungen, vor allem die Special Partnership, zu den USA aufgebaut. „Britain's proximity to the USA both in cultural and in security terms is undoubtedly linked to the countries' shared experiences during the Second World War, where unlike ‚continental europe', Britain was not conquered or occupied."[237] Der Zweite Weltkrieg spielt darüber hinaus noch eine weitere wichtige Rolle, wird der Kampf Großbritanniens gegen Hitler-Deutschland doch aus Sicht von vielen Briten auch heute noch als „*the country's finest hour*"[238] bezeichnet. Großbritanniens Selbstverständnis als Weltmacht, seine Rolle im Zweiten Weltkrieg und schließlich der am Boden liegende europäische Kontinent sind wichtige Gründe, warum das Königreich nie wirklich mit seinen europäischen Partnern „warm" wurde beziehungsweise für sich Sonderrechte beanspruchte und letztlich auch bereits zwei Mal seinen Bürgern die EEC- beziehungsweise EU-Mitgliedschaft zur Abstimmung gestellt hatte. Besonders kurios erscheint in diesem

---

233 Startin, Nicholas: Have we reached a tipping point? The mainstreaming of Euroscpeticism in the UK. In: International Political Science Review. Volume 36. 19. Mai 2015. S. 312.

234 Vgl. The Guardian, online (Michael White): Britain, proud home of Euroscepticism. 26. Januar 2012.

235 Startin, Nicholas. S. 313.

236 The Guardian, online (Michael White): Britain, proud home of Euroscepticism. 26. Januar 2012.

237 Startin, Nicholas. S. 313.

238 Ebd. S. 313.

Zusammenhang, dass sich Großbritannien vorher, in den 1960er Jahren, als die wirtschaftlichen Vorteile einer engen europäischen Zusammenarbeit auch in London über jeden Zweifel hinaus klar erkannt wurden, erfolglos um eine Aufnahme in die European Economy Community (EEC) beworben hatte.

Doch die historischen und geographischen Besonderheiten allein erklären nicht, warum sich Großbritannien so schwer tut mit Europa. Eine wichtige und durchaus diskussionswürdige Rolle in diesem Zusammengang spielen auch die britischen Parteien im Unterhaus, vor allem Labour und Tory. Noch 1975, als Premierminister Harold Wilson seinem Volk die EEC-Mitgliedschaft in die Hände legte, war die regierende Labour-Partei enorm zerstritten in der Frage nach einer weitergehenden europäischen Einigung. „At the time of the 1975 Referendum, ‚the greatest political resistance came from the Labour Party' in part motivated by suspicion […] of the EEC as being pro-business'."[239] Die Konservativen, die sich spätestens mit Premierministerin Margaret Thatcher ab den 1980er Jahren in Richtung „euroskeptisch" bewegen sollten, galten rund um das 1975er Referendum als – zwar nicht leidenschaftlicher, aber immerhin pragmatischer – Unterstützer des europäischen Projekts. „The party's support for ‚Europe' was based around a ‚rather narrow trade-based idea of European integration that was unlikely to be adaptable to the ambitious programmes for political and economic integration which were launched in Brussels in the 1980s."[240] Mit Thatcher als Regierungschefin (1979 bis 1990) änderte sich schließlich auch der Ton gegenüber den europäischen Partnern. Ganz besonders deutlich wurde dies in Thatchers berühmt gewordener „Brügge-Rede", die sie am 20. September 1988 am College of Europe hielt. Darin sprach sie sich zum ersten Mal – und das gleich deutlich – gegen eine engere wirtschaftliche und politische Kooperation der EG-Staaten aus. Dies gab den Euroskeptikern im Vereinigten Königreich neue Nahrung. Gleichzeitig sorgte ihr oftmals rigoroses Auftreten gegenüber den europäischen Partnern und ihr Eintritt für den Erhalt britischer Souveränität für ein deutliches Unbehagen auf Seiten der konservativen Partei. Dies gipfelte schließlich in einer Zersplitterung der Torys, was ironischerweise auch das Ende von Thatcher als Premierministerin einläutete.[241] Ihr Nachfolger John Major hatte nicht nur mit innerparteilichen Grabenkämpfen, sondern auch mit der Diskussion um den Vertrag von Maastricht (1992) zu kämpfen. Dies gab euroskeptischen Stimmen im eigenen Land weiteren Auftrieb, zumal

239 Startin, Nicholas. S. 313.
240 Ebd. S. 314.
241 Vgl. Ebd. S. 314.

Dänemark den Vertrag ablehnte und Frankreich diesem nur mit knapper Mehrheit zustimmte.[242]

Im Nachhinein ist der Vertrag von Maastricht vermutlich die erste wirklich wichtige Wegmarke um zu erklären, wieso Großbritannien innerlich so zerstritten war (und bis zum Referendum 2016 sein sollte) über eine gemeinsame europäische Zukunft. Gerade der Vertrag von Maastricht regelte die Freizügigkeit in den EU-Staaten, was EU-Gegner im Vereinigten Königreich (und auch in anderen europäischen Staaten) seitdem als einen ihrer Hauptkritikpunkte an der europäischen Integration ansehen.[243] „Im Grunde war dies der Moment, als Referenden in manchen Ländern ein reguläres Ereignis wurden, um die zukünftige EU-Politik zu ratifizieren."[244] Gerade in Großbritannien, aber auch in anderen europäischen Staaten, erhielten populistische euroskeptische Stimmen enormen Auftrieb, um „the notion of parliamentary sovereignity with that of popular sovereignity through the device of a referendum"[245] zu verbinden.

Neben, oder besser gesagt: nach, Maastricht gab vor allem die EU-Erweiterung Kritikern weitere Munition. Dies gilt vor allem für die Osterweiterung, die allerdings noch Mitte der 1980er Jahre bei konservativen britischen Politikern als wirksames Mittel gegen eine weitere Vertiefung der europäischen Zusammenarbeit gesehen wurde: „For leaders such as Thatcher, suspicious of the European federal model, enlargement to the East was also a way to ‚widen' at the expence of ‚deepening' the EU."[246] Dies hatte allerdings wieder eine Komponente, die Kritikern in die Hände spielte: „[…] one of the consequences of the ‚big-bang' enlargement was to give new vigour to Eurosceptics: they were able, first, to link their anti-EU rethoric to concerns about unemployment and job security arising from migration flows from the CEE (Central Eastern Europe, Anm. d. Verfassers) states; second, to link their concerns to immigration and asylum and the perceived insecurity of the enlarged EU's Eastern borders; and, finally, to exacerbate concerns about major companies relocating to the CEE states."[247]

Grundsätzlich hatte sich die Debatte um die Erweiterung von der zunächst positiv besetzten Freizügigkeit innerhalb der Europäischen Union hin zu einem euroskeptischen Narrativ entwickelt – im Vereinigten Königreich wie auch in anderen, auch den neuen EU-Ländern.

---

242 Vgl. Ebd. S. 314.

243 Vgl. Startin, Nicholas. S. 314.

244 Ebd. S. 314f.

245 Ebd. S. 314.

246 Ebd. S. 314.

247 Ebd. S. 314.

Kurz nach der bislang letzten Erweiterungsrunde 2007, als Bulgarien und Rumänien in den Staatenverbund aufgenommen wurden, setzte die weltweite Finanzkrise ein. Dies war aus Sicht der Euroskeptiker der vorerst dritte und letzte „Antriebsstrang". „It was inevitable that the first economic recession to hit the Eurozone would result in a situation from which Eurosceptics would be able to profit politically."[248] In Großbritannien gab die Finanz-, die sich schnell zur „Eurokrise" ausweiten sollte, Kritikern wie dem UKIP-Vorsitzenden Nigel Farage Gelegenheit, zum einen den Euro als *„failing currency*"[249], zum anderen Europas Reaktion auf politische und wirtschaftliche Probleme an seinen Randzonen zu kritisieren. Neben durchaus rational zu diskutierenden Entwicklungen ermöglichte gerade die Finanz- bzw. Eurokrise EU-Skeptikern wie Nigel Farage, in die Debatten eine emotionale und vor allem psychologische Komponente einzubauen: „[...] with the main focus of his anti-EU critique being the perceived shortcomings of the principle of the Freedom of Movement and its consequences for UK immigration numbers."[250] Mit dieser, auf das Gefühl der Wähler, abzielenden Diskussionskultur brachte es Farage vor allem in nationalen TV-Debatten weit und überzeugte Zuschauer mit seiner Art der Argumentation. Um ihre Thesen aber in die Öffentlichkeit zu tragen, brauchten Farage und andere Euroskeptiker wie der langjährige UKIP-Abgeordnete und *Daily Express*-Korrespondent Patrick O'Flynn, aber vor allem die heimische Presse. Diese, vor allem mit Blick auf EU-Kritik, recht neuartige Form der psychologischen Wählerbeeinflussung und insbesondere die Rolle der britischen Printpresse, wird im weiteren Verlauf dieser Arbeit genauer untersucht. Im Mittelpunkt werden dabei insbesondere die Rolle von Boulevardzeitungen stehen, die seit Jahrzehnten als „key Eurosceptic driver"[251] gelten.

Euroskeptizismus und stärker werdende populistische Tendenzen hätten sich allerdings ohne die beiden großen britischen Parteien, Labour und Tory, vor allem in England nicht so weit verbreiten können, als dass es die EU-Kritiker bis zu einem Referendum hätten schaffen können, UKIP hin oder her. Sowohl Labour als auch die Tories besitzen einen entscheidenden und gleichzeitig wenig ruhmreichen Beitrag in der politischen und gesellschaftlichen „Etablierung" des Euroskeptizismus. Großbritanniens Parteiensystem zeichnet sich durch ein geringes Maß an Pluralität aus, außerdem stellt es ein System des offenen

248 Startin, Nicholas. S. 314.
249 Ebd. S. 314.
250 Ebd. S. 314.
251 Ebd. S. 316.

Parteienstreits dar. Das britische Parteiensystem sowie die Mehrheitswahl haben zudem eine zentrifugale Wirkung auf Parteipositionen.[252] Nicht zuletzt deshalb ist die innere Kohäsion ein zentrales Anliegen britischer Parteien. Unter anderem deswegen kam es in den vergangenen zwei Dekaden zu erheblichen Veränderungen in der Positionierung der britischen Parteien im Hinblick auf die Europäische Union. Die Labour-Partei durchlief beispielsweise einen bemerkenswerten Wandel von einer deutlich euroskeptischen zu einer mittlerweile vergleichsweise pro-europäischen Partei. Zentraler Wendepunkt stellte dabei der Wandel hin zu ‚*New Labour*' in den 1990er Jahren unter Führung Tony Blairs dar. Demgegenüber verkörpert die Conservative Party heutzutage eher die britische Skepsis gegenüber der EU, vor allem durch den Druck von UKIP. Diese kritische Haltung hat sich mit der Zeit noch verstärkt: Erst als sich der Fokus der europäischen Integration vom Binnenmarktprojekt zur politischen Gemeinschaft verschob, wandelte sich auch die Haltung der regierenden konservativen Partei und schlug in offene Ablehnung um. Als ein zentrales Ereignis gilt dabei die Rede der damaligen Premierministerin Margaret Thatcher in Brügge im Jahr 1988, deren Tragweite auf die öffentliche Meinung in Großbritannien nicht unterschätzt werden darf.

Insgesamt können drei verschiedene Wegpunkte als entscheidend für den deutlich steigenden Euroskeptizismus in Großbritannien ausgemacht werden: Die Debatten um den Vertrag von Maastricht (1992), die EU-Erweiterungsrunden (2004 und 2007) sowie die Finanzkrise (ab 2008/09).

Öffentlicher Euroskeptizismus in Großbritannien manifestiert sich vornehmlich im Zeitungswesen. Vor allem die Printmedien erreichen mit ihren Schlagzeilen nicht nur die britischen Leser in allen Landesteilen, sondern erregen auch internationale Aufmerksamkeit. Zu den auflagenstärksten Zeitungen mit euroskeptischem Einschlag zählen *The Daily Mail*, die von Rupert Murdoch kontrollierten *The Sun* und *The Times*, außerdem *The Daily Express* und *The Star* sowie *The Daily Telegraph*. Die Auflage dieser Zeitungen deckte noch 2004 rund 75 Prozent der gesamten täglichen Zeitungsverkäufe ab, und ihre Besitzer erlegen ihren Journalisten eine rigide euroskeptische Berichterstattung auf. Zu den Motiven dieser Presse gehört in erster Linie ein ausgeprägter Nationalismus, der sich hauptsächlich in der Gruppe der sogenannten Murdoch-Presse vorfindet.

252 Vgl. Usherwood, Simon: Opposition to the European Union in the UK: The Dilemma of Public Opinion and Party Management. In: Government and Opposition. Volume 37. April 2002. S. 219.

Dabei waren die britischen Medien nicht immer gegen die EU: Im Zeitraum um den Beitritt Großbritanniens 1974/75 waren sie sogar mehrheitlich für die Mitgliedschaft. Erst in den Jahren danach wurden sie zunehmend skeptischer, teilweise sogar in stärkerem Maße als die Regierungen John Majors und Tony Blairs. Entscheidend ist, dass die auflagenstarken Zeitungen wie *Sun* und *Daily Mail* durch ihre Berichterstattung die politische Agenda mitbestimmen und somit direkten Einfluss auf die politische Debatte in Großbritannien nehmen. Die gesellschaftliche und politische Ablehnung gegenüber Europa richtet sich vor allem gegen die politische Dimension des Einigungsprozesses.[253] Die EU wird als Bedrohung der nationalen Souveränität wahrgenommen. Ähnlich wie in Frankreich steht die Auffassung eines britischen Exzeptionalismus im Mittelpunkt. Die Briten sind von der Einzigartigkeit bzw. Andersartigkeit ihres politischen Systems und ihrer Kultur überzeugt und bestehen auf deren Erhalt.

Unkontrollierte Zuwanderung, bei der Ausländer aus ärmeren Ländern ins Vereinigte Königreich geströmt seien, weil man die Kontrolle der eigenen Grenzen an die EU abgegeben habe (hier besonders: Flüchtlingskrise 2015), war das zentrale Argument für die Befürworter eines Austritts des Vereinigten Königreichs aus der EU im Sommer 2016. Ihre Schlagworte hießen „Take back control" bzw. „I want my country back". Die Gegner hatten versucht, die positiven wirtschaftlichen Einflüsse der EU in den Vordergrund zu stellen („Britain stronger in Europe"). In Großbritannien war, möglicherweise aufgrund der schon lange schwierigen Beziehung zwischen dem Vereinigten Königreich und dem europäischen Kontinent, die Skepsis gegenüber der EU besonders groß. Eine Eurobarometer-Umfrage unter EU-Bürgern hatte im Frühjahr 2009 – kurz vor den Wahlen zum Europäischen Parlament – gezeigt, dass die Zustimmung zur EU in Großbritannien am niedrigsten war, vor Lettland und Ungarn.[254] Die Unterstützung zur Staatengemeinschaft war schon aus historischer Perspektive betrachtet sehr niedrig. Auch deshalb, und das wird für die Analyse noch wichtig sein, sind die Briten sehr zurückhaltend, was die Frage nach einer europäischen Identität betrifft.

Was im Nachhinein besonders kurios erscheint ist, dass das europäische Einigungsprojekt von namhaften britischen Politikern wie Winston Churchill kurz nach dem Zweiten Weltkrieg als wichtig für die Zukunft des gesamten Kontinents angesehen wurde. In seiner Rede in Zürich 1946 sprach er von „a kind of

253 Vgl. Leconte, Cécile. S. 92.

254 Vgl. Standard Eurobarometer 71 (fieldwork June-July 2009). European Commission. September 2009.

United States of Europe led by France and Germany“[255] – was aber nicht Großbritannien beinhalten sollte. Schon bald machte in Europa das Sprichwort „The UK is wishing to seem an important part of Europe without being a part of it“[256] die Runde. Churchill selbst sagte dazu in Zürich: „France and Germany must take the lead together.”[257] Es war übrigens auch Churchill selbst, der zuerst die Idee einer gemeinsamen europäischen Armee ins Spiel brachte „and to provide uropean diplomacy with some muscle.“[258]

Auf der anderen Seite stand die Frage: Wer, wenn nicht Großbritannien, sollte Europa nach dem Zweiten Weltkrieg führen? Hier wurde, dies lässt sich mit dem Abstand von mehr als einem halben Jahrhundert sagen, aus britischer Sicht ganz sicher eine große Chance vertan. Andererseits gab es, zumindest rein äußerlich, damals noch das Britische Weltreich und die Frage, warum sich Großbritannien nun voll auf Europa konzentrieren sollte, hatte ebenfalls ihre Berechtigung.

Allerdings: Das Ergebnis des Referendums von 1975 war eindeutig. Zweidrittel der Wähler (bei einer Wahlbeteiligung von 64,5 Prozent) entschieden sich dafür, dass Großbritannien in der Europäischen Wirtschaftsgemeinschaft bleiben sollte. Interessant war auch, dass in den 1970er und auch noch in den 1980er Jahren die Labour-Partei die klar euroskeptischere der beiden großen Parteien war, mit deutlich mehr antieuropäischen Landkreisabgeordneten als die Konservativen. 1979 gab die Partei sogar ein Programm heraus, in dem festgelegt wurde, dass eine Labour-Regierung gegen jeden Schritt in Richtung einer europäischen Föderation votieren würde, und noch 1983 favorisierte Labour den britischen Austritt aus der Europäischen Wirtschaftsgemeinschaft.

In der Zwischenzeit hatte sich die zum damaligen Zeitpunkt amtierende Premierministerin Margaret Thatcher große Popularität mit ihrem Briten-Rabatt verschafft, mit dem Großbritannien seine Zahlungen an die EWG reduzieren konnte. Dies gelang vor allem deshalb, da das Vereinigte Königreich zu diesem Zeitpunkt tatsächlich das zweitärmste EWG-Mitglied war und ohne eine nennenswerte Landwirtschaft von den europäischen Agrar-Subventionen kaum profitieren konnte.

---

255 The Churchill Society, online: Mr. Winston Churchill speaking in Zurich 19th September 1946.

256 Watts, Duncan und Pilkington, Colin: Britain in the European Union Today. Manchester 2005. S. 34.

257 The Churchill Society, online: Mr. Winston Churchill speaking in Zurich 19th September 1946.

258 European Commission, online: Winston Churchill: calling for a United States of Europe.

Großbritannien hatte, auch aufgrund von Thatchers Politik und Auftreten gegenüber den europäischen Partnern, seit Mitte der 1980er Jahre den Status eines „schrecklichen Partners“[259]. Diesen Ruf „erarbeitete“ sich das Vereinigte Königreich besonders aufgrund seiner beharrlichen Weigerung tiefergehender Integration. Gerade britische Regierungsmitglieder waren in der Vergangenheit extrem kritisch einer tiefergehenden europäischen Integration gegenüber eingestellt. Für sie war zwischenstaatliche Zusammenarbeit wichtiger als eine supranationale Autorität, was gleichbedeutend mit der Abgabe eigener Souveränität wäre. Grundsätzlich sind das gerade auch in der heutigen Zeit oft erwähnte Demokratiedefizit der Europäischen Union, inklusive der Gesetzmäßigkeitsprobleme der Europäischen Kommission und des Europäischen Parlaments sowie die Vormachtstellung von EU-Recht gegenüber nationaler Gesetzgebung einige der größten Beanstandungen der britischen Euroskeptiker. Die EU habe außerdem, so argumentieren Kritiker, einen negativen finanziellen Einfluss durch wachsende Mitgliedsbeiträge. Dazu kam die Frage nach sozialen und finanziellen Zuwendungen für EU-Migranten: „[...] it appears that the question of access to welfare for EU migrants is an issue of particular concern for voters. No less than 68% agree that the ability of migrants to claim welfare benefits in Britain should be curbed, suggesting that the Prime Minister was astute in making this issue one of the central planks of the renegotiations.“[260] Hierbei wird auch deutlich, dass Wähler, die das Gefühl haben, ihr Land profitiere wirtschaftlich von der EU-Mitgliedschaft, dazu tendieren, eben diese positiv zu sehen. Andererseits haben Wähler, „who have a strong sense of national identity together with little in the way of Euopean identity are inclined to question the right of EU institutions to ‚meddle‘ in their country's affairs, may well have concerns that their country's distinctive culture is threatened by the EU's activities, and are more likely to be concerned about the impact of EU migration.“[261] Wirtschaftsprofessor Parviz Dabir-Alai (Richmond, the American International University in London) sagte dem Autor der vorliegenden Arbeit im Rahmen eines Interviews am Tag des Referendums 2016: „Euroscepticism has a very rich tradition in Great Britain, especially since the 1970s, 1980s. The people are flirting with 'Britishness' again

259 Vgl. George, Stefan: An Awkward Partner: Britain in the European Community. Oxford 1990.

260 Curtis, John: How deeply does Britain's Euroscepticism run? In: Curtice, John et al.: British Social Attitudes; the 33rd report. NatCen Social Research. London 2016. S. 8.

261 Ebd. S. 9.

at the EU's expense. It seems like all the problems people have are directly transferred to the European Union or to 'Brussels'."[262]

Ein anderes großes Thema sind die „kulturellen Konsequenzen"[263] der britischen EU-Mitgliedschaft. Dass die Briten hier negativer urteilen, kann mit Blick auf den im europäischen Vergleich sehr hohen Nationalstolz nicht überraschen. Klar ist aber auch, dass die britischen Wähler im Sommer 2016 nicht über die Frage, wie sie aus ihrer Sicht gerne die Europäische Union reformiert sehen würden, abstimmen sollten, sondern, ob sie nach wie vor ein Mitglied der EU sein möchten oder nicht.

Feldforschungen zum Thema „Soll Großbritannien Mitglied der Europäischen Union bleiben?"[264] zeigen, dass die Zustimmungen Anfang der 1990er Jahre, kurz nach dem Ende des Kalten Krieges, am höchsten waren (1990: 76 zu 19 Prozent, 1991: 77 zu 19). Noch 2015 war das Verhältnis 60 zu 30 pro EU, wobei sogar nur 22 Prozent der Befragten der Meinung waren, Großbritanniens langfristiges Ziel solle sein, die Europäische Union zu verlassen.[265] Allein schon diese Zahlen lassen das Ergebnis des EU-Referendums in einem überraschenden Licht dastehen.

Allerdings wurde gerade bei vorangegangenen Wahlen zum Europäischen Parlament deutlich, dass im vergangenen Jahrzehnt der öffentlich wahrnehmbare Euroskeptizismus in Großbritannien deutlich wahrnehmbar zugenommen hatte. So erhielt die erst 1993 gegründete United Kingdom Independence Party (UKIP) schon bei den Europawahlen 2004 rund 16 Prozent der Wählerstimmen und damit zwölf Abgeordnete im EU-Parlament. 2009 verbesserten sich die Wahlergebnisse, als die Partei hinter Labour den zweiten Platz belegte. 2014 schließlich erzielte die UKIP-Unterstützung mit fast 27 Prozent der Stimmen und Platz 1 unter allen zur Wahl stehenden Parteien einen neuen Höchstwert. Besonders auffällig ist der Anstieg von „Austrittswilligen" seit der weltweiten Finanzkrise 2008/2009.

Nicht zuletzt markierte auch der Aufstieg von UKIP eine Art Zeitenwende, auch in der Politik des britischen Premierministers David Cameron, die ihn schließlich zu seiner folgenschweren Entscheidung bewegte. „From 2013 on,

---

262 Interview des Autors der vorliegenden Arbeit mit Professor Dr. Parviz Dabir-Alai. Anhang C. S. 332.

263 Curtis, John. S. 10.

264 Ebd. S. 5.

265 Vgl. Curtis, John: How deeply does Britain's Euroscepticism run? In: Curtice, John et al.: British Social Attitudes; the 33rd report. NatCen Social Research. London 2016. S. 6.

an in the context of fragmentation of British politics as reflected in weakening attachments to established parties and growing volatility towards voters, the openly Eurosceptic UK Independence Party (UKIP) has attached growing support, replacing the Liberal Democrats as the third most popular party in national opinion polls. The rise of UKIP was a major reason David Cameron offered a referendum on EU membership [...].“[266]

Cameron selbst verstand es rückblickend nie, sich überzeugend für Europa einzusetzen, ja zumindest die Vorteile der britischen EU-Mitgliedschaft zu vermitteln. „Although he was always in favour for remaining, he failed to make the case for UK membership until almost the last minute. [...] Cameron was being consistent with his own soft Euroscepticis, not innovative in the way that might have equipped him to fight his corner more effectively when the referendum came in 2016.“[267] Eine letztlich überzeugende Position hatte der Regierungschef bis zuletzt nicht eingenommen. Wohl auch deshalb haben ihm die Wähler seinen wenig überzeugenden Einsatz für einen britischen EU-Verbleib nicht abgenommen.

Besonders dramatisch entwickelte sich die Situation vor allem für überzeugte EU-Skeptiker nach den Parlamentswahlen 2010, als David Cameron Premierminister wurde und mit den Liberaldemokraten eine Regierung bildete. Diese schloss ein Referendum nämlich kategorisch aus, was bei den besonders harten EU-Kritikern in Reihen der Torys zu einer ersten echten Gegenreaktion führen sollte. Im Oktober 2011 hatte der Tory-Parlamentsabgeordnete David Nuttall eine Bewegung für ein britisches EU-Referendum gegründet, was schließlich zur größten Tory-Revolte nach dem 2. Weltkrieg führen sollte. Insgesamt 81 konservative Abgeordnete haben gegen den Regierungsvorschlag gestimmt, auf absehbare Zeit keine Volksabstimmung abzuhalten. Zwei Monate später versuchte Cameron, seine „Rebellen“ zu besänftigen, indem er beim EU-Gipfel gegen den Euro-Rettungsplan sein Veto einlegte. Als Resultat wurde Cameron schließlich zwischen beiden Fronten isoliert. Cameron versuchte (zu) lange, das unliebsame EU-Thema als reines parteiinternes „Gezanke“ aufzufassen. Doch spätestens ab etwa 2012 begannen die Eurokrise und die zunehmende Migrations- beziehungsweise Flüchtlingskrise, Cameron das Heft des Handelns aus der Hand zu nehmen: „[...] pressures were beginning to transform the issue into something

266 Goodwin, Matthew: Britain, the European Union and the Referendum: What drives Euroscepticism? In: Chatham House. The Royal Institute of International Affairs. S. 3.

267 The Guardian, online (Martin Kettle): The downfall of David Cameron: a European tragedy. 24. Juni 2016.

much larger, much angrier and less manageable. The rise of UKIP – with whose policies a significant minority of Tory MPs agreed – pushed ever more Tories into the referendum camp.“[268] Mitte 2012 schließlich lenkte Cameron ein und gab erstmals zu, dass ein Referendum eventuell doch nötig sei. „From that moment the issue became when, not whether, Cameron would pledge a referendum as Tory policy at the next election.“[269]

Cameron selbst sagte, dass er ein Referendum abhalten müsse, da es eine parteiinterne Frage sei, die er nun klären müsse: „I am under a lot of pressure on this. [...] what else can I do? My backbenchers are unbelievably Eurosceptic and Ukip are breathing down my neck“[270], sagte er seinem Stellvertreter in 10 Downing Street, Nick Clegg. Im Rahmen einer als Bloomberg-Speech bekanntgewordenen und durchaus gelungenen Rede stellte Cameron im Januar 2013 schließlich seine Pläne vor. An dieser Stelle setzte er sich klar für einen britischen Verbleib in der Europäischen Union ein. Hätte er von diesem Moment an, vor allem mit Blick auf die Unterhauswahlen zwei Jahre später, seine Herangehensweise, seinen Mut behalten und mit überzeugenden Argumenten für einen EU-Verbleib gekämpft, womöglich wäre schon die Referendumskampagne vor der eigentlichen Abstimmung gänzlich anders verlaufen. Stattdessen verfiel Cameron erneut, auch mit Blick auf die heimische Presse, in alte Muster und zögerte.

In der Zwischenzeit kam es vor allem mit der sich anbahnenden Flüchtlings- und sich zuspitzenden Migrationskrise zu einem weiteren Erstarken von UKIP. Als Cameron wenig überzeugend versuchte, sich im Laufe der Referendumskampagne für Europa einzusetzen, war es bereits zu spät. Im Jahre 1975 hätte vielleicht sogar Camerons „EU Deal“ gereicht, den er im Februar 2016 aushandelte, um sein Volk von einem Verbleib in der Europäischen Union zu überzeugen. Aber die Zeiten waren weder politisch noch gesellschaftlich miteinander vergleichbar. Zuwanderung, ein ungeduldiges Wahlvolk, euroskeptische Abgeordnete und vor allem die Entschlossenheit einer starken anti-EU ausgerichteten Presse waren ausschlaggebend dafür, dass 2016 nicht mit dem ersten Referendum vier Jahrzehnte vorher zu vergleichen war. „There was a lot of pressure for Prime Minister Cameron, from his own Conservative Party, but also from UKIP. Especially the ‚Brexiteers' had a very simplistic approach. David Cameron was

---

268 Ebd.

269 Ebd.

270 The Guardian, online (Martin Kettle): The downfall of David Cameron: a European tragedy. 24. Juni 2016.

concerned about the rising influence of UKIP and the damage UKIP could do to the Conservative Party's electoral chances in 2015."[271]

Ein wichtiger Unterschied zwischen Großbritannien und der EU ist auch die Inkompatibilität (im Sinne des „goodness-of-fit"-Ansatzes) zwischen den britischen und europäischen Konzeptionen von politischer und wirtschaftlicher Ordnung.[272] „British Euroscepticism bears the imprint of Britain's distinctive historical geopolitical experiences. Britain's island heritage and geographical seclusion, its progress from isolation to victory during the Second World War, and, initially in the post-war period, it's imperial legacy and relationship with the Commonwealth, have all served as essential themes behind British Euroscepticism"[273]. Die Fundamentalopposition der Briten gegenüber dem Euro als gemeinsamer Währung kann ebenfalls als Ausdruck der Wahrung des britischen Pfunds als Sinnbild des Vereinigten Königreichs verstanden werden. Britischer Euroskeptizismus auf Bevölkerungsebene ist überwiegend passiver Art, eine Mobilisierung dieser latent vorhandenen Einstellungen im großen Ausmaß ist bislang jedoch ausgeblieben.[274] Dies änderte sich erst, als das Referendum nach den Unterhauswahlen 2015 Gestalt annahm.

Grundsätzlich lässt sich feststellen: Großbritannien galt schon in den drei Jahrzehnten vor dem Referendum zur weiteren EU-Zugehörigkeit als zerrissene Nation, die vor allem politisch weitaus gespaltener war als es die traditionellen Parteilinien vermuten lassen.[275] Hinzu kommt, dass langfristige gesellschaftliche Änderungen ihren Teil dazu beigetragen haben, dass die politisch-öffentliche Meinung sich in den knapp 30 Jahren zwischen den beiden Referenden 1975 und 2016 deutlich geändert hatte. Die Frage, die dieser Annahme zugrunde liegt, ist: Warum ist dies geschehen? Welche sozialen und einstellungsbezogenen Gründe waren letztlich ausschlaggebend?

---

271 Interview des Autors der vorliegenden Arbeit mit Professor Dr. Parviz Dabir-Alai (Anhang C, S. 331).

272 Vgl. Harmsen, Robert: Contesting Europe: Party Politics, National Identity and European Integration. Amsterdam/New York 2004. S. 6f.

273 De Wilde, Pieter, Michailidou, Asimina und Trenz, Hans-Jörg: Contesting Europe. Exploring Euroscepticism in Online Media Coverage. Colchester 2013. S. 176.

274 Vgl. Spiering, Menno: British Euroscepticism. In: Harmsen, Robert und Spiering, Menno (Hrsg.): Contesting Europe: PartyPolitics, National Identity and European Integration. Amsterdam/New York 2004. S. 134.

275 Vgl. Ford, Robert und Goodwin, Matthew: Britain after Brexit. A Nation divided. In: Journal of Democracy. Volume 28. Number 1. Januar 2017. S. 17.

Die sozialen Veränderungen, die auch dazu beitrugen, dass Großbritannien letztlich die EU verlassen sollte, wurden bereits in der zweiten Hälfte des 20. Jahrhunderts gelegt. In den 1960er Jahren hatten beispielsweise mehr als die Hälfte aller Arbeitenden Jobs, in denen es vorrangig um handwerkliche Arbeit geht, wohingegen weniger als zehn Prozent aller Wähler einen Universitätsabschluss besaßen. Um die Jahrtausendwende hatte sich das Ergebnis fast umgekehrt: Die sogenannte Working Class stellte nur noch rund ein Fünftel der Wahlberechtigten, während schon mehr als ein Drittel einen akademischen Abschluss gemacht hatten.[276]

Dies stellte zwangsläufig auch die beiden dominierenden Parteien vor neue Herausforderungen. Schließlich waren es Labour und Torys, die ihre Wählerschichten entlang klar gezogener sozialen Schichten bezogen. Ende der 1990er Jahre verstand es Tony Blair sehr gut, die traditionellen „working class"-Bindungen der Labour-Partei mit seinem Programm des „New Labour" herunterzuspielen: „This proved hugely successful in the short run, handing Labour an unprecedented three successive election victories."[277] Langfristig gesehen sollte diese Herangehensweise der Labour-Partei aber eher schaden, denn die traditionell eher konservativen, weißen Arbeiter mit einem vergleichsweise geringeren Bildungsstandard fühlten sich von der Labour-Partei nicht mehr in ausreichendem Maße vertreten und ihre Sorgen nicht ernstgenommen.

Diese Entwicklung zwischen Ende 1990er, Anfang der 2000er Jahre, und hier muss der Konjunktiv betont werden, hätte eine große Chance für die Konservativen unter ihrem damals neuen Vorsitzenden David Cameron sein können, ja vielleicht sogar müssen. Zumal sich das Bild von Europa schon zu diesem Zeitpunkt auch in der Wahrnehmung der Öffentlichkeit langsam zu drehen begann.[278] Doch Cameron fokussierte sich eher darauf, Unterstützung aus dem zunehmenden Pool von Hochschulabsolventen für und Berufstätigen aus der sogenannten „middle class" zu gewinnen. Dies waren Wähler, die seine Partei ab Anfang der 1990er Jahre noch an Labour verloren hatte. Und somit wurden die „white working-class voters" von beiden Parteien vernachlässigt. Ihnen fehlte im ersten Jahrzehnt des 21. Jahrhunderts die politische Heimat, was aber auch zur Folge hatte, dass ihre Ansichten den großen Parteien gegenüber immer

---

276 Vgl. Ford, Robert und Goodwin, Matthew: Britain after Brexit. A Nation divided. In: Journal of Democracy. Volume 28. Number 1. Januar 2017. S. 18.

277 Ebd. S. 18.

278 Vgl. Kopper, Hilmar, Sebacher-Brandt, Brigitte und Walter, Norbert (Hrsg.): Europa wohin? Stuttgart/Frankfurt am Main 1996.

skeptischer wurden und sie nicht mehr empfänglich waren für das etablierte politische System. Viele von diesen vernachlässigten Wählern kehrten der Politik vollends den Rücken zu, was beispielsweise zu geringeren Wahlbeteiligungen in historisch sicheren Labour-Wahlkreisen führte. Nicht wenige dieser Wähler fanden zunächst in der rechtsextremen „British National Party“ (BNP) eine Alternative, um ihrer Unzufriedenheit Ausdruck zu verleihen.

Ein zweiter langfristiger sozialer Knackpunkt verstärkte die demografischen Wählerveränderungen noch: die Frage nach der eigenen Identität. Zunehmende Werteveränderungen bezüglich der nationalen Identität, Mulitkulturalismus und gesellschaftliche Vielfalt trugen einen wesentlichen Teil dazu bei, dass neue soziale Gruppen mit einem höheren Bildungsstand und -abschluss, ethnische Minderheiten und Berufstätige aus der „*middle class*“ völlig andere Werte und Einstellungen vertraten als die ehemals dominierende Klasse der älteren weißen Wähler, Schulabbrecher und der Arbeiterklasse. Was hinzu kommt: „As Britain's two main parties reoriented themselves to focus on the rising liberal groups, a mainstream political consensus emerged on such issues.“[279]

Dies hob sich aber deutlich von den Werten und Einstellungen der mehr nationalistisch und selbstbezogen denkenden und gleichzeitig schwindenden Wählerklasse der älteren, weißen Arbeiterklasse ab. „Such ‚left-behind‘ voters feel cut adrift by the convergence of the main parties on a socially liberal, multicultural consensus, a worldview that is alien to them. […] Britishness is far more important to them than it is to liberal graduates. The ‘left-behind’ voters are more focused on order and stability than on freedom and diversity, so the very things that social liberal celebrate – diversity, mobilitity, rapid change – strike them as profoundly threatening. Their policy preferences reflect this: They favor not only harsh responsed to criminals and terrorists who threaten social order, but also tough restrictions on immigration, as they do not want a more diverse and rapidly changing Britain.”[280]

An dieser Stelle spielt Intoleranz ebenfalls eine wichtige Rolle in der Bewertung. Denn eher auf sich und das Nationalgefühl bezogene Wähler haben Studien zufolge mehr negative Klischeevorstellungen von Bevölkerungsgruppen, die außerhalb ihrer eigenen sozialen Schicht und vor allem ihrer ethnischen Zugehörigkeit stehen.[281] Intoleranz muss hier im Kontext mit Werten wie Ordnung,

279 Ford, Robert und Goodwin, Matthew: Britain after Brexit. A Nation divided. S. 19.
280 Ebd. S. 19.
281 Vgl. Evans, Geoffrey: How Britain views the EU. In: Jowell, Roger et al (Hrsg.): British – and European Social Attitudes: the 15th report: How Britain Differs. Aldershot 1998. S. 108.

Stabilität und Tradition gesehen werden, denn diese sind bei der abnehmenden Wählerschicht der älteren, weißen Arbeiterklasse nicht zu vernachlässigen. Im Gegenteil: „Mainstream politicans attached to that consensus were not only ignoring the values and priorities of the 'left-behind', they were actively promoting a vision of Britain that the 'left-behind' voters found threatening and rejected."[282]

Zu Beginn der 2000er Jahre gab es in Großbritannien eine zwar kleine, aber nicht zu unterschätzende Klasse von wahltechnisch marginalisierten, politisch enttäuschten Wählern, die sich vorrangig aus der Arbeiterklasse zusammensetzt, deren Werte und deren Identitätsverbundenheit sich in steigendem Maße von der politisch-gesellschaftlichen Mehrheitsmeinung abhob. Und genau diese „left-behind" Wähler waren anfällig dafür, eine neue politische Bewegung in Gang zu setzen. Sie brauchten hierfür allerdings ein konkretes Thema und eine Partei, die ihre Ansichten umsetzen und ihren politischen Forderungen Gehör verschaffen konnten.[283]

Beides, Thema und Partei, bildeten sich Mitte der 2000er, als Zuwanderung ein zentraler politisch-gesellschaftlicher Streitpunkt wurde und vor allem durch eine, im Nachhinein, schicksalhafte Entscheidung von New Labour befeuert wurde. Tony Blairs Regierung kündigte damals an, im Gegensatz zu anderen EU-Staaten keine Beschränkungen für Menschen aus den sogenannten A8-Staaten aus Ostmitteleuropa aufzuerlegen. Dies und Großbritanniens geringe Arbeitslosenquote hatten zur Folge, dass die Zuwanderung aus EU-Staaten ins Vereinigte Königreich wesentlich höher war als von der Regierung hervorgesagt. Zwischen 1997 und 2004 stieg die jährliche Zuwanderung von 48.000 auf 268.000 bis hin zu 300.000 in den Jahren kurz vor dem Referendum 2016.[284] Dies führte zu einer grundlegenden Veränderung der öffentlichen Meinung in Großbritannien. Hierbei spielte auch die britische Presse eine wichtige Rolle: „Anxieties about the perceived effects of migration on public services, welfare, and identity were also fueled by a strident and populist tabloid press, which adopted a relentlessly negative stance on the issue. Front-page stories blaming EU migrants for social ills, and demanding action to control their numbers, became a regular occurrence after 2004."[285] An dieser Stelle müsste man annehmen, dass

282 Evans, Geoffrey: How Britain views the EU. In: Jowell, Roger et al (Hrsg.): British – and European Social Attitudes: the 15th report: How Britain Differs. Aldershot 1998. S. 20.

283 Vgl. Ford, Robert und Goodwin, Matthew: Britain after Brexit. A Nation divided. S. 20.

284 Vgl. Ebd. S. 20f.

285 Ford, Robert und Goodwin, Matthew: Britain after Brexit. A Nation divided. S. 21.

sowohl die Labour- als auch die Konservative Partei sich des Umschwungs in der öffentlichen Meinung bewusst gewesen seien, doch „[...] neither could find an effective response given the external constraints on policy."[286]

Öffentliche Warnungen und Ängste vor einer sich weiter verstärkenden Zuwanderung waren gewissermaßen die Katalysatoren einer steigenden Opposition gegen eine weitere langfristige EU-Mitgliedschaft Großbritanniens, „which was seen as the source of uncontrollable migration inflows and the obstacle to effective policy responses."[287] Zuwanderung war gewissermaßen der „Katalysator", den die politisch „Abgehängten" brauchten, um sich wieder, wenn auch negativ, aktiv mit Politik auseinanderzusetzen, „eroding their trust in the traditional parties and the political system, and providing an opening for a new challenger."[288] Die United Kingdom Independence Party wurde erst 1993 als Ein-Themen-Partei gegründet. In ihrem ersten Jahrzehnt hatte sie mit ihrer Forderung, Großbritannien solle die EU wieder verlassen, wenig Erfolg. Im Jahr 2015 war sie plötzlich die erfolgreichste aller neuen politischen Parteien geworden. Ein Erfolgsgeheimnis war, dass die Partei unter ihrem Vorsitzenden Nigel Farage ihre ursprüngliche Forderung „Raus aus der EU" mit einer weiteren „Stop Zuwanderung" versehen hatte und damit bei vielen Briten auf einen empfindlichen Nerv traf: „UKIP was able to catch the angry public mood."[289] Dies galt besonders für die Zeit nach den Unterhauswahlen 2010, als UKIP die Liberaldemokraten als drittbeliebteste Partei ablöste. Bei den Europawahlen 2014 triumphierte UKIP sogar als stärkste Kraft vor den Konservativen und der Labour-Partei.[290] Bei den Unterhauswahlen gewann die Partei landesweit 12,6 Prozent der Stimmen, auch wenn sich dies nur in einem einzigen Unterhaussitz widerspiegeln sollte. Dies führte zu einem kurzfristigen Rückzug von Nigel Farage vom Parteivorsitz.

UKIPs Aufstieg, zusammen mit der Rebellion einer immer größer werdenden Zahl von Tory-Hinterbänklern gegen die EU-Politik, waren für Regierungschef David Cameron Schlüsselfaktoren, sich auf ein Referendum zum weiteren britischen EU-Verbleib festzulegen.[291] Dieses knüpfte er an eine Bedingung: eine Tory-Mehrheit bei den Unterhauswahlen 2015. Als diese, für viele Beobachter

---

286 Ebd. S. 21.

287 Ebd. S. 21.

288 Ford, Robert und Goodwin, Matthew: Britain after Brexit. A Nation divided. S. 21f.

289 Ebd. S. 22.

290 Vgl. UK Electoral Commission: European Parliament Elections 2014. Electoral data report.

291 Vgl. Ford, Robert und Goodwin, Matthew: Revolt on the Right. Abindgon 2014. S. 78.

überraschend, tatsächlich zustande kam, war der Weg zum tatsächlichen Referendum vorgezeichnet. Diese Entscheidung hatte im Übrigen ebenfalls Nigel Farages Rückkehr an die UKIP-Parteispitze zur Folge – mit dramatischen Konsequenzen für das gesamte Königreich und letztlich auch für ganz Europa.

## 2.7 „*Stay*" oder „*Leave*"? Der britische Weg zum Referendum

Die Weichen für das Referendum wurden endgültig im Januar 2013 gestellt, als David Cameron, damals als Premierminister in der konservativ-liberalen Regierung, eine Reform der britischen EU-Mitgliedschaft angekündigt hatte. Seine im Londoner Bloomberg-Hauptquartier gehaltene Rede zur Reformierung der Europäischen Union und britischen Mitgliedschaft sollte in vielerlei Hinsicht ein Wendepunkt sein. Cameron sah die Zeit gekommen, grundlegende Änderungen in der Beziehung zwischen dem United Kingdom und der Europäischen Union zu fordern – und andernfalls mit einem britischen Austritt zu drohen. Cameron war damals noch nicht drei Jahre im Amt, aber schon unter enormen Druck seiner eigenen Partei und der aufstrebenden UKIP, die kurz darauf, bei den Europawahlen 2014, sogar stärkste politische Kraft im Vereinigten Königreich wurde.

Warum hatte der Premierminister sein Land in diese auch für ihn persönlich entscheidende Abstimmung geführt? „David Cameron did not want to hold an EU referendum and for years he resisted the idea. Then on the morning of January 23, 2013 his party forced him to deliver a speech that foreshadowed is own political destruction."[292] Was Cameron damals forderte, waren große Veränderungen innerhalb der EU: Durch die Probleme in der Eurozone drängte Cameron auf fundamentale Änderungen in der Europäischen Union, durch das wirtschaftliche Ungleichgewicht innerhalb der EU-Staaten hätten andere Staaten den europäischen Staatenverbund längst überholt. Zusätzlich, so argumentierte der britische Premierminister, würden sich die Bürger Europas nicht mehr ausreichend von der EU repräsentiert fühlen: „People are increasingly frustrated that decisions taken further and further away from them mean their living standards are slashed thrugh enforced austerity or their taxes are used to bail out governments on the other side of the continent."[293]

Cameron selbst hatte fünf Prinzipien entworfen, auf denen die Europäische Union, *seine* Europäische Union, aufgebaut sein sollte: „competitiveness,

292 Financial Times, online (George Parker und Alex Barker): How Brexit spelled the end to Cameron's career. 24. Juni 2016.

293 UK Government: EU speech at Bloomberg. 23. Januar 2013 (https://www.gov.uk).

flexibility, power back to the Member States, democratic accountability und fairness.“[294] Falls seine Standards nicht auf Gesprächsbereitschaft treffen würden und die EU im Status Quo weitermachen würde, so Cameron, sei er sich darüber bewusst, wie das britische Volk vermutlich abstimmen würde: „Simply asking the British people to carry on accepting a European settlement over which they have had little choice is a path to ensuring that when the question is finally put – and at some stage it will have to be – it is much more likely that the British people will reject the EU. [...] A vote today between the status quo and leaving would be an entirely false choice. [...] And I say to our European partners, frustrate das some of them no doubt are by Britain's attitude: work with us on this. [...] That Britain's national interest is best served in a flexible, adaptable and open European Union and that such a European Union is best with Britain in it.“[295]

Cameron hatte sich, im Nachhinein, schon damals auf ein verhängnisvolles Spiel eingelassen: „Speaking during the early stage of the Scottish independence referendum campain, he said: ‚I will win this easily and it will put to bed the Scottish referendum question for 20 years. The same goes for Europe. Instead the referendum opened up an acrimonious split in the Conservative party which spilled into a campaign dominated by immigration.“[296]

Februar 2016 sollte schließlich der entscheidende Monat werden, als sich David Cameron vergeblich in die letzte Verhandlungsrunde mit den Regierungschefs der anderen EU-Staaten begeben hatte, um Sonderkonditionen für einen weiteren britischen EU-Verbleib zu auszuhandeln. „He did obtain a few concessions. These included an opt-out from the declaration in EU treaties committing member states to an 'ever closer union among the peoples of Europe', as well as an 'emergency brake' whereby a member state could apply to the European Commission for permission to suspend benefit payments to EU migrants if they were placing too great a burden on social services. Though that were not major reforms, Cameron declared that they were sufficient to justify recommending that Britain remain a member of the EU."[297]

Der Regierungschef selbst klang erwartbar positiv: „[...] I set Britain's new settlement with the European Union. [...] I believe Britain will be stronger in a reformed Europe because we can play a leading role in one of the world's largest

294 Ebd.

295 Ebd.

296 Financial Times, online (George Parker und Alex Barker): How Brexit spelled the end to Cameron's career. 24. Juni 2016.

297 Ford, Robert und Goodwin, Matthew: Britain after Brexit. A Nation divided. S. 23.

organisations from within, helping to make the big decisions on trade and security that determine our future. Let me be clear: Leaving Europe would threaten our economic and our national security. […] Our plan for Europe gives us the best of both worlds. It underlines our special status through which families across Britain get all the benefits of being in the EU, including more jobs, lower prices and greater security."[298]

Tatsächlich aber kehrte Cameron mit Ergebnissen heim, für die ein Großteil der britischen Presse, vor allem der konservative Teil, nichts als Spott und teils üble Beleidigungen übrig hatte. Von „*The great delusion*"[299] (*The Daily Mail*), über „*Who do you think you are kidding, Mr. Cameron?*"[300] (*The Sun*) bis hin zu „*Cameron's EU deal ist a joke*"[301] (*The Daily Express*) und „*Ministers to defy PM on Europe*"[302] (*The Daily Telegraph*) gingen viele Zeitungen schon auf der Titelseite mit dem Premierminister hart ins Gericht. Auch weit weniger boulevardeske Titel wie *The Times* („*Brussels will have right to reject benefit curbs*"[303]) und *The Financial Times* („*Cameron face battle to sell EU deal to sceptical Tory MPs*"[304]) trugen ihre Skepsis bezüglich des EU-Deals offen zur Schau. Sogar *The Daily Mirror*, der sich während der Referendumskampagne auf die Seite von „Remain" stellen sollte, stellte die Verhandlungen zwischen Cameron und den übrigen EU-Regierungschefs infrage („*Cam's great EU gamble*"[305]). Einzig *The Guardian* hatte einen konstruktiveren Ansatz gewählt („*Cameron wins May's backing over Europe*"[306]).

Die Titelseiten waren aus Sicht der Zeitungen nur der Auftakt, im Kommentar- und Leitartikelteilbereich sah sich der Premierminister teils massiven Anfeindungen entgegengesetzt: „Your Brussels deal has done nothing to halt migrants, nothing to win powers back for Britain. Sorry, Prime Minister, but… IT STINKS"[307]. Die Zeitung verglich die britischen Nachverhandlungen

---

298 UK Government: PM statement following Cabinet meeting on EU settlement: 20 February 2016. 20. Februar 2016 (https://www.gov.uk).

299 The Daily Mail: The great delusion. 3. Februar 2016. S. 1.

300 The Sun: Who do you think you are kidding, Mr. Cameron? 3. Februar 2016. S. 1.

301 The Daily Express: Cameron's EU deal is a joke. 3. Februar 2016. S. 1.

302 The Daily Telegraph: Ministers to defy PM on Europe. 3. Februar 2016. S. 1.

303 The Times: Brussels will have right to reject benefit curbs. 3. Februar 2016. S. 1.

304 The Financial Times: Cameron face battle to sell EU deal to sceptical Tory MPs. 3. Februar 2016. S. 1.

305 The Daily Mirror: Cam's great EU gamble. 3. Februar 2016. S. 1.

306 The Guardian: Cameron wins May's backing over Europe. 3. Februar 2016. S. 1.

307 The Sun: Your Brussels deal has done nothing to halt migrants, nothing to win powers back for Britain. Sorry, Prime Minister, but… IT STINKS. 3. Februar 2016. S. 4.

in Brüssel gar mit einem dampfenden Misthaufen und dass der neue Deal „will not improve one aspect of British life“[308]. Die Zeitung schloss mit den, im Nachhinein fast schon historischen, Worten: „In June we will all have an historic, once-in-a-generation say on this fundamental issue. Whether you vote in or out, remember this: There is no ‚better deal‘ for Britain. We didn't get one.“[309]

Von den auflagenstarken Zeitungen griff neben *The Sun* vor allem *The Daily Mail* den Premierminister persönlich an und forderte außerdem ein möglichst prominentes Mitglied des Kabinetts auf, sich für *„Leave“* zur Verfügung zu stellen: „His [Cameron's, Anm. d. Verf.] capacity for self-delusion is breathtaking. [...] Is there any eurosceptic in this pusillanimous cabinet with the guts to speak his mind and put principles and country before personal ambition?“[310] Wenig überraschend akzeptierte auch *The Daily Express*, der bereits seit November 2010 offen für einen EU-Austritt Großbritanniens warb, den Ausgang der Nachverhandlungen nicht: „The Daily Express will never support membership of an undemocratic political union that costs taxpayers a fortune, forces us to endure rampant immigration and keeps Britain closely aligned with a sclerotic currency union that has brought misery to the continent.“[311] Und dann, im übertragenen Sinne ganz im Zeichen des Kreuzritters, der das Logo der Zeitung seit Ende 2010 ziert: „The sooner our crusade ends in victory the better.“[312] Allein diese drei Zeitungen verfügen über eine Auflagenzahl von mehr als 3,5 Millionen Lesern. Es wirkt wenig verwunderlich, wenn die Leser die Masse an Schlagzeilen und Artikeln gegen die Europäische Union glauben und sich ihr Bild vor allem im Laufe der Referendumskampagne durch die Berichterstattung noch verfestigt hat. Und selbst *The Daily Mirror*, die einzige auflagenstarke Tabloid-Zeitung, die sich in der Referendumskampagne für einen EU-Verbleib des Vereinigten Königreichs ausgesprochen hatte, erkannte David Camerons Verhandlungen als Schwachstelle in der Außendarstellung: „Cameron isn't communicating it when he's more interested in presentation than substance.“[313]

Interessanterweise hatte *The Guardian* zu diesem Zeitpunkt einen Zusammenhang zwischen dem Zustand der Konservativen Partei und der konservativen Presse kurz nach dem Ende von Margaret Thatcher als Regierungschefin erkannt. Diese seien nicht lediglich „irritiert von Europa, sondern „besessen von

308 Ebd. S. 4.
309 Ebd. S. 4.
310 The Daily Mail: 3. Februar 2016. S. 3.
311 The Daily Express: 3. Februar 2016. S. 1.
312 Ebd. S. 4 und S. 7.
313 The Daily Mirror: 3. Februar 2016. S. 5.

einer überwältigenden Wut"[314]. Die Reaktionen der konservativen Presse im Jahr 2016 auf Camerons EU-Deal waren vielleicht der beste Beweis hierfür. *The Guardian* hatte trotz dieser offen feindlichen Stimmung einen pragmatischen Ansatz zum nun beginnenden Referendumsprozess gewählt: „[...] in a world beset by economic, security and ecological problems that show no respect for borders, countries do better by working together, than splitting apart. Now it is time to shift away from the haggling over small beans, and towards the big arguments."[315] Damit sollte die Zeitung Recht behalten – aber völlig anders als von ihr prognostiziert.

Während der gesamten Kampagne, die rund drei Monate dauerte, hatten Meinungsforscher ein enges Rennen vorausgesagt und doch herrschte in der Öffentlichkeit, bei den Berichterstattern und den Finanzmärkten die Meinung vor, dass sich die Wähler letztlich mit dem Status Quo anfreunden und, wenn auch nicht wirklich überzeugt, *„Stay"* wählen würden. Wettanbieter, in Großbritannien ohnehin gesellschaftlich sehr gefragt, gaben dem *„Remain"*-Lager bis zu eine 93 prozentige Chance, das Referendum zu gewinnen.[316] An dieser Stelle sei bereits darauf hingewiesen, dass sogar UKIP-Vorsitzender Farage in der Referendumsnacht, nachdem die ersten Umfragen *Stay* mit 52 Prozent der abgegebenen Stimmen vorne sahen, die Niederlage für *Leave* einräumte. Was darauf aber tatsächlich folgen sollte, war der vermutlich größte politische Schock seit Generationen. Wohl auch wegen der beruhigenden Umfragewerte vor der Abstimmung, die landesweit konstant eine Führung für *Remain* prognostizierten, wurden viele Warnsignale im Vorfeld der Volksabstimmung 2016 nicht ernst genommen. Dies gilt es zu beachten, wenn man die Frage beantworten möchte, wie es zu einem erneuten Referendum zum britischen Verbleib in der Europäischen Union im Sommer 2016 kam.

Auch wenn euroskeptische Stimmen auf der Insel besonders stark ab etwa 2010 zu vernehmen waren, ist eine EU-kritische Haltung schon deutlich länger ein fester Bestandteil britischer Politik. Dafür gibt es mehrere Gründe. Grundsätzlich bestimmt kein zweites Thema den öffentlichen Diskurs in Großbritannien wie die europäische Einigung, vor allem seit dem Vertrag von Maastricht 1992. Kritik an „Europa" ist tief verankert im politischen System, in den Parteien und auch in der Gesellschaft. Die Frage ist, inwieweit die Medien diese Stimmung befeuert haben oder mitverantwortlich für diese waren.

---

314 The Guardian: 3. Februar 2016. S. 1.

315 The Guardian: 3. Februar 2016. S. 1.

316 Vgl. Ford, Robert und Goodwin, Matthew. S. 25.

Bevor David Cameron das Referendum offiziell für den Fall seiner Wiederwahl in Aussicht gestellt hatte, gab es bereits einige anti-EU-Kampagnen in Großbritannien: Die zwei größten waren „*Vote Leave*“ und „*Leave.EU*“, die aber beide kaum Unterstützung durch den UKIP-Vorsitzenden Nigel Farage erhielten.

Offiziell hatte Premierminister Cameron bereits 2013 im Rahmen seiner Bloomberg-Rede, also deutlich vor seiner Wiederwahl, angekündigt, bei erfolgreicher Bestätigung im Amt und der absoluten Mehrheit die britische Bevölkerung über einen Verbleib in der Europäischen Union entscheiden zu lassen. Klar war, dass die Konservative Partei dafür die absolute Mehrheit brauchen würde, denn der Koalitionspartner, die Liberaldemokraten, hätten einem Referendum eigenen Aussagen zufolge nicht zugestimmt. Cameron jedenfalls hoffte damals, dass er die britischen Bedingungen für das zukünftige Verhältnis mit der Europäischen Union erfolgreich nachverhandeln könnte und dass die Wähler ihm dieses Ergebnis ebenso klar und deutlich in einem Referendum bestätigen würden.[317] Dennoch zeigten vorherige Referenden zu EU-Themen bereits, dass solche Abstimmungen eine Eigendynamik annehmen können, die außerhalb der Kontrolle von Politikern liegen. Doch war diese Entscheidung tatsächlich nur ein mögliches Wahlgeschenk oder gab es noch weitere Gründe, die aus Sicht Camerons und seiner Konservativen Partei für ein Referendum sprachen? Unstrittig ist, dass die *United Kingdom Independence Party* am rechten Rand schon in Camerons erster Amtsperiode (ab Mai 2010) Druck aufbaute, die Briten nach rund 40 Jahren erneut über die EU-Mitgliedschaft abstimmen zu lassen. Farage, damaliger UKIP-Vorsitzender, betonte bereits kurz nach den Unterhauswahlen 2015, er werde eine führende Rolle in einer möglichen *Leave*-Kampagne zum Verlassen der Europäischen Union spielen.[318] „But this has also been about more than votes and seats; again, electoral pressure from UKIP was a major factor influencing the prime minister's pledge to hold a referendum on EU membership.“[319]

Wichtig für den Schritt zu einer erneuten Volksabstimmung ist auch ein Blick auf die Regierungsparteien: Seit der Unterhauswahl 2010 amtierte David Cameron als Premierminister, zunächst 2010 bis 2015 in einer Koalition mit den

317 Vgl. The Economist, online (Jon Berkeley). Britain and Europe. The reluctant European. 17. Oktober 2015.

318 Vgl. World and Press. S. 16.

319 Goodwin, Matthew: Britain, the European Union and the Referendum: What drives Euroscepticism? S. 3.

Liberaldemokraten und nach der Unterhauswahl 2015 in Alleinregierung der Konservativen. Eine durchaus interessante Frage lautet: Hätte Cameron auch in einer Koalition ein Referendum anstreben und vor allem durchführen können? Die Liberaldemokraten hatten sich bereits nach seiner Bloomberg-Rede 2013 gegen ein Referendum gestellt. Er selbst zeigte sich während der Referendumskampagne grundsätzlich gemäßigt pro-europäisch eingestellt, vergessen war von vielen aber nicht, dass er in der Vergangenheit, besonders als Vorsitzender der Konservativen Partei von 2005 bis 2010 sich mehrfach gegen die Europäische Union positioniert hatte und die Torys außerdem aus dem Bündnis mit anderen konservativ-christlichen Parteien herausgeführt hatte. Genau dies warfen ihm Gegner während der Referendumskampagne vor. Außerdem sah Cameron sich bereits mit Regierungsübernahme 2010 einer immer stärker werdenden Opposition durch UKIP ausgesetzt. Deren Stimmenanteil stieg bis 2015 kontinuierlich bei jeder Wahl.

Auch in der Konservativen Partei brodelte es. Gerade die sogenannten Backbenchers waren besonders verunsichert durch den schnellen UKIP-Aufstieg. Als schließlich auch EU-Skeptiker in der Konservativen Partei die Idee eines EU-Mitgliedschaftsreferendums wiederbelebten, wies Cameron dieses Anliegen in einer Rede am 29. Juni 2012 zwar noch zurück, erklärte aber im *Daily Telegraph* schon am folgenden Tag, er wolle in Bezug auf die EU „das Beste für das Vereinigte Königreich“[320] erreichen. Dafür ziehe er unter Umständen auch ein Referendum in Betracht, wenn die Zeit dafür reif sei („*when the time is right*“[321]). Am 23. Januar 2013 – der berühmt gewordenen Bloomberg-Rede – kündigte Cameron schließlich an, im Fall seiner Wiederwahl im Mai 2015 werde er spätestens im Jahr 2017 ein Referendum im Vereinigten Königreich über den weiteren Verbleib des Landes in der Europäischen Union abhalten lassen. Zuvor wolle er mit den europäischen Partnern verhandeln, um eine Reform der EU insbesondere in Bezug auf Einwanderung und staatliche Souveränität zu erreichen. Der damalige Oppositionsführer und Labour-Vorsitzende Ed Miliband warf dem Premierminister am selben Tag in einer Parlamentsdebatte vor, das Referendum als Reaktion auf ansteigende Umfragewerte der EU-kritischen UKIP vorzuschlagen. Damit hatte der Labour-Vorsitzende natürlich Recht, dennoch greift die reine Fokussierung auf UKIP viel zu kurz. Ganz wichtig für die grundsätzliche

320 The Telegraph, online: David Cameron: We need to be clear about the best way of getting what is best for Britain. 30. Juni 2012.

321 Vgl. Daily Telegraph, online: The time will never be right for David Cameron to hold a referendum on the EU. 5. Juli 2012.

Stimmung in Großbritannien im beginnenden 21. Jahrhundert waren auch die vertauschten Rollen bezüglich der Labour- und der Tory-Partei. Waren es beim ersten britischen Europa-Referendum 1975 noch die Konservativen, die sich deutlich für einen Verbleib in der Europäischen Wirtschaftsgemeinschaft aussprachen, wohingegen Labour innerlich zerstritten war und große Teile sich dem europäischen Beitritt sehr kritisch gegenüberstanden.

Nach den Ankündigungen Camerons im Januar 2013 stieg der Zuspruch zur EU in den Umfragen bis etwa Mitte 2015 kontinuierlich an.[322] Cameron selbst skizzierte mehrere „große Ziele“, die er im Rahmen der Neuverhandlungen mit der Europäischen Union aushandeln wollte: Reduzierung der Zuwanderung nach Großbritannien, eine stärkere Regulierung des Europäischen Binnenmarktes, eine geringere EU-Regulierung, mehr Macht für die Parlamente der EU-Mitgliedsstaaten und eine Gleichbehandlung auf finanztechnischer Basis von Mitgliedsstaaten, die nicht den Euro als Währung führen. Dass diese Liste nicht in vollem Umfang und schon gar nicht kurzfristig umsetzbar war, musste Cameron selbst bewusst gewesen sein. Dennoch schienen er und sein Kabinett selbstbewusst den Weg ins Referendum anzusteuern. Zumal weitere Entwicklungen auf europäischer Ebene in britischer Richtung sich zu entwickeln: „As Carl Bildt, the former liberal-conservative Swedish prime minister, remarked recently, the current strategic agenda of the European Commission ‚reads like it was written in London.‘“[323]

Als fataler Irrtum könnte sich zu diesem Zeitpunkt schon ein falscher Vergleich mit dem Referendum von 1975 erwiesen haben. Das deutliche Ergebnis, etwas mehr als zwei Drittel aller Briten votierten für einen EWG-Verbleib, könnte Cameron und europafreundliche Politiker zu der Annahme verleitet haben, dass spätestens durch die Nachverhandlungen ein ähnliches Ergebnis erzielt werden könnte. Selbst im *The Economist* waren mehr als ein halbes Jahr vor dem neuen Referendum Meinungen zu vernehmen, die in diese Richtung zielen: „Mr. Cameron […] is starting in an apparently stronger position.“[324] Ein weiterer zentraler Punkt darf dabei nicht vergessen werden: Die Medien, vor allem der Printbereich, standen 1975 mit Ausnahme des kommunistischen *Morning Star*

322 Vgl. European Commission, online. Public Opinion. Special Eurobarometer: Europeans in 2015. Results per country. S. 2.

323 Rhodes, Martin: Brexit - a disaster for Britain and for the European Union. In: Zimmermann, Hubert und Dür, Andreas: Key Controversies in European Integration. New York 2016. S. 255.

324 The Economist, online (Jon Berkeley): Britain and Europe. The reluctant European. 17. Oktober 2015.

geschlossen hinter einem Verbleib im europäischen Staatenverbund. Dies war im beginnenden 21. Jahrhundert völlig anders. Mit *The Sun* und *The Daily Mail* bezogen zwei der drei auflagenstärksten Zeitungen Großbritanniens frühzeitig Stellung nicht nur gegen einen weiteren EU-Verbleib, sondern schrieben diesen auch ohne Aussicht auf ein Referendum schon Jahre im Voraus geradezu herbei.

Ein weiterer großer Unterschied zu 1975 bestand in der wirtschaftlichen Situation Großbritanniens: Nach dem Zerfall des Empires schwächelte das Land und versuchte, durch eine EWG-Mitgliedschaft zu den beiden führenden Wirtschaftsmächten des Kontinents, Deutschland und Frankreich, aufzuschließen. Nach dem Beginn der Euro-Krise 2008/09 fühlte sich Großbritannien eher im Vorteil, vor allem gegenüber den Ländern in der Eurozone. Gerade das Dauerthema „Griechenland" und die ausbleibenden wirtschaftlichen Reformen in nun schwächelnden Ländern wie Frankreich und Italien spielten auch schon vor der Flüchtlingsrolle eine große Rolle in der öffentlichen Wahrnehmung der Europäischen Union im Vereinigten Königreich. Und trotz allem stellt sich erstaunlicherweise die Frage, warum von allen 28 EU-Mitgliedsstaaten, die teils gemeinsam, teils alleine zahlreiche Krisen erleben mussten, ausgerechnet und nur Großbritannien so öffentlich über einen Ausstieg aus dem Staatenverbund debattiert hat.

Natürlich gab es politischen Druck von einer Partei, die erst durch die innerbritischen Diskussionen wirklich Aufwind erfuhr und seit 2014 zu einem regelrechten Höhenflug ansetzen sollte. Bei der damaligen Europawahl zeigte sich die zunehmend EU-skeptische Grundstimmung im Land deutlich – mit 27,5 Prozent wurde UKIP stärkste Kraft, ein bislang beispielloser Vorgang in der britischen Geschichte. Und es blieb nicht bei einer Protestwahl für das Europäische Parlament. Bei der Unterhauswahl 2015 gewann die Partei fast vier Millionen Stimmen (12,6 Prozent), die jedoch bedingt durch das britische Wahlsystem in nur einen von 650 Parlamentssitzen mündeten. Analysen zeigten, dass UKIP ihre Anhänger in erster Linie aus dem Wählerpotenzial der Konservativen Partei bezog. Dies lässt den Schluss zu, dass David Cameron Angst vor einer weiteren, sich noch verstärkenden Wählerwanderung hatte oder das Phänomen UKIP schlicht unterschätzt hatte, dass er durch die Aussicht auf ein Referendum neutralisieren könnte. Beides wäre in jedem Fall fatal gewesen und sollte sich schließlich auch am 23. Juni 2016 bewahrheiten.

Zuvor versuchte der Premierminister das Heft des Handelns fest in der Hand zu halten und das weitere Vorgehen (und seinen Ausgang) zu bestimmen. Das von David Cameron nach der Parlamentswahl eingebrachte Gesetz über ein EU-Referendum wurde im Dezember 2015 vom britischen Parlament verabschiedet. In Artikel 1 wurde der Wortlaut der Abstimmungsfrage festgelegt: „Soll das

Vereinigte Königreich ein Mitglied der Europäischen Union bleiben oder die Europäische Union verlassen?“ Die Antwortmöglichkeiten waren „Mitglied der Europäischen Union bleiben“ und „Die Europäische Union verlassen“.

Ende Januar 2016 begann die Schlussphase der Verhandlungen zwischen dem Vereinigten Königreich und der: „Much will depend on how succesful the prime minister is in framing the outcome of the renegotiation as beneficial for Britain's economy and society, and in making a persuasive case that the powers of the EU vis-á-vis the UK have been curbed.“[325] Rund um den Jahreswechsel 2015/16 haben Umfragen zufolge die meisten der Befragten den Status quo abgelehnt. Dabei ging es der Mehrzahl aber offensichtlich nicht darum, die Europäische Union zu verlassen, sondern Änderungen an der aktuellen Form der Partnerschaft vorzunehmen.[326]

Die wichtigsten Forderungen David Camerons gegenüber der EU betrafen vier Punkte: EU-Länder ohne Euro dürften von der Staatengemeinschaft nicht benachteiligt werden, Bürokratie müsse abgebaut werden, es müsse verbindlich vereinbart werden, dass das vertraglich verankerte Ziel einer immer engeren Union („*ever closer Union*“) nicht länger für Großbritannien gelten solle, die Immigration von Ausländern mit Unionsstaatsbürgerschaft müsse verringert werden.

Es war absehbar, dass das Abstimmungsverhalten beim Referendum zu einem großen Teil auch vom Ergebnis der EU-Reformverhandlungen abhängen würde, insbesondere bei den Themen „Benachteiligung Großbritanniens durch die Eurozonenländer“ und „Einwanderung“. Beim abschließenden Gipfeltreffen am 18. und 19. Februar in Brüssel kam es zwar zu einer Einigung zwischen der EU und dem Vereinigten Königreich. Die zentrale Reformforderung zur Begrenzung der Einwanderung wurde so gelöst, dass jedes EU-Land einen „Einwanderungsnotstand“ bei der EU-Kommission beantragen dürfe. Sollte die Kommission entscheiden, dass ein solcher Notstand vorliege, dürfe das betroffene EU-Land vier Jahre lang reduzierte Sozialleistungen an neu ankommende EU-Ausländer zahlen. Nach seiner Rückkehr aus Brüssel am 20. Februar gab Cameron schließlich in London den 23. Juni 2016 als Termin für das Referendum über den britischen EU-Verbleib bekannt. Ein britisches Merkmal ist, dass Wahlen im Vorfeld recht kurzfristig angesetzt werden.

---

325 Goodwin, Matthew: Britain, the European Union and the Referendum: What drives Euroscepticism? S. 5.

326 Vgl. Ebd. S. 5.

Den Gegnern der britischen EU-Mitgliedschaft gingen die Reformen, die der Premierminister in Brüssel verhandelt hatte, nicht weit genug. Und sie hatten von Anfang an die Unterstützung der überwiegenden konservativen Presse. Am 21. Februar 2016 erklärte Londons früherer Bürgermeister Boris Johnson, ebenfalls Mitglied der Konservativen Partei und damit Parteifreund Camerons, dass er sich der Kampagne für den EU-Austritt („*Leave*") anschließe, nachdem er zwei Tage zuvor noch eindringlich für die EU plädiert hatte. Unter anderem als Parole auf seinem Kampagnenbus verbreitete er die irreführende – aber wirksame – Behauptung, die EU koste das Königreich jede Woche 350 Millionen Pfund, die man besser in den britischen Gesundheitsdienst (National Health Service, NHS) investieren sollte.[327] Belegen konnte er diese Behauptung nicht, beweisen musste er sie allerdings auch nicht.

Diese und weitere eindeutig populistischen Aussagen aus dem Lager der *Leave*-Kampagne wurden von den Medien, besonders denjenigen pro-Brexit, gerne aufgegriffen. Warum die Medien aber solche und zahlreiche weitere Behauptungen anderer *Leave*-Befürworter teils ungeprüft übernahmen und damit eine bestimmte Stimmung im Land erzeugten, gilt es im Weiteren zu überprüfen. Tatsächlich betrug die Überweisungssumme, die Johnson ansprach, 248 Millionen Pfund pro Woche. Nur die linksliberale Tageszeitung *The Guardian* machte sich die Mühe, Johnsons Behauptungen zu überprüfen. Auch betonten Johnson und das *Brexit*-Lager, die Einwanderung müsse nach australischem Vorbild unter Kontrolle gebracht werden. Die Vertreter der *Remain*-Kampagne (zum Beispiel Cameron selbst und sein Schatzkanzler George Osborne) wiesen unterdessen auf die Bedeutung des Binnenmarktes für die britische Wirtschaft hin.[328] Der Einwanderungskompromiss mit der EU wurde von der *Remain*-Kampagne hingegen kaum als Argument vorgebracht.

Boris Johnsons Rolle auf dem Weg zum Referendum war auch aufgrund seiner Zeit als EU-Korrespondent für *The Daily Telegraph* Anfang der 1990er Jahre nicht zu unterschätzen. Schließlich war er es, der, damals in der Redaktion in Brüssel, die Europäische Union „lächerlich machte und sie als bürokratisches Monster darstellte. [...] Johnsons Stil wurde bald von vielen britischen Blättern kopiert. So kam es, dass die EU auf der Insel seit mehr als zwei Jahrzehnten eine miserable Presse hat, was in der Referendumskampagne eine wichtige Rolle

327 Vgl. Spiegel Online (Christian Teevs): Die 350-Millionen-Lüge: 22. Juni 2016.

328 The Electoral Commission: Electoral Commission designates ‚Vote Leave Ltd' and ‚The In Campaign Ltd' as lead campaigners at EU referendum. In: www.electoralcommission.org.uk. 13. April 2016.

spielte.“[329] Johnson, der sich als Parteikollege schließlich gegen seinen alten Freund David Cameron stellte, und der Premierminister waren die beiden populärsten Gesichter beider Kampagnen, die auf diese Weise personifizierte Wahl für „*Remain*“ oder „*Leave*“ wurde von David Camerons damaligem Pressechef Craig Oliver als „*Clash of Titans*“[330] bezeichnet. Zusätzlich, und dies erschwerte die Arbeit für das *Remain*-Lager zusätzlich sahen manche Politiker im Referendum die Chance für einen Karrieresprung und verhielten sich deshalb opportunistisch.[331]

Im Rahmen der beiden gegensätzlichen Kampagnen lässt sich festhalten, dass Johnson sicherlich der bekannteste und womöglich auch populärste konservative Politiker war und dass seine Entscheidung, schließlich für den Brexit zu werben, die Abstimmung entscheidend beeinflusst hat. In einem Interview mit *The Daily Mail* beschrieb Johnson am 7. März eine mögliche britische Scheidung von der Europäischen Union so: „Leaving the EU would be like breaking out of jail.“[332]

Bekannte Gesichter für die *Leave*-Kampagne zu gewinnen, war sicherlich hilfreich. Den „Brexiteers“ kam noch ein Punkt zugute: Zu den sachlichen Fragen über wirtschaftlichen und politischen Nutzen der EU-Mitgliedschaft für das Vereinigte Königreich gesellte sich auch ein jahrelanger, europaweiter Aufschwung rechtspopulistischer Tendenzen sowie eine generelle Anti-Establishment-Stimmung – dies äußerte sich besonders deutlich im Rahmen der europäischen Finanz- und Flüchtlingskrise. Schon im Vorfeld des Volksentscheids wurde von verschiedenen Medien der Verdacht geäußert, der Gegensatz zwischen „liberalen Internationalisten“ und „autoritären Nationalisten“ könnte die Wahlentscheidung sowohl der Brexit- wie der EU-Befürworter stärker beeinflussen als sachliche Nutzenabwägungen.

Dennoch gab es aus Sicht der EU-Befürworter zunächst wenig Anlass für echte Sorgen: In den meisten Umfragen seit Mitte 2014 hatten sich die Wähler mehrheitlich für den Verbleib ihres Landes in der EU ausgesprochen. Erst in den letzten Monaten vor dem Referendum am zeigten sich die Lager von Brexit-Befürwortern und Brexit-Gegnern in Umfragen annähernd gleich stark, mit

---

329 Süddeutsche Zeitung, online (Christian Zaschke): Kämpferisch gegen die Wand. 30. März 2016.

330 Vgl. Oliver, Craig: Unleashing Demons. The Inside Story of Brexit. London 2016. S. 100.

331 Vgl. Ebd. S. 103.

332 The Daily Telegraph, online (Ben Riley-Smith): Boris Johnson: Leaving EU would be like ‘prisoner escaping jail’. 6. März 2016.

wechselnden Mehrheiten in den nationalen Umfragen. Die Organisation *NatCen Social Research* veröffentlichte die Mittelwerte aus jeweils sechs aktuellen Umfragen als *Poll-of-Polls* auf ihrer Website. Ab Oktober 2015 lagen die Gegner stets mit wenigen Prozentpunkten vorn, nur am 12. Mai 2016 und zwischen dem 12. Juni und dem 17. Juni 2016 führten die Befürworter mit knapper Mehrheit.[333] Klar war also, dass ein knapper Ausgang erwartet wurde und dementsprechend für beide Lager bis zum Tag des Volksentscheids viel auf dem Spiel stand.

Allerdings konnte die Abstimmung auch nicht nur als Referendum für oder gegen die Europäische Union, sondern auch für oder gegen die britische Regierung verstanden werden: „In reality, they may be influenced more strongly by domestic politics, such as their feelings towards the government of the day."[334] David Cameron selbst sagte schon zu Anfang der Kampagne einen – im Nachhinein – folgenschweren Satz, über den er sich möglicherweise noch nicht im Klaren war, als er ihn sagte: Gefragt nach den Gründen, die gegen ein Referendum sprechen würden, sagte er: „You could unleash the demons of which ye [you, Anm. d. Verf.] know not."[335] Ein grundsätzlicher Unterschied – der sich noch als mitentscheidend im tatsächlichen Wahlverhalten herausstellen sollte – war die Tatsache, dass das *Remain*-Lager zwar wichtige Teile der Regierung hinter sich hatte, darunter Premierminister David Cameron und Schatzkanzler George Osborne. Allerdings verfügte die *Leave*-Seite über eine „Waffe", die sich vielleicht als noch stärker erweisen sollte: „They have the right-wing press, who are more than prepared for a fight to the death."[336] Diese martialische Ausdrucksweise von Camerons engstem politischen Berater zeigte, mit welch ungleichen Waffen die beiden Lager in den kommenden Monaten bis Ende Juni 2016 um überzeugende Argumente bei den Wählern ringen sollten.

Die Stimmung im Königreich wurde immer angespannter, je näher der 23. Juni 2016 rückte. Der traurige „Höhepunkt" folgte genau eine Woche vor der Wahl: Die Labour-Abgeordnete Helen Joanne „Jo" Cox wurde in Leeds auf offener Straße ermordet. Der Attentäter, ein nach Polizeiangaben psychisch kranker 52-jähriger Mann, rief Zeugenaussagen zufolge bei der Tat „Britain first!"[337]. Cox war für ethnische Diversität in ihrem Wahlkreis, für die EU-Mitgliedschaft und

333 Vgl. NatCen Social Research, online: 19. Juni 2016 (www.natcen.ac.uk).

334 Vgl. Goodwin, Matthew: Britain, the European Union and the Referendum: What drives Euroscepticism? S. 6.

335 Oliver, Craig. S. 1 und S. 56.

336 Ebd. S. 78.

337 The Guardian, online (Robert Booth, Vikram Dodd und Nazia Parveen): Labour MP Cox dies after being shot and stabbed. 16. Juni 2016.

insbesondere für die Aufnahme von mehr Flüchtlingen eingetreten. Beide Lager unterbrachen ihre Kampagnen für drei Tage und setzen sie am 19. Juni fort. Am 20. Juni fand im Parlament eine Gedenksitzung für Jo Cox statt.

Nach dieser Tragödie schien sich die Stimmung nationalen Umfragen zufolge wieder zugunsten der *Remain*-Befürworter zu ändern. Sechs Umfragen in der letzten Woche vor dem Referendum (Zeitraum 16. bis 22. Juni) ergaben im Durchschnitt einen Vorsprung der Brexit-Gegner von 52 zu 48 Prozent. Am Tag vor dem Referendum schätzten die Buchmacher der Wettbüros die Wahrscheinlichkeit für einen EU-Austritt Großbritanniens auf etwa 25 Prozent. Der Ausgang des Referendums am 23. Juni kam daher für viele Beobachter überraschend. Und dies, obwohl das Vereinigte Königreich eine lange Tradition bezüglich Euroskeptizismus hat und eine Öffentlichkeit, „that is considerable more hostile to European integration than the EU average. […] The public's attitude towards the functioning of democracy in the EU, alongside view on immigration.“[338]

Wie ist es letztlich zum Referendum 2016 kam und welche Rolle die britischen Medien, auch und vor allem bei der Mobilisierung ihrer Leser, also den Wählern, spielten, darüber wird das nächste Kapitel Aufschluss geben. Dabei wird es insbesondere um die Bedeutung von Tageszeitungen (seriöse auf der einen, sogenannte Tabloids auf der anderen Seite) im Vereinigten Königreich und ihren tatsächlich messbaren Einfluss auf die Bevölkerung gehen. Beispielhaft soll auch analysiert werden, wie die zu untersuchenden Tageszeitungen EU-Themen für ihre Leser aufbereiten, mit welchen Mitteln sie arbeiten und somit ihre Wähler unmittelbar beeinflussen.

---

338 Goodwin, Matthew: Britain, the European Union and the Referendum: What drives Euroscepticism? S. 9.

# Kapitel 3: Der Untersuchungsgegenstand: Die britische Medienlandschaft

> *„It is just the press with their manic rubbish on Europe. Let's be honest. All these guys living thousands of miles away telling us what to do. We can't do a referendum on the euro with the press so strongly against us. […] How can I do anything on Europe with the tabloids we've got?" (Premierminister Tony Blair, 1999)*[339]

Die britische Medienlandschaft ist aus politischer, gesellschaftlicher und ökonomischer Sicht ein vielschichtiger Komplex, dessen Rolle bei vorangegangenen Wahlen bereits im Mittelpunkt der Forschung stand. Die vorliegende Arbeit konzentriert sich darauf, den Einfluss von fünf britischen Tageszeitungen auf das tatsächliche Wahlverhalten beim EU-Referendum 2016 zu analysieren. An dieser Stelle soll insbesondere herausgefunden werden, ob (bestimmte) Printmedien durch ihre Art des Berichtens in die eine oder andere Richtung entscheidend interveniert und das Abstimmungsverhalten der UK-Wähler, also ihrer Leser, beeinflusst haben. Zunächst geht es um die allgemeine Funktion und Aufgabe von Medien. Diese haben, dem allgemeinen Verständnis nach, die Aufgabe, Menschen zu informieren, aufzuklären und, ganz zentral, durch ihre Berichterstattung die Politik zu kontrollieren.[340] Ob die nationalen Tageszeitungen gerade im Falle Großbritanniens dieser Aufgabe in ausreichendem Maße nachkommen, darüber wird dieses Kapitel Aufschluss geben.[341] Der Einfluss von Medien auf die Einstellung und die Ansichten von Menschen sind nicht unumstritten, vor allem im Vereinigten Königreich. In der Forschung werden drei unterschiedliche Aufgaben von Medien unterschieden:

**Agenda-Festlegung:** in der Form, über welche Themen in welcher Art Bericht erstattet wird.

---

339 MacShane, Denis: Brexit. How Britan left Europe. London 2016. S. 166.

340 Vgl. Marcinkowski, Frank: Politikvermittlung durch Fernsehen und Hörrfunk. In: Sarcinelli, Ulrich (Hrsg.): Politikvermittlung und Demokratie in der Mediengesellschaft. Beiträge zur politischen Kommunikationskultur. Bonn 1987. S. 2.

341 Brit Politics, online: British Political Parties and the Media. 17. Juli 2017.

**Überzeugung:** in der Form, wie Einstellungen von Wählern in Bezug auf Parteien und ihre Repräsentanten. Als Beispiel können hier die Unterhauswahlen von 1983 angeführt werden, als es die Konservativen um Margaret Thatcher offensichtlich besser verstanden, sich medial „in Szene zu setzen“, etwa bei großen Menschenaufläufen, wohingegen ihr Labour-Konkurrent Michael Foot häufig entlang menschenleerer Straßen gezeigt wurde.[342]

**Mobilisierung:** in der Form, dass Menschen dazu ermutigt beziehungsweise aufgerufen werden, sich für Kampagnen und für gesellschaftspolitische Themen zu interessieren. Dabei spielt im Falle des UK auch eine wichtige Rolle, dass gerade Tageszeitungen häufig Geschichten aufdecken, die dann erst von Fernsehsendern aufgenommen werden. Dies ist auch im heutigen Internetzeitalter noch häufig der Fall.[343]

In dieser Arbeit geht es um das Verhältnis zwischen britischen Printmedien und Europa, deshalb muss auch folgende Frage geklärt werden: Wie werden europäische Themen aufbereitet, vor allem im jeweiligen historischen Kontext, und mit welchem Ziel? Grundsätzlich lässt sich in der britischen Medienlandschaft – und in zunehmendem Maße auch in derjenigen anderer Staaten – beobachten, dass Europa vor allem im Printbereich ein großes Konflikt- beziehungsweise Polarisierungspotenzial besitzt: „In regelmäßigen Abständen demonstrieren nationalstaatliche Referenden über Europa, dass öffentliche Auseinandersetzungen die politischen Grundlagen der EU erneut und immer wieder erschüttern.“[344] Vorangegangene Wahlen zum britischen Unterhaus, aber auch zum Europäischen Parlament standen bereits im Fokus der politischen Forschung. Beispielhaft für diese Arbeit werden zunächst die Berichterstattungen zu den Unterhauswahlen 1992, 1997, 2015 sowie den Wahlen zum Europäischen Parlament 2014 mit den wichtigsten medialen Aussagen und diskussionswürdigsten Schlagzeilen sowie deren kurz-, mittel- und langfristigen Implikationen untersucht.

Zunächst: Wieso sind Medien so bedeutend? Klar ist, dass sie bestimmten Akteuren und Positionen zu Prominenz verhelfen und auch selbst Stellung zu

---

342 Vgl. Marcinkowski, Frank. S. 2.

343 Vgl. Ebd. S. 2. und Ecke, Oliver: Relevanz der Medien für die Meinungsbildung. Empirische Grundlagen zur Ermittlung der Wertigkeit der Mediengattungen bei der Meinungsbildung. München 2011. S. 7f.

344 Adam, Silke und Pfetsch, Barbara: Europa als Konflikt in nationalen Medien – Zur Politisierung der Positionen in der Integrationsdebatte. In: Marcinkowski, Frank und Pfetsch, Barbara: Politik in der Mediendemokratie. Politische Vierteljahrsschrift. Sonderheft 42/2009. Wiesbaden 2009. S. 151.

politischen Themen beziehen. „Dadurch können sie die Deutung, aber auch die Politisierung von Konfliktpotenzialen befördern.“[345] Diese Rolle ist von Medien in nahezu allen EU-Mitgliedsstaaten auf die europäische Integration bestritten worden. In Zusammenhang mit dem vieldiskutierten „Demokratiedefizit“[346] der Europäischen Union wird häufig argumentiert, dass Medien viel zu wenig auf konkrete europäische Themen und Konflikte eingehen. Stattdessen würden sie die europäische Politik allenfalls aus einer nationalen Perspektive heraus kommentieren – gerade in Großbritannien lässt sich dieses Phänomen anschaulich beobachten. „However, they [the media, Anm. d. Verf.] are also competitors, trying to scoop each other.“[347]

In der medialen Forschung ist seit dem europäischen Einigungsprozess Anfang der 1990er Jahre eine recht neue Konfliktlinie entlang der Europäisierung, einer immer weitergehenden Integration zu beobachten. Nationale und selbst lokale Medien können europäische Themen auch in einer Weise behandeln, dass sie das Trennende an Europa hervorheben. Schon die Auseinandersetzungen im Vorfeld der EU-Referenden 2005 in Frankreich und den Niederlanden machten deutlich, dass die Europäisierung der Debatte keineswegs zum Konsens über ein gemeinsames Europa führen musste. Im Gegenteil, Medien berührten mit ihrer Berichterstattung grundlegende gesellschaftliche Konfliktkonstellationen „und Ängste der Bürger, die direkt oder indirekt eben auch zum Gegenstand von öffentlichen Debatten über Europa gemacht werden.“[348]

Massenmedien, so die allgemeine Definition, treten in politischen Debatten als eigenständige Akteure auf, wenn sie als Sprecher, beispielsweise in Kommentaren, ihrer eigenen Präferenzen und Positionen äußern. Sie sind dabei ein konkreter Teil der Öffentlichkeit bzw. bürgerlichen Öffentlichkeit: „Öffentlichkeit […] bezeichnet ein System öffentlicher Herrschaft. […] Die Massenmedien sind […] ihrem Wesen nach […] Teil der hergestellten bürgerlichen Öffentlichkeit […]. Sie spielen eine große Rolle bei der herrschaftsbezogenen Wissensvermittlung innerhalb des Gegensatzpaares, das mit der Herstellung von Öffentlichkeit erst möglich und sinnvoll wird: dem von öffentlich und geheim.“[349] Dabei

---

345 Adam, Silke und Pfetsch, Barbara. S. 151.

346 Ebd. S. 151.

347 King, Gary, Schneer Benjamin und White, Ariel: How the news media activate public opinion and influence national agendas. In: Science Magazine. Volume 358. 12. November 2017. S. 776.

348 Ebd. S. 152.

349 Nuissl, Ekkehard: Massenmedien im System bürgerlicher Herrschaft. Berlin 1975. S. 18f.

agieren Massenmedien häufig an einer Schnittstelle: „Beziehen sie eine Mittelposition zwischen Eliten und Bevölkerung, dann können sie als ‚semi-honest broker' gesehen werden."[350] Gerade auch vor Wahlen können sie bzw. setzen sie konkrete Agenden und inhaltliche Schwerpunkte.[351] Wie genau äußert sich der konkreten Fragestellung dieser Arbeit nach die Sichtbarkeit europapolitischer Konfliktlinien in massenmedialen Debatten? „Die Salienz europäischer Auseinandersetzung in nationalen Öffentlichkeit wird durch den prozentualen Anteil klarer Positionierungen auf der Konfliktdimension Abgrenzung vs. Integration innerhalb aller Claims mit europäischen Themenbezug gemessen."[352] Diese Position kann anschaulich an der britischen Referendums-Debatte 2016 festgemacht werden: „Grundsätzlich gilt, dass Außenseiter dann an Bedeutung für öffentliche Debatten über Europa gewinnen, wenn sie kritische Positionen vertreten bzw. wenn sie sich in einer polarisierten Auseinandersetzung einmischen."[353]

Massenmedien ordnen nationale Konflikträume in zweifacher Hinsicht: Sie strukturieren die Debatte, indem sie Akteuren und Themen, Konfliktlinien und Positionen zur Publizität verhelfen. „Anderseits haben sie [auch, Anm. d. Verf.] eigene Positionen in der Europapolitik."[354] Gilt dies im Besonderen auch für die britischen Medien? Wieso ist es medial üblich, im Vorfeld von Wahlen zu einem bestimmten Abstimmungsverhalten aufzurufen? Versprechen sich in diesem Fall Zeitungen durch eine bestimmte Positionierung eine, zumindest kurzzeitige, Auflagensteigerung? Oder stehen Wahlen nur exemplarisch für den nach wie vor großen Einfluss von Verlagen, Eigentümern, Chefredakteuren auf britische Politiker? Wie haben sich Pressetechniken in den vergangenen Jahren bzw. Jahrzehnten eventuell geändert? Welchen Einfluss hatte das auf die Qualität von journalistischer Arbeit im Vereinigten Königreich?[355]

Im Zentrum dieser Untersuchung steht die Analyse, inwieweit die Printmedien den Ausgang der Volksabstimmung im Juni 2016 letztlich (mit-)entscheidend beeinflusst haben. Sind britische Medien tatsächlich so mächtig, dass sie

350 Ebd. S. 152.

351 Vgl. McCombs, Maxwell E. und Shaw, Donald L.: The agenda-setting function of Mass Media. Chapel Hill 1972. S. 1.

352 Ebd. S. 152.

353 Ebd. S. 166.

354 Ebd. S. 169. und vgl. auch Eppler, Annegret und Scheller, Henrik (Hrsg.): Zur Konzeptionalisierung europäischer Desintegration. Baden-Baden 2013.

355 Vgl. Lewis, Justin, Williams, Andrew und Franklin, Bob: A compromised Fourth Estate? UK news journalism, public relations and news sources. In: Journalism Studies. Volume 9, Number 1. 6. Februar 2008. S. 1.

Druck auf Politiker ausüben und die politische Richtung einer Regierung (und auch der Opposition) lenken können? Oder verhält es sich anders, dass der Einfluss der Zeitungen letztlich nur ein Teil des politisch-gesellschaftlichen Zusammenspiels, eines weiten Puzzles ist, was schließlich zum knappen Austrittsvotum der Briten geführt hat? In der Untersuchung handelt es sich um Medienhäuser mit unterschiedlicher politischer Grundausrichtung und Einstellung zur Europäischen Union: seriöse, sogenannte Broadsheet Newspapers, *The Guardian* und *The Times*, sowie die drei Boulevardzeitungen *The Sun*, *The Daily Mail* und *The Daily Express*, die allesamt ein sehr negatives Bild von europäischer Politik pflegen. Diese fünf Titel können beispielgebend für die Heterogenität der britischen Zeitungslandschaft gesehen werden. Insgesamt gibt es in Großbritannien zehn überregionale Tageszeitungen, die sich in Teilen sehr gleichen: *The Guardian*, *The Times*, *The Sun*, *The Daily Express*, *The Daily Mail*, *The Daily Mirror*, *The Financial Times*, *The Daily Star*, *The Daily Telegraph*, *I* (seit 2016 als Nachfolger von *The Independent*) plus die Sonntagstitel dieser Zeitungen, von denen aktuell sieben Stück existieren, die über ähnliche oder sogar höhere Auflagen als ihre Wochenblätter verfügen.

Der Fokus der Untersuchung, die konkret in Kapitel 4 erfolgt, richtet sich auf die mediale Berichterstattung dieser Tageszeitungen ab dem 15. April 2016, dem offiziellen Kampagnenstart, bis zum Rücktritt David Camerons als Premierminister am 13. Juli 2016 infolge des Wahlausgangs zum britischen Verbleib in der EU. Insgesamt handelt es sich somit um 13 Wochen, in denen folglich auch die Sonntagstitel *The Sunday Times*, *The Sun on Sunday* und *The Sunday Express* untersucht werden. In der Zeit kurz vor dem Referendum werden auch die regionalen Ausgaben in Nordirland, Schottland und Wales in die Analyse miteinbezogen.

Die These dieser Arbeit ist, dass Printmedien in Großbritannien auch im digitalen Zeitalter einen messbaren Einfluss auf die britische Politik sowie auf die öffentliche Meinung der britischen Bevölkerung und damit letztlich auf das Wahlverhalten haben und dies im Rahmen des Referendums 2016 eindrucksvoll unter Beweis gestellt haben. Was klar dafür spricht: Ohne die zum Teil extrem starke Hetze vor allem der Tabloids wäre das ohnehin knappe Referendum anders ausgegangen (siehe hierzu Analyse in Kapitel 4). Für den Analyseteil wird wichtig sein, an dieser Stelle zunächst konkrete Fragestellungen mit Blick auf die Tageszeitungen zu beantworten. Dazu gehören das Selbst- und das Demokratieverständnis der britischen Zeitungen, die Berücksichtigung von ethischen Standards in der Berichterstattung, ihr Stand in der Gesellschaft sowie die mediale Aufbereitung der Europäischen Union beziehungsweise von EU-relevanten Themen in Großbritannien. Analysiert wird auch, ob die zu untersuchenden

Tageszeitungen im Vorfeld des Referendums entweder besonders kritisch oder betont wohlwollend über die britische Mitgliedschaft in der Europäischen Union berichteten. Im Mittelpunkt der Untersuchung steht schließlich die Frage, wie seriöse Tageszeitungen auf der einen und Tabloids auf der anderen Seite tatsächlich Einfluss auf die gesellschaftspolitische Stimmung im UK nehmen wollen.

Dieses Kapitel wird zunächst einen Überblick über den aktuellen Stand der Forschung geben. Welche historische Bedeutung haben Printmedien im Vereinigten Königreich? Wie werden sie wahrgenommen und welchen Einfluss hatten sie beispielsweise bei vorangegangenen politischen Ereignissen, Wahlen oder EU-Entscheidungen beziehungsweise Gesetzesinitiativen? Welche Folgen hatte dies für die Stellung der Medien als Schnittpunkt zwischen Politik und Gesellschaft? Welche Indikatoren lassen den Schluss zu, dass der Print-Bereich in Großbritannien auch im digitalen Zeitalter eine besondere Bedeutung besitzt? In einem weiteren Unterkapitel wird die Frage erörtert, welche bisherigen Erhebungen die Bedeutung von Tageszeitungen im digitalen Zeitalter als wichtigstem gesellschaftlichen Meinungsmacher untersucht und folgende Fragen beantwortet haben: Wie viele Menschen erreichen sie? Wie wird Meinung gemacht und diese transportiert? Wie können die Verantwortlichen in den Redaktionsräumen sicher sein, dass sie ihre Leser durch ihre Berichterstattung mal mehr, mal weniger direkt beeinflussen? Stellvertretend hierfür sollen einerseits politische Ereignisse wie die Unterhauswahlen 1992 (knappe Wiederwahl von John Major), 1997 (erster Wahlsieg von Tony Blair) sowie 2015 (Wiederwahl von David Cameron und absolute Tory-Mehrheit), andererseits das erste Referendum zur Mitgliedschaft in der Europäischen Gemeinschaft 1975 (Verbleib in der Europäischen Wirtschaftsgemeinschaft) analysiert werden. Außerdem werden die mediale Berichterstattung zum Falkland-Krieg 1982 und die beiden Irakkriege 1991 und 2003 zum medieninternen Vergleich herangezogen.

Im Mittelpunkt steht die Vorstellung der einzelnen zu untersuchenden Tageszeitungen und ihre politisch-historische Einordnung. Wem gehören die Zeitungen und welches Selbstverständnis haben die Besitzer und Herausgeber mit Blick auf die tägliche Berichterstattung und Themensetzung? Darüber hinaus wird die Leserschaft des jeweiligen Mediums im sozialen Kontext untersucht und es wird dargestellt, inwieweit verschiedene Bevölkerungsschichten und einzelne Landesteile des UK über die Zeitungen abgebildet werden. In einem weiteren Schritt geht es um die Berichterstattung zur Europäischen Union selbst. Dieser soll Aufschluss über die Grundlagen zur Positionierung der fünf Untersuchungsgegenstände zu europäischen Themen liefern. Ausgehend von der vorliegenden Datenauswahl wird zunächst erörtert, über welche Themen berichtet wird, wann und wie sie in den Fokus der Medien geraten sind und warum. Nach dieser Untersuchung sollen, dem übergeordneten Ziel dieser Arbeit entsprechend, mögliche positive oder negative Bilder der Europäischen Union in Bezug auf Themen Großbritannien betreffend aufgezeigt werden. Entstehen durch die Grundausrichtung der Medien von vornherein unterschiedliche Sichtweisen auf die Europäische Union? Falls ja, stellt sich allein mit Blick auf manche Titelseiten der Zeitungen die Frage: Sollen im Rahmen des EU-Referendums die Leser zu einer bestimmten Sichtweise bewogen werden? Das Verständnis über die EU-Berichterstattung von *The Guardian*, *The Times*, *The Sun*, *The Daily Mail* und *The Daily Express* und die Personen, denen die Zeitungen gehören beziehungsweise die ihre Ausrichtung lenken, sind grundlegend für das anschließende Analysekapitel. Hierbei soll es nicht, wie es häufig in anderen Untersuchungen der Fall ist, um die Einflussnahme einer einzelnen Zeitung gehen, sondern um fünf, die exemplarisch für die heterogene Medienlandschaft des UK stehen. Ein besonderes Augenmerk liegt auf der Berichterstattung der Tabloids, von denen die in dieser Arbeit untersuchten allein eine Auflage von knapp über drei Millionen (Stand: November 2017) UK-weit haben.

## 3.1 Einordnung: Historische Bedeutung von Tageszeitungen in Großbritannien

Zunächst wird die Frage zum Verhältnis von Staat und Presse im Vereinigten Königreich geklärt. Diese Verbindung war in Kriegszeiten besonders eng. „It is only in times of crisis that the state overtly demands that the press becomes its instrument. In two world wars dishonest reporting was deemed necessary to stiffen people's resolve and the newspaper barons were flatteringly brought into government to ensure their cooperation. However, Britain is unusual amongst democratic countries in having an openly partisan press. Although sometimes critical, the newspapers have traditionally spread a generally rightwing message, favouring the Right of the Labour Party and the Conservative Party."[356] Die Presselandschaft konzentrierte sich von Beginn an auf die Metropolen, „where matters of consequence were discussed and decided by individuals who may have profoundly disagreed on points of principle, but whose objectives and tactics were strikingly similar."[357]

356 Kingdom, John: Government and Politics in Britain. An Introduction. Oxford 1999. S. 201.

357 Koss, Stephen: The rise and fall of the political press in Britain. Chapel Hill 1981. S. 23.

Während des Zweiten (und teilweise auch schon während des Ersten) Weltkrieges haben britische Tageszeitungen eine besondere Rolle gespielt, bei der es auch um die bewusste Verbreitung von Falschmeldungen ging, um die Kriegsgegner Großbritanniens zu täuschen: „In two world wars dishonest reporting was deemed necessary to stiffen people's resolve and the newspaper barons were flatteringly into government to ensure their cooperation.“[358] Damals hatte die Regierung Zeitungsauflagen beschränkt und die Zahl der Seiten, meistens waren es vier, vorgegeben. Dies galt sowohl für regionale als auch für nationale Zeitungen noch bis ins Jahr 1942. Gleichzeitig wurde Werbung gleichmäßig auf alle Titel aufgeteilt, was sich vor allem für kleinere Blätter als existentiell herausgestellt hatte.

Nach dem Zweiten Weltkrieg wurden Tageszeitungen noch vom Staat kontrolliert. Anfang der 1950er Jahre erhielten die Medienunternehmen dann die Möglichkeit, sich an Fernseh- und Radioanstalten zu beteiligen: „Since the 1950s many newspapers have been given the chance by government to acquire holdings in commercial television and radio companies which have in most (though not all) years been extremely profitable. Diversification into these and other fields has kept the newspaper chains far from the poverty line, even though the newspapers themselves have often drained company resources.“[359] Grundsätzlich geht es aber um noch mehr: „The social and political questions involved in the problems of newspaper concentration, therefore, are inseparable from the issue of commercial broadcasting and the method by which franchises are distributed.“[360]

In der damaligen Zeit wussten bereits viele Zeitungen, wie sie mit Schlagzeilen und Bildern ihre Leser beeinflussen und Stimmung erzeugen konnten, sie waren, neben dem aufkommenden Radio, schließlich die einzigen Informationsquellen der Bevölkerung. So titelte beispielsweise der *Daily Express* am 1. Januar 1945: „*Hitler: No Peace in 1945*“[361]. Auch wenn diese Titelzeile auf eine vermeintlich selbstbewusste Aussage Hitlers abzielen sollte, fühlten sich die Briten davon keineswegs eingeschüchtert: „[…] every Briton now believed that victory was only a matter of time.“[362] Die britische Presse spekulierte Anfang 1945 bereits über das aus ihrer Sicht bevorstehende Ende des Krieges. „After

358 Kingdom, John. S. 206.
359 Kingdom, John. S. 206.
360 Ebd. S. 206.
361 Greenslade, Roy. S. 3.
362 Ebd. S. 3.

almost six years of war the people, the politicians and the press were looking tentatively towards the coming peace."[363] In diesem Zusammenhang wurden schon um die Jahreswende 1944/45 – deutlich vor dem tatsächlichen Ende des Krieges – in Teilen der britischen Presse martialische Schlagzeilen und vor allem Bildcollagen auf den Titelseiten abgebildet. Ein Beispiel dafür ist der *Daily Mirror*, der auf seiner Titelseite einen toten deutschen Soldaten abbildete, „his arms raised in rigor mortis to the sky, under the headline ‚Heil Hitler!' Doubtless, readers liked the black humour."[364] Den Ausgang des Zweiten Weltkriegs aus britischer Sicht hatten sich auch die britischen Tageszeitungen auf die Fahnen geschrieben: Zweifelsohne halfen sie der Bevölkerung mit ihrer kämpferischen, Hoffnung gebenden Berichterstattung, durchzuhalten, vor allem zwischen der Kapitulation Frankreichs und dem Kriegseintritt der USA.

Die veränderte politische Landkarte nach dem Ende der (zumindest europäischen) Kampfhandlungen änderte alles. Welche Rolle konnten beziehungsweise durften Tageszeitungen nach dem Zweiten Weltkrieg ausfüllen? Historisch gesehen wird ersichtlich, dass sie, auch aufgrund ihrer Rolle in den Weltkriegen, schon damals keine rein neutralen Beobachter waren: „They not only had an interest in how things might work out; they had a view about how they would prefer them to do so. Most, but not all, decided to pass on those views to their readers."[365] Und zumindest die Zeitungen sahen im Zweiten Weltkrieg, der vor allem durch die deutschen Luftangriffe großes Leid auch in der britischen Bevölkerung hervorgerufen hatte, nicht ausschließlich etwas Negatives, vor allem aus Auflagensicht: „[...] many newspapers had found the war a godsend. Sales and profits rose while competition, if not entirely suspended, was muted."[366]

Die Zeit des Kalten Krieges wurde für die britischen Tageszeitungen aus zweierlei Gründen eine überwiegend sehr lukrative: Zum einen erlebten die meisten ihren absoluten Auflagenrekord in der Zeit vor dem Internet und alternativer Informationsquellen, zum anderen kristallisierte sich mit Europa ein Thema heraus, das sich vor allem für die Tabloids als ausgesprochen profitabel weil polarisierend herausstellen sollte. Mit der Berichterstattung über europäische Politik- und Gesellschaftsthemen hatte vor allem der *Daily Express* gewissermaßen eine neue Daseinsberechtigung gefunden.

---

363 Ebd. S. 3.
364 Ebd. S. 3.
365 Greenslade, Roy. S. 3.
366 Ebd. S. 3.

Dass Tageszeitungen in Großbritannien schon bei vorangegangenen Wahlen oft eine möglicherweise (mit-)entscheidende Rolle gespielt haben, wurde vor allem 1992 offensichtlich, als sich bei den Unterhauswahlen *The Sun* selbst damit rühmte, den Konservativen und dem amtierenden Ministerpräsidenten John Major einen knappen Sieg beschert zu haben, der bis zum Wahltag selbst kaum vorauszusehen war. „*It's the Sun wot won it!*“[367] prangerte am 11. April 1992, dem Tag nach den Unterhauswahlen, auf der *Sun*-Titelseite. Diese Schlagzeile sollte zu einer der berüchtigtsten britischen Seiten aller Zeiten werden. Auch wenn *Sun*-Besitzer Rupert Murdoch Jahre später zugab, dass diese Schlagzeile „unangemessen und irreführend“[368] gewesen sei, wird sie in der Forschung nach wie vor kontrovers diskutiert.[369] Ob die *Sun* tatsächlich die Bestätigung Majors im Amt begünstigt hatte, darauf wird in Kapitel 3.3 genauer eingegangen.

Auffallend ist, dass britische Politiker häufig die Nähe von Medienkonzernen und hier konkret von deren Besitzern und Chefredakteuren suchen, ja selbst in nicht unerheblichem Maße vor oder nach ihrer politischen Laufbahn im journalistischen Bereich tätig waren beziehungsweise wurden. Diese auffällige Verbundenheit von britischen Politikern und der Zeitungsbranche zeigte sich beispielsweise 1983, als Margaret Thatcher nach ihrer ersten Wiederwahl einen Dankesbrief an *Sun*-Besitzer Rupert Murdoch schrieb, in dem sie ihm für seine Unterstützung dankte, oder 1995, als der spätere Labour-Kandidat Tony Blair eigens nach Australien flog, um Murdoch seine Aufwartung zu machen und um die Zustimmung seiner Zeitungen für die kommenden Unterhauswahlen 1997 zu werben. Selbst für den umgekehrten Fall gibt es ein prominentes Beispiel: 2016 soll David Cameron sich im Rahmen der Referendums-Kampagne über die Berichterstattung von *The Sun* so massiv gestört haben, dass er den *Sun*-Chefredakteur Tony Gallagher angerufen und um einen Stopp der bisherigen, für ihn und das gesamte *Remain*-Lager sehr negativen, Berichterstattung gebeten haben soll.[370] Außerdem versuchte Cameron, den Chefredakteur der *Daily Mail*, Paul Dacre, durch Intervention beim Eigentümer, dem 4. Viscount Rothermere, ablösen lassen. Cameron und Dacre pflegten eine offene Feindschaft.

---

367 The Sun, online: It's the Sun Wot Won it! 11. April 1992. S. 1.

368 The Guardian, online: Rupert Murdoch: ‚Sun won it‘ headline was tasteless and wrong. 25. April 2012.

369 Vgl. Reeves, Aaron, McKee, Martin und Stuckler, David: It's The Sun Wot Won It: Evidence of media influence on political attitudes and voting from a UK quasi-natural experiment. London 2015.

370 Vgl. Shipman, Tim: All out war. The full Story of Brexit. London 2017. S. 332f.

Dies mögen einzelne Episoden sein, zeigen aber in sich bereits deutlich, dass britische Politiker ein besonderes Augenmerk auf die Berichterstattung der Zeitungen legen und sich mit ihrer Politik sehr an der Berichterstattung und damit der Stimmung im UK orientieren.

Dieser, oft als unterschwellig und subtil beschriebene Einfluss von Tageszeitungen auf das politische Geschehen im Vereinigten Königreich, war bereits im 20. Jahrhundert Gegenstand in der Forschung gewesen. Zu den bekanntesten Werken zählen unter anderem:

- „*Dangerous Estate: The Anatomy of Newspapers*"
(Francis Williams; Ann Arbor/London 1957),
- „*The Prestige Press. A comparative Study of political symbols*"
(Ithiel de Sola Pool et al; Cambridge/London 1970),
- „*The british Press since the War*"
(Anthony Smith; Vancouver/London 1974),
- „*Publizistik und politisches System. Die internationale Presse der Gegenwart und ihre Entwicklungstendenzen in unterschiedlichen Herrschaftsordnungen*"
(Hansjürgen Koschwitz; München 1974),
- „*Stick it up your Punter! The rise and fall of the Sun*"
(Peter Chippindale und Chris Horrie; London 1990),
- „*Die Rolle der Kommunikationsmedien in der Kulturpolitik eines geeinten Europas*" (Reinhard Mohn; Gütersloh 1991),
- „Tickle the Public. One Hundred Years of the Popular Press"
(Matthew Engel; London 1996),
- „*Press Gang. How Newspapers make Profits from Propaganda*"
(Roy Greenslade; Basingstoke/Oxford 2003),
- „*The Press, Broadcasting, and new media in Britain*"
(James Curran, Jean Seaton; New York 2003),
- „*Popular Newspapers, the Labour Party and British Politics*"
(John Thomas; London 2005),
- „The British Press"
(Mick Temple; New York 2008),
- „*The Murdoch Archipelago*"
(Bruce Page; Old Saybrook 2013) und

- „*Mail Men: The Unauthorized Story of the Daily Mail – The Paper that Divided and Conquered Britain*"
  (Adrian Addison, London 2017).

Diese Werke befassen sich ausführlich mit dem Eigenleben und der politischen Einflussnahme der britischen Presse, besonders der Zeitungen. Autoren wie beispielsweise Roy Greenslade (ehemaliger *Sun* und *Guardian*-Redakteur) waren selbst jahrelang bei den entsprechenden Medienkonzernen beschäftigt und geben einen verständlichen Einblick in den redaktionellen Alltag. Dabei wird auch auf interne „Herrschaftsstrukturen" und redaktionelle Leitlinien eingegangen. Die Werke bieten einen guten Überblick über die Geschichte der britischen Zeitungslandschaft, ihre Strukturen, die Interessen der Besitzer und die Berichterstattung bei großen politisch-gesellschaftlichen Ereignissen wie dem britischen EWG-Referendum 1975, dem Falkland-Krieg 1982, den Bergarbeiter-Streiks 1984/85, dem Wapping-Konflikt 1985/86 und den Thatcher-Jahren mit der steigenden Kritik an europäischen Institutionen. In der Forschung wurde auch der Einfluss von Zeitungen auf die Leserschaft untersucht, dabei ging es in der verfügbaren Literatur vor allem darum, aufzuzeigen, wie eine bestimmte Tageszeitung im Vorfeld einer (Unterhaus-)Wahl berichtet hat und wie das tatsächliche Ergebnis sich mit der Leserschaft des jeweiligen Mediums deckt.

In diesem Kapitel sollen auch die wirtschaftlichen Interessen der fünf untersuchten Zeitungen beachtet und die Frage erörtert werden, ob es einen Zusammenhang zwischen ökonomischen und politischen Gesichtspunkten mit Blick auf das EU-Referendum 2016 gegeben haben könnte. Haben manche Verlagshäuser möglicherweise nur aus wirtschaftlichen Gründen sich für oder eben gegen eine weitere EU-Mitgliedschaft ausgesprochen, da sie damit eine bestimmte Wählergruppe angesprochen und sich davon eine höhere Auflage versprochen haben? Oder waren sie ausschließlich von ihrer eigenen Ideologie angetrieben, Großbritannien um jeden Preis in der Europäischen Union zu halten oder, je nach Perspektive, das Vereinigte Königreich endlich aus dieser herausschreiben zu können. Hierfür gibt es belastbare Hinweise, denn zum Vorteil dieser Arbeit haben die Zeitungen ihre Ansichten sehr offen vorgetragen. Manche, wie der *Daily Express*, tragen ihre Ideologie sogar im Zeitungstitel, in diesem Fall ein Ritter, der sich mit Schwert und Schild auf Kreuzzug gegen Europa befindet.

Im Weiteren wird das Demokratieverständnis der Zeitungen vorgestellt und untersucht, inwieweit sich die UK-Medien als Hüter einer demokratischen Gesellschaftsordnung sehen, in der tatsächlich das britische Volk der Souverän ist. Verhält es sich möglicherweise anders, dass vor allem die Tabloids vorgeben, für das Volk zu sprechen, tatsächlich sie selbst aber die Entscheider sind, die politische Themen und Agenden vorgeben?

### 3.1.1 Zeitungen und ihr Demokratieverständnis

Das EU-Referendum 2016 steht beispielhaft dafür, dass britische Medien ein sehr eigenes Verständnis von Demokratie besitzen, ja dass sie sich selbst als Hüter des Volkswillens verstehen, auch wenn dies oftmals nicht der Realität entspricht. Im gesamten Brexitprozess ist schließlich noch ein weiterer Punkt sichtbar geworden: nämlich das besondere „Demokratieverständnis" der Brexit-Befürworter, die selbst das Votum für den EU-Austritt über alles andere stellen und es dabei nicht für beachtenswert hielten, das britische Parlament nach der Form des EU-Austritts zu befragen beziehungsweise es mit einzubeziehen. Man könnte eher das Gegenteil sagen: Die offene Missachtung demokratischer Grundsätze und Umgangsformen zeigt, dass die Brexit-Anhänger aus Politik und Presse den Austritt als übergeordnete Staatsraison sehen, dem alles andere unterzuordnen ist. Vielleicht anschaulicher als anderswo wurde das am Urteil des britischen High Courts zur Beteiligung des Parlaments am Brexit-Prozess deutlich. „*Enemies of the People*" titelte die *Daily Mail* am 4. November 2016 und griff damit die Richter des High Court sowie vor allem die Klägerin Gina Miller an, auf die das Verfahren zur Beteiligung des Parlaments im Brexit zurückzuführen ist. Als „Feinde des Volkes" konnte eine der ältesten britischen Tageszeitungen sie beschimpfen, ohne das sich beispielsweise das Justizministerium schützend vor die Richter gestellt hätte.

Gerade hier, im Sinne eines Aufklärungsprozesses, käme der Presse eine große Bedeutung zu. Doch Auswertungen nach dem Brexit-Votum, neben der Entscheidung stehen hierfür ganz besonders auch der offizielle Start der Brexitverhandlungen sowie die Unterhauswahlen 2017 beispielhaft, ergaben, dass die britische Presse an dieser Stelle ihrer Aufgabe als kontrollierende vierte Gewalt nicht nachgekommen ist und stattdessen wie bereits in der Referendumskampagne eine eigene Agenda verfolgt hatte.

Auch dem britischen Parlament kommt im gesamten Brexit-Prozess eine entscheidende Rolle zu, nämlich in der Wahrung der Belange ihrer eigenen Bürger. Doch viele Abgeordnete, eingeschüchtert von einer dominierenden konservativ-rechten Presse und den Brexit-Anführern im Kabinett von Premierministerin May, haben bisher nicht offen die Debatte im Parlament gesucht, möglicherweise auch aus parteitaktischen Gründen und aus Angst, bei der nächsten Wahl abgestraft zu werden.

### 3.1.2 Britischer Journalismus und Ethik

> *„You can't get through the day on a tabloid newspaper if you don't lie, if you don't deceive, if you're not prepared to use forms of blackmail or extortion or lean on people, you know, make people's lives a misery. You just have to deliver the story on time and on budget, and if you didn't then you'd get told off. The News of the World culture was driven by fear.*"[371]

Ein wichtiges Merkmal von Journalisten ist ihre strenge Orientierung an ethischen Merkmalen, an Ehrlichkeit und vor allem einer ausgewogenen Berichterstattung. Trotz allem ist es schwierig, die Bereiche „Journalistische Richtlinien" und „Handhabe von Quellen" voneinander zu trennen: „Does the journalist have an overriding moral duty to protect a source of information rather than assist the public processes of a wand Parliament?"[372] Und was genau verbirgt sich hinter der Forderung nach einer „*responsible press*"[373], wie sie ebenfalls Anfang der 1970er Jahre von verschiedenen Stellen, darunter auch Wissenschaftlern, gefordert wurde? Und wie steht es um die Spannungen zwischen der Presse und der Regierung, vor allem wenn es darum geht, ob und welche Informationen zu einer gewissen Zeit an die Öffentlichkeit gelangen und für diese von Bedeutung sind?

„It is possible to trace a continous line of journalism in Britain for three and a half centuries; during that time journalists in each generation have been taught by journalists of a previous generation. The traditions of the printing room can even be traced visibly throughout that period. In the field of editorial practice, the professional attitudes and unofficial codes are identifiable for at least a century."[374] Und dennoch ist es speziell in der zweiten Hälfte des 20. Jahrhunderts schwieriger geworden, die Regeln und Prinzipien der britischen Journalisten herauszuarbeiten. „A general ethic has been handed down from the grand period of Victorian journalism and a collective mythology has grown up in the newsrooms of Fleet Street, but until the last quarter century there has been no professional court, no obligatory set of rules and no special status in law for journalists. The have neither acquired special privileges as a profession nor imposed stringent

371 Thurman, Neil: Do British journalists play by the rules? In: Ethical journalism network, online. 20. Dezember 2017.

372 Vgl. Smith, Anthony. S. 244.

373 Vgl. Ebd. S. 245.

374 Smith, Anthony. S. 244.

requirements upon themselves, as other professional groups have done. In fact, journalism, strictly speaking, is hardly definable as a profession at all."[375]

Ein weiterer Punkt spielt in der Geschichte von Tageszeitungen eine wichtige Rolle: die Frage nach der Unabhängigkeit. Waren beziehungsweise sind britische Tageszeitungen ihrem eigenen Verständnis nach unabhängig und neutral? Die Antwort hierauf lautet vor allem mit Blick auf die Vergangenheit klar: nein. Und das aus zunächst auch einigen gut nachvollziehbaren Gründen: „[...] as privately owned commercial enterprises and, having developed from personal political platforms, most newspapers were not democratic institutions."[376] Dies deckt sich auch mit dem Selbstverständnis der meisten Herausgeber und Chefredakteure, die um ihre Stellung an der Schnittstelle zwischen Politik und Gesellschaft wissen. Weiter heißt es dazu bei Greenslade: „There was no public service ethic embedded within them, demanding impartiality or neutrality. Owners might pay lipservice to such an ethic in order to assert their own independence from the state or other vested interests. They might even claim that they had a public purpose as part of their sales policy, a pretence to attract readers. For their part, editors might shout loudly about having complete independence form their owners: they, and they alone, made decisions about what went into their papers."[377] Und dann kommt der entscheidende Punkt: „But it was all a masquerade. Ownership conferred rights on proprietors which allowed them to do as they wished. There was no separation of powers, formal or informal, between owner and editor. The only brakes on a proprietor's sometimes crazy or impractical demands were subterfuge by his editor, or trades union activity."[378]

### 3.1.3 Fleet Street als Zentrum der „Vierten Gewalt"

Für die Printmedien spielt auch heute noch der Begriff „Fleet Street" eine wichtige Rolle. Geographisch bezeichnet sie eine Straße in der City of London, an deren westlichem Ende die City of Westminster beginnt. Sie wurde im 18. Jahrhundert Heimat der meisten britischen Tageszeitungen. *The Daily Courant*, die allererste britische Tageszeitung, hatte schon ab 1702 ihren Redaktionssitz in einem Gebäude an der Fleet Street. Bis Ende der 1980er Jahre, einer Zeitspanne von immerhin fast 300 Jahren, folgten zahlreiche weitere Zeitungen und Nachrichtenmagazine, darunter auch alle großen, überregionalen Zeitungen. Dies

375 Ebd. S. 244.

376 Greenslade, Roy. S. 10.

377 Ebd. S. 10.

378 Greenslade, Roy. S. 10f.

schließt auch die fünf Zeitungen ein, die in dieser Arbeit behandelt werden. Der Niedergang der Fleet Street als Hort des Journalismus begann erst und sehr plötzlich 1986, als Medienunternehmer Rupert Murdoch die Redaktionen seiner Zeitungen *Times, Sunday Times* und *Sun* ins östliche London in ein neues, modernes Gebäude verlegen ließ. Die Bedeutung der berühmten Straße änderte sich grundlegend von einem Jahr aufs andere, denn für viele Beteiligte, sowohl aus Murdochs Unternehmen als auch von der Konkurrenz, kam der Umzug nach Wapping völlig überraschend. „But it was in fact Rupert Murdoch who made the first, decisive move by building a new printing plant in Wapping, East London. Although he told the print unions that he intended merely to print a new local daily there, he secretly established a large, new plant, costing over 66 million, capable of printing al his national newspapers. [...] Murdoch then issued an ultimatum to the print unions requiring them to accept a legally binding, no-strike agreement in which ‚new technology may be adopted at any time with consequent reductions in manning levels' and in which anyone involved in industrial action during the term of the contract would be dismissed without appeal. The print unions [...] refused to sign an agreement which effectively removed union protection."[379]

Dies war gleichzeitig auch der Beginn des sogenannten Wapping disputes, ein teils blutig und mit viel Polizeipräsenz an den neuen Fabrikhallen geführter Protest. „A strike was called and Murdoch's Fleet Street production workers munted a forlorn, nightly vigil outside the coils ofrazor wire sorrounding the Wapping plant."[380] Das Ziel der Streikenden war Großbritanniens größtes privates Zeitungsimperium: *News International*, zu dem neben anderen vor allem *The Times* und *News of the World* gehörten. Murdoch wollte an den Druckerpressen neue Technologien einsetzen, die rund 90 Prozent der bis dato die Zeitungen produzierenden Schriftsetzer ersetzen sollten. Murdoch behauptete, es sei unmöglich, eine neue Tageszeitung an der Fleet Street zu drucken. Vor allem waren ihm die Gewerkschaften, in diesem Fall die National Graphic Association (NGA) und die Society of Graphical and Allied Trades (SOGAT) ein Dorn im Auge. Als direkte Folge seiner Ankündigung entließ er zahlreiche seiner Angestellten und installierte in Wapping neue Mitarbeiter, die eben dort in den neuen Werkshallen neue computerisierte Druckpressen bedienten. Die Angestellten waren ausnahmslos in der Plumbing Union organisiert, was die traditionellen Gewerkschaften handlungsunfähig machte. Denen stellte Murdoch vorab ein Ultimatum, das sie nicht einhalten konnten und wollten: „As part of the move

379 Curran, James und Seaton, Jean. S. 99.
380 Curran, James und Seaton, Jean. S. 99.

to Wapping, Murdoch demanded the unions accept flexible working, agree to a no-strike clause, adopt new technology and abandon their closed shop. They refused. Mass demonstrations outside the new plant were met by large numbers of police, whose methods – aimed at ensuring strike-breaking workers could get into the plant, and newspapers could leave it – were widely criticised as excessively heavy-handed.“[381]

Aus dieser Entwicklung führte der Wapping dispute – „Everybody had known for months that something big was in the air“[382] – auch zu gewalttätigen Protesten gegen Murdochs Schritte. Die Auseinandersetzung sollte am 24. Januar 1986 beginnen, als Murdochs Unternehmen den rund 6.000 Angestellten, die an dem Streik gegen die neuen Technologien teilnehmen wollten, kündigte. Dies führte zu großen Protesten vor den neuen Fabrikhallen. „In extraordinary secrecy he had prepared Wapping for his four titles, the Sun, the News of the World, The Times and the Sunday Times, to be moved there in their entirety. [...] The only answer was to shut the whole place down and start afresh at Wapping.“[383]

Die Vorgehensweise von News International in Wapping hatte eine deutliche Unterstützung der Regierung erfahren. Seine Unternehmen verfügten während der Auseinandersetzung fast durchgehend über volle Produktionsstärke und Vertrieb. In dem etwas länger als ein Jahr andauernden Konflikt verlor das Unternehmen nicht einen einzigen Produktionstag. News International und Murdoch konnten es sich also durchaus leisten, den Streik zunächst laufen zu lassen. Der Konflikt endete offiziell am 5. Februar 1987 und sollte damit rund ein Jahr andauern, als der Streik „was called off amid bitter recriminations.“[384]

Geholfen hatten Murdoch neben einer nahezu perfekten heimlichen Vorbereitung, resolut vorgehenden Polizei und gewieften Anwälten vor allem auch die britische Regierung, für Margaret Thatcher war Wapping im Besonderen ein Triumph, nämlich gegen die von ihr verhassten Gewerkschaften: „The police were plainly on his side. Lawyers helped, too, with a letter he used to justify his strategy. And of course the government of the day bent over backwards to ensure nothing would stand in the way of the media baron's ambitions.“[385] Der Konflikt

381 The Guardian, online (Jon Henley): Rupert Murdoch and the battle of Wapping: 25 years on. 27. Juli 2011.

382 Chippindale, Peter und Horrie, Chris: Stick it up yout Punter. The rise and fall of the Sun. London 1990. S. 185.

383 Chippindale, Peter und Horrie, Chris. S. 185.

384 Curran, James und Seaton, Jean. S. 101.

385 The Guardian, online (Jon Henley): Rupert Murdoch and the battle of Wapping: 25 years on. 27. Juli 2011.

war auch aufgrund der Haltung der britischen Regierung eine deutliche Niederlage für den britischen Trade Union Congress (TUC). Der gesamte Protest sollte 54 Wochen dauern und damit den 51-wöchigen Streik der Bergarbeiter (1984/85) sogar noch übertreffen. Gerade weil der Wapping-Protest zeitlich an den Streik der Bergarbeiter anschloss, war es die zweite herbe Niederlage für die britischen Gewerkschaften innerhalb von nur zwei Jahren. Die britischen Gewerkschaften wurden durch diese Ereignisse vor eine ungewisse Zukunft gestellt. Der Wapping dispute markierte auch das Ende der traditionellen Verbundenheit der Gewerkschaften mit der Labour-Bewegung. Gleichzeitig bedeutete diese Episode einen Sieg für Margret Thatchers Politik, vor allem mit Blick auf ihre Versicherung, dass sie die Polizei einsetzen werde, sofern Streikende versuchen würden, die Werkshallen der Medienunternehmen zu besetzen und die Anlagen zu schließen. „The Fleet Street ‚revolution' was a rainbow that came and went, though not before dazzling gullible and impressionable journalists."[386] Wapping, so argumentieren damals Beteiligte, hätte neben den zahlreichen Konfliktlinien auch positive Seiten gehabt: „For some, Wapping planted a decisive nail in the coffin of what Andrew Neil, a former Murdoch editor, has described as 'all that was wrong with British industry: pusillanimous management, pig-headed unions, crazy restrictive practices, endless strikes and industrial disruption, and archaic technology'. This dispute, Neil says, 'changed all that'."[387] Murdochs Zeitungen erwiesen sich nach dem abgeschlossenen Umzug bereits in kurzer Zeit als sehr profitabel, so dass auch die direkte Konkurrenz damit begann, ihre aktuellen Produktionsstätten infrage zu stellen.

Die Entwicklungen bewegten schließlich auch andere Herausgeber dazu, Fleet Street in Richtung Canary Wharf oder Southwark zu verlassen, sehr zum Leidwesen der Gewerkschaften: „It was not long before a consensus emerged. They had to go to Wapping, and they would make their own way there without the bloody Inkies. […] the Inkies were history."[388] Innerhalb der nächsten drei Jahre hatten alle anderen überregionalen Tageszeitungen die Straße ebenfalls verlassen, um Mietkosten zu sparen. Das Art-Deco-Gebäude, in dem einst der *Daily Express* saß, ist heute das Zuhause von Goldman Sachs. Wo früher die Nachrichtenagentur Reuters seinen Hauptsitz hatte, ist heute ein Restaurant. Bis 1988 hatten beinahe alle nationalen Zeitungen Fleet Street verlassen und sich

---

386 Curran, James und Seaton, Jean. S. 101.

387 The Guardian, online (Jon Henley): Rupert Murdoch and the battle of Wapping: 25 years on. 27. Juli 2011.

388 Chippindale, Peter und Horrie, Chris. S. 188.

im Osten Londons neu angesiedelt, was gleichzeitig zu einer Sanierung beziehungsweise Neugestaltung der Docklands führte, von denen Wapping ein Teil ist. Und fast alle Unternehmen hatten innerhalb kürzester Zeit auf die neuen Drucktechniken umgestellt, die ausgerechnet *News International* einführte und die ursächlich für die einjährige Auseinandersetzung um Wapping waren. Reuters war 2005 schließlich das letzte große Medienunternehmen, das an der Fleet Street seine Produktionsräume aufgab. Die letzten beiden Journalisten der *Sunday Post* verließen 2016 Fleet Street, als die Zeitung ihre Londoner Büros aufgab. Obwohl heute die meisten großen Tageszeitungen und Nachrichtenagenturen nicht mehr an der Fleet Street residieren, wird der Straßenname nach wie vor als Synonym für die britische Presse benutzt. Kurios erscheint, dass viele britische Journalisten und Beobachter der Zeitungsbranche der Meinung sind, dass die Umstellung, die Murdochs Unternehmen 1986/87 ohne Kompromisse durchsetzte, letztlich das Leben der britischen Presse um einige Jahrzehnte verlängert hat.[389] Gleichzeitig zeigte aber einem Bericht des TUC zufolge der Konflikt „the kind of unholy alliance between lawyers, police, government and News International"[390] und den „zersetzenden Einfluss von Rupert Murdoch auf das britische Establishment"[391]. Im Grunde kann man Murdochs Einfluss an dieser Stelle sehr genau deuten: „Most importantly, it's a reminder of the lenghts to which Murdoch and News International have gone to get their way to extend their empire and influence, brooking no opposition form either workers or politicians."[392]

### 3.1.4 Besitzverhältnisse, politische und kommerzielle Interessen

> *„The newspaper industry is an emotional one in which owners and shareholders seem at times prepared to sustain losses of an extraordinarily high order without flinching."*[393]

Schon die ersten Presse-Barone sahen sich als eine Art journalistische Politiker. Zumindest kultivierten sie dieses Image in der Öffentlichkeit: „[...] the press

389 Vgl. Greenslade, Roy. S. 478.

390 The Guardian, online (Andrew Neil): Wapping: legacy of Rupert's revolution. 15. Januar 2006.

391 Wolff, Michael: Der Medienmogul. Die Welt des Rupert Murdoch. München 2009. S. 272.

392 The Guardian, online (Jon Henley): Rupert Murdoch and the battle of Wapping: 25 years on. 27. Juli 2011.

393 Curran, James und Seaton, Jean. S. 24.

barons are usually portrayed as journalist-politicians – a view of themselves which they publicly cultivated. Beaverbrook, for instance, told the first Royal Commission on the Press that he ran the Daily Express 'merely for the purpose of making propaganda and with no other motive'."[394] Doch diese Grundlage greift möglicherweise sogar zu kurz: „Yet this simple image of propagandist has tended to obscure another, more important aspect of their dominion over the years – their demotion of politics."[395] Auch wenn den Eigentümern oftmals vorgeworfen wurde, dass sie ihe Zeitungen als „instruments of political power"[396] benutzten, so konnte dies nicht darüber hinwegtäuschen, dass sie ihre Publikationen nicht als Mittel für politische Macht innerhalb der Parteien, sondern *gegen* die Parteien verwendeten: „What made the more notorious press magnates fundamentally different from their immediate predecessors was that they sought to use their papers not as levers of power within the political parties, but as instruments of power against the political parties.[397] Und schließlich, als entscheidender Punkt für das Verhalten von Zeitungsbesitzern: „The basis of the establishment's objection to men like Rothermere and Beaverbrook was not that they were politically ambitious, but that they were politically independent."[398] Dieser Umstand sollte beispielsweise Rupert Murdoch 1997 dazu bringen, nach mehr als 20 Jahren Tory-Unterstützung dem jungen, aufstrebenden Tony Blair und New Labour seine Zuneigung zuzusichern. Was folgte, war eine wechselseitige Beziehung, von der beide Seiten, Zeitung und Politiker, gleichermaßen profitieren sollten. Interessanterweise stellte sich auch die *Sun* nicht gegen Blairs Entscheidung, an der Seite der USA in den Irakkrieg zu ziehen.

Auch schon fast ein Jahrhundert vorher, mitten im Ersten Weltkrieg, wurde offensichtlich, welchen Einfluss britische Zeitungsbesitzer auf die Politik haben können. Damals spielten Beaverbrook und Northcliffe eine entscheidende Rolle in der Absetzung des damaligen langjährigen Premierministers Herbert Henry Asquith. Mit ihrer Unterstützung fand schließlich David Lloyd George ins Amt des Premiers. „Their papers projected imaginary folk devils, the most threatening and prominent of which were Marxists whose secret allegiance was to a foreign power."[399]

394 Ebd. S. 43f.
395 Ebd. S. 44.
396 Curran, James und Seaton, Jean. S. 45.
397 Ebd. S. 45.
398 Ebd. S. 45.
399 Ebd. S. 47.

Rupert Murdoch gilt nach wie vor als mächtigster Mann des britischen Zeitungsempires. Vor allem sein Tabloid *The Sun* gehört nach wie vor zu den bestverkauften Zeitungen der Welt, trotz, besonders im Vergleich zu den 1970er und 80er Jahren, deutlich und vor allem kontinuierlich zurückgehender Auflagenzahlen. Dies lässt sich neben der eigenen Darstellung der Zeitungen vor allem auch an der Reaktion von Politikern anschaulich machen, die immer wieder die Nähe zu Murdoch suchten und, mal mehr, mal weniger offen ausgesprochen, Angst vor einer bestimmten Art von Berichterstattung hatten. Murdoch, dies steht unzweifelhaft fest, hatte aus einer Zeitung ohne Zukunft ein einflussreiches Medium geschaffen, mit dem er selbst auf politischer Ebene ganz oben mitspielen und Entscheidungen beeinflussen konnte. Hierfür ist selbst Wapping ein anschauliches Beispiel.

Ein wesentlicher Vorteil von Zeitungen im UK ist, dass ein Großteil der Bevölkerung nach wie vor davon ausgeht, dass gerade die Rolle von Medien in Wahlkämpfen wichtig sei und dass „print journalism in the UK has retained its […] ability to change the agenda, to frighten elites, to wield influence."[400] Und das trotz seit Jahren sinkender Auflage: „Despite the declining significance of editors at some titles, they are still controlled by individuals with an agenda. […] Almost every major piece of investigative journalism in Britain recently has been undertaken by a print newspaper."[401]

Dabei stehen die britischen Printmedien seit Jahren auch zunehmend in der Kritik: „The public is rightly concerned today not only about the concentration of newspapers but also about their behaviour. Yet there is danger to the public interest arising out of this very proper concern. Because national newspapers belong to large commercial concerns, because intense competition has led some newspapers into practices which have ceased to be tolerable, because of the efforts of the press lords of the past to exceed the role they should play in society, the responsible public tends to forget today that its own liberties are bound up with the liberties of the Press. […] It's the passion and beliefs and ruthless investigative journalism of papers like the Mail, the Times and the Guardian that will decide on which battlegrounds the campaign is fought, and therefore play a key role in deciding who will win."[402]

---

400 The Guardian, online (Ed Amory): Why print newspapers remain the dominant media power in Britain. 16. Februar 2015.

401 Ebd.

402 Greenslade, Roy. S. 246.

Gerade im Vorfeld von Wahlen wird die Bedeutung der Printmedien sichtbar: „This activity is hugely influential in the periods between elections, and much more important than the immediate pre-election calls for people to vote one way or another.“[403] Ein anschauliches Beispiel hierfür liefert die Unterhauswahl 2015, als die Konservative Partei überraschend eine alleinige Mehrheit erringen konnte und die „rightwing papers“ hieran maßgeblich beeinflusst waren.[404] Die britische Zeitungslandschaft ist dabei keineswegs ausschließlich auf Wirtschaftlichkeit ausgerichtet: „Owners and shareholders seem at times prepared to sustain losses of an extraordinarily high order without flinching.“[405] So verlor beispielsweise die *Times* 1968 rund drei Millionen britische Pfund. „[…] and in 1971 [The Times, Anm. d. Verfassers] announced, almost with pride, that it had in that year lost 'only 1.2 million'.“[406] In anderen Staaten wäre ein solches Szenario kaum denkbar, vor allem mit Blick auf das Beispiel des Evening Standards: „The Evening Standard was kept going for ten years without declaring a single profit, until it finally climbed back into the black.“[407] Hierbei stellt sich auch die Frage, wie "rechts" oder "links" Großbritanniens Zeitungen überhaupt sind.[408]

Allerdings ging der Aufstieg einer Tageszeitung regelmäßig auch auf Kosten der Mitbewerber in Fleet Street, am Beispiel der *Sun* zeigte sich, dass „the Daily Mirror, for instance, [had, Anm. d. Verf.) to alter its selection and presentation of news towards brasher 'cheekier' style of the former. The circulation war of the early 1970s has in some ways resembled the fierce competition of the 1930s, when the Daily Herald won the battle to be the first [newspaper, Anm. d. Verfassers] to reach a daily circulation of two million.“[409] Zu dieser Zeit ruinierten sich einige Tageszeitungen beinahe finanziell bei dem Versuch, in der Auflagenzahl vor den Konkurrenten zu liegen. „Fleet Street now [in den 1970er Jahren, Anm. d. Verfassers] spends several million pounds a year on television advertising in its modernised promotional race, at a time when the total number of purchasers of

403 The Guardian, online (Roy Greenslade): How newspapers, despite decline, still influence the political process. 21. Juni 2011.

404 Vgl. The Guardian, online (Roy Greenslade): Newspapers' readers election votes influence of rightwing press. 8. Juni 2015.

405 Smith, Anthony. S. 24.

406 Ebd. S. 24.

407 Ebd. S. 24.

408 Vgl. Smith, Matthew: How left or right-wing are the UK's newspapers? In: You Gov, online. 7. März 2017.

409 Smith, Anthony. S. 24f.

daily national newspapers has been on the whole drifting downwards."[410] Allein die *Sun* gab im Jahr 1972 1,16 Millionen Pfund für TV-Werbung aus, die damals noch in ihren Anfangsjahren steckte. Außerdem zahlte der dahinterstehende Konzern *News International* viel Geld für eine „*House-to-House*"-Kampagne, bei der 13,5 Millionen *Sun*-Farbausgaben in britische Briefkästen verteilt wurden.

Der große – und vor allem schnelle – Erfolg von *The Sun* Anfang der 1970er Jahre trug zu einer erheblichen Polarisierung zwischen qualitativ hochwertiger Presse und Boulevardblättern („*popular*") Anfang der 1970er Jahre bei: „The Daily Mirror, which in the mid-1960s achieved a circulation of 5,5 million while acquiring for itself an increasingly serious character, has moved ‚downmarket' in the early 1970s, while shedding at least a million copies a day. The Times, The Guardian and the Daily Telegraph have remained fairly steady in circulation and improved their financial security [...]. The struggle for survival is at its fiercest among the popular papers. Since the war Fleet Street has watched the demise or amalgamation of the Daily Graphic, the News Chronicle, the Herald and the Sketch among the dailies, plus a number Sunday papers. It was these losses which brought about the two major Royal Commissions as well as various other enquiries into newspaper finance conducted by the Prices and Incomes Board and the Monopolies Commission."[411]

„The fear of which hung over the newspaper industry in the aftermath of war was that ownership of the major part of the Press would devolve upon a tiny group of men, several of them highly politically motivated."[412] Und genau an diesem Punkt kam noch eine weitere, politische Komponente hinzu: „There was also anxiety that the political affiliations oft he remaining newspapers would be overwhelmingly right-wing and that the Labour Party would lack, especially between elections, a vigorous and loyal ally in Fleet Street. With the death of the New Chroncile the Liberal Party lost a paper which had consistently, from the moment of its birth, been tied to the policies of that party; in the Manchester Guardian (later the Guardian) the Liberal Party enjoyed only partial and general support until more recent years when that paper had tended at election times to support the Labour Party."[413]

In dieser Arbeit wird es auch um das Verhältnis von Staat und Presse, von Demokratie und Meinungsbildung gehen. Inwieweit unterscheidet sich das

---

410 Smith, Anthony. S. 25.
411 Ebd. S. 25.
412 Ebd. S. 25.
413 Smith, Anthony. S. 25f.

Verhältnis von Politikern zu den einzelnen Zeitungen beispielsweise zu Deutschland? Pflegen Politik und Medien eine wechselseitige Beziehung mit der „win-win"-Situation und falls ja, wie äußert sich dies in den Zeitungen und kann sich ein solches Verhältnis auch umkehren? Hierzu wird speziell die Wahl zum britischen Unterhaus 1997 ein anschauliches Beispiel geben, bei dem zahlreiche der oben erwähnten Punkte zusammenkommen.

### 3.1.5 Der Auflagenwettbewerb

Was britische Tageszeitungen, mehr noch als in anderen Ländern, auszeichnet, ist der unnachgiebige Wettbewerb untereinander. Der Kampf um die höchste Auflage war vor allem seit den 1970er Jahren auch eine Frage des Prestiges, bei dem es beispielsweise darum ging, wer als erste Zeitung die bis heute nicht mehr erreichte Auflage von fünf Millionen (*Daily Mirror*, 1978) knacken konnte, oder wer heute, trotz rückläufiger Zahlen, sich an der Spitze behauptet (*The Sun* vor der *Daily Mail*) und auch im internationalen englischsprachigen Vergleich am besten abschneidet. Dabei werfen sich manche Zeitungen, die *Daily Mail* und der *Guardian* sind ganz aktuelle Beispiele, gegenseitig Lügen in ihrer Berichterstattung vor und fahren teils wochen- und monatelange Kampagnen gegeneinander.

Grundsätzlich lässt sich vom Auflagenwettbewerb ein Bogen spannen zum Selbstbild und dem Einfluss der Zeitungen auf das politische Geschehen im UK. Eine interessante Erkenntnis ist, dass trotz sinkender Auflagenzahlen der Einfluss der Zeitungen keineswegs nachzulassen scheint, im Gegenteil: Je mehr Leser die Zeitungen des UK verlieren, desto lauter und schriller scheinen die Zeitungen ihre Themen an die Bevölkerung zu bringen. Hierfür werden das Referendum 2016 und die nachfolgenden politischen Entscheidungen und Ereignisse (Entscheidung des High Courts zur Beteiligung des Parlaments am Brexit-Verfahren, Überreichung des britischen Austrittsgesuchs, Verkündung von Neuwahlen, Wahlergebnis 2017 etc.) anschauliche Beispiele bilden.

Die aktuelle Auflagenentwicklung seit dem Referendum lässt oberflächlich betrachtet den Schluss zu, dass die UK-Zeitungen an Einfluss verlieren, doch das Gegenteil ist der Fall. Außerdem, und dies ist vor allem für das Selbstverständnis der britischen Zeitungsmagnaten wichtig, sind nicht ausschließlich finanzielle Interessen ausschlaggebend, sondern auch psychologische Aspekte wie Manipulation und Kontrolle: „[...] pursuit of power and influence through the written word in a daily commercial battle fought [...] by men [...] driven less by financial greed than lust to persuade and manipulate, if not control, public opinion."[414]

---

414 Greenslade, Roy. S. 307.

## 3.2 Tabloids und Qualitätszeitungen: der Kampf um die Meinungshoheit

> *„In the tabloids, virtually every Tory has the stature of Winston Churchill, every Labourite is a lying Leninite and every "fact" is a lethal weapon."*[415]

Im United Kingdom wird zwischen sogenannten Broadsheets und Tabloids unterschieden, die sich ursprünglich in ihrer Form (Broadsheet: großformatig; Tabloids: klein, kompakt) voneinander abgrenzten. „The broadsheet newspapers are broadly defined as those who write in depth for an audience interested in serious news writing rather than celebrity gossip or sensationalism. Traditionally, they were published in on a large ‚broad sheet' but [...] only a minority of British broadsheets are now published in this format. [....] all tabloid newspapers are published in tabloid format. These are cheaper newspapers and quicker to read, with the balance of news versus other content (gossip, weather, sport and games such as crosswords and sudoku) tipped much more towards the latter in comparison with broadsheets. From here on, the question of ‚can you rely on it?' disappears, because the answer is a consistent no -while many of Britain's tabloids do contain some good journalism, they are strongly geared towards sensationalism, not a straightforward presentation of the facts."[416]

Unstrittig ist, dass die politische Landschaft im United Kingdom ohne die Tabloids anders aussehen würde, dass ohne den Druck dieser Zeitungen David Cameron vermutlich heute noch Premierminister wäre oder es gar 1992 Neil Kinnock (Labour) geworden wäre. Zu sehr hat der britische Boulevard das politische Klima und die politischen Agenden der Regierungen über viele Jahrzehnte mitbestimmt, als dass er nicht als eigenständige politische Kraft wahrgenommen werden würde. Dazu passt auch das folgende Zitat von Graham Johnson, einem ehemaligen Journalisten der *News of the World*: „You can't get through the day on a tabloid newspaper if you don't lie, if you don't deceive, if you're not prepared to use forms of blackmail or extortion or lean on people, you know, make people's lives a misery. You just have to deliver the story on time and on budget and if you didn't then you'd get told off."[417]

---

415 Kingdom, John: S. 37 und Shepherd, John: Crisis? What Crisis? The Callaghan government and the winter of discontent. Manchester 2013. S. 165.

416 Oxford Royale Academy (online): Black and White and Read All Over: A Guide to British Newspapers. 28. März 2016.

417 Ethical Journalism Network, online: Do British Journalists play by the rules? 20. Dezember 2017.

Hierzu passen auch ungezählte Reaktionen der Politiker teilweise schon im Vorfeld von Berichterstattungen, ganz zu schweigen von den Reaktionen im Anschluss an Veröffentlichungen. Der zentrale Fokus dieser Arbeit richtet sich auf den konkreten Einfluss von Tabloids auf die britische Gesellschaft und die Indikatoren, die eine diesbezügliche Messung zulassen. Hierzu folgt an dieser Stelle eine kurze Abgrenzung von Populars zu seriösen Tageszeitungen. „Popular journalism has always stirred emotions, but the widespread usage of the tabloid has more recently given rise to an intensified dispute about its impact on society."[418] Der Einfluss von Tabloid-Zeitungen in Großbritannien steht besonders seit den 1990er Jahren im Fokus der Forschung. „The British tabloids can be seen as a product of [...] technological and economic trends, and have consequently been placed at the vanguard of tabloidization. [...] it should be noted that tabloid newspapers are both considered a product and a cause of tabloidization. [...] they have a history of controversy, and the competitive marketplace appears to have contributed to a shift in their priorities."[419]

Grundsätzlich hat sich die wissenschaftliche Diskussion um Tabloid-Zeitungen vor allem um ihren, angeblich, unbegrenzten Einfluss auf die politische Kommunikation in den vergangenen Jahren gewissermaßen festgefahren, „with Tabloids simplifying and sensationalising important issues, and at worst, provoking a crisis in public communication."[420] Wie in anderen Staaten weltweit hat auch in Großbritannien das Internet einen großen Einfluss auf das traditionelle Zeitungsgewerbe gehabt. Dies hatte für die meisten Zeitungen einen zum Teil erheblichen Rückgang ihrer Printausgaben zur Folge – was aber überraschenderweise nichts an dem grundsätzlich sehr großen Einfluss änderte, den die Zeitungen, insbesondere die Boulevardblätter, weiterhin auf Politik und Gesellschaft haben sollen. Im Gegenteil: Je mehr ihre Auflagen zurückgehen, desto stärker positionieren sich viele Zeitungen: „they've responded to waning political influence by taking increasingly strong partisan stances."[421]

Der Unterschied zwischen Broadsheets und Tabloids lässt sich einerseits darin begründen, wer die Zeitungen liest (siehe auch Kapitel 3.4): „Income, age, social class and education have all been shown to have a positive correlation between who reads broadsheet or tabloid newspapers. Tabloid newspapers are

418 Johansson, Sofia: Reading Tadloids. Tabloid Newspapers and Their Readers. Södertörn 2007. S. 31.

419 Ebd. S. 33.

420 Johansson, Sofia. S. 36.

421 Uberti, David: How British media bringt UK general election news across the pond. In: Columbia Journalism Review, online. The voice of journalism. 7. Mai 2015. S. 4.

usually smaller than broadsheet papers with a simple style, having many more photographs and often focusing on gossip and celebrity news rather than political affairs.“[422] Dabei spielen gerade bei Tabloids auch die Erzeugung von Emotionen eine entscheidende Rolle: „Tabloids prefer to use a journalese style of writing promoting emotion it its reader's using words like ‚huge, crackdown, bubbly blonde, love rat, love child and cop instead of Police‘. Broadsheets in contrast like to use longer sentences and paragraphs often going into greater detail in their stories using a less dramatic approach in their writing style.“[423] Andererseits ist die Art der Berichterstattung ein weiterer klarer Unterschied, der das Lager der britischen Zeitungen in mindestens zwei Teile unterscheidet, die gemäßigten und die lautstarken, die seriösen, ausgewogenen und die boulevardesken, einseitig berichtenden. Dabei unterscheiden sich britische Tageszeitungen traditionell in ihrem Format und reichen von seriösen, thematisch auch in die Tiefe analysierenden Ausgaben bis zu reißerischen, Effekte in den Vordergrund stellenden Boulevardblättern. Verschiedene Studien gehen davon aus, dass die große Masse der Leserschaft *lightweight material* bevorzugt und Tabloids daher weit verbreitet sind.[424]

Grundsätzlich wird die Unabhängigkeit und Meinungsbildung bei Medienhäusern aller Art betont. Doch die Realität sieht, und sah vermutlich schon seit jeher, anders aus: „The newspaper of opinion is a mirage long pursued by English journalism but only briefly achieved. Economics has always been the prime anxiety of newspaper owners – even those whose chief aim has been to influence opinion.“[425] Hierbei steht natürlich auch die Frage im Raum, was für eine Art Produkt britische Zeitungen letztlich sind: „At the root of the whole problem of newspaper finance lies the question of what newspapers should be and do. There is a permanent temptation to ‚degrade‘ the product in order to reach an audience wide enough to sustain advertising revenue; there is a simultaneous public and professional pressure beyond the mere market for newspapers to provide the public with attractively presented information and discussion of the urgent issues of the day.“[426]

In der Diskussion um die „Bandbreite“ von britischen Tageszeitungen fällt eines auf: Es gab und gibt keine Zeitung für die typische Arbeiterklasse. „People from outside Britain are often puzzled to perceive the lack of a ‘working class’

422 UK essays: A History of UK Newspapers. Analysis. 17. Mai 2017.
423 Greenslade, Roy. S. 625.
424 Vgl. Smith, Anthony. S. 205f.
425 Ebd. S. 15.
426 Ebd. S. 26.

paper on the news-stands apart from the unsuccessful Communist Morning Star. [...] there is no mainstream paper attached to working class politics. [...] The last real working class Press began to disappear over 100 years ago, when the stamp tax on newspapers was removed; until that time a healthy mass circulation radical Press was distributed illegally but was unable to compete with the normal newspapers when, untaxed and cheaper, these were able to start extending their circulation downwards through the social strata."[427]

Thomas Carlyle nannte die Presse bereits „die vierte Gewalt im Staat"[428]. Doch die einzelnen Medienreiche verlangten im Grunde nach staatlicher Kontrolle, um einen gleichmäßigen Wettbewerb zu ermöglichen. Dies wurde besonders deutlich, nachdem es Medienunternehmer Rupert Murdoch 1981 durchaus spektakulär gegen die Gewerkschaften und unter gütiger Duldung von Premierministerin Margaret Thatcher gelang, die *Times* zu übernehmen. Interessant in diesem Zusammenhang ist auch, dass Murdoch schließlich 1998 vom *Observer* nach Premierminister Tony Blair zum zweitmächtigsten Mann Großbritanniens ernannt wurde. Und das, obwohl er damals nicht einmal in Großbritannien lebte.[429]

Der schnelle Erfolg von Murdochs *Sun* schon in ihren Anfangsjahren hatte ebenfalls zu einer verschärften Polarisierung zwischen „quality" und „popular press" beigetragen, denn die *Sun* war anders, schriller, bunter und in ihrer Berichterstattung schneller als viele ihrer älteren Konkurrenten. Auf die *Sun* trifft im Besonderen zu, was Wissenschaftler ein Verdrängen von alten Werten und Interessen durch neue nennen: „Entertainment has superseded the provision of information; human interest has supplanted the public interest; measured judgement has succumbed to sensationalism; the trivial has triumphed over the weighty".[430] Der Zeitungsmarkt, weder links noch rechts, weder seriös noch boulevardesk, war auf eine Publikation wie die *Sun* eingestellt. Dies wird im nächsten Unterkapitel genauer erörtert, wenn es um die Grundausrichtung der einzelnen Medien geht.

---

427 Ebd. S. 15f.

428 Ebd. S. 213.

429 Vgl. Smith, Anthony. S. 222.

430 Johansson, Sofia: S. 39.

## 3.3 Die Untersuchungsobjekte und ihre Grundausrichtung im Detail

Diese Arbeit beschäftigt sich im Einzelnen mit der Referendums-Berichterstattung folgender britischer Tageszeitungen: *The Guardian*, *The Times*, *The Sun*, *The Daily Mail* und *The Daily Express*. Diese Zeitungen bieten einen passenden Überblick über die britische Medienlandschaft, anhand dessen im anschließenden Teil die Analyse zum Wahlverhalten im Rahmen des EU-Referendums 2016 durchgeführt wird. Der *Guardian* wird als links-liberale Tageszeitung charakterisiert, *The Times* als altehrwürdige konservative, wohingegen *The Sun* ein sogenanntes *Tabloid* – ein Boulevardblatt – ist, welches seine Ausrichtung an nationalen Interessen orientiert und sowohl rechts als auch (in wenigen Fällen) links der Mitte eingeordnet werden kann. Die *Daily Mail* ist in ihrem Format ein Broadsheet, politisch aber klar national eingestellt. Der *Daily Express* ist eine rechts von der Mitte angesiedelte Boulevardzeitung, die offen ‚*right-wing populism*'[431] betreibt. In der Analyse dieser Arbeit handelt es sich also um zwei, dem allgemeinen Verständnis nach, seriöse Tageszeitungen und drei Tabloids, die vor allem mit gewaltigen Überschriften in Wort und Bild versuchen, Stimmung zu machen und ihre Leserschaft auf eine sehr subtile Art und Weise zu beeinflussen. Dass dies in den meisten Fällen auch funktioniert, wird in diesem Kapitel noch anhand von verschiedenen Beispielen aufgezeigt. Im Folgenden sollen bestimmte Fragen geklärt werden, um die Zeitungen analysieren zu können: Wie charakterisieren sich die einzelnen Zeitungen und wie grenzen sie sich voneinander ab? Wer steht hinter den Zeitungen und wie haben sie sich bei bisherigen nationalen Wahlen und dem EU-Referendum 1975 im Vorfeld positioniert?

An dieser Stelle folgt ein Überblick über die wichtigsten Daten der Untersuchungsgegenstände auf einen Blick. Dazu gehören neben dem Gründungsdatum, der Ausrichtung, vor allem der beziehungsweise die Besitzer, die aktuelle Auflage, die Reichweite und der Herausgeber sowie der zum Zeitpunkt des Referendums amtierende Chefredakteur.

***The Guardian***

- Gegründet: 1821
- Auflage: 140.778 (*The Observer*: 170.775)[432]

431 Smith, Matthew: How left or right-wing are the UK's newspapers? In: You Gov, online. 7. März 2017.

432 Alle Auflagenstände: Mai 2018 laut www.newswork.org.uk: UK Newspaper Circulation May 2018.

- Reichweite: 0,8 Millionen Leser
- Ausrichtung: links-liberal (centre-left)
- Format: Tageszeitung/Berliner (Qualities)
- Besitzer: Guardian Media Group plc (GMG) / Scott Trust Limited
- Herausgeber: Alan Rusbridger
- Chefredakteur: Katharine Viner (seit 2015)

***The Times***

- Gegründet: 1. Januar 1788
- Auflage: 431.053 (*Sunday Times*: 772.589)
- Reichweite: 1,1 Millionen Leser
- Ausrichtung: konservativ
- Format: Tageszeitung/compact / Qualities
- Besitzer: News UK / Rupert Murdoch
- Herausgeber: John Witherow
- Chefredakteur: John Witherow (seit 2013)

***The Sun***

- Gegründet: 1964
- Auflage: 1,47 Millionen (*Sun on Sunday*: 1,27 Millionen)
- Reichweite: 8 Millionen Leser
- Ausrichtung: konservativ (teilweise auch „links“, grundsätzlich UK-national)
- Format: Tabloid (Popular)
- Besitzer: News UK / Rupert Murdoch
- Herausgeber: David Dinsmore
- Chefredakteur: Tony Gallagher (seit 2015)

***The Daily Mail***

- Gegründet: 4. Mai 1896
- Auflage: 1,28 Millionen (*Mail On Sunday*: 1,11 Millionen)
- Reichweite: 3,3 Millionen Leser
- Ausrichtung: konservativ (populistisch)
- Format: Tabloid (Midmarket)
- Besitzer: Daily Mail and General Trust / Jonathan Harmsworth (4th Viscount Rothermere)
- Herausgeber: DMG Media
- Chefredakteur: Paul Dacre (seit 1992)

***The Daily Express***

- Gegründet: 24. April 1900
- Auflage: 340.613 (*Sunday Express*: 314.985)
- Reichweite: 2,9 Millionen
- Ausrichtung: nationalistisch („right-wing populism“)
- Format: Tabloid (Midmarket)
- Besitzer: Northern and Shell Network Limited / Richard Desmond
- Herausgeber: Hugh Wittow
- Chefredakteur: Hugh Wittow (seit 2011)

Im Folgenden werden die zu untersuchenden Zeitungen einzeln vorgestellt.

### 3.3.1 The Guardian und The Observer

The liberal voice of Manchester[433]: *The Guardian* wurde 1821 als *The Manchester Guardian* gegründet und ist damit die zweitälteste der in dieser Arbeit untersuchten Zeitungen. Mit einer Auflage von weniger als 147.000 verkauften Exemplaren pro Tag (Stand November 2017) und einer absoluten Reichweite von 0,8 Millionen Lesern ist sie die einzige links-liberale, gleichzeitig auch kleinste überregionale Tageszeitung im Vereinigten Königreich. Der Guardian wurde allein in den vergangenen Jahren mehrfach zum „*Newspaper of the Year*“ in Großbritannien gewählt. Besitzer ist die Guardian Media Group plc (GMG), hinter der Scott Trust Limted steht. Diese Stiftung hat das Ziel, mögliche Verluste der Tageszeitung finanziell auszugleichen. Herausgeber ist der vorher über fast zwei Jahrzehnte amtierende Chefredakteur Alan Rusbridger, Chefredakteurin und Rusbridgers Nachfolgerin ist Katharine Viner.

Der *Guardian* wurde im Umfeld des Little Circle, einer Gruppe von als nonkonformistisch geltenden Unternehmern und Sozialreformern, gegründet. Politisch vertritt die Zeitung – im Gegensatz zu den meisten anderen britischen Printmedien, die eher konservativ bis offen national ausgerichtet sind – eine grundsätzlich deutlich eher als linksliberal zu bezeichnende Position. Zielgruppe der Zeitung sind insbesondere die „linksliberalen, progressiven, intellektuellen Großstädter, [...] Akademiker, Kulturschaffenden und Studenten“[434]. Leser des Guardian werden, in Anlehnung einer neuen Mittelklasse, auch – eher abwertend – „Guardianista“ genannt. „The Guardian newspaper [...] was first

433 Greenslade, Roy. S. 28.

434 Die Zeit (Jungclaussen, John F.): Guardian: Genial, geliebt, gefährdet. In: Die Zeit Nr. 6/2013.

published on May the 5th 1821 and founded by a man named John Edward Taylor. The Manchester Guardian's intention at the time was to promote liberal interest in the aftermath of the Peterloo Massacre and the growing campaign to repel Corn Laws that Manchester suffered from at the time.“[435]

Zunächst war der *Guardian* ein wöchentlich erscheinendes liberales Blatt, seit 1855 schließlich erscheint er täglich. Sonntags erscheint die Schwesterzeitung *The Observer*. Nationale Aufmerksamkeit erlangte die Zeitung unter ihrem Herausgeber C.P. Scott, der ab 1872 ganze 52 Jahre lang die Geschicke des Guardians leitete. Der Einfluss des Manchester Guardian wuchs beständig in der ersten Hälfte des 20. Jahrhunderts, wobei stetig neue Herausforderungen warteten: Die geringe Zahl der Seiten und die auch für die damalige Zeit schlechte Druckqualität versprühten zwar regionalen Charme, waren aber im Vergleich zu anderen, überregionalen, Tageszeitungen eher Nachteile. Bis 1959 hieß die Zeitung „*The Manchester Guardian*“. Der Herausgeber verlagerte das Blatt schließlich 1964 nach London – in eine für den Guardian ungewisse Zukunft im nationalen Markt. *The Guardian* Media Group plc (GMG) wurde 1907 als Manchester Guardian Ltd, als C.P. Scott den 1821 gegründeten Manchester Guardian erwarb. 1993 übernahm die Firma ihren heutigen Namen – Guardian Media Group plc. Dahinter verbirgt sich Scott Trust Ltd. Dies ist eine Stiftung, die das Hauptziel verfolgt, die journalistische und finanzielle Unabhängigkeit des *Guardian* sicherzustellen. Seit 1993 ist auch der *Observer* Teil von Guardian & Media Ltd. Der Hauptsitz des Unternehmens liegt im Londoner Stadtteil Kings Cross.

Der ehemalige Chefredakteur Peter Preston formte den *Guardian* in den 1980er Jahren erst in den 1980er Jahren zur heute bekannten Zeitung und sorgte damit für eine auch ökonomisch herausragende Zeit: „A radical redesign of the Guardian in 1988 ensured the newspaper enjoyed a new period of success despite the launch of the Independent in 1986 and a price war among broadsheets instigated by the Times. The circulation of the Guardian hit record levels under Preston, at one stage clearing 500,000 copies a day.“[436] Von diesen Zahlen ist die Zeitung heute weit entfernt: Aktuell verfügt der *Guardian* nur noch über eine Auflage von weniger als 147.000 (Stand: November 2017), bleibt damit trotzdem in bestimmten Region ein einflussreiches Blatt, was auch die vierfache Auszeichnung bei den „British Press Awards“ zur „Zeitung des Jahres“ (1999, 2006, 2011

435 UK Essays: A History of UK Newspapers. Analysis. 17. Mai 2017.

436 The Guardian, online (Graham Ruddick): Peter Preston, former Guardian editor, dies aged 79. 7. Januar 2018.

und 2014) zeigt. Der *Guardian* gewann 2014 den Pulitzer-Preis public-service reporting. Preston, der den Guardian zum ausgehenden 20. Jahrhundert durch zwei schwierige Jahrzehnte führte war für seine ehemaligen Mitarbeiter auch ganz anders als die Chefredakteure der Konkurrenz: „Michael White, former political editor of the Guardian and who worked with Preston, said: ‚At first glance Peter Preston was an improbable Fleet Street editor. He wasn't charismatic and never raised his voice, he was taciturn and soft-spoken, often elliptical, both in conversation and his writing. He chewed the ends of biros. But beneath the outward diffidence lay a powerful determination and nimble intelligence which he deployed constantly to refresh the Guardian through two tough decades, Quick and clever, with a warm, mischievous sense of humour, Peter loved print and never lost faith in the future of newspapers.'"[437]

Heute ist der Guardian die Zeitung, die am ehesten mit der liberalen britischen Mittelklasse assoziiert wird und für herausragenden Investigativjournalismus gelobt wird, beispielhaft hierfür stehen die Entdeckungen im Zuge des News of the World-Skandals 2011, und ist auch deshalb „one of Britain's more trustworthy newspapers, and usually wears its political biases on its sleeve, so you can see them coming."[438] In diesem Zusammenhang scheint es auch wenig überraschend, dass der Guardian in der Referendumskampagne 2016 eine von wenigen britischen Zeitungen war, die sachlich und ausgewogen berichteten und sich für einen britischen Verbleib in der Europäischen Union ausgesprochen hatten.

### 3.3.2 The Times und The Sunday Times

*The Times* (auch *The Times of London*) ist eine der ältesten britischen Tageszeitungen, die bereits in den 1780er Jahren gegründet wurde; ihre Jungfernausgabe wurde am 1. Januar 1785 herausgegeben. Unter ihrem ersten liberalen Chefredakteur Thomas Barnes (im Amt von 1817 bis 1841) entwickelte sich die *Times* zu einer starken, unabhängigen Zeitung, die einen wahrnehmbaren Einfluss auf die öffentliche Meinung in Großbritannien hatte. Ihre Auflage wuchs von 5.000 (1815) auf rund 40.000 Mitte des 19. Jahrhunderts. „The Times maintained rigorous standards of reporting and writing and strove for meticulous accuracy. It came to be ruled by tradition, although its editorial views were independent, articulate, and strong. It was also seen as the very epitome of the British

---

437 Ebd.

438 Oxford Royale Academy, online: Black and White and Read All Over: A Guide to British Newspapers. 28. März 2016 (www.oxford-royale.co.uk).

establishment, yet repeatedly it introduced innovative changes."[439] Noch 1908 hatte die *Times* eine Auflage von lediglich 40.000 pro Tag, als Lord Northcliffe die Zeitung übernahm.[440] Bis 1914 steigerte sich die Auflage auf rund 160.000. Später, unter Lord Astor, nahm sie auf rund eine Viertelmillion zu. Allerdings muss man diese beeindruckenden Zahlen mit den Auflagen von anderen großen britischen Zeitungen vergleichen: Der *Daily Express* verkaufte kurz nach dem Zweiten Weltkrieg 3.850.000 Millionen Exemplare, der *Daily Mirror* im Vergleich 3.600.000 Millionen und die *Daily Mail* 2.078.000 Millionen. Die Zahlen spiegelten aber nicht allein die Bedeutung wider: „Clearly, the position of the London Times rests on the character – not the size – of its circulation."[441]

Nach dem Zweiten Weltkrieg hatte die *Times* ihr Aussehen, nicht aber ihre politische Richtung (pro Tory und zeitweise pro LibDems) geändert, „in order to get it on a slightly slimmer body, and therefore have more lines in each column."[442] Und damit begann für die Zeitung eine neue Ära, die zu den wirtschaftlich erfolgreichsten überhaupt gehören sollte: "In the 1950s, when Sir William Haley, then the director general of the BBC, became editor (1952–67), The Times once again became a great newspaper. Makeup and editorial changes were introduced to make the paper livelier and more interesting. News was put permanently on its front page in 1966 in place of advertisements. Later that year it was announced that Roy Thomson, owner of the Sunday Times, was acquiring the paper, and, beginning the following year, the two two papers were published by the newly created Times Newspapers Ltd."[443] In 1978, disputes between management and labour over a range of issues, including the implementation of modern typesetting and printing equipment, led to the suspension of publication for nearly a full year. But the newspaper and its reputation survived, and The Times continued to thrive."[444]

1981 schließlich wurde Rupert Murdoch Eigentümer der Zeitung, nachdem seine News Corporation Times Newspapers übernahm. "In 1981 Rupert Murdoch's News Corporation acquired the paper through its purchase of Times Newspapers. In 2013 News Corporation divided its print and its television and

---

439 The New Encyclopaedia Britannica: Micropaedia. Ann Arbor 1993. S. 780.

440 Vgl. Pool, Ithiel de Sola, Laswell, Harold D. und Lerner, Daniel: The Prestige Press. A comparative Study of political symbols. Cambridge/London 1970. S. 65.

441 Ebd. S. 65.

442 Smith, Anthony. S. 73.

443 Encyclopaedia Britannica: The History of The Times. 12. August 2017 (www.britannica.com).

444 Ebd.

film holdings into separate conglomerates, and ownership of the paper was transferred to the reconstituted News Corporation."[445]

Heute haben beide Zeitungen im Vergleich zur Konkurrenz stabile Auflagenzahlen: Die *Times* verkauft täglich immer noch rund 400.000 Zeitungen und die *Sunday Times* sogar mehr als 750.000. Politisch waren die *Times* und ihre Schwesterausgabe *Sunday Times* nie neutral, trotzdem bemühte sich das Blatt um eine auch in der Murdoch-Ära ausgewogene Berichterstattung. Dies wird in der Referendumskampagne ebenfalls deutlich.

### 3.3.3 The Sun und the Sun on Sunday

*The Sun* ist vermutlich die einflussreichste, aber gleichzeitig auch umstrittenste Tagezeitung in Großbritannien – und das trotz namhafter Konkurrenz wie der *Daily Mail* und dem *Daily Express*. Seitdem Murdochs Flaggschiff Ende der 1970er Jahre den *Daily Mirror* als auflagenstärkste britische Tageszeitung ablöste und 1979 zur Unterstützung der Konservativen Partei (und vor allem Margaret Thatcher) aufrief, streiten sich Wissenschaftler, Politiker, aber vor allem die direkte Zeitungskonkurrenz um die Deutungshoheit des Boulevardblattes. „The Sun is the paper to keep an eye on if you want to know the mainstream of British public opinion."[446]

Der *Sun* wird eine ausgesprochen gute Wahrnehmung für die Belange der Bevölkerung und ihre Steuerung zugesprochen. Es gibt zahlreiche Beispiele für die Beeinflussung von Wählern, aber auch von Politikern (siehe 1997: The *Sun* backs Blair). Hinzu kommt, dass *The Sun*, die seit 1969 im Besitz von Medienmogul Rupert Murdoch ist, mit rund 1,5 Millionen die höchste Auflage aller britischen Tageszeitungen hat

Ihre politische Ausrichtung ist dabei nicht zweifelsohne in „Links" oder „Rechts" einzuordnen beziehungsweise folgt nicht einem klassischen Muster. „Solidly conservative-right when it comes to politics, its populist working-class stance means this position is usually dressed-up as standing shoulder-to-shoulder with the common man, often unconvincingly."[447] An der Unterstützung vor Unterhauswahlen lässt sich beispielhaft erkennen, wie die Zeitung politisch „tickte": Unter Margaret Thatcher und John Major sprach sich die *Sun* für die Konservativen aus, bevor sie 1997, 2001 und 2005 eine Wahl von Labour (Tony

---

445 Ebd.

446 Oxford Royale Academy, online: Black and White and Read All Over: A Guide to British Newspapers. 28. März 2016 (www.oxford-royale.co.uk).

447 Chippindale, Peter und Horrie, Chris. S. 32.

Blair) empfahl. 2010 und 2015 stand sie schließlich wieder auf Seite der Konservativen, dieses Mal unter Führung von David Cameron. „The paper has shifted over the years between Labour and Conservative, and the newspaper is, today, a Conservative supporter."[448] Worin liegt das? Eine Möglichkeit ist, dass die *Sun* nicht als „Verlierer" angesehen werden will, der bei wichtigen politischen Entscheidungen auf der falschen Seite steht. Dazu könnte passen, dass Labour unter Tony Blair ein Stück nach rechts Richtung gesellschaftlicher Mitte gerückt ist.

Die *Sun* (und ihre Schwesterzeitung *Sun on Sunday*) hat in der britischen, vielleicht sogar in der internationalen Zeitungsbranche einen beispiellosen Aufstieg hingelegt. Die erste Ausgabe wurde am 15. September 1964 von der International Publishing Corporation (IPC) herausgegeben. Als Nachfolgerin des maroden *Daily Herald* gedacht, hatte die Zeitung anfangs Probleme, sich von ihrem Vorgänger zu emanzipieren. 1969, nachdem die *Sun* bereits fünf Jahre auf dem Markt war, lag ihre Auflage bei rund 800.000. Gleichzeitig verzeichnete die IPC mit der Zeitung einen jährlichen Verlust von rund zwei Millionen britischen Pfund. Nachdem die Zeitung über Jahre Verlust schrieb, entschied sich die IPC schließlich zum Verkauf. Der australische Medienmogul Rupert Murdoch übernahm schließlich die Zeitung. Ihm gehörte bereits das reißerische Sonntagsblatt *News of the World*. Murdoch übernahm die *Sun* für exakt den Preis, den das Blatt jedes Jahr Verlust schrieb: 800.000 britische Pfund.

Die *Sun* war nicht von Anbeginn ein sogenanntes Tabloid, „it was originally a broadsheet with an orange logo when it was founded in 1964, and not the red colours we associate with it today, It replaced the Daily Herald, which had been printed in Manchester since 1930. The newspaper became a tabloid in 1969 after it was purchased by its current owners, Rupert Murdoch's News International. The paper copied the rival Daily Mirror in size and use of the red and white masthead."[449]

Von der *Sun* gibt es, ebenso wie von den meisten anderen britischen Tageszeitungen, in den anderen UK-Teilen eigene Ausgaben, vor allem in Schottland und Irland sind eigene Ausgaben mit regionalen Besonderheiten erhältlich: „The Scottish edition was first published in 1987 and is known as The Scottish Sun. There is some coverage of Scottish news and sports, but the majority of the paper's content is consistent with its sister paper. The Irish Sun newspaper

---

448 Cashfloat, online (Elizabeth Redfern): A History of The Sun Newspaper. 12. Dezember 2016.

449 Cashfloat, online (Elizabeth Redfern): A History of The Sun Newspaper. 12. Dezember 2016.

features mainly editorial content from the country but shares the glamour and showbiz articles of the Sun.“[450]

Mit seiner Übernahme von *News of the World* trat Murdoch schließlich Ende der 1960er Jahre ins öffentliche Leben Großbritanniens. Die satirische Wochenzeitschrift *Privat Eye* krönte ihn zum *„dirty digger“*, zum dreckigen Gräber. Dies ist ein Ausdruck, mit dem ursprünglich australische Soldaten bedacht wurden, die von britischen Offizieren im Ersten Weltkrieg im Rahmen der fehlgeschlagenen Schlacht um Gallipoli in den sicheren Tod geschickt wurden. Für Australier liegt hierin durchaus ein Kompliment, doch in der Art und Weise, wie *Private Eye* den Ausdruck benutzte, ging es eher darum, dass in *News of the World* oft schmutzige Wäsche gewaschen wird. Aber es ist nicht *News of the World*, sondern die *Sun*, die Murdoch schließlich zu einem „bedeutenden Akteur auf der Insel macht und deren Erfolg es ihm ermöglicht, kein oder nur geringes Interesse daran an den Tag zu legen, sich – metaphorisch gesprochen – der britischen Herrschaft zu unterwerfen.“[451]

Als Murdoch in Großbritannien Ende der 1960er Jahre sein europäisches Imperium aufbaute, gab es nur eine Boulevardzeitung, die im Sinne von Meinungsmache und Auflagenstärke wirklich Bedeutung besaß: den *Daily Mirror*. „Für Murdoch definiert der Konkurrent – in diesem Fall ein selbstzufriedener und nicht besonders pfiffiger, der aber immerhin eine Auflage von fünf Millionen aufzuweisen hat – den Markt. Murdoch möchte nicht nur gerne diesen Markt an sich bringen, er braucht, da er die Wochenschrift News of the World besitzt, auch eine Tageszeitung, damit die Druckerpressen nicht an vielen Tagen stillstehen. Und dann, 1969, bringt Rupert Murdoch die Sun ins Spiel.“[452]

Murdoch verlor keine Zeit, seiner Zeitung ein anderes Gewand zu verleihen und damit neue Leser zu akquirieren. Am 17. November 1969 erschien die *Sun* erstmals unter seinem neuen Besitzer Rupert Murdoch. Bereits am 17. November 1970 – zum einjährigen Geburtstag der „neuen“ *Sun* – erschien zum ersten Mal das sogenannte „Topless Page 3 Girl“, was schließlich zu einem Aushängeschild der Zeitung werden sollte. Damit hatten die Verantwortlichen der Zeitung, neben Murdoch war dies vor allem sein damaliger Herausgeber Larry Lamb, Sex für sich als wichtiges Leserbindungsthema entdeckt. Dies änderte sich auch erst, als Ende der 1970er Jahre Margaret Thatcher und die Konservativen Einzug in 10 Downing Street hielten.

---

450 Ebd.

451 Greenslade, Roy. S. 179.

452 Ebd. S. 181.

Von Anfang an stach die Rivalität der *Sun* mit der damaligen auflagenstärksten Zeitung, dem *Daily Mirror*, besonders hervor. Beide Zeitungen hatten nicht nur die gleiche Größe und denselben weißen Zeitungstitel auf rotem Balken, sondern auch ähnliche inhaltliche Aufmachungen. Dazu gehörte beispielsweise die *Mirror*-Kategorie „Live Letters", die von der *Sun* übernommen und, leicht modifiziert, unter dem Titel „Livelier Letters" herausgegeben wurde. Eventueller Konkurrenz wie dem *Daily Star* entledigten sich die *Sun*-Verantwortlichen schnell und einfach: Während mit Blick auf den neuen *Daily Star* der *Sun*-Verkaufspreis um zwei Pennys gesenkt wurde, konnte das Blatt selbst mit einem Bingo-Spiel als neuem Marketinginstrument aufwarten. Auf diese Weise wurde den Lesern etwas Neues in der eigenen Zeitung geboten, die überdies auch noch günstiger angeboten wurde.

Grundsätzlich ist *The Sun* auf dem britischen Zeitungsmarkt auch heute noch eine vergleichsweise junge Tageszeitung. Nachdem sie erst im Laufe der 1960er Jahre auf dem umkämpften Zeitungsmarkt Großbritanniens Fuß gefasst hatte, konnte sie sich bereits Anfang 1978 an die Spitze der auflagenstärksten Zeitungen setzen. Dies war zur damaligen Zeit eine echte Sensation, denn die *Sun* überholte den bisherigen, langjährigen Spitzenreiter und ihren neuen Hauptkonkurrenten, den *Daily Mirror*, der die auflagenstärkste britische Zeitung seit 1949 war. „It was an astonishing achievement: in the space of just nine years, the *Sun* had risen from almost the bottom of the tabloid heap to the top, adding more than 3 million in sales. In doing so, it also irretrievably changed popular newspaper culture."[453]

Wie hatte die *Sun* dies geschafft? Grundsätzlich lässt sich festhalten, dass die Zeitung sich klar in ihren eigenen Grenzen beziehungsweise Vorstellungen bewegte: „Accepting that television and radio were far more effective at transmitting ‚hard news' in a straightforward fashion, the Sun had shown that news in which comment and reporting were intertwined. It also adopted a more idiosyncratic agenda, presenting offbeat stories that fell outside the more limited remit of broadcast news producers."[454] Und dann folgt die entscheidende Passage bei Greenslade: „It cultivated brashness, deliberately appealing to the earthier interests – and, possibly, baser instincts – of a mass working-class audience. In other words, it did not prescribe values, preferring to play to the market and allowing readers to hold sway over matters of taste."[455] Ein weiterer Unterschied zwischen den beiden Marktführern *Sun* und *Daily Mirror*: „The Sun embraced sex as a

453 Greenslade, Roy. S. 337.

454 Ebd. S. 337.

455 Ebd. S. 337.

selling proposition while the Daily Mirror tiptoed around it."[456] Roy Greenslade, gesprägt auch durch seine eigenen Erfahrungen im Murdoch-Imperium, schrieb 1995 in einem Essay: „It [*The Sun*, Anm. d. Verf.] cultivated sex, yet decried sexual licence in its leading articles. It lured readers to play bingo for huge prices while lecturing them on the vice of a something-for-nothing society. It encouraged people to sell their sexual secrets while holding them up to ridicule. It cultivated the shallow world of celebrity as a cynical circulation device. It pushed back the boundaries of taste and decency while wringing its hands at the decline of standards. It employed the language of the lager lout while lambasting the growth of youth culture. Its policies were opportunistic, conjoining the radical and the reactionary to extol the virtues of Margret Thatcher, the supreme mistress of cultural philistinism."[457]

Dabei schaffte die Zeitung Anfang 1978 etwas Einmaliges in der britischen Mediengeschichte: Innerhalb von neun Jahren ihrer Gründung erzielte sie auf den britischen Inseln die höchste Auflage aller Tageszeitungen. „[…] it became Britain's highest-selling paper, overhauling the Daily Mirror, which had held the top position since 1949."[458] Mehr als drei Millionen Menschen lasen Ende der 1970er Jahre täglich Murdochs *Sun*. Dabei schaffte die Zeitung Anfang 1978 etwas Einmaliges in der britischen Mediengeschichte: Innerhalb von neun Jahren ihrer Gründung erzielte sie auf den britischen Inseln die höchste Auflage aller Tageszeitungen. „[…] it became Britain's highest-selling paper, overhauling the Daily Mirror, which had held the top position since 1949."

Was machte den schnellen Erfolg der Zeitung aus? Klar war, dass gerade das Radio und auch das Fernsehen im Vorteil waren, wenn es darum ging, schnell „harte Fakten" an die Menschen zu tragen. Die *Sun* hingegen „had shown that there was an audience for softer, features-based material and heavily angled news in which comment and reporting were intertwined. […] It cultivated brashness, deliberately appealing to the earthier interests – and, possibly, baser instincts – of a mass working-class audience." Ein weiterer großer Vorteil der Zeitung war, vor allem im Vergleich mit seinem links der Mitte angesiedelten Konkurrenten *Daily Mirror*, dass sie das Thema „Sex" verkaufte und sich vor allem mit dem „Page 3 Girl" einer treuen Anhängerschaft sicher sein konnte.

Politisch gesehen hatte die *Sun* schon nach kurzer Zeit ebenfalls weniger Schwierigkeiten sich zu entscheiden, auf welcher Seite sie stehen würde: „While

456 Ebd. S. 337.
457 Greenslade, Roy. S. 338.
458 Ebd. S. 337.

the Mirror found itself trying to report sensibly on the party's internal battles, right and left, unions versus leadership, [...] the Sun exploited these divisions with a simple message: try the Tories instead."[459]

Um 1980 wurde schnell klar, dass der *Daily Mirror* gegenüber der *Sun* ihre Spitzenposition als auflagenstärkste britische Tageszeitung möglicherweise langfristig verloren hatte. Vor allem politisch unterschieden sich die beiden führenden „Meinungsmacher" deutlich voneinander unterschieden: „Imperceptibly, it [The Daily Mirror, Anm. d. Verf.] had moved from being a critical supporter of Labour to being a ‚Labour paper'. At a time of growing disenchantment with the Callaghan government and a groundswell of opposition to the unions this identification with Labour was one possible reason for some readers switching to the Sun. While the Mirror found itself trying to report sensibly on the party's internal battles, right and left, unions versus leadership, and so on, the Sun exploited these divisions with a simple message: try the Tories instead."[460] Dies war vor allem das *Sun*-Motto für die Thatcher-Jahre: 1979, als es nach einem politisch, aber auch sozial schwierigen Jahrzehnt um die bevorstehenden Unterhauswahlen ging, riet die *Sun* ihren Lesern schlicht: „*Vote Tory this time*".[461] Diese Art der Propaganda, der Partei- und Einflussnahme wurde ab 1981 vom neuen *Sun*-Chefredakteur Kelvin MacKenzie weitergeführt und ausgebaut. MacKenzie, der die Geschicke der *Sun* bis 1994 leiten sollte, baute die Zeitung stückweise in ein reißerisches, hetzerisches und gleichzeitig lautstarkes Blatt um: „The paper became more outrageus, opinionated, and irreverent than anything ever produced in Britain."[462] Dabei schreckten MacKenzie und Murdoch auch nicht vor vermeintlich unpopulären Maßnahmen zurück. Die *Sun* stellte sich während des Falkland-Krieges 1982 vorbehaltlos hinter die Regierung.[463]

Während der fast dreimonatigen Kampfhandlungen lieferte die Sun einige der bis heute berüchtigtsten Titelseiten in der Geschichte der britischen Zeitungsgeschichte. Vor allem zwei Schlagzeilen sollten in die Geschichte eingehen: Am 1. Mai 1982 titelte die *Sun* in Anspielung auf die argentinische Miitärjunta: „STICK THIS UP YOUR JUNTA: A Sun missile for Galtieri's

459 Greenslade, Roy. S. 338.

460 Ebd. S. 340f.

461 The Sun: Vote Tory this time. 3. Mai 1982. S. 1.

462 Thomas, John: Popular Newspapers, the Labour Party and British Politics. London 2005. S. 89.

463 Boltendorf, Jörg: Krisen und Krisenkontrolle in den internationalen Beziehungen am Beispiel des Falkland-Konflikts von 1982. Berlin 1985. S. 27f.

gauchos“[464]. Unter der Schlagzeile prangte ein Bild einer britischen Rakete mit einem Logo der *Sun*, darunter der Schriftzug: „Here It Comes, Senors“. Die *Sun* hatte damals gar ihre Leser aufgefordert, Raketen mit Namen zu sponsern. Kurz darauf, am 4. Mai 1982, zwei Tage nach dem Ausbruch des Krieges, nahm *The Sun* direkten Bezug auf die Torpedierung des argentinischen Schiffs General Belgrano, indem sie auf ihrer Titelseite ein Foto des schwer beschädigten Kreuzers und darüber die prägnante Titelzeile – komplett in Großbuchstaben – „GOTCHA“ (gewissermaßen „Erwischt“) veröffentlichte.[465] Interessant hieran ist aus historischer Perspektive, dass MacKenzie die „GOTCHA“-Schlagzeile nach einiger Bedenkzeit wohl eher nicht veröffentlichen wollte beziehungsweise kurz vor Andruck laut eigener Aussage Gewissensbisse bekam, Rupert Murdoch aber, der sich aufgrund von damaligen Streiks der Journalisten-Gewerkschaften in den *Sun*-Redaktiosräumen aufhielt, sein Veto einlegte.[466] MacKenzie erreichte lediglich, dass für später angedruckte Ausgaben – als Murdoch die Redaktionsräume bereits verlassen hatte – die Titelseite geändert wurde und die Überschrift in *„Did 1,200 Argies drown?“*[467] abgeändert wurde.

Doch wofür stand der Falkland-Krieg medial? Den damaligen Titelseiten zufolge konnte man zu der Auffassung gelangen, dass es sich hier vor allem um einen Krieg der *Sun* handelte: „Kelvin MacKenzie's Falklands coverage – xenophobic, bloody-minded, ruthless, often reckless, black-humoured und ultimately triumphalist – captured the zeitgeist.“[468] Und die Berichterstattung an sich war offensichtlich nur der Höhepunkt einer Kriegshysterie, die auch vor den Redaktionsräumen von *The Sun* nicht Halt machen sollte: „News editor Tom Petrie was wearing some sort of naval officer's cap and told me he now wisehd to be known as Commander Petrie. A map of the south Atlantic was pinned on the board behind him under a picture of Winston Churchill. […] When a [political, Anm. d. Verfassers] solution seemed looked possible, the Sun's famous response in a splash headline was 'STICK IT UP YOUR JUNTA!' Within a week, thousands of t-shirts bearing that slogan were being sold by the paper."[469] Während des Krieges waren kurze, oft nur aus einem einzigen Wort bestehende Überschriften

464 The Sun: „Stick this up your Junta: A Sub missile or Galtieri's gauchos“. 1. Mai 1982. S. 1.
465 Vgl. The Sun. GOTCHA. 4. Mai 1982. S. 1.
466 Vgl. Greenslade, Roy. S. 444f.
467 The Sun: Did 1,200 Argies drown? 4. Mai 1982. S. 1.
468 The Guardian, online (Greenslade, Roy): A new Britain, a new kind of newspaper. 25. Februar 2002.
469 The Guardian, online (Greenslade, Roy): A new Britain, a new kind of newspaper. 25. Februar 2002.

ein wichtiges Markenzeichen von Murdochs Boulevardblatt. Als britische Truppen beispielsweise Süd-Georgien eingenommen hatten, titelte die *Sun*: „INVASION!“[470] Ein paar Tage später hieß es: „IN WE GO!“[471]. Berüchtigt waren auch *Sun*-Schlagzeilen, die bei der Versenkung von argentinischen Schiffen oder dem Abschuss von Flugzeugen an die Ergebnisse von Fußballspielen erinnerten, so beispielsweise: „BRITAIN 6 (Georgia, two airstrips, three warplanes), ARGENTINA 0“[472]. Zu dieser Zeit machte, um im Sprachjargon zu bleiben, Herausgeber Kelvin MacKenzie eine weitere Front auf: den um die Auflage gegen die anderen Tageszeitungen und besonders gegen *The Daily Mirror*, der als einziges Boulevardblatt sich gegen den Krieg positionierte. „Traitors in our midst“[473] war noch eine eher freundlichere Umschreibung für die Konkurrenz von *The Sun*, die an den Patriotismus der Konkurrenzleser appelierte. Aber auch *The Guardian* wurde als „pygmy”[474] verunglimpft. The Daily Mirror holte seinerseits zu einem deutlichen Gegenschlag aus: „The Mirror hit back with an editorial headlined 'The Harlot of Fleet Street', which called The Sun 'coarse and demented', a paper which had 'fallen from the gutter to the sewer', and concluded: "The Sun is to journalism what Dr Joseph Goebbels was to truth."[475]

Für ihre Art der Berichterstattung während des Falklandkrieges wurde die *Sun* von anderen Zeitungen schwer gerügt. Vor allem die fehlende Distanz zu den militärischen, aber auch den politischen Geschehnissen nahmen Konkurrenten wie der *Daily Mirror* und der *Guardian* zum Anlass, die *Sun* scharf zu kritisieren. Geschadet, so belegen es die Auflagenzahlen der Zeitung Anfang der 1980er Jahre, hatte die Berichterstattung über den Falklandkrieg Murdoch und seiner Zeitung jedoch nicht. Im Gegenteil, die *Sun* blieb im letzten Jahrzehnt des Kalten Krieges mit einigem Vorsprung die auflagenstärkste britische Tageszeitung.

Nun wird es darum gehen, den Erfolg der *Sun* zu bemessen und ihre Leser näher zu klassifizieren. Wieso ist die Zeitung mit ihrer offensiven, beleidigenden und herablassenden Art so erfolgreich? Wieso haben Politiker ein großes Interesse daran, sich ausgerechnet mit den Machern dieses Blattes gut zu verstehen beziehungsweise bei diesen in einem guten Licht dazustehen? Klar ist: Die *Sun* erreichte mit ihrer rücksichtslosen Art des Journalismus im Laufe der 1970er

---

470 The Sun: INVASION!. 5. Mai 1982. S. 1.

471 The Sun: IN WE GO!. 26. April 1982. S. 1.

472 The Sun: BRITAIN 6, ARGENTINA 0. 7. Mai 1982. S. 1.

473 The Sun: Traitors in our midst. 5. Mai 1982. S. 1.

474 Ebd. S. 1.

475 The Daily Mirror: The Harlot of Fleet Street. 7. Mai 1982. S. 2.

und 1980er Jahre immer mehr Leser, die sie schließlich zur erfolgreichsten britischen und gleichzeitig einer der erfolgreichsten Tageszeitungen weltweit machen sollte.

Möglicherweise haben aus genau diesem Grund britische Politiker über Jahre versucht, mit Rupert Murdoch und seinen jeweiligen Chefredakteuren ein mindestens enges professionelles, wenn nicht sogar freundschaftliches Verhältnis zu haben. Bekannt ist unter anderem eine Episode, als der damalige Labour-Vorsitzende und Spitzenkandidat für die Unterhauswahlen 1997, Tony Blair, mitten im Wahlkampf sogar nach Australien zu Murdoch flog, um sich die Unterstützung des mächtigen Medienmoguls zu sichern. Dafür kritisierten ihn sogar Labour-freundliche Zeitungen wie der *Guardian*: „So Blair, risking criticism form his own party for consorting with Murdoch, agreed to fly to Australia to address Murdoch's News Corporation conference. His trip upset the traditional Labour-supporting papers, such as the Guardian and the Observer, which asked: ‚Does Blair need the Murdoch press that badly to win?'"[476] Doch auch die Zeitungen der *Mirror*-Group kritisierten Blairs Reise scharf: „Mirror group editors were angry toom having suffered so badly form Murdoch's price war. Blair's speech was considered controversial because he pledged to open up the media market. He did say he would ensure that no single company would enjoy excessive dominance, but it was feared he might be doing a deal in which would relax cross-media ownership rules and give Murdoch the chance to increase his television holdings in Britain."[477] Und die Beziehung Blair-Murdoch stellte sich schnell als besondere heraus: „In the following eighteen months, there were at least three more unpublicized meetings between Blair and Murdoch."[478] Doch Tony Blair profitierte neben dem *Sun*-Eigentümer auch von der Gunst weiterer „Presse-Barone": Anderthalb Jahre vor seiner Wahl zum Premierminister sprachen sich die Eigentümer der *Mail*-Gruppe für eine Positionsveränderung ihrer Zeitungen aus. Editor-in-chief Sir David English fragte den Eigentümer der *Mail*-Gruppe, Lord Rothermere, ob seine Titel „were thinking of changing sides [and, Anm. d. Verf.] to visualise the Mail supporting Labour in the next election."[479] Nachdem sich die einflussreichen *Sun* und schließlich *Daily Mail* für Blair ausgesprochen hatten – und das mehr als anderthalb Jahre vor der Wahl im Mai 1997 – wurde deutlich: „[...] the press already knew who it did and didn't want."[480]

---

476 Greenslade, Roy. S. 620f.

477 Ebd. S. 621.

478 Greenslade, Roy. S. 621.

479 Ebd. S. 621.

480 Ebd. S. 621.

Die wohl wichtigste Rolle spielte dabei fraglos die *Sun*, die schließlich 1997 unmittelbar vor der Wahl titelte: „*The Sun backs Blair*“[481]. Gerade die Unterstützung Murdochs für Blair wird am Ende dieses Kapitels genauer untersucht. Dann soll ausführlich die Frage geklärt werden, wie Medien die Wahl von 1997 – und außerdem die von 1992, 2010 und 2015 – beeinflusst haben.

Über Jahre hinweg hatte die *Sun* einige der berüchtigtsten Schlagzeilen in der Geschichte der britischen Zeitungslandschaft geschrieben, die teilweise mit extremer Schärfe, oft auch kombiniert mit eindeutigen Bildern versehen, bis dahin unvorstellbar schienen. An dieser Stelle folgt ein Überblick über die Positionierung der Zeitung aus verschiedenen Jahrzehnten:

- 1982: **„GOTCHA“**[482] (während der Falkland-Krieges);
- 1992: **„It’s the Sun wot won it!“**[483] (nach dem Sieg John Majors);
- 1997: **„The Sun backs Blair“**[484] (vor den Unterhauswahlen);
- 2011: **„That’s for Lockerbie“**[485] (nach dem Tod Gaddafis);
- 2016: „**Who do EU think you are kidding Mr Cameron?**“[486] (Nach den Nachverhandlungen Camerons in Brüssel)

Die *Sun* steht wie keine zweite britische Tageszeitung für regelmäßige Kontroverse und Skandale. Die Zeitung hatte in ihrer mehr als 50-jährigen Geschichte nicht nur einige sehr deutliche und diskussionswürdige Schlagzeilen publiziert, sondern auch einige fragwürdige und auch nachgewiesener Weise falsche Berichte in Umlauf gebracht. Der Tiefpunkt war zum einen die verbreiteten Unwahrheiten im Nachgang der Hillsborough-Katastrophe, bei der im April 1989 insgesamt 96 Menschen starben und fast 800 verletzt wurden. Die *Sun* hatte Liverpool-Fans beschuldigt, Opfer angegriffen zu haben. Bis heute hat sich die Auflage der Zeitung infolge dieser falschen Anschuldigungen nicht erholt. Zum anderen machte sich die Zeitung mit der Schlagzeile „*Straight sex cannot give you AIDS*“[487] viele Feinde, nicht nur in der Wissenschaft. Gerade diese Headline wurde später von einem Journalistik-Professor zur „worst newspaper headline in British history“[488] gewählt.

---

481 The Sun: The Sun backs Blair. 17. März 1997. S. 1.
482 The Sun: GOTCHA. Our lads sink gunboat and hole cruiser. 4. Mai 1982. S. 1.
483 The Sun: It’s the Sun wot won it. 11. April 1992. S. 1.
484 The Sun: The Sun backs Blair. 17. März 1997. S. 1.
485 The Sun: That’s for Lockerbie. 21. Oktober 2011. S. 1.
486 The Sun: Who do EU are kidding, Mr. Cameron?. 3. Februar 2016. S. 1.
487 The Sun: Straight sex cannot give you AIDS. 3. Mai 1983. S. 1.
488 The Guardian, online (Owen Gibson): What the Sun said 15 years ago. 7. Juli 2004.

Im Jahre 2011 litt das (Rest-)Ansehen der Zeitung erneut, als der britische Abhörskandal weite Teile des politischen und gesellschaftlichen Lebens in Großbritannien aufrüttelten. Allerdings scheinen solche Skandale den Verantwortlichen von der *Sun* wenig auszumachen, im Gegenteil: Die Zeitung ist nicht trotz, sondern wegen ihrer reißerischen Berichte die zehntpopulärste Zeitung der Welt und mit Abstand die einflussreichste in Großbritannien. Der Erfolg liegt vermutlich im klar umrissenen Adressatenkreis und darin, dass die Beleidigung und Kritik vieler weiterer Bevölkerungsteile billigend in Kauf genommen wird. Und an dieser Stelle blieb es auflagenmäßig folgenlos, dass die Zeitung Anfang 2015 ihr berühmtes „*Page 3 Girl*", ein nicht unerheblicher Grund für den Anfangserfolg der Zeitung, aus ihren Ausgaben gestrichen hatte.

2016 spielte die Zeitung, wie es auch zu erwarten war, eine Hauptrolle in der Referendumskampagne rund um die Frage des britischen Verbleibs in der Europäischen Union. Die *Sun* positionierte sich frühzeitig für einen britischen EU-Austritt und spannte sogar, fälschlicherweise, Queen Elizabeth II. für ihre Zwecke („*Queen backs Brexit. EU going in wrong direction.*"[489]) ein. Dass aus dem Buckingham Palace umgehend ein klares Dementi folgte und der Presserat die *Sun* für ihre falsche Berichterstattung rügte, war letztlich auch nicht mehr entscheidend. „The editor of the Sun has insisted that the Queen "strongly" believes the UK should leave the EU, despite a ruling by the press watchdog that his paper's 'Queen backs Brexit' headline was inaccurate. Tony Gallagher maintained that the paper had not made a mistake despite a ruling by the Independent Press Standards Organisation that the headline was 'significantly misleading'."[490] Die Schlagzeile war veröffentlicht, die (vermeintliche) Meinung der Queen in der Öffentlichkeit und der Schaden somit angerichtet. Bedeutsam schien einzig, dass genug Menschen dem Titel glauben schenken mochten.

### 3.3.4 The Daily Mail und The Mail on Sunday

Größter Konkurrent, zumindest in derselben politischen Grundausrichtung und Größenordnung, der *Sun* ist die *Daily Mail*. Sie ist heute die zweitgrößte britische Tageszeitung mit einer Auflage von 1,29 Millionen (Stand: April 2018) und die viertgrößte englischsprachige Zeitung weltweit. Stilistisch ist sie vor allem für ihre langen Überschriften bekannt, die in der Mehrzahl doppelt so lang wie vergleichbare Überschriften in anderen Publikationen sind. Ihre Website *Mail*

---

489 The Sun: The Queen backs Brexit. EU going in wrong direction. 9. März 2016. S. 1.

490 The Guardian, online (Staff and agencies): Sun editor defends 'Queen backs Brexit' headline as watchdog rules it inaccurate. 18. Mai 2016.

*Online* ist die meistbesuchteste englischsprachige Zeitungswebseite weltweit. Neben ihrer politischen, (überwiegend) klar pro Torys ausgerichteten, Berichterstattung behandelt sie vor allem Themen „that cause cancer, house prices and immigration – and if therer's a story that combines all three, so much the better."[491] Die *Daily Mail* wird im Übrigen als einzige nationale Tageszeitung im UK von mehr Frauen (52 Prozent) als Männern gelesen.

Die *Mail* wurde 1896 von Alfred Harmsworth gegründet und galt als erste britische „Midmarket"-Zeitung. Sie galt schon in ihren Anfängen als populistische Zeitung, aber – im Gegensatz zu heute – vor allem deswegen, weil sie weniger detailliert Themen aufbereitete als beispielsweise die zu dieser Zeit führende *Times*. Alfred Harmsworth führte die Zeitung bis zu seinem Tod 1922. Sein Bruder Harold Harmsworth (Lord Rothermere) übernahm anschließend die Kontrolle über das mittlerweile stark gewachsene Zeitungsimperium. Schon damals sorgte die *Daily Mail* mit bestimmten Veröffentlichungen für Aufsehen, beispielsweise als 1924 ein angeblicher Brief des sowjetischen Parteikaders Sinowjew veröffentlicht wurde, der einen Aufruf zu einem vermeintlichen bewaffneten Umsturz enthielt. Dies sorgte vor allem politisch für großen Wirbel, denn bei der kurz nach der Veröffentlichung stattfindenden Parlamentswahl erlitt die Liberal Party große Verluste, während die Konservativen erdrutschartige Gewinne verzeichneten und die amtierende Labour-Regierug ablösten. Der von der *Daily Mail* veröffentlichte Brief wurde später als Fälschung entlarvt – nachdem er bleibenden, politischen Schaden angerichtet hatte.

1934 unterstützte die Zeitung die British Union of Fascists (BUF) und nahm von dieser Haltung erst nach gewalttätigen Ausschreitungen bei einer BUF-Kundgebung 1934 Abstand (siehe auch Kapitel 2.1). Mehr noch: Rothermere sympathisierte zu dieser Zeit offen mit Hitlerdeutschland und das faschistische Italien unter Mussolini und beeinflusste die redaktionelle Linie seines Blattes entsprechend. Die offenen Sympathien der *Daily Mail* und ihres Besitzers vor allem für den deutschen Diktator hielten noch die gesamte Vorkriegszeit, durch alle europäischen Krisenherde und deutschen Expansionsbestrebungen hinweg an, selbst nach dem deutschen Überfall auf Polen gab es zahlreiche Stimmen in der Zeitung, die eine friedliche Lösung des (bis dato europäischen) Konflikts forderten. Überhaupt interpretierte die *Daily Mail* Hitlers Aufstieg „as a response to ‚Israelite' provocation. As it patiently explained: The German nation was rapidly falling under the control of its alien elements. In the last days of the pre-Hitler

491 Oxford Royale Academy (online): Black and White and Read All Over: A Guide to British Newspapers. 28. März 2016.

regime there were twenty times as many Jewish government officials in Germany as had existed before the war. Israelites of international attachments were insinuating themselves into key positions in the German administrative machine."[492] Dies hatte eine enorme antisemitische Reaktion in den kommenden Jahren bis zum Ausbruch des Zweiten Weltkriegs zur Folge: „Such interpretations fanned anti-semitism in Britain, and were linked to a campaign against Jewish asylum seekers. "[493] Die *Daily Mail* titelte beispielsweise am 30. August 1938: „The way that stateless Jews from Germany are pouring in from every port of this country is becoming an outrage"[494]. Diese von der *Daily Mail* ganz zentral gesteuerte Kampagne übte starken Druck auf die Regierung aus „to deny refuge to people later slaughtered in the death camps. As many as ten times the number of European Jews were blocked as were granted asylum in Britain during the later 1930s."[495]

Harold Harmsworth übergab seine Zeitung schließlich am 17. Juni 1939, kurz vor dem Ausbruch des Zweiten Weltkriegs, an seinen Sohn Esmond. „Britain declared war on Germany after Hitler's troops invaded Poland in September 1939. There was still a war to win, but the entire editorial floor of the *Daily Mail* must already have felt a little liberated. They didn't have to publish any more of their proprietor's bullshit."[496]

Selbst im Falle gleichgerichteter Sympathien für Diktaturen behielt der neue Eigentümer seine Gedanken für sich – im Gegensatz zu seinem Vater und seinem Onkel vor ihm: „Esmond kept his thoughts and opinions in the drawing room where they belonged and out of the pages of his newspapers. [...] Esmond knew he was no journalist and, also crucially, he had seen at close quarterst he rank stupidity of his father's support for Hitler."[497] Die Zeitungen konnten vor allem während der Bombenkriegs über London („*Blitz*") aus der Fleet Street mit eigenen Augen mitansehen, wie es um das britische Verhältnis zu Deutschland bestimmt war. So schwenkte schließlich auch die *Mail* in ihrer Berichterstattung um. Am Silvestertag 1940 publizierte die Zeitung eine Silhouette Londons, worauf die Kuppel der St. Paul's Cathedral abgebildet war, die trotz der verheerenden deutschen Luftangriffe unversehrt geblieben war und zu einer Ikone für den

492 Curran, James und Seaton, Jean. S. 49.
493 Ebd. S. 49.
494 Ebd. S. 49.
495 Ebd. S. 49.
496 Addison, Adrian: S. 110.
497 Ebd. S. 112.

Überlebenswillen und die Kampfmoral der britischen Bevölkerung im Zweiten Weltkrieg geworden war.

Nach dem Zweiten Krieg wurde die Sprache und der Stil der *Daily Mail* ruhiger und gelassener, wie es Esmond Harmsworth (the second Viscount Rothermere) bei seiner Geschäftsübernahme versprochen hatte: „Though the Daily Mail was an effective newsgathering machine during the Second World War, it did not launch the loud campaigns of its founding fathers nor try to apply a firm hand upon government policy. There was no call for heads to roll, no demand for a different kind of shell to be used at the front, and Esmond kept his name resolutely out of the paper. [...] and the Mail was sailing along nicely as ‚just' a newspaper that reported the news instead of trying to make it."[498]

An dieser Stelle sorgte allerdings ein anderer Herausgeber für eine Änderung der Presselandschaft in der Fleet Street: Max Aitken, der Besitzer des größten *Mail*-Rivalen *Daily Express*. Dies ist insofern wichtig zu beachten, da der *Daily Express* eine ähnliche politische Linie wie die *Mail* vertritt und auf ein vergleichbares Publikum anspricht. In den Jahren nach dem Zweiten Weltkrieg verkaufte der *Daily Express* bis zu 1,5 Millionen Exemplare und damit fast so viel wie die Mail. Heute trennen die beiden Zeitungen in ihrer Auflage mehr als eine Million verkaufte Exemplare. Doch die aktuellen Auflagen dürfen nicht darüber hinwegtäuschen, dass beide Zeitungen jahrzehntelang, vor allem noch im nichtdigitalen Zeitalter, in starker Konkurrenz zueinander standen.

Vor allem zu Aitkens Zeiten war der *Express* eine große Gefahr für die *Daily Mail*. „Aitken, who blew life into the Express, giving it his energy and his ruthless vigour. The paper fizzed, it sparkled, it was optimistic, wicked and humorous, and it looked into the future – just like the first days of Sunny Harmsworth's *Daily Mail*. Aitken's Express was faster, cleaner, crisper and sharper than the Mail – an easier read for a newspaper market that was expanding rapidly. It was simply a better newspaper than Bunny & Son's *Daily Mail*. And Beaverbrook, crucially – just like Northcliffe – was never in it for the cash."[499]

Die *Daily Mail* selbst erlebte bis Anfang der 1970er Jahre eine wirtschaftlich schwierige Zeit, in der auch der politische Einfluss der Zeitung schwand, bevor David English als neuer Chefredakteur die redaktionelle Leitlinie vorgab. English übernahm den Posten des Redaktionsleiters 1971, noch bevor Großbritannien in die Europäische Wirtschaftsgemeinschaft aufgenommen und das erste Mal über seinen Verbleib in eben dieser Gemeinschaft abgestimmt hatte. „David

498 Addison, Adrian. S. 116.
499 Ebd. S. 118.

English was by far the strongest and most secure editor in ‚Fleet Street' as he approached the anniversary of his second decade in charge of the Daily Mail, largely because he had cornered the female market in a way Sunny Harmsworth had never done. Over half of the Daily Mail's readership were women and, of course, the country was still being led by a female Daily Mail loyalist; Margaret Thatcher was English's firm friend and neighbour. [...] In Daily Mail headlines, Margaret Thatcher was usually referred to as Maggie [...],Sir Dave', which is what he became in 1982 as a personal reward for his newspaper's help in returning the Tories to power. ‚She looks after you', English said of Thatcher. „She'll make you a bloody sandwich if you want one."[500]

English blieb bis 1992 Chefredakteur, für ihn übernahm Paul Dacre. Anders ausgedrückt: In den vergangenen knapp 50 Jahren hatte die *Daily Mail* gerade einmal zwei Chefredakteure, von denen die redaktionelle Leitlinie vollumfänglich vorgegeben wurde. Paul Dacre führt die Zeitung bis heute und ist in den Augen von britischen Politikern – sogar bishin zum Premierminister – vielleicht sogar der gefährlichste Mann der Zeitungsbranche: „Is the editor of the Daily Mail the most dangerous man in Britain?" fragte der *Guardian* kurz vor den Unterhauswahlen 2017.[501]

Paul Dacre, der 1991/92 ebenfalls von Rupert Murdoch ein Angebot erhielt, Chefredakteur bei der *Times* zu werden, war im Laufe seiner journalistischen Karriere ein überzeugter Thatcherite, noch mehr als sein Vorgänger David English. Dies galt dann allerdings nicht mehr für die Regierung von John Major: „Yet Dacre was entirely unconvinced by the Tories under John Major and he thought the paper's role in the 1980s as a mouthpiece for Conservative Central Office had been way too cosy."[502] Was letztlich zum Bruch der Tories und auch der konservativen Presse mit Europa wurde, war der Vertrag von Maastricht, infolge dessen die Stimmung im Vereinigten Königreich immer stärker gegen eine verstärkte europäische Zusammenarbeit tendierte. „Maastricht was the epicentre of a rupture in the Tory Party that also forced clear blue water between the Mail's Eurosceptic new editor Paul Dacre and its europhile editor-in-chief Sir David [English, Anm. d. Verf.]. [...] Dacre wasn't keen. Many Tories didn't – and still don't – agree with the erosion of British

500 Addison, Adrian. S. 243.

501 The Guardian, online (Tim Adams): Is the editor of the Daily Mail the most dangerous man in Britain? 14. Mai 2017.

502 Addison, Adrian. S. 261.

sovereignty and feared that the UK would potentially become just a small state within a United States of Europe.“[503]

Während sich die tektonischen Platten innerhalb der Konservativen Partei langsam, aber unaufhörlich in Richtung Euroskeptik verschoben, nahm Paul Dacre seine Arbeit als Chefredakteur gerade auf. Doch bereits in seinem ersten Jahr wäre Dacre seinen Job fast schon wieder los gewesen, da er sich auf die Seite von Tory-Rebellen stellte, die Premierminister John Major 1992/93 im Zuge der Maastricht-Revolte stürzen wollten. „His news judgement was just plain wrong. It was never what was likely to happen. It was what he wanted to happen. He desperately wanted Major to be defeated and he allowed that desire to cloud his actual news judgement whereas English was much too clever to let that happen.“[504]

1997 stand Dacre erneut vor einer schwierigen Entscheidung, als John Major politisch bereits schwer angeschlagen in die Unterhauswahlen ging. Allen politischen Beobachtern war klar, dass der Aufstieg von Tony Blair dem Premierminister und der ihn unterstützenden Presse schwer zusetzen würde. Einige Mail-Redakteure unterstützen persönlich Blair und sein New Labour Movement. Dies galt aber – im Gegensatz zur *Sun* – nicht für *die Daily Mail*: „The Daily Mail, though, was born a Tory.“[505] Als sich die politische Landschaft 1997 klar pro New Labour positionierte, wollte Dacre dies nicht wahrhaben: „Paul Dacre, unlike Rupert Murdoch, simply seemed incapable of turning with it; Murdoch had realized Blair couldn’t lose, it was a campaign he knew his Sun would win. Dacre remained unconvinced.“ Doch der Mail-Herausgeber unterstützte Dacre nicht: „[…] it was a very different story; Lord Rothermere had personally warmed to the Labour leader. […] The Labour chief even came to dinner at Room One, Northcliffe’s big room for big ideas.“[506]

Im ersten Jahrzehnt des 21. Jahrhunderts blieb die *Daily Mail* ein leidenschaftlicher Tory-Unterstützer, lange Zeit jedoch ohne Aussicht auf wirklichen politischen Erfolg. Erst mit Camerons (Koalitions-)Sieg und seiner folgenden Ankündigung, in einer möglichen zweiten Legislaturperiode ein Referendum über den britischen EU-Verbleib durchführen zu wollen, witterte die *Daily Mail* wieder Morgenluft. Zu dieser Zeit fing Paul Dacre an, wieder verstärkt gegen die EU zu schreiben.

---

503 Addison, Adrian. S. 261f.
504 Ebd. S. 262f.
505 Ebd. S. 276.
506 Addison, Adrian. S. 276.

### 3.3.5 The Daily Express und The Sunday Express

Die 1900 gegründete Boulevardzeitung *Daily Express* war zeitweilig das auflagenstärkste Blatt des Vereinigten Königreichs. Mittlerweile ist ihre Reichweite stark zurückgegangen. In den vergangenen Jahren fiel der *Daily Express* vor allem mit zuwanderer- und europakritischer Berichterstattung sowie mit immer neuen Verschwörungstheorien zum Tod von Prinzessin Diana (nach 1997) und dem Verschwinden des britischen Mädchens Madeleine McCann (2007) auf.[507]

Gegründet wurde der *Daily Express* von C. Arthur Pearson, „the least known of the late nineteenth-century popular press tycoons, perhaps the least gifted, but by common consent quiet the nicest."[508] In seiner Original-Ausgabe vom 24. April 1900 heißt es: „The Daily Express will not pander to any Political Party. It will aim to PLEASE, AMUSE and INTEREST, by gathering News and Witticisms all the World Wide Over. [...] We have no axes to grind, no personal ends to serve. He [Pearson, Anm. d. Verf.] promised news, and whenever possible it would be good news."[509] In gewisser Weise trifft diese Beschreibung auch noch auf den *Daily Express* mehr als ein Jahrhundert später zu – mit möglicherweise einem feinen Unterschied: Der *Daily Express* ist heute extrem politisch, was nicht zuletzt der „Kreuzzug" (Crusade) gegen die Europäische Union seit spätestens 2010 zeigt. Ende November 2010 änderten die *Express*-Titel ihr Logo in einen Lanze und Schild tragenden Ritter, mit dem der selbstgewählte Aufstand gegen die britische EU-Mitgliedschaft illustriert werden sollte – sellbstgerecht hieß es in der Ausgabe vom 25. November 2010: „The Daily Express is the first national newspaper to call for Britain to leave the European Union."[510]

Einer der ersten großen Persönlichkeiten der britischen Zeitungsbranche war der ehemalige einflussreiche Eigentümer des *Daily Express*: Lord Beaverbrook. „The importance of Beaverbrook was the way in which he came to personify a form of newspaper ownership, however outdated, which had profound effects on the public perception of the press."[511]

Vor allem die Anfänge der Zeitung waren aus ökonomischer Sicht ähnlich erfolgversprechend wie bei der direkten Konkurrenz der *Daily Mail*: „Since its

---

507 Vgl. Oxford Royale Academy (online): Black and White and Read All Over: A Guide to British Newspapers. 28. März 2016.

508 Engel, Matthew. S. 92.

509 Engel, Matthew. S. 93.

510 The Daily Express, online (Kate Chapman): Daily Express, on the people's side to get Britain out of the European Union. 22. Februar 2016.

511 Greenslade, Roy. S. 7.

founding in 1900, the Express has aggressively appealed to a mass readership; it is a perennial competitor with other popular dailies for circulation leadership, which it not infrequently claims. Its determination to cover foreign news thoroughly was reflected as early as World War I, when its war correspondent, Percival Phillips, a U.S. national, was knighted for his war reporting.“[512] Der *Daily Express* gehörte 1938 zu den zahlreichen britischen Tabloids, die sich vom Münchener Abkommen dauerhaften Frieden versprachen: „PEACE“ titelte die Zeitung, was zu diesem Zeitpunkt im Format die größte britische Überschrift einer Tageszeitung aller Zeiten war. Es wäre allerdings irreführend, anzunehmen, dass der *Daily Express* strikt pro Hitler-Deutschland war: "Sometimes Beaverbrook tried to restrain his editors from printing attacks on Ribbentrop, the German ambassador, especially in the Evening Standard, always a much more heterodox paper than the Express. [...] The Express thought anti-Semitism was wretched and disgraceful; on the other hand, it opposed Britain taking in refugees."[513]

Die Zeitung ist von Anfang an eng mit dem Namen Lord Beaverbrook verbunden, seinem zweiten Besitzer. „The importance of Beaverbrook was the way in which he came to personify a form of newspaper ownership, however outdated, which had profound effects on the public perception of the press. It also affected the views of journalists and politicians. [...]Beaverbrook was seen as Britain's own Citizen Kane, a role he appeared to enjoy.“[514] Hierbei ging es nicht ausschließlich darum, dass der *Daily Express* die Tageszeitung mit der höchsten Auflage und wirtschaftlich sehr erfolgreich war. Mittendrin im politisch-gesellschaftlichen Leben war bis in die 1950er hinein stets Lord Beaverbrook: „For fifty years he virtually ruled the fortunes of Fleet Street, holding sway over other owners, mixing and meddling in their activities.“[515] Hinzu kam noch der direkte persönliche Einfluss: „Similarly, in his ubiquitous roles as political fixer, adviser to prime ministers and confidant of the business and political elite, he exercised enormous influence behind the scenes. Or [...] he seemed to do so. With Beaverbrook it was difficult to tell the difference between appearance and reality.“[516]

Heute gehört der *Daily Express*, und das schon seit Beginn des 21. Jahrhunderts, zu den lautesten britischen Kritikern der Europäischen Union und hat

512 Britannica, online: Daily Express. British Newspaper. 25. Dezember 2017.
513 Britannica, online: Daily Express. British Newspaper. 25. Dezember 2017.
514 Greenslade, Roy. S. 7.
515 Ebd. S. 7.
516 Ebd. S. 7f.

sich selbst auf die Fahne geschrieben „*to get Britain out of the EU*“[517]. Gemessen an seinen heutigen verhältnismäßig eher mittelmäßigen bis geringen Auflagen (365.000, Stand November 2017) spielt er dennoch eine bedeutende Rolle in der britischen Zeitungslandschaft. Selbstredend wurde der *Daily Express* zur Speerspitze der britischen anti-EU-Bewegung und zum Sprachrohr der United Kingdom Independence Party.

### 3.3.6 Politische Unterstützung bei Unterhauswahlen

Die politische Unterstützung der in dieser Arbeit dargestellten Medien bei bisherigen Unterhauswahlen gliedert sich wie folgt: Die „alte“ *Sun* unterstützte bis 1970 zunächst die Labour Partei und wandte sich in den 1970er Jahren, bereits zu Zeiten von Rupert Murdoch, der Konservativen Partei zu – wobei die *Sun*-Leser zumindest 1979 nach wie vor in großer Zahl Labour wählten. Vor allem in den Thatcherjahren stand die Zeitung unermüdlich an der Seite der Torys, ging mit der Regierung von Falkland über die Bergarbeiterstreiks bis zu Wapping und dem europäischen Einigungsprozess durch zahlreiche kritische Situationen. Auch ihren Nachfolger John Major unterstützte sie, allerdings wohl mehr aus Angst vor einer von Neil Kinnock geführten Labour-Partei anstatt aus echter Überzeugung. 1997 aber folgte der vielbeachtete Umschwung zu New Labour und Tony Blair, an dessen Seite die *Sun* bis nach den Unterhauswahlen 2005 stand. 2010 schließlich folgte der erneute Wechsel zur Konservativen Partei. Auch nach dem Brexit-Votum und der anschließenden schwierigen Verhandlungsphase blieb die *Sun* ein Unterstützer von Premierministerin Theresa May. Doch auch in diesem Fall wirkt die Unterstützung, ähnlich wie 1992, eher wie die Angst vor der Alternative, in diesem Fall erneut Labour und ihrem aktuellen Vorsitzenden, Jeremy Corbyn. Damit stand die *Sun* seit 1979 stets auf der Seite des tatsächlichen späteren Wahlsiegers, was besonders Rupert Murdoch bei zahlreichen Gelegenheiten selbst betont hatte.[518]

Eine nicht ganz so wechselvolle Geschichte politischer Unterstützung besitzt der *Daily Express*. Mit Ausnahme der Wahl von 2001, als ohnehin selbst große Teile der Konservativen Presse New Labours Wiederwahl unterstützten, stand der *Daily Express* an der Seite der Konservativen Partei. Nur die *Daily Mail* ist, neben dem *Daily Telegraph*, die einzige nationale Tageszeitung im UK, die seit

517 Vgl. The Daily Express: Get Britain out of the EU. 11. Januar 2011. S. 1.

518 Vgl. Butler, David und Butler, Gareth: Twentieh-Century British Political Facts, 1900–2000. London/New York 2000. S. 104.

dem Zweiten Weltkrieg ununterbrochen auf Seiten der Torys stand (1974 setzte sich die Zeitung für eine liberal-konservative Regierung ein).

Die *Times* wirkt zwar in ihrer Optik und in Teilen auch in ihrer Berichterstattung sehr konservativ, doch setzte sich die Zeitung bereits 1945 einmal für Labour ein, bevor Jahrzehnte der Tory- (und in Teilen LibDem-)Unterstützung folgten. 2001 und 2005 unterstützte die Zeitung als eigentlich konservatives Bollwerk erneut Labour, bevor vor der richtungsweisenden Wahl 2010 der neuerliche Umschwung pro Tory erfolgte und dieser auch bei den Unterhauswahlen 2015 und 2017 anhielt.

Der *Guardian* seinerseits war zeitweilig kein ausnahmsloser Unterstützer von Labour. Im Gegenteil: Bei den Wahlen 1951 und 1955 machte sich die ehemalige „liberal voice of Manchester" für eine konservativ(-liberale) Regierung stark, bevor die Unterstützung (mit Ausnahme 1974, da: pro LibDems) in den folgenden Jahrzehnten pro Labour ausfiel. 2005 machte sich der *Guardian* für eine Labour-LibDem-Koalition stark, 2010 für die Liberaldemokraten allein und 2015 schließlich erneut für eine Labour-LibDem-Koalition stark.

Entscheidend für die Positionierung der einzelnen Zeitungen war und ist im Kern auch ihre Auflage. Die Gewichtung von 1,5 Millionen verkauften *Sun*-Zeitungen pro Monat (Stand: April 2018) muss an dieser Stelle stärker hervorgehoben werden als knapp 365.000 *Express*-Zeitungen. Trotzdem gilt es auch hier die in dieser Arbeit aufgeführten regionalen Unterschiede zu beachten, denn beispielsweise im industriellen Norden Englands erreicht der *Express* größere Schichten der Arbeiterklasse als Murdochs Zeitung, die nach ihrer irreführenden und letztlich sich als falsch herausgestellten Hillsborough-Katastrophe in Liverpool und Umgebung nach wie vor nicht über eine nennenswerte Auflage verfügt.

Die britischen Tageszeitungen positionierten sich seit dem Zweiten Weltkrieg entlang konkreter politischer Leitlinien und blieben bei den Unterhauswahlen meistens bei ihren jeweiligen präferierten Parteien oder Koalitionen. Dennoch gibt es Wahlen, die besonders ins Auge fallen, wenn denn einflussreiche Zeitungen ihre langjährige Position verlassen und gewissermaßen ins Lager der Konkurrenz wechseln.

In diesem Sinne erfolgte im Grunde erst mit dem Wahlkampf 1997 eine „Palast-Revolution" in der britischen Presselandschaft: Selbst konservative Tageszeitungen wie der *Daily Telegraph* und die *Daily Mail* kritisierten zunehmend die Regierung von John Major, ohne allerdings ins Labour-Lager zu wechseln. Dies taten stattdessen beispielsweise die *Times* und ihre Schwesterzeitung *Sunday Times* und ganz besonders die *Sun*. Dies hatte es bei Majors Vorgängerin Margaret Thatcher in diesem Ausmaß nie gegeben: „The press […] harried mercilessly the Conservative administration headed by John Major [...].“[519] Zwar gab es ein, in geringerem Ausmaß, ähnliches Verhalten auch Anfang der 1960er Jahre, als der damalige Premierminister Harold Macmillan auch von Teilen „seiner“ eigenen Presse angegriffen wurde. Und auch Thatchers Regierung musste sich immer wieder kritische Fragen der konservativen Presse gefallen lassen. Doch in den 1990er Jahren ging es nicht nur um öffentliche Kritik an der aktuellen Regierung, sondern auch um das „Überlaufen“ eines bedeutenden Teils der konservativen Presse aus dem Lager der Torys hin zu New Labour: „Never before had Labour had the backing of the majority of the press, but in the 1997 and 2001 general elections it received respectively 61 and 70 per cent of national daily circulation, even though in these elections it obtained no more than 43 per cent of the vote.“[520]

Dieses Überlaufen spiegelte zumindest zum Teil eine tiefergehende Krise der Konservativen Partei wider, was konkret mit den Entwicklungen in der Europäischen Union zu tun hatte: „The Major government lost authority, following Britain's forced out of the Exchange Rate Mechanism in 1992. It also became embroiled in conflict over Europe, and was caught up in sexual and financial scandals.“[521] Und führte fast zwangsläufig zu einer Abwanderung von größeren Wählerblöcken bei den anstehenden Unterhauswahlen 1997: „Its travails were followed by a sustained collapse of the Conservative vote. This fell from 42 per cent in 1992 to 31 and 32 per cent in 1997 and 2001, respectively. A failing, unconfident party thus contrasted with New Labour – a party relaunched under a new name, combining a significant part of the Thatcherite legacy with a commitment to public services, united and electorally successful. It is tempting therefore to explain the change in the press as a market-oriented response to a political shift in the country, but what actually happened was a good deal more complicated than this.“[522]

Der entscheidende Überläufer war 1997 sicherlich Rupert Murdoch mit seinem Unternehmen „who transferred one-third of the national press's circulation from Conservative to New Labour, and thus transformed at one stroke the political affiliation of the British press.“[523] Dabei ging es nicht darum, dass die einzelnen Publikationen ihre politische Leitlinie änderten, sondern dass sie Tony Blair 1997 als einzig wählbaren Konservativen ansahen. „In addition, while

519 Curran, James und Seaton, Jean. S. 73f.
520 Ebd.. S. 74.
521 Ebd. S. 74.
522 Ebd. S. 74
523 Curran, James und Seaton, Jean. S. 74.

continuing to support New Labour in principle, Murdoch's papers still pursued a right-wing agenda in the early 2000s. The Murdoch press thus changed its political loyalty, but its politics."[524]

Begonnen hatte diese Phase der Veränderung Mitte der 1990er Jahre. „Tony Blair was invited to address the massed ranks of New Corporation executives in Hayman Island Australia in July 1995. In an eloquent speech, he made clear his commitment to an open and free economy. The meaning of this was spelt out when New Labour shifted its position on monopoly controls. It had supported, in a Lords debate, the then Conservative government's intention of blocking large press groups from buying ITV or Channel 5. It then attacked this policy in the Commons in April 1996 on the grounds that it ‚treat[s] newspaper groups unfairly in their access to broadcasting markets'. New Labour in effect propsed itself as Murdoch's champion. Further political flirtation followed, culminating in Murdoch's support for Blair in the 1997 general election."[525] Es war ein Geben und Nehmen zwischen den beiden „power-holders"[526]. Und wie berichteten Murdochs Zeitungen? „Murdoch's papers [...] occassionally snarled at but did not maul the New Labour government."[527] Zu den Unterhauswahlen 2010 schließlich wechselte die *Sun* wieder ins Lager der Konservativen.

Doch Murdochs politische Einstellung selbst ist nicht leicht zu klassifizieren: „He has at every opportunity promoted right-wing views and causes, yet has always been willing – when his economic interests were significantly involved – to draw back and make compromises. An Australian who became an American citizen, he showed no emotional attachment to the British Conservative Party when it fell on hard times. His conservatism was global rather than local: he was not a member of the Westminster village. In this he differed from the previous generation of Conservative press magnates such as Lords Camrose, Kemsley, Hartwell and, by adoption, Beaverbrook. A similar sense of critical distance seems also to have influenced the Canadien Conrad Black (at least in the early 1990s) and the tax-exile Viscount Harmsworth, who allowed their papers to undermine the Major government. Globalizing influences on the British press appear to have weakened local tribal loyalty."[528]

---

524 Ebd. S. 74.
525 Ebd. S. 74f.
526 Ebd. S. 75.
527 Ebd. S. 75.
528 Curran, James und Seaton, Jean. S. 75.

Murdoch war zwar der wichtigste neue Unterstützer von New Labour, doch längst nicht der einzige. Richard Desmond erwarb im Jahr 2000 die *Express*-Gruppe, dessen Flagschiff, der *Daily Express*, ein klar konservatives Blatt war. „The other architect of the press's realignment behind New Labour [...] was Richard Desmond. Desmond's instinct [...] was to gravitate towards official power. Bearing a gift (a large donation to the Labour Party), he was received warmly at the New Labour court. The Express, though a Conservative paper in the 1997 election, rooted for New Labour in 2001."[529]

Die bisherige Untersuchung hat gezeigt, dass die britischen Printmedien einen deutlich nachverfolgbaren Einfluss auf bisherige Wahlen hatten. Nicht zuletzt titelte die *Sun* 1992 mit einer der populärsten Schlagzeilen aller Zeiten „*It's the Sun wot won it!*"[530] nach dem knappen Wahlsieg des damaligen amtierenden Premierministers John Major und klopfte sich damit gewissermaßen zusätzlich selbst auf die Schulter.

## 3.4 Leserschaft aus soziologischer Sicht

Britische Tagseszeitungen richten ihre Berichterstattung in unterschiedlicher Ausprägung letzlich an ein bestimmtes Publikum: ihre Leser. Dabei stellt sich natürlich die Frage, „wer", genau die Leser sind. Außerdem geht es dem allgemeinen Verständnis dieser Arbeit nach auch darum, wer die seriösen Broadsheets liest, woraus die Tabloids ihre Popularität beziehen und ob der „Leser" auch dem „wähler gleichzusetzen ist. Dies wir dim Folgenden untersucht.

### 3.4.1 Leserklassifizierung

> *„If you've got money, you vote in... if you haven't got money, you vote out"*[531]

In Großbritannien wurde jahrzehntelang die Meinung vertreten, auch in der Forschung zu diesem Thema, dass die verschiedenen Zeitungen bestimmte Gruppen von Menschen ansprechen und schließlich jahrelang binden. Gerade die Abstimmung über den britischen Verbleib in der Europäischen Union implizierte wesentlich mehr als nur die Frage nach der europäischen Zugehörigkeit, es ging auch um den internen Zusammenhalt beziehungsweise die Zerrissenheit

529 Ebd. S. 75f.

530 The Sun: It's the Sun wot won it!. 11. April 1992. S. 1.

531 The Guardian, online (John Harris): „If you've got money, you vote in... If you haven't got money, you vote out". 24. Juni 2016.

der britischen Gesellschaft selbst. Und genau diesem Umstand wurde von vielen Berichterstattern, vor allem von der *Remain*-Seite, nicht ausreichend Beachtung geschenkt: „It is about class, and inequality, and a politics now so professionalised that it has left most people staring at the rituals of Westminster with a mixture of anger and bafflement. […] Here is a country so imbalanced it has effectively fallen over. […] Understanding of the country at large has for too long been framed in percentages and leading questions: it is time people went into the country, and simply listened."[532]

Denn die Leser der verschiedenen Zeitungen sind so heterogen wie ihre täglichen Herausforderungen. Und speziell im Zuge des Referendums 2016 scheint das Erreichen der Wähler in den einzelnen Landesteilen der *Leave*-Kampagne besser gelungen zu sein als dem *Remain*-Lager. Eine Kernfrage, die für die Untersuchungen beantwortet werden muss, lautet: Wie sehen die einzelnen Leser aus, wer liest die Zeitungen, die seriösen wie boulevardesken gleichermaßen, überhaupt? Soziale und politische Zugehörigkeit spielen grundsätzlich die entscheidenden Rollen in der Auswahl der jeweiligen Zeitung.[533] Grundsätzlich verfügen Zeitungen wie der *Guardian* und die *Times* über heterogene Leserschaften mit größeren Anteilen in den sogenannten Ab- und ABC1-Klassen (also akademisch Gebildete), wohingegen am anderen Spektrum Zeitungen wie die *Sun* und der *Daily Express* über große Anteile in den C2 und DE-Lesergruppen verfügen.[534] Entsprechend ihrer Leserschaft richten die Zeitungen auch ihre Berichterstattung aus (siehe die *Sun* und das populäre *Page-3-Girl*). Lange Zeit herrschte auch die Meinung vor, dass vor allem die Tabloid-Zeitungen Großbritannien im 20. Jahrhundert entscheidend mitprägten: „It is the only country to have developed a competitive, national, popular press and, in doing so, to have created a nationwide tabloid culture."[535] Hieraus wird auch der Einfluss der Zeitungen, vor allem zu ihren Hochzeiten, deutlich: „It is therefore fair to say that newspaper owners, editors and journalists have played a key role in the formation of British society."[536]

---

532 Ebd.

533 Vgl. The Huffington Post, online (Ben Mirza): Who Reads The Papers? 30. Dezember 2013.

534 Vgl. Newswork, online: Multiplatform Numbers. (www.newswork.org.uk/market-overview) 1. Februar 2017.

535 The Guardian, online (Roy Greenslade): The tabloid century: how popular papers helped to define Britain. 18. Mai 2015.

536 Ebd.

Die Leserschaft eines Mediums kann in den meisten Fällen zwar als heterogen beschrieben werden, doch hat jede Zeitung einen zum Teil übergroßen Anteil an einer bestimmten Sorte von Lesern. Dies gilt besonders für die Boulevardzeitungen.

### 3.4.2 Wer liest die seriösen Broadsheets?

Der Guardian und die *Times* gehören beide zu den sogenannten „quality papers", die dieser Einteilung zufolge ein hohes Ansehen in der britischen Gesellschaft genießen. Die seriösen, großformatigen Zeitungen haben einen überdurchschnittlich hohen Anteil an akademisch gebildeten Lesern. „The Times and the Guardian, which have the most affluent and well-educated readerships, with over 50 per cent of readers in the AB (upper professional and managerial = social grades, and which carry the more ‚serious' news."[537]

So kann beispielsweise der Durchschnittsleser des *Guardian* wie folgt beschrieben werden: „The average readership age of The Guardian is 24–34 years old, with a higher % of males reading The Guardian than females, London has the highest readership of this newspaper."[538] Der *Guardian* wird auch, von der politischen rechten Konkurrenz oft abfällig, als „keeper of the flame of the intellectual left"[539] bezeichnet. Gebildete, hier vor allem Lehrer, Angestellte im Gesundheitssektor und Kommunal- sowie Regierungsbeschäftigte zählen zu seinen (und des *Observers*) treuesten Lesern. Vor allem weltweit hat der Guardian online, dank einer paywallfreien Homepage, eine hohe Leserschaft, die pro Tag rund 10 Millionen beträgt. Die *Times* wird ebenfalls von eher gebildeten, allerdings mehrheitlich konservativ-liberalen Briten gelesen, „almost all of whom are in the ABC1 bracket".[540] Die Zeitung wird neben einer ausgewogenen politischen vor allem für ihre ausführliche Wirtschaftsberichterstattung gelobt. In diesem Zusammenhang scheint es auch kein Zufall zu sein, dass ausgerechnet diese Zeitungen nicht oder nur unter einem geringen Auflagenschwund zu leiden haben – wohingegen die direkte Konkurrenz von den politisch extremen Rändern deutlich mehr und vor allem schneller Leser verliert.[541]

537 Johansson, Sofia. S. 24.

538 UK Essays, online: A History of UK Newspapers. Analysis. 17. Mai 2017.

539 Media first, online: Vibrant, varied and still going strong – a guide to UK newspaper audiences. 10. April 2015.

540 Vgl. Office for National Statistics, online. 10. Januar 2017.

541 Vgl. Newswork, online: Auflagen Stand April 2018 (www.newswork.org.uk)

### 3.4.3 Die Popularität der Tabloids

> *„They [the tabloids, Anm. d. Verf.] are illiberal, reactionary, negative, pessimistic and infected with a sentimentality which appeals to reader' emotions rather than their intellect. They play to the gallery. They whip up the mob (…) They appeal to the basest of human instincts."*[542]

Leser von britischen Boulevardzeitungen bilden grundsätzlich andere soziale Gruppen ab als diejenigen, die sich über seriöse Quellen informieren. Dies ist verschiedenen Studien zufolge völlig normal und auch in anderen Staaten der Fall. Im Kern ist dies gewissermaßen der Grund, warum verschiedene Zeitungen letztlich existieren. Geht man von der These aus, dass Tabloids, die täglich auf die ein oder andere Weise aktiv zum Leben von Millionen Menschen im UK beitragen, auf eine bestimmte Weise attraktiv, also popular, sein müssen, stellt sich die Frage: Für wen gilt das?[543]

„There are the mid-market tabloids, the Daily Mail and the Daily Express, which, although they share a common tabloid format and are closer to the downmarket papers in terms of content, have a higher proportion of their readers in the AB (upper professional) social grade. […] The Sun […] constitute the third and most down-market group, the popular tabloids […] with less than 13 per cent of readers in the AB social grades."[544] Stattdessen haben die Tabloids eine sehr starke Bindung zu Lesern aus dem C2-E-Bereich: „those involved in skilled and unskilled manual work and those economically inactive."[545] Der typische *Sun*-Leser ist also nicht einhundertprozentig Arbeiter oder ein „umemployed chav who spends his days watching TV or at the pub playing darts and talking football"[546], doch orientiert sich diese Einschätzung durchaus an der Realität, in der Tabloids den Zeitungsmarkt in Großbritannien dominieren.[547] Es sind eher die niedriger klassifizierten Gruppen aus der Arbeiterschaft oder eben Arbeitslose, die sich ihre Meinung über Jahre hinweg durch die *Sun* bilden. Dies ist für

---

542 Johansson, Sofia. S. 7.

543 Vgl. Conboy, Martin: Tabloid Britain. Deconstructing a community through language. New York 2006. S. 17f.

544 Johansson, Sofia. S. 24.

545 Ebd. S. 24.

546 Media First, online: Vibrant, varied and still going strong – a guide to UK newspaper audiences. 10. April 2015.

547 Johansson, Sofia. S. 22.

Politiker vor allem dann nicht ungefährlich, wenn Wahlen anstehen und, je nach vorheriger Berichterstattung, die Wählerinnen und Wähler die Chance sehen, „dem Establishment" durch die Wahl er politisch extremen Ränder einen Denkzettel zu verpassen (siehe hierzu Kapitel 4.4).

Denn gerade auch die typische *Sun*-Leserschaft ist es, die schon bei manchen politischen Ereignissen im UK den Ausschlag gegeben hat, so zum Beispiel bei den Unterhauswahlen 1979: „[...] clear that Margaret Thatcher, elected prime minister, regarded the Sun's support important as she sent Lamb a personal thank you letter and knighted him in the 1980 New Year's honours list. Voters from social grade C2, the skilled manual labourers which formed the core of the Sun's readership, had also made a difference during the election, with a nine per cent swing from Labour to Tory compared with the national average of 5,1 per cent."[548] Die *Daily Mail* wiederum, „highly controversial but highly successful",[549] hat sich in ihrer Geschichte erfolgreich auf weibliche Themen, hier besonders: Style, Kosmetik, Gesundheit, Prominente, fokussiert und somit eine überdurschnittlich hohe Anzahl an weiblichen Lesern zu verzeichnen. Der *Daily Express* hat einen stärkeren relativen Auflagenverlust als andere Zeitungen im UK zu verzeichnen. Möglicherweise hängt das mit seiner älteren Leserschaft (retired manual worker) besteht: „Its audience is elderly but not impoverished and mainly based in the north."[550]

### 3.4.4 Leser gleich Wähler?

Es gibt eindeutige Befunde, die darauf schließen lassen, dass große Wählergruppen im UK mit den Lesern der einzelnen Zeitungen gleichgesetzt werden können. Die verschiedenartige Leserschaft spiegelt sich teilweise deutlich im Wahlverhalten im Zuge des EU-Referendums wider (siehe Kapitel 4.4 und 4.6): Die Leser des *Daily Express* haben mehrheitlich den EU-Austritt Großbritanniens gewählt (rund zwei Drittel), wohingegen *Guardian*-Leser sich zu drei Viertel für einen Verbleib des Vereinigten Königreichs in der Europäischen Union ausgesprochen hatten.

In der Tat finden sich einige Indizien dafür, an dieser Stelle eine entsprechende direkte Verbindung zu finden. Dafür muss im Wahlverhalten des

548 Ebd. S. 19f.

549 Media First, online: Vibrant, varied and still going strong – a guide to UK newspaper audiences. 10. April 2015.

550 Media First, online: Vibrant, varied and still going strong – a guide to UK newspaper audiences. 10. April 2015.

EU-Referendums das Votum in einzelnen Regionen ins Verhältnis zur jeweiligen Auflagenstärke der Untersuchungsgegenstände gestellt werden. Ein erster Hinweis auf einen direkten Zusammenhang zwischen Wahlverhalten und Zeitungsbeeinflussung findet sich im beispielsweise in den ländlichen Gegenden Englands, hier vor allem im Süden und den Industrieregionen im Norden, die mehrheitlich starke Auflagen von Tabloids aller Art verzeichnen und gleichzeitig über eine Bevölkerung verfügt, die mehrheitlich aus Arbeitern, Senioren und Arbeitslosen besteht. Diese Gruppen wählten (siehe Kapitel 4) in überwältigender Mehrheit den Brexit. Woran das lag, darüber wird diese Arbeit im Weiteren klare Indizien geben.

Das Gegenbeispiel liefert an dieser Stelle London. Die Zeitungen, die in der Hauptstadt hauptsächlich über eine hohe Auflage verfügen wie die *Financial Times*, *The Economist*, *The Guardian*, *The Times* oder der *London Evening Standard* sprachen sich, mehr oder weniger euphorisch, für einen britischen Verbleib in der Europäischen Union aus. Viele dieser Zeitungen haben seit jeher allerdings in den ländlichen Teilen des UK Schwierigkeiten, eine nennenswerte Zahl von Lesern zu akquirieren – genau dort, wo 2016 in Relation am stärksten „*Leave*" gewählt wurde.

## 3.5 Britische Printmedien und europäische Integration

Großbritannien als zutiefst euroskeptisches Land ist ein Bild, das sich in der europäischen Öffentlichkeit festgesetzt hat. Was aus heutiger Sicht nahezu undenkbar scheint: Die britische Presse war zwischen etwa 1948 und 1975 nicht nur pro-europäisch eingestellt, sondern gewissermaßen echte „Euro-Enthusiasten"[551], wenn auch vornehmlich nur aus ökonomischen Gründen. „'Pro-Communityism' during this period often related as much to a desire for domestic political change as it did to a favourable outlook on developments in the rest of Western Europe."[552] Und dies war durchaus auch aus Eigeninteresse geschehen: „By taking a stand in favour of entry into Europe, the press was cutting a profile for itself in domestic politics. This meant that, [...] the British media was often blind to what was really happening across the channel."[553] Doch die 25, 30 pro-europäischen Jahre waren aus Pressesicht mit den 1980er Jahren (wenn

551 Wilkes, George und Wring, Dominic: The British press and European Integration. In Baker, David und Seawright, David: Britain For and Against Europe? British Politics and the Question of European Integration. Oxford 1998. S. 185.

552 Ebd. S. 185.

553 Ebd. S. 185.

nicht schon vorher) Geschichte: „Gradually this give way to widespread Euroscepticism in large sections of the press in the 1990s.“[554]

Die Anfänge der europäischen Integration nach dem Zweiten Weltkrieg wurden von der britischen Presse zunächst vorsichtig, aber nicht bestimmt pessimistisch betrachtet: „In 1948, the creation of the European Movement [...] prompted the first press debate over the merits of European co-operation.“[555]

Die Anfänge der europäischen Integration Mitte/Ende der 1950er Jahre wurden von der britischen Presse unterschiedlich bewertet, ja es verging sogar eine Zeit, bis sie die Bedeutung des britischen EEC-Ausschlusses verstanden hatte. „Not until the collapse of the free trade area negotiations in 1958 did the bulk of press begin to question the wisdom of the UK government's European policy. Broadsheet newspapers such as The Times and Telegraph played down the significance of the Messina conference in early June 1955, and the popular press ignored it entirely.“[556]

Die erste große britische Debatte über einen möglichen EEC-Beitritt gab es mit Beginn der 1960er Jahre: Until spring 1961, the increasingly pro-entry press was the main forum for public debate and of the pros and cons of membership. Once the application was under way, television became a major medium for public debate over the issue, the coverage of news and discussion programmes being biased more towards entry than against it. [...] To some extent, most pro-entry publications still took their cue from the government as it began ist ambivalent shift towards membership of the EEC in 1960.“[557] Und die „Zusammenarbeit“ zwischen Politik und Presse sollte, nach dem Zweiten Weltkrieg, ein zweites Mal sichtbar werden: „In 1961, contacts between the Prime Minister, Harold MacMillan, the minister responsible for relations with the EEC, Edward Heath, and the editors of Cecil King's papers, the Mirror and Herald, may have given given encouragement to both parties in the pursuit of a clearer pro-entry position. The decisions of much of the press to strike a pro-entry line and the launching of the Mirror and Herald ‚campaigns‘ were also influenced by relations with pro-entry politicians. The pro-entry lobbies in the parties and the press had similar approaches: entry into Europe meant the revitalisation of the UK economy.“[558]

---

554 Ebd. S. 185.
555 Ebd. S. 185.
556 Ebd. S. 188.
557 Ebd. S. 188.
558 Ebd. S. 188.

Zu diesem Zeitpunkt war die Rolle der Presse mit Blick auf die britische „Bewerbung“ um Aufnahme in die European Economic Community allerdings noch nicht so stark wie in den folgenden Jahrzehnten beim Kampf *gegen* Europa.

Die Labour-Regierung unter Harold Wilson hatte sich Mitte der 1960er Jahre, trotz des bestehenden französischen „Neins“ zur britischen Mitgliedschaft, erneut um eine Aufnahme in den elitären Club beworben. Die Zeit, so ein Teil der britischen Presse, sei nun reif für Großbritannien in der EEC: „The Guardian and Financial Times were so optimistic as to insist that the French now actually wanted the UK to join the EEC.“[559] Aber es gab auch Gegenstimmen: „Against them, the Daily Express, despite Lord Beaverbrook's death, almost alone continued to hold out a ‚golden vision‘ a greater Commonwealth association.“[560] Auch die öffentliche Meinung war Mitte der 1960er Jahre klar pro-europäisch, „though the role played by the pro-Community bias of the press in this is unclear.“[561]

Anfang der 1970er Jahre schließlich, als der Beitritt unmittelbar bevorstand, nahm auch die Intensität der Presseberichterstattung über Großbritanniens Rolle in Europa zu. Und schon damals fühlten sich beide Kampagenlager nicht gleichberechtigt behandelt: „anti-Marketeers believed the increasing media bias in favour of the EEC was created by pressure from pro-Europeans and by the interests of certain newspaper proprietors.“[562]

Doch die Rolle der Presse muss an dieser Stelle differenziert betrachtet werden. Zum einen wechselten die Eigentümer der Zeitungen, beispielsweise übernahm Rupert Murdoch 1969 die *Sun* und Max Aitken 1971 den *Daily Express*, zum anderen stand Großbritannien selbst vor dem wirtschaftlichen Bankrott. Vor allem die Veränderungen innerhalb der Zeitungen sollten Auswirkungen auf die Berichterstattung haben. Dies galt in besonderem Maße für den *Daily Express*: „[...] editorial policy in the Express did continue to be influenced more by ist new proprietor, Sir Max Aitken, than most publications. The Express remained the main anti-European publication until the Commons voted for Entry in October 1971, threatening to fight against a ‚Yes‘ vote. But shortly afterwards Aitken wrote that the Express would accept the will of parliament a decision which meant that from now on the Express would fight for British interests within rather than against the EC.“[563]

559 Wilkes, George und Wring, Dominic. S. 193.
560 Ebd. S. 193.
561 Ebd. S. 193.
562 Ebd. S. 194.
563 Ebd. S. 194.

Dies hatte unmittelbare Auswirkungen auf das Resultat, denn die Medien hatten sich, vor allem aus wirtschaftlichen Gesichtspunkten, klar pro Europa positioniert, auch wenn sie, größtenteils zumindest, eine ausgeglichene Debatte zulassen wollten: „Despite the attempts of broadcasters and of much of the press to achieve a balance in their reporting, the pro-Community lobby gained some advantage through ist organised approach to media liaison.“[564]

Die Presse hatte sich zum Referendum 1975 klar positioniert (siehe ausführliche Analyse zum Referendum 1975 in Kapitel 3.5.3): „Not only was there a near-total dominance of editorial coverage for the pro-Community case, but news coverage also followed the pro-Community strategy in emphasising personality over policy differences.“[565] Dies führte auch zu einer andersartigen öffentlichen Wahrnehmung, vor allem aus Sicht der damaligen Out-Kampagne: „To anti-Marketeers, the newspapers‘ clear pro-Community bias seemed to explain the shift of public opinion polls from opposition to entry in 1974 and to the widespread acquiescance signalled by the ‚Yes‘ vote in the referendum – though there are a number of other factors which might help to explain the shift.“[566] Dennoch hatte die pro-europäische Berichterstattung fast aller Printmedien einen klaren Einfluss auf die öffentliche Meinung: „A pro-Community bias dominated much news coverage on the issue in the press.“[567] Ziel der pro-europäischen Presse war nicht nur die Herausstellung der Vorteile einer britischen EEC-Mitgliedschaft, sondern auch die Fokussierung auf die führenden Personen der Out-Kampagne: „[...] the ‚pro-Community‘ press focused on the personalities of the few leading anti-Marketeers. The focus on personality had always affected coverage of the anti-Market camp more than the pro-Community camp, since a relatively small number of politicians dominated the anti-Market campaign, most of whom were prominent on the far left and right wings of their parties.“[568]

Wie hatten sich die Herausgeber und Chefredakteure damals positioniert? „Editorial coverage of policy questions in the pro-Community press show that they were not simply camouflaging the case for entry in domestic politics, as anti-Marketeers suggested. Bemoaning the focus of the domestic political debate on jobs and food prices, broadsheets and tabloids alike insisted that EC membership was above all a political ideal, which most publications had supported

564 Wilkes, George und Wring, Dominic. S. 195.
565 Ebd. S. 195.
566 Ebd. S. 196.
567 Ebd. S. 196.
568 Ebd. S. 196.

for over a decade.“[569] Grundsätzlich lässt sich presseübergreifend feststellen, dass nahezu durch alle politischen Richtungen die Entscheidung zu einem Referendum kritisiert wurde: „Broadcasters too approached the referendum aware that they had to tread a fine line between boring audiences with too much coverage, on the one hand, and providing too little information on the other.“[570]

In den 1980er Jahren kam die Debatte um eine weitergehende europäische Integration richtig ins Rollen.[571] Auch wenn das Referendum gerade erst wenige Jahre her war und sich die Briten, auch mit überwältigender Zustimmung der heimischen Presse, klar für einen Verbleib entschieden hatten, sollte das Verhältnis UK – Europa schnell getrübt werden. An dieser Stelle sei auch noch einmal darauf hingewiesen, dass die Labour Partei nicht nur tief gespalten über einen Verbleib in der EEC war, sondern sich Anfang der 1980er Jahre klar gegen eine weitere britische EEC-Mitgliedschaft ausgesprochen hatte. „Prior to 1983 the declared scepticism of the Labour Party reflected a wider public debate on European integration centred on the issue of whether Britain ought to remain in the EEC.“[572] Zu dieser Zeit stand vor allem die konservative Presse, die sich mehrheitlich für die Belange von Premierministerin Thatcher einsetzte, noch deutlich für eine enge wirtschaftliche Zusammenarbeit der EEC-Staaten: „Whilst pro-government journalists like George Gale advocated withdrawal, they tended to be undermined by more mundane newspaper criticisms of EEC policy on UK budget contributions, agricultural subsidies and fishing agreements. If anything the complexity of the subject and perceived public disinterest combined to keep the issue off the top of the agenda, as did the coverage given to what were deemed to be more salient political topic like the supposed power of trade unions, Labour leftwingers and the Soviet thread.“[573]

1986 begann mit der Einheitlichen Europäischen Akte ein neues Kapitel der Zusammenarbeit zwischen den EWG-Mitgliedsstaaten. Befürworter einer tiefergehenden europäischen Integration nahmen auch in der Medienberichterstattung mehr Platz ein: „President of the Europen Commission and the former French Socialist minister Jacques Delors articuated a vision of closer union and mutual co-operation. Others, particularly Margaret Thatcher, were

569 Wilkes, George und Wring, Dominic. S. 196.
570 Ebd. S. 197.
571 Vgl. Brettschneider, Frank, van Deth, Jan und Roller, Edeltraud: Europäische Integration in der öffentlichen Meinung. Opladen 2003.
572 Wilkes, George und Wring, Dominic: S. 198.
573 Wilkes, George und Wring, Dominic. S. 198.

less impressed."[574] Dies äußerte sie ganz besonders deutlich in ihrer berühmt-berüchtigt gewordenen Brügge-Rede, wo sie eine tiefergehende europäische Einigung sehr skeptisch kommentierte „by arguing the Community should be nothing more than a partnership of trading states."[575] Die konservative britische Presse, die grundsätzlich klar hinter der Premierministerin stand, übernahm im Laufe der Zeit immer mehr deren Standpunkt. Und an diesem Punkt, einer immer tiefer gehenden europäischen Union, hatten sie sogar mit Teilen der eher links-liberalen britischen Presse einen Verbündeten: „Significantly they were joined by the Labour supporting Daily Miror which sympathetically reported ‚Thatcher scorns identikit Europe'."[576]

Ironischerweise war es die *Sun*, die Ende Oktober 1990 Delors Vision einer tiefergehenden europäischen Gemeinschaft beziehugsweise Union einem breiteren Publikum bekannt machte – und das kurz vor der Entmachtung Thatchers nach mehr als elf Jahren, die besonders die innerparteilichen Differenzen der Torys zu Europa sichtbar machen sollten: „[…] the paper attacked Delors for being ‚the most boring bureaucrat in Brussels' (The Sun 30 October 1990). Nevertheless, within a couple of days, the President was deemed sufficiently interesting to merit a frontpage story, which opened with the memorable headline ‚Up Yours Delors' (The Sun 1 November 1990)."[577] In der gleichen Ausgabe griff die *Sun* Frankreich wirtschaftlich und historisch schwer an: „More detailed analysis in the same edition attacked French farmers' burning of British livestock, ‚dodgy food' exports and even Napoleon Bonaparte. Less tastefully, The Sun also questioned the country's record during the Second World war."[578] Was sollte dieser Angriff auf einen europäischen Politiker und ein zentrales EWG-Mitgliedsland bedeuten? „[…] the most infamous attack by a London based newspaper on an EC politician, is emblematic of a tendency on the part of the press to merge isolationist British pride with a fear that European integration threatens this in prejudiced reports attacking continental neighbours."[579] Dies war allerdings kein Tabloid-spezifisches Merkmal, „as a reporter on the Daily Teegraph showed when commenting on how a breakthrough in the building of the Channel Tunnel was enabling British people to smell ‚the first whiffs of garlic'.[580]

574 Ebd. S. 199.
575 Ebd. S. 199.
576 Ebd. S. 199.
577 Ebd. S. 199.
578 Wilkes, George und Wring, Dominic. S. 199.
579 Ebd. S. 199.
580 Ebd. S. 200.

Eine weitere Änderung beziehungsweise Verschlechterung der Beziehungen zwischen der britischen Presse und der, nun, Europäischen Union war der britische Rückzug aus dem Europäischen Währungssystem. Dieses Ereignis, auch „Black Wednesday" genannt, sollte zu einer erneuten deutlichen Verschlechterung der britisch-europäischen Beziehungen führen: „This event [...] heightened sensitivities to the integration question and provided obvious support to the accusation that, as the leading tabloid put it: ‚The European dream is in tatters' (The Sun, 21 September 1992). The following day an editorial in the same title declared it did not want to see a ‚United States of Europe... run from Brussels' deciding policies on tax, immigration and the economy with recourse to a Central Bank (The Sun 22 September 1992)."[581]

Zu diesem Zeitpunkt hatte die britische Presse keineswegs, wie beispielsweise noch im Rahmen des ersten Referendums 1975, eine einheitliche Meinung zur Weiterentwicklung Europas: „[...] the press was not uniform in its response to the ERM crisis, and it was the Daily Mirror which defended the Community by arguing it had created ‚ever closer unity in Europe' and been a force stability and bulwar against war."[582]

Neben diesen, durchaus seriösen und nachvollziehbaren, Gründen für und wider einer weitergehenden europäischen Integration kam es Ende der 1980er, Anfang der 1990er Jahre zu einer weiteren wichtigen Entwicklung im Rahmen der EWG/EU-Berichterstattung in britischen Zeitungen. Die sogenannte „Euromythology" wurde von bestimmten britischen Europa-Korrespondenten in Brüssel gepflegt. Wegbereiter dieser Entwicklung sollte Boris Johnson sein, der als *Daily Telegraph*-Reporter lesenswerte, unterhaltende Geschichten aus der europäischen Hauptstadt schrieb. Diese besaßen auch im Grunde alle einen wahren Kern, doch wurden sie häufig völlig übertrieben und mit Unwahrheiten garniert dargestellt, so dass das Europa-Bild der britischen Leserschaft zwangsläufig schlecht werden musste. Es ging hierbei nicht um große, das Ganze betreffende Themen, sondern „a view of an EC perceived to be ‚interfering more and more in trivia'. Most obviously this perspective has manifested itself in a series of so-calles ‚Euromyths' reports."[583] Dabei ging es nicht um wirklich wichtige, die Europäische Union weiterentwickelnde Themen, sondern um eher Banales, Themen, die Leser ermuntern oder auch verängstigen sollten, etwa die Krümmung der Bananen in den EU-Ländern: „As The Sun (21 September 1994) put it, in

581 Ebd. S. 200.
582 Wilkes, George und Wring, Dominic. S. 200.
583 Ebd. S. 200.

one reknowned ‚Euromyth‘,„Now They’ve Really Gone Bananas: Euro bosses ban ‚too bendy‘ ones and set up minimum shop size of 5 and a half inches‘. Features of this kind, together with a mass of other press reports about the EC’s intention to outlaw anything from British prawn cocktail crisps to the pound, were judged sufficiently harmful to merit a formal rebuttal by the government in the form of two Foreign Office booklets.“[584]

Allerdings muss an dieser Stelle der Hinweis folgen, dass nicht alle Kritik an der Entwicklung der EU nur von den Tabloids kam, sondern durchaus auch berechtigt von den seriöseren Blättern vorgetragen wurde: „In 1994, for instance, The Guardian challenged the Commission to make itself more accountable by allowing greater public access to documentary accounts of its procedures.“[585]

Als es Anfang der 1990er Jahre um einen engeren Zusammenschluss der einzelnen Mitgliedsstaaten und zunehmende Differenzen zwischen London und Brüssel ging, „the eurosceptictal press has unsurprisingly opted to follow the lead and promote the views of the former. This bias is further compounded by an organisational culture evident in highly centralised states like France and Britain where journalists can regularly rely on one or two authoritative ministerial or civil service sources. By comparison, what goes for an information policy amongst the diffuse body of interests that make-up the EU can alternate between the extremes of being, as one reporter described it, ‚naive‘ or ‚Machiavellian‘.“[586]

Als der Vertrag von Maastricht zunächst in Dänemark nicht ratifiziert wurde, musste die EU vorsichtiger werden, inwiefern sie sich in den einzelnen Mitgliedsstaaten öffentlichkeitswirksam darstellen konnte. „Accordingly EU officials are now taking greater care to service and monitor privately owned newspapers which, in a country with public service broadcasting like Britain, are often the source of the most flamboyant agenda-setting stories. This fact, together with the residua hostility of much print media, was amply demonstrated during 1996 in a controversy over a hitherto minor public concern to do with the safety of British beef.“[587] Der BSE-Skandal 1996 war letztlich vor allem für einen Großteil der britischen Presse ein weiterer Grund, sich zunehmend gegen die Europäische Union zu positionieren. Und das, obwohl die *Sun* für eine pointierte Vorgeschichte sorgte: „Ironically in its 1990 ‚Up Yours Delors!‘ attack on the Commission President, The Sun cited an recent decision of the French

584 Ebd. S. 201.
585 Wilkes, George und Wring, Dominic. S. 201.
586 Ebd. S. 202.
587 Ebd. S. 202.

government to an imports of British beef as one of the factors motivating the papers's strong editorial content. Few at the time would have predicted that by mid-1996, this issue would be at the centre of media debates over government policy on Europe.“[588]

Dies ging so weit, dass sich Anfang Mai 1996 sogar die moderate *Times* für einen kompletten Ausstieg Großbritanniens aus der Europäischen Union aussprach.[589] Selbst Jacques Santer, der damalige Präsident der EU-Kommission, beschwerte sich über, wie er es nannte, „the anti-European propaganda, and even xenophobic propaganda, in the British press. [...] The Sun, the Mail and Express are not harmless leaflets: they are read by 20 millionpeople, and they may not all understand the special brand of humour which seasons Sun headlines.“[590]

Damals, Mitte der 1990er Jahre, gaben sich die britischen Zeitungen in verstärktem Maß dem Euroskeptizismus hin. Und hier spielten ebenso die Ansichten der Eigentümer eine wichtige Rolle, ganz besonders bei der *Sun*: „[...] the opinions of The Sun tend to more accurately represent those of proprietor Rupert Murdoch than any of the other British newspapers he owns. Put more simply Murdoch and his tabloids are eurosceptics, disrespect John Major and appear to have a high opinion of Tony Blair.“[591]

Zusammenfassend lässt sich sagen, dass die zunehmenden Angriffe der britischen Presse auf die europäischen Institutionen mehrere Gründe haben. „It was certainly not an automatic reaction to having discovered upon entry what the Community was like. Dramatic changes in Conservative and Labour positions over the UK's role in Europe in the mid-1980s meant the right-wing press would now gain a domestic political premium from attacking the Community. The renewal of confidence among European federalists in the mid-1980s also gave the press more of a target to aim against. Added to this was the problem of the print media as a ‚national‘ gatekeeper: „The main problems for the EU is that, as Euro-scepticism grows, it is having to compete for publicitiy with national governments of Member States in a games still officiated by national media and particularly the national press. At the moment it is still the EU which is receiving most of the yellow cards.“[592]

In Großbritannien herrscht weitgehend Einigkeit darüber, dass gerade die Populars, also die Boulevardzeitungen, eine wichtige Rolle in der Verbreitung

---

588 Ebd. S. 203.
589 Wilkes, George und Wring, Dominic. S. 203.
590 Ebd. S. 204.
591 Ebd. S. 204.
592 Ebd. S. 205.

von euroskeptischen Tendenzen einnehmen, da sie, mehr noch als das Fernsehen, der wichtigste Meinungsverbreiter im UK bleiben. Gerade der große Einfluss der Boulevardzeitungen unterscheidet das Vereinigte Königreich von anderen europäischen Staaten, in denen es häufig lediglich eine, maximal zwei nennenswerte Boulevardblätter mit entsprechendem Einfluss gibt.[593] „In the UK, 'hard' Euroscepticism emanating from the tabloids is particularly pronounced and the other side of the argument is generally not transmitted to the public at large. Newspapers such as the Murdoch-owned Sun [...] and the Daily Mail, have, particularly since the Maastricht Treaty, been renowned for portraying the EU in negative terms and against the national interest. [...] the tabloids in general have served to link the debate about UK membership of the EU to the historical British Eurosceptic legacy."[594]

Manche Wissenschaftler führen die EU-Abneigung der britischen Boulevardblätter auf die Zeit zurück, als Großbritannien der Europäischen Wirtschaftsgemeinschaft beitrat, andere sehen den Beginn der Abneigung eher Mitte bis Ende der 1980er Jahre rund um Thatchers berühmter Brügge-Rede, als „Thatcher attacked the federalist position by arguing the Community should be nothing more than a partnership of trading states."[595] Vermutlich war der Prozess von einer wohlwollenden Partnerschaft zu tiefer Skepsis ein schleichender Übergang, der zum ersten Mal in den 1980er Jahren sichtbar wurde, wenn auch noch nicht in dem Ausmaß wie schließlich zu Beginn des 21. Jahrhunderts.[596] Oliver Daddow beispielsweise erklärt in seiner Analyse den Murdoch-Effekt und schlussfolgert, dass Murdochs Einfluss auf die britische Medienlandschaft von Anfang an dramatisch gewesen war und auch im 21. Jahrhundert immer noch sei.[597] Natürlich kann man an dieser Stelle argumentieren, dass gerade Murdoch seinen (großen) Teil zu der vor allem in den vergangenen Jahren aufgeheizten Stimmung im Vereinigten Königreich geleistet hat. Allerdings darf dabei auch nicht vergessen werden, dass gerade durch den Vertrag von Maastricht zunächst nicht nur durch die 22 Tory-Abgeordneten, die gegen den Vertrag stimmten, sondern auch durch zahlreiche Boulevardblätter die Europäische Union kritischer gesehen wurde: „Following the election John Major as Prime Minister in April 1992,

593 Vgl. Wilkes, George und Wring, Dominic. S. 196.

594 Startin, Nicholas: S. 314f.

595 Wilkes, George und Wring, Dominic. S. 197.

596 Vgl. Daddow, Oliver: The UK media and ‚Europe': from permissive consensus to destructive dissent. In: Forty Years on: The UK and Europe. Chatham House. The Royal Institute of International Affairs. London 2012. S. 1219–1236.

597 Vgl. Ebd. S. 1219–1236.

the combination of a more pro-EU prime minister with the ongoing ratification of the Maastricht Treaty led to a shift in tabloid coverage and a more critical approach. […] the perceived linkage between EU membership and migration has become a staple diet for newspapers such as The Sun, the Daily Mail and the [Daily, Anm. d. Verfassers] Express.“[598]

Gerade der *Daily Express* spielt eine Hauptrolle und ist ein „key factor“[599] in der Berichterstattung über die Europäische Union beziehungsweise deren überwiegend negative Darstellung im Vereinigten Königreich. Dies gilt ganz besonders seit der konservativ-liberalen Regierungsbildung nach den Unterhauswahlen 2010. Und auch wenn die monatlichen Auflagenzahlen bei unter 400.000 liegen, „it's attempts to shape the Eurosceptic agenda has been unrivalled in the history of tabloid Euroscepticism.“[600] Bereits im November 2010 hatte die Zeitung mit folgender Schlagzeile aufmerksam gemacht und somit im Grunde ihren Standpunkt bezüglich eines möglichen Referendums klargemacht: „Britain out of Europe“[601]. Um seinen Standpunkt auch optisch zu verdeutlichen, zierte von nun an ein Kreuzritter das Logo der Zeitung: „[…] which has kept the issue of UK membership of the EU on its front page on a weekly basis, extending the reach of its message to every supermarket and newsagent across the country.“[602]

Und diese Strategie hatte gleichzeitig auch enormen Einfluss auf die Politik, da sie weit über „normal mechanisms of party management“[603] hinausreichen. Zumal in diesem Fall auch noch hinzukommt, dass durch die negative, in Teilen sehr bösartige EU-Berichterstattung auch der Schulterschluss mit UKIP sichtbar wurde und das Ziel „Britain out of Europe“ damit – neben gesellschaftlichen Implikationen – auch in die Politik getragen wurde.

Gerade die Rolle des *Daily Express* in der Verbreitung von EU-Skepsis in Großbritannien sollte nicht unterschätzt werden. Vor allem die von UKIP geschürte anti-EU- und anti-Einwanderung-Stimmung hatte mit dem Express ein gesellschaftliches und damit auch politisches Sprachrohr gefunden. Dies führte auch zu einem Klima innerhalb der britischen Medienlandschaft, in dem ‚harter' Euroskeptizismus salonfähig wurde. Und ausgerechnet in diesem Klima, möglicherweise hatte er es in Teilen auch stark unterschätzt, stellte Premierminister David Cameron seinem Land eine Abstimmung zum Verbleib in der

598 Startin, Nicholas. S. 317.
599 Ebd. S. 318.
600 Ebd. S. 318.
601 The Daily Express: Britain out of Europe. 21. November 2010.
602 Startin, Nicholas: S. 318.
603 Ebd. S. 318.

Europäischen Union in Aussicht. Ob dies, auch aufgrund der medialen Stimmung zu einem guten Teil auch leichtsinnig war, wird im Folgenden untersucht.

Im Grunde war schon weit bevor Cameron sich zum Referendum entschied klar, wofür der *Daily Express* votiere würde: Einer Medienanalyse zufolge, die zwischen dem 1. Juli 2012 und 30. Juni 2013 durchgeführt wurde, veröffentlichte die Zeitung 313 Ausgaben, wovon 33 Seiten EU-Themen behandelten und 30 weitere anti-Einwanderungsschlagzeilen produzierten.[604] Anders ausgedrückt: Selbst in der Phase, in der das Referendum noch nicht unmittelbar bevorstand, ja es überhaupt noch keine Sicherheit darüber gab, ob es überhaupt auf absehbare Zeit überhaupt durchgeführt wird, behandelten durchschnittlich eine von fünf *Daily Express*-Seiten jeder Ausgabe die Europäische Union und/oder das Thema „Migration". Gerade auch die Euro-Krise zu Beginn der 2010er Jahre spielte der Zeitung zusätzlich in die Karten: „The Express's coverage of the EU, drawing on the crisis in the Eurozone, has also been successful in challenging the economic argument für UK membership. Front-page headlines such as 'Britain's economy too good for EU', 'You pay 6.000 pounds to be in the EU' and 'Anger at Britain's 37 million pounds a day EU bill' have helped to undermine rational choice, economic interest or utilitrian arguments in favour of UK membership."[605] Und dies führte schließlich zu Folgendem: „In the context of the crisis, the EU's economic shortcominga have enabled the emotional side of the argument for a UK exit to overshadow other justifications for membership, something which the Express has duly exploited."[606]

Der Druck, den der *Daily Express*, aber auch andere Zeitungen wie die *Daily Mail*, mit deutlichen Schlagzeilen wie „*Give us vote to leave EU now*"[607] oder „*You will get vote to quit EU*"[608] erzeugten und aufrecht erhalten sollten, sorgten definitiv dafür, die Möglichkeit eines britischen EU-Referendums aus Sicht des „Volkes" immer wieder aufrecht zu erhalten und „to keep [it, Anmerkung des Verfassers] high on the political agenda in Westminster and beyond. Undoubtedly, the bombardment approach of the Express has shifted the debate and propelled the issue of a referendum on EU membership ahead of Prime Minister David Cameron's commitment to this in January 2013. [...] it is the intensity of the Express's campaign, which sets it apart from its rivals."[609]

---

604 Vgl. Startin, Nicholas. S. 319.

605 Ebd. S. 319.

606 Startin, Nicholas. S. 319.

607 The Daily Express: Give us vote to leave EU now. 2. Juli 2012.

608 The Daily Express: You will get vote to quit EU. 28. November 2010.

609 Startin, Nicholas. S. 319.

Zusammenfassend lässt sich festhalten, dass die Rolle der *Sun*, aber auch der *Daily Mail*, als besonders EU-kritische Tageszeitungen und ihr „harter Euroskeptizismus" im Laufe der 2010er Jahre von der *Daily Express*-Kampagne „*Britain out of Europe*" noch übertroffen wurden. Dabei hatte sich die *Express*-„Strategie", mit beleidigenden und unterstellenden Schlagzeilen vor allem auf den Titelseiten die britische EU-Mitgliedschaft, die offenen Binnengrenzen und die Einwanderungsdebatte miteinander zu verbinden, sich als extrem erfolgreich erwiesen. Gerade weil in Großbritannien ohnehin ein sehr raues Klima bezüglich EU-Themen herrscht und Skepsis europäischen Institutionen gegenüber schon lange vor der Jahrtausendwende „salonfähig" wurde, hatten es EU-Befürworter mit rationalen Argumenten grundsätzlich schwerer als *Leave*-Unterstützer mit emotionalen Argumenten, die sich hauptsächlich um staatliche Souveränität und nationale Identität drehten.[610] Dies ging in den Jahren vor dem Referendum schließlich so weit, dass sogar konservative EU-Befürworter, die mit wirtschaftlichen Vorteilen der britischen EU-Mitgliedschaft argumentierten, von EU-Kritikern in ihrer eigenen Partei und dazu noch von UKIP und der Tabloid-Presse überflügelt wurden.

Natürlich muss auch erörtert werden, wieso Zeitungen ungehindert solch offensive Schlagzeilen produzieren können, ohne sich vor einem Presserat oder gar der Regierung verantworten zu müssen. Kann hier ein Presserat tatsächlich regulierend wirken und den „Wild-West-Manieren"[611] der britischen Presse Einhalt gebieten? Nach dem News of the World-Skandal 2011, in Zuge dessen ans Licht kam, mit welch illegalen Praktiken britische Journalisten Politiker abhörten und unter Druck setzten, forderte das damalige Kontrollgremium unter dem Vorsitzenden Richter Brian Levinson die Einsetzung eines Presserates. Dies war noch bevor ein Referendum zum Verbleib in der Europäischen Union überhaupt in die Nähe einer möglichen Realisierung kam. Im Nachhinein lässt sich konstatieren: Was damals angemahnt wurde, nämlich die Praktiken von einigen Boulevard-Journalisten, war nicht das Verhalten der Presse an sich. Daran hatte sich nämlich grundsätzlich gar nichts geändert – wofür das EU-Referendum 2016 der beste Beweis war. Im Nachhinein wirkt es kurios, dass ausgerechnet Premierminister David Cameron sich gegen eine gesetzliche Regulierung der Presse aussprach. Denn genau diese war es, die mit ihrer Berichterstattung in der Referendumskampagne letztlich zum Rücktritt Camerons beigetragen hatte.

---

610 Vgl. Ebd. S. 320.

611 Vgl. Spiegel Online: Richter Levinson fordert britischen Presserat. 29. November 2012.

Ein passendes Beispiel betrifft die bereits erwähnte Berichterstattung im Vorfeld des Referendums 2016: Nachdem die *Sun* am 9. März 2016 „*Queen backs Brexit*“[612] titelte, beschwerte sich zwar der Königliche Hof offiziell beim Presserat, dennoch war die Schlagzeile publiziert und damit auch von den ohnehin eher EU-skeptischeren *Sun*-Lesern gewissermaßen als Tatsache aufgenommen worden. Dass die Zeitung am folgenden Tag eine kleine Richtigstellung auf Seite 2 druckte, hatte dagegen kaum Einfluss auf die öffentliche Meinung, da sie letztlich weniger als die populäre Vortags-Schlagzeile wahrgenommen wurde.

Eine zentrale Frage lautet nach dieser kurzen Zusammenfassung damit nicht ob, sondern bis zu welchem Grad gerade die Tabloids ihre Leser beeinflusst haben und damit EU-Skeptizismus in Großbritannien „gesellschaftsfähig“[613] gemacht haben. Dies is gerade deshalb besonders wichtig, da „in Britain European affairs are reported by a sceptical media to a population among whom knowledge of the EU is the lowest of all member states.“[614] Hinzu kommt ein weiterer Aspekt: „[...] the 1980s heralded a revolution in the production, ownership and marketing of the British press. Competition, which had driven the press of the 1960s and 1970s into an increasingly enthusiastic ‚pro-Community‘ campaign, fed the appetite of broadsheets and tabloids for sensational ‚scoops‘ and anti-Europan populism in the 1990s.“[615] Und „sensationelle Scoops“, Geschichten mit einem mehr oder weniger großen Wahrheitsgehalt, und anti-europäischer Populismus waren ab den 1990er Jahren untrennbar mit einem bestimmten Begriff verknüpft.

### 3.5.1 Fakten und Fiktion: „Euro-Myths“ und das EU-Bild in Großbritannien

*„Myths about the absurdities of ‚Brussels‘ are a staple fare of British newspaper readers“*[616]

Ein neuzeitlicher Terminus, wenn es um die Beziehungen der britischen Presse zu den europäischen Institutionen geht, sind die sogenannten „Euro-Myths“. Sie beschreiben ein Phänomen, bei dem es um die bewusste Vermischung von Fakten und Fiktion von EU-relevanten Themen geht. Wo genau der Ursprung dieser

---

612 The Sun: Queen backs Brexit. EU going in wrong direction. 9. März 2016. S. 1.

613 Vgl. Startin, Nicholas. S. 317.

614 Ebd. S. 317.

615 Startin, Nicholas. S. 205.

616 Martin, Geoffrey: Euromythology and Britain in Europe. In: Euopean Business Journal 1996. London 1996. S. 26.

Mythen liegt und wer für diese verantwortlich ist, darüber gehen die Meinungen in der Forschung und der Presse zum Teil weit auseinander.

„Euro-Myths" waren seit Anfang der 1990er Jahre in Großbritanniens Tabloids weitverbreitet, wobei es nicht nur um „seichte" Themen wie die Krümmung von Bananen (*The Sun*, *The Daily Mail*, *The Daily Mirror*, *The Daily Express*, 1994) oder das Verbot von britischen Keksen (*Daily Mail*, 2016) ging. Auffällig ist, dass der Teil der britischen Presse, der 2016 den Brexit geradezu herbeigeschrieben hatte, diese Art von Kampagne bereits Ende der 1980er, Anfang der 1990er Jahre in unterschiedlich starker Ausprägung begonnen hatte, „when Boris Johnson, who had been fired by the Times for making up a quotation, was the Telegraph's correspondent in Brussels."[617] Die Rolle von Johnson ist in diesem Zusammenhang besonders erwähnenswert: Zwar war er nicht, wie die vorliegende Arbeit bis zu diesem Zeitpunkt gezeigt hat, der personifizierte Erfinder des Euroskeptizismus, doch hatte er gekonnt die beginnende Skepsis der britischen Presse sowie Regierung gegen die europäischen Institutionen und vor allem die Pläne zur weitergehenden Integration genutzt, um mit unterhaltenden Geschichten gegen „Brüssel" zu sticheln. „Johnson did not invent Euroscepticism but he took it to new levels. A brilliant caricaturist, he made his name by mocking, lampooning and ridiculing the EU."[618] Seine Schlagzeilen lauteten beispielsweise „Brussels recruits sniffers to ensure that Euro-manure smells the same", „Threat to British pink sausages" oder „Snails are fish, says EU".

Eine womöglich entscheidende Rolle spielte Johnson, der später durchaus erfolgreicher und vor allem beliebter Londoner Bürgermeister werden sollte, im Ausgang des dänischen Referendums zur Ratifizierung des Maastricht-Vertrages 1992. Rund eine Woche vor dem dänischen Volksentscheid titelte Johnson im Daily Telegraph: „Delors plan to rule Europe", was umgehend von der dänischen „Nej-Kampagne" genutzt und verbreitet wurde. Johnson selbst gab im Nachgang zu, den Präsidenten der Europäischen Kommission als Feindbild dargestellt und damit den Ausgang des Referendums in Dänemark mit beeinflusst zu haben.

Ob Johnsons Geschichten überhaupt einen tiefergehenden Bezug zur Realität hatten, war letztlich nicht entscheidend: „They were colourful and fun. The Telegraph and right-wing Tories loved them. So did other Fleet Street editors, who found the standard Brussels fare tendious and began to press their own

---

617 The New Statesman, online (Martin Fletcher): Boris Johnson peddled absurd EU myths – and our disgraceful press followed his lead. 1. Juli 2016.

618 Ebd.

correspondents to follow suit."[619] Zahlreiche konservative Zeitungen instruierten ihre Redakteure in Brüssel, ähnlich wie Johnson über die Europäische Union zu berichten – mit zum Teil dramatischen Folgen für die Europäische Union selbst: „Soon, a Europe of scheming bureaucrats plotting to rob Britain of its ancient liberties, or British prime ministers fighting gallant rearguard actions against an incrasingly powerful superstate, or absurd directives on banana shapes, became the only narratives that many papers were interested in. They were narratives that exploited [...] innate nationalism, distrust of foreigners and sense of superiority. They were narratives so strong that [...] political leaders mostly chose to play along with them."[620]

Die Euro-Mythen haben bis zur Zeit des 2016er Referendums maßgeblichen Einfluss auf die Berichterstattung der britischen Presse gehabt: „With a few honourable exceptions [...] the referendum coverage was merely a supercharged version of what had gone before.It was led by the biggest broadsheet (the Telegraph),the biggest mid-market paper (the Mail) and the biggest tabloid (the Sun). And it was based on myths: that we pay 350m a week to Brussels, that we can continue to enjoy access to the single market without freedom of movement, that millions of Turks are heading our way because their country is about to join the EU, that immigrants are destroying the NHS rather than keeping it going. The coverage was designed to inflame xenophobia and our worst ‚Little England' instincts."[621]

Verschiedene Studien und Experten kamen in den vergangenen Jahren zwar zu dem Schluss, dass die Bedeutung und Einflussnahme von Zeitungen im 21. Jahrhundert – vor allem im Vergleich zur zweiten Hälfte des 20. Jahrhunderts bis zum regulären Gebrauch des Internets – abgenommen habe, doch muss man Großbritannien losgelöst von anderen, kontinentaleuropäischen Staaten sehen: „The conventional wisdom is that newspapers don't matter any more but they do when just 635,000 votes for Remain instead of Leave would have averted this national catastrophe. They do when the press is a primary source of information for millions of Brits. They do when most of our papers have relentlessly portrayd the EU as the monster of Johnson's fertile imagination, not just for a few months, but for more than two decades."[622]

619 Ebd.

620 The New Statesman, online (Martin Fletcher): Boris Johnson peddled absurd EU myths – and our disgraceful press followed his lead. 1. Juli 2016

621 Ebd.

622 Ebd.

### 3.5.2 Die Referenden 1975 und 2016 im medialen Vergleich

Ein interessanter Ansatz, um die Argumentationslinie der britischen Printmedien im Verlauf der 2016er Referendumskampagne zu untersuchen, ist die Frage, ob die Vorhersagen, die Politiker, Wirtschaftsexperten, aber auch die Presse selbst 1975 bezüglich einer weiteren EWG-Mitgliedschaft gemacht hatten, in den folgenden 41 Jahren wahr geworden sind und ob sie 2016 ebenfalls eine Rolle gespielt haben könnten. Bedeutend in diesem Zusammenhang ist vor allem, ob die Warnungen der Out-Kampagne von 1975 sich in der Praxis bewahrheitet hatten.

Als die britische Regierung ihr Volk über eine weitere Mitgliedschaft in der damaligen Europäischen Wirtschaftsgemeinschaft abstimmen ließ, war dies eine echte Premiere. „It was Britain's first nationwide referendum. The decision to join the EEC [European Economic Community, Anm. d. Verf.] was taken by Edward Heath's government in 1973, but Labour's manifesto promised a referendum on Britain's ongoing membership."[623] Die grundsätzlichen parteipolitischen Linien sahen eine in sich stark zerstrittene Labour-Partei, deren Industrieminister Tony Benn sich klar für einen Austritt aus dem Binnenmarkt aussprach und vor allem deswegen Ziel einer großangelegten gemeinsamen Zeitungskampagne wurde, und einer klar pro Europa positionierten konservativen Opposition unter Margaret Thatcher. Thatcher selbst sagte im Rahmen eines TV-Interviews: „Everyone should turn out in this referendum and vote yes, so that the question is over once and for all, we are really in Europe, and ready to go ahead."[624] Damals ahnte noch niemand, dass Thatchers Einstellung sich innerhalb von weniger als einem Jahrzehnt fundamental ändern und sie, dann als Premierministerin, mit Hilfe von einflussreichen britischen Tageszeitungen zu einer erklärten Gegnerin einer tieferen europäischen Zusammenarbeit werden sollte.

Ein großer Unterschied zwischen den beiden Referenden 1975 und 2016 lag nicht nur darin, dass der überwiegende Teil der Medien, Gesellschaft und Politik für einen Verbleib in der Europäischen Wirtschaftsgemeinschaft war, sondern, dass vor allem die Printmedien zunächst gegen ein Referendum als solches waren. „They had seen the Common Market issue through three elections, in one of which, 1966, they had fought the party leaders'desire to play it down. [...] most papers [...] had decided in favour of membership ten years ago and had not changed their views. [...] The referendum principle itself was unpopular

623 The Guardian, online (James Walsh): Britain's 1975 Europe referendum: what was it like last time? 25. Februar 2016.

624 Ebd.

too.“[625] Mehr noch: Das Land hatte in den vergangenen 18 Monaten gerade zwei Unterhauswahlen hinter sich. „The press certainly did not want another.“[626] Dennoch führte an einer Volksabstimmung kein Weg vorbei. Dabei war lange Zeit nicht klar, welche Art der Abstimmung, in welcher Form und mit welcher konkreten Frage es würde verbunden sein. Dies führte zu Frustration auf allen Seiten, besonders bei denjenigen, die ein Referendum zur europäischen Frage für überflüssig hielten – denn für viele Leute war klar, dass die grundsätzliche Orientierung in Großbritannien überwiegend pro Europa war. Die Zeitungen selbst waren darin – genau wie 2016 – ein wichtiger „Player“, hatten doch allein die nationalen Titel eine Gesamtauflage von rund 15 Millionen, „illustrating the immense power and influence that these ideas could provoke.“[627]

Das Referendum selbst sollte am 5. Juni 1975 stattfinden. Im Gegensatz zu 2016 war das Thema „Europa“ bis Ende Mai nicht vollumfänglich auf den Titelseiten abgebildet. „Apart from the Morning Star, which started campaigning early, the referendum made very little impact at all on the front pages Until May 26th, the Bank Holiday Monday of the week before polling day.“[628] Grundsätzlich waren alle überregionalen Tageszeitungen pro Verbleib im europäischen Markt mit Ausnahme des kommunistischen *Morning Star*: „[...] the Morning Star, itself of very limited size and readership compared with the rest, fought a lone campaign fort he anti-Marketeers.“[629] Und abgesehen von regionalen Zeitungen, hier vor allem schottischen, war der übergroße Rest zum Teil deutlich pro Europa eingestellt: „[...] one must look to more specialised publications than the general-interest daily and Sunday press.“[630] Die Debatte um die Voreingenommenheit der britischen Presse war damals in vollem Gange: „[...] controversy over pro-Community bias in the press reached a climax.“[631]

Interessant in diesem Zusammenhang ist, dass zahlreiche große Tageszeitungen – im Gegensatz zu vorangegangenen nationalen Wahlen – während der gesamten Referendumskampagne keine Umfragen veröffentlichten. Auch dies war 2016, wie das nächste Kapitel dieser Arbeit zeigen wird, das genaue Gegenteil.

---

625 Butler, David und Kitzinger, Uwe: The 1975 Referendum. London/Basingstoke 1976. S. 214.

626 Ebd. S. 215.

627 Brit Politics, online (Ceara Bainbridge): Déjá EU – An analysis of media coverage in 1975 and 2016. In: Brit Politics – All about british politics & History.

628 Butler, David und Kitzinger, Uwe. S. 219.

629 Ebd. S. 216.

630 Butler, David und Kitzinger, Uwe. S. 217.

631 Ebd. S. 196.

Dazu gehörten unter anderem die *Daily Mail*, *The Times*, *Sunday Times* und der *Observer*. Es galt sicher, dass sich die Briten für einen weiteren Verbleib in der Europäischen Wirtschaftsgemeinschaft entscheiden würden. „Moreover, the frequency as well as the range dropped. The decline was put down to editorial scepticism, cost and the fair degree of certainty about the result."[632]

Offensichtlich war, dass sämtliche Unternehmen an der Fleet Street eine gewisse Abneigung gegen das Referendum 1975 hatten, was vor allem mit einer gewissen Müdigkeit dem Thema, dessen Ausgang für viele ohnehin schon feststand, gegenüber geschuldet war: „The result was probably a foregone conclusion – though most paper did not say so openly until the last week."[633] Allein dies ist schon ein extrem großer Unterschied zu Referendum 41 Jahre später. Eine weitere Zahl, die es 2016 so nie gegeben hätte, geht aus der Berichterstattung in den Wochen vor der Wahl 1975 hervor: In den vier Wochen vor dem Referendum 1975 gab es insgesamt (!) nur 47 Titelgeschichten zum Thema „EEC-Verbleib" von 211 möglichen.

Die Zeitungen selbst hatten am Referendumstag (5. Juni 1975) eher neutrale oder, verglichen mit 2016, mit fast schon „langweiligen" Titelgeschichten aufgemacht. Der *Daily Telegraph* etwa mit „Decision Day for Britain", die *Times* mit „Service votes arrive as EEC campaign winds up" und die *Financial Times* titelte schlicht „Call for high poll turnout". Vielleicht hatten die Zeitungen aber auch das eigentliche Thema, zum Teil zumindest, „missverstanden". In Fleet Street gingen viele Berichterstatter davon aus, dass das Referendum drei übergeordnete Themenbereiche hatte:

- Die Abstimmung wurde angesetzt, um den Bruch innerhalb der Labour-Partei und Regierung zu überdecken. (*The Guardian*, 5. Juni 1975)
- Der europäische Markt ist ein Thema, was vom linken Labour-Flügel erst zu einem wirklichen Streitgegenstand gemacht wurde. (*The Financial Times*, 12. Mai 1975)
- Das Referendum sollte zeigen, wer die politische Macht im Land hat. (*The Daily Telegraph*, 5. Juni 1975)

Überregionale Zeitungen, die 2016 wie selbstverständlich täglich und teilweise mit mehr als 20 Seiten pro Ausgabe über die bevorstehende Wahl berichteten, wie die *Daily Mail* oder der *Daily Express*, hatten sich 1975 noch vornehm zurückgehalten. „The Daily Express had nothing on its front page about the

632 Ebd. S. 224.
633 Ebd. S. 218.

campaign at all until May 29th.“[634] Stattdessen gab die Zeitung am 27. Mai mehreren Vetreteren beider Kampagnenseiten die Möglichkeit, sich mit eigenen Beiträgen in der Zeitung zu äußern – 2016 sollte dies, vor allem in der *Daily Mail*, undenkbar sein. Dies ist ein Indikator dafür, dass die politische-gesellschaftliche Stimmung im UK nicht so vergiftet war wie 2016. Auch die *Sun* glänzte nicht mit einer umfassenden Berichterstattung. Was allen Zeitungen gemein war, war eine mehrwöchige Attacke auf Industrieminister Tony Benn, der sich, gegen einen weiteren Verbleib im EEC ausgesprochen und damit fast gegen die gesamte eigene Regierung gestellt hatte. Vor allem *die* Sun konzentrierte ihre Berichterstattung zum Teil so stark auf Benn, dass andere, inhaltliche Themenbereiche nicht ausreichend diskutiert wurden.[635] Die *Sun* war allerdings nicht allein in ihrer Darstellung des Ministers: „The press were generally agreed on the nature of Mr Benn's significance: he was counter-productive.“[636]

An dieser Stelle stellt sich die Frage, inwieweit die Berichterstattung mit Blick und vor allem gegen eine einzelne Person noch als fair bezeichnet werden konnte. „Tony Benn [...] was widely mocked and demonised in the press at the time.“[637] Doch war die Presse im Rahmen der Kampagne 1975, verglichen mit 1975, noch einigermaßen ausgeglichen. Und doch waren an dieser Stelle schon Spuren für das Verhalten der Presse 40 Jahre später zu finden – vor allem wenn es um eine „faire“ Berichterstattung eines das ganze Land betreffende Thema geht. „Is it an accepted tabloid convention that to call a minister a liar is just a four-letter way of expressing disagreement? [...] The anti-Marketeers could mount a very powerful case for saying Mr Benn's treatment was unfair; but the press would have no difficulty whatsoever in justifying themselves.“[638] Ein aus Zeitungssicht attraktiver „Subplot“ des Referendums war, dass sich die Printmedien genüsslich den inneren Verwerfungen der Labour-Partei widmen konnten. „The paper's major aim throughout their pro-EEC campaign was political, seeking to exploit the divisions in Wilson's government by concentrating fire on leftwingers who were urging a no vote. And their central demon figure was Tony Benn, who had long been a target for press venom because of his enthusiasm for

---

634 Butler, David und Kitzinger, Uwe. S. 233.
635 Vgl. Ebd. S. 239f.
636 Ebd. S. 241.
637 The Guardian, online (James Walsh): Britain's 1975 Europe referendum: what was it like last time? 25. Februar 2016.
638 Butler, David und Kitzinger, Uwe. S. 244.

nationalisation and workers' co-operatives, not to mention his scathing attacks on newspaper owners.“[639]

Ein wichtiger Unterschied zu 2016 sollte schließlich auch die konkrete Themensetzung sein: 1975 gab es kein wirklich dominierendes Thema, das für die Wähler so wichtig sein würde, dass das Referendum in die eine oder andere Richtung kippen könnte. Dies hatte auch die Labour-Regierung gesehen, die bewusst mit einigen „kosmetischen“ Veränderungen einen neuen „Deal“ für Großbritannien aushandeln konnte. Genau damit ist David Cameron mehr als 40 Jahre später gescheitert: „According to internal Government documents [...] those involved in 1975 regenotiation intentionally kept the objectives vague and the language deliberately ‚loose‘. Consequently, Wilson and his Government were able to dress up cosmetic changes as a significant deal for Britain, which were then sold to the public as a reason to vote ‚Yes‘.“[640]

1975 sah die Situation noch völlig anders aus, denn damals sprachen sich fast alle Medien mit Ausnahme des *Morning Star* für einen Verbleib aus: „[...] the national press exhibited hysterical enthusiasm for European integration during the run-up to the June 1975 referendum.“[641] Sogar *The Sun* sprach sich, was 2016 unvorstellbar klang, für eine weitere Mitgliedschaft in der Europäischen Wirtschaftsgemeinschaft aus. Und dadurch, dass sich fast alle Zeitungen pro EWG positionierten und gemeinsam über eine tägliche Auflage von rund 15 Millionen verfügten, erreichten sie damit rund 45 Millionen Leser. „By contrast, the no camp was represented by the Communist Party's Morning Star, the short-lived workers co-operative title, the Scottish Daily News, and the Dundee Courier. Together, they sold fewer than 150,000.“[642] Dies führte – fernab des Internetzeitalters – zur wichtigsten Schlussfolgerung: „So Harold Wilson's Labour government was able to rely on the country's main propaganda vehicles to back his call for a yes vote.“[643]

Was führte aber dazu, dass Zeitungen sowohl von der Mitte, von links und von rechts gemeinsam für einen EWG-Verbleib Großbritanniens plädierten?

639 The Guardian, online (James Walsh): Britain's 1975 Europe referendum: what was it like last time? 25. Februar 2016.

640 The Daily Telegraph, online (Matthew Elliott): Seven lessons from Britain's 1975 EEC referendum. 5. Juni 2015.

641 The Guardian, online: Did national papers pro-European bias in 1975 affect the referendum? 4. Februar 2016.

642 The Guardian, online: Did national papers pro-European bias in 1975 affect the referendum? 4. Februar 2016.

643 Ebd.

„Broadly, their arguments on behalf of maintaining EEC membership took two distinct lines: the economic benefits of staying and the political dangers of leaving.“[644] Dies erscheint im Vorfeld des 2016er Referendums besonders kurios, da dies genau zwei der kritischsten Punkte für die *Leave*-Bewegung waren: Die Kritiker sahen die britische Wirtschaft ohne die „Fesseln“ der Europäischen Union besser aufgestellt und argumentierten ebenfalls, dass die britische Politik „ohne Brüssel“ freier in ihren Entscheidungen wäre.

Diese Standpunkte jedenfalls waren 1975 jedenfalls noch das genaue Gegenteil, ganz besonders auch bei den Eigentümern der Zeitungen: „The newspaper owners of that era, who included one still with us, Rupert Murdoch, were firmly supportive of membership and their editors pulled out all the stops prior to the vote. An analysis of daily national press coverage in the month before polling day revealed that 54 % of the content was pro-EEC.“[645] An dieser Stelle spielt natürlich auch eine entscheidende Rolle, dass damals die regierende Labour-Partei innerlich tief gespalten und zerstritten über den weiteren Verbleib in der Europäischen Wirtschaftsgemeinschaft war – ähnlich wie die Konservativen im Vorfeld des 2016er Referendums. Die Torys hingegen waren damals, wenn auch nicht überschwänglich, für einen EWG-Verbleib – ähnlich wie Labour 2016.

In der Analyse der britischen Referendums 1975 spielt ein wesentlicher Punkt die Tatsache, dass die Presse die Idee eines Referendums von Anfang an wenig mochte.[646] „The country had suffered two frustrating general elections within the last eighteen months. The press certainly did not want another.“[647] Die Pro-Europäer konnten damals mit ihren wirtschaftlichen Argumenten und der ihnen zugeneigten Presse kaum entscheidende Fehler machen. Denn „Ja“ sagten alle großen Zeitungen des Landes zu einem EWG-Verbleib: *The Daily Mail*, *The Daily Telegraph*, *The Daily Express*, *The Sun*, *The Times*, *The Financial Times*, *The Guardian*, *The Daily Mirror* und *The Daily Record*. The *Daily Mail* titelte damals beispielsweise: Vote YES for Britain“, the Daily Mirror erklärte: „A vote for the future“ und, deutlich martialischer: „The most important day since the war.“ *The Sun* titelte: „Yes for a future together, No for a future alone.“[648] Dass die Zeitung 2016 genau diese Schlagzeile drehen und für „Leave“ votieren sollte, ist

644 Ebd.

645 The Guardian, online: Did national papers pro-European bias in 1975 affect the referendum? 4. Februar 2016.

646 Vgl. Butler, David und Kitzinger, Uwe. S. 214.

647 Butler, David und Kitzinger, Uwe. S. 215.

648 Vgl. The Guardian, online (Roy Greenslade): Did national papers pro-European bias in 1975 affect the referendum? 4. Februar 2016.

eine weitere Ironie der britischen Zeitungshistorie, wenn auch mit ernstem und letztlich dramatischem Ausgang vier Jahrzehnte später.

Das Resultat 1975 war schließlich eindeutig: 17,3 Millionen Briten stimmten am 5. Juni 1975 für den Verbleib in der Europäischen Wirtschaftsgemeinschaft – was 67,2 Prozent und damit einer deutlichen Zweidrittelmehrheit entsprach. 8,4 Millionen Wähler votierten für „Nein" (32,8 Prozent). Im Nachgang ist der Einfluss der britischen Presse auf das Referendum 1975 mehrfach untersucht worden. Interessant ist, mit welcher Hingabe sich die einzelnen Zeitungen des Themas angenommen hatten: „Overall the performance of the press was rather variable. The good – the Guardian, Financial Times, The Times – put on a comparable performance to an election; proving in the process that there cannot really be a one-issue referendum any more than a one-issue election. The bad, notably the Daily Express, made much less effort than in an election."[649]

Ein weiterer interessanter Punkt ist, dass durch das verschiedenartige Engagement im Zuge des Referendums medienweit das Gefühl entstand, die Medien selbst seien das Referendum, vor allem da die verschiedenen Seiten Pro und Contra von den politischen Kampagnen alles andere als professionell organisiert waren: „In the absence of a single, permanent, organised leadership and official orthodoxy on each side, the press could decide for itself what the issues were. [...] The feeling that the press was the referendum is symbolised most aptly, however, by the Daily Mirror's frontpage on polling day. What was it about? [...] it was about the Daily Mirror. The newspaper had become the news."[650]

Das eindeutige Ergebnis, die mehr als Zweidrittelmehrheit pro EWG, brachte allerdings nicht den gewünschten Effekt, dass nämlich Großbritannien von nun an wie die anderen Mitgliedsstaaten vorbehaltlos hinter der europäischen Idee stehen würde. Einige Europabefürworter hatten das Referendum als „necessary legitimation before moving on towards closer integration, let alone European Union"[651] gesehen. Nüchterner betrachtet war es in Wirklichkeit wohl eher „not a vote cast for new departures or bold initiatives. It was a vote for the status quo. [...] Nor should the psychological impact of the referendum result in Britain be over-estimated. It did not result in a girding of the loins for a great new European adventure."[652] Ein weiterer entscheidender Unterschied zu 2016 war auch, dass das Referendum kein Misstrauensvotum gegen die großen Parteien

649 Butler, David und Kitzinger, Uwe. S. 245.
650 Ebd. S. 245.
651 Ebd. S. 279.
652 Ebd. S. 280.

war. Dazu kam, aus Sicht des *Leave*-Lagers, zusätzlich das Fehlen eines populären Kampagnen-Gesichts: „[...] it proved to be one of the greatest handicaps of the anti-Marketeers that they lacked national leders with whom the public was happy to identify."[653] Die Stimmung der Kampagnen war 1975 – im Gegensatz zu 2016, auch längst nicht so aufgeheizt. Entsprechende Befürchtungen gab es im Vorfeld durch die Erfahrungen des Norwegen-EWG-Referendums, das 1972 stattgefunden hatte.[654]

Das 1975er Referendum hatte allerdings einen weiteren Subkontext, der bezeichnend für die damalige Zeit war: die Frage, wer eigentlich das Vereinigte Königreich regierte. „What was notable was the extent to which the Referendum, certainly in its later stages, was not really about Europe at all. It became a straight right versus left battle with the normal dividing line shifting further over than in general elections."[655] Die Folgen des 1975er Referendums für die britische Politik waren überschaubar. „Once the referendum was over the country returned not only to yet another incomes policy crisis but also to a constitutional dilemma that might be more disturbing than any question of EEC membership. The unresolved arguments over devolution played little part in the story of the referendum, even in Scotland."[656] Mit anderen Worten: Großbritannien hatte andere Probleme als die Frage, ob eine weitere Mitgliedschaft in der Europäischen Wirtschaftsgemeinschaft gut oder schlecht für das Land sein würde – ein entscheidender Unterschied zur komplexen Problematik vier Jahrzehnte später.

Stellt sich die Frage: Welche der 1975 angesprochenen Thematiken hatte sich in der Zwischenzeit bewahrheitet? Mit welchen Themen der ersten Abstimmung über den Verbleib in Europa zogen EU-Befürworter und Gegner vier Jahrzehnte in den Wahlkampf? Worin unterscheiden sich die beiden Referenden am meisten voneinander?

1975 setzten sich große und beziehungsweise wichtige Teile aller drei großen Parteien – Torys, Labour (abgesehen von einigen Ministern und Abgeordneten auf dem linken Flügel) und Liberaldemokraten – für den Verbleib in der Europäischen Wirtschaftsgemeinschaft ein. „Business and non-political voices will be far more important in the forthcoming [2016, Anm. d. Verf.] referendum, but broad, cross-party political support will also be vital for both sides."[657] Der

---

653 Butler, David und Kitzinger, Uwe. S. 285.

654 Vgl. Ebd. S. 285.

655 Ebd. S. 287.

656 Ebd. S. 288.

657 The BBC, online (Matthew Elliott): Seven lessons from Britain's 1975 EEC referendum. 5. Juni 2015.

wichtigste Punkt – und zentrale Gegenstand dieser Arbeit – sind nach wie vor die Medien. „A successful campaign will require broad media and political support."[658] Dieser Punkt lässt sich schon vorab vorbehaltlos mit einem eindeutigen „Ja" beantworten. Mehr noch als 1975, gerade auch weil die britischen Medien in der Frage „*Stay*" oder „*Leave*" so gespalten waren, kam es 2016 auf die Medien selbst an: „The media landscape is very different today; forty years ago there were three television channels, now there are hundreds. Newspapers are split on the issue and now, of course, there are blogs and social media."[659]

Das Ergebnis, gut zwei Drittel der Wähler sprachen sich für einen EWG-Verbleib aus, war eindeutig und gleichzeitig leidenschaftslos. 17,3 Millionen Briten wollten weiterhin Mitglied in der EWG bleiben (67,2 Prozent), 8,4 Millionen (32,8 Prozent) wollten sich nach kurzer Mitgliedschaft aus dem Staatenverbund wieder zurückziehen. Umfragen zufolge rückten Wähler Themen wie „Wirtschaftliche Folgen", „Großbritanniens Stellung in internationalen Zusammenhängen" und „Optimismus in einer friedlichen Gemeinschaft" in den Fokus.[660] Die Wahlbeteiligung lag allerdings bei geringen 65 Prozent. Interpretationen gab es nicht im Zuge dieses Ergebnisses, auch wenn sich im Zuge der Wahlbeteiligung die „Anti-Marketeers" darauf hätten berufen können, dass nur 43 Prozent aller Wahlberechtigten sich für einen weiteren Verbleib in der Gemeinschaft ausgesprochen hatten. Auf dieser Basis wählten allerdings auch nur knapp 21 Prozent für einen Ausstieg.

Das Referendum selbst war allerdings kein „Aufbruch zu neuen Ufern", sondern vielmehr ein Votum für den status quo. „Those who had denounced referenda as instruments of conservatism may have been right. The public is usually slow to authorise change; the anti-Marketeers would have had a far better chance of winning a referendum on whether to go in than one on whether to stay in."[661] Ganz besonders wichtig – auch im scharfen Gegensatz zu 2016 – war die Tatsache, dass 1975 in der britischen Gesellschaft keine anti-Establishment-Stimmung zu vernehmen war. Hinzu kam, dass die Gegner einer weiteren EWG-Mitgliedschaft über keine prominenten und in der Bevölkerung populären Gesichter verfügten. Es gab damals keinen Boris Johnson oder Nigel Farage, die ihre Kampagnen, so unwahr deren Inhalte auch sein mochten, nach außen gut verkaufen

658 Ebd.

659 The BBC, online (Matthew Elliott): Seven lessons from Britain's 1975 EEC referendum. 5. Juni 2015.

660 Vgl. The Guardian, online (James Walsh): Britain's 1975 Europe referendum: what was it like last time? 25. Februar 2016.

661 Butler, David und Kitzinger, Uwe. S. 280.

konnten. „What is more, no new faces emerged during the campaign (on either side) to establish themselves in national consciousness.“[662] Die Kampagne war, verglichen mit dem Referendum 2016, geradezu zahm im Umgang der beiden Lager, auch wenn Beobachter im Vorfeld davon ausgingen, dass der Wahlkampf schmutziger sein würde. „The immoderation and bitterness which characterise the Norwegian referendum in 1972 stayed mercifully absent.“[663]

Allerdings sprechen einige Indikatoren dafür, dass speziell die ländliche Peripherie weniger europafreundlich war als die großen Städte – ein interessanter Vergleich zur Wahl 2016: „The overall vote in Scotland was 10% less favourable than in England. The Western Isles, Shetland and Northern Ireland gave the lowest Yes answers.“[664] Interessant ist auch der Vergleich nach Parteipräferenzen: „Conservatives everywhere went 85 to 15, Liberals and Plaid Cymru by 70 to 30 and Labour by 51,5 to 47,5, while SNP supporters went No by 60 to 40.“[665] Und hier zeigte das UK, größtenteils zumindest, Einigkeit: „It was a national argument, a national campaign in the national media and a national result.“[666] Dementsprechend erleichtert zeigte sich auch die britische Presse über den konkreten Referendumsausgang: In für heutige Verhältnisse unvorstellbarer Einigkeit feierten die nationalen Zeitungstitel vom Guardian bis zur *Daily Mail* den klaren Ausgang des Referendums.[667]

Hatten die *„anti-Marketeers*“[668] aufgrund der EWG-freundlichen Presse zu diesem Zeitpunkt überhaupt eine Chance zu gewinnen? Offensichtlich ist, dass der starke Gegensatz zwischen der Begeisterung der britischen Presse für das europäische Projekt im Vorlauf des Referendums 1975 und der Abstimmung 41 Jahre später mehr Gründe als „Es sind heute andere Zeiten“ geben muss. Einige Zeitungen waren so stark pro Europa eingestellt, dass sie Gegnern einer weiteren EWG-Mitgliedschaft keine Chance auf Platz in ihren Ausgaben und damit in der Öffentlichkeit gaben: „The newspaper owners of that era, who included one still with us, Rupert Murdoch, were firmly supportive of membership and their editors pulled out all the stops prior to the vote.“[669] Insgesamt war Studien

662 Ebd. S. 285
663 Ebd. S. 285.
664 Ebd. S. 271.
665 Ebd. S. 271.
666 Ebd. S. 272.
667 Butler, David und Kitzinger, Uwe. S. 274f.
668 Ebd. S. 216.
669 The Guardian, online (Roy Greenslade): Did national papers pro-European bias in 1975 affect the referendum? 4. Februar 2016.

zufolge – wie 2016 – keine ausgeglichene Berichterstattung zu finden. Rund 54 Prozent aller Artikel der nationalen Zeitungstitel, die sich mit dem Referendum beschäftigten, behandelten die EWG positiv, wohingegen lediglich 21 Prozent negative Aspekte einer weiteren EWG-Mitgliedschaft hervorhoben.[670]

Was bleibt vom Referendum 1975 als Lehre für die Printmedien? Darüber gehen die Meinungen weit auseinander. Auch die Presse hatte sich letztlich wohl nicht aus einer Gefühlslage pro Europa positioniert, sondern eher aus marktwirtschaftlichem Kalkül. „The Daily Telegrah even conceded that it had been a useful educational experience."[671] Die „Performance" der Presse wurde durchaus unterschiedlich bewertet. „The good – the Guardian, Financial Times, The Times – put on a comparable performance to an election; proving in the process that there cannot really be a one-issue election. The bad, notably the Daily Express, made much less effort than in an election. […] Papers were delighted to quote rightwing Labour ministers, such as Denis Healey and Roy Jenkins, who turned on their cabinet colleague. Columnists and cartoonists had a field day poking fun at Benn."[672]

Andererseits muss auch hinterfragt werden, wie die Stimmung in Großbritannien innerhalb von nur wenigen Jahren seit Beginn der 1970er Jahre kippen konnte, dass von einem ursprünglichen Verhältnis von 3:1 gegen auf einmal eine Zustimmung von 2:1 für eine weitere britische EWG-Mitgliedschaft (und im Anschluss wieder umgekehrt) wurde. In diesem Zusammenhang ist wichtig zu beachten, dass die britische Presse, allen voran die Printmedien, ihre Einstellung zur Europäischen Wirtschaftsgemeinschaft innerhalb von wenigen Jahren, noch in den 1970er Jahren, damit begann, die durch das Referendum gestützte britische EWG-Mitgliedschaft gleich wieder in Frage zu stellen. Dies wurde beispielsweise schon Anfang 1977 deutlich, als der *Economist* titelte: „We like it less than ever"[673]. Vor allem Tabloids wie die *Daily Mail*, der *Daily Express*, aber auch seriösere Zeitungen wie die *Times* und der *Guardian* stellten die EWG mit ihrer Berichterstattung grundsätzlich und zunehmend in ein schlechtes Licht, so dass spätestens mit der Regierungsübernahme der Konservativen unter Margaret Thatcher 1979 Großbritannien laut über ein neues Mitgliedschaftsvotum nachdachte – auch wenn im unmittelbaren Nachgang zur Abstimmung 1975 weder Politik noch Medien noch Gesellschaft Interesse und Bereitschaft zeigten, in

670 Ebd.
671 Butler, David und Kitzinger, Uwe: S. 245.
672 Butler, David und Kitzinger, Uwe. S. 245
673 The Economist: We like it less than ever. 27. Februar 1977.

absehbarer Zeit erneut an die Wahlurnen zu gehen und über Großbritanniens Verhältnis zu Europa abzustimmen.[674] Immerhin hatte das Referendum 1975 die Barrieren zu künftigen Volksabstimmungen abgebaut, aber „it engendered no enthusiasm for the innovation, certainly not among Britain's political leaders."[675] In Großbritannien kehrte schnell wieder der Alltag ein: „Moreover once the referendum was over the country returned not only to another incomes policy crisis but also to a constitutional dilemma that might be more disturbing than any question of EEC membership. The unresolved arguments over devolution played little part in the story of the referendum, even in Scotland. But they could pose a greater threat to the traditional rules of government in the United Kingdom thn anything devised under the Treaty of Rome."[676]

Bereits der Beginn des Jahres 1977, nicht einmal 24 Monate nach dem Referendum, zeigte, „that another referendum would have elicited a ‚no' vote from the public, as opinion polls showed that only a third of the public thought the Common Market was a good thing. Multiple newspapers since the referendum published similar stories calling for another referendum to be held."[677] Dieser Forderung sollte vier Jahrzehnte später schließlich entsprochen werden.

Was das Referendum 1975 zweifellos zeigte, war, dass es im Kern nicht um Großbritanniens Platz in Europa ging, sondern um die Frage, wer eigentlich das UK regiert: „It became a straight right versus left battle with the normal dividing line shifting further over than in general elections – hence the Labour party split and their discomforture."[678]

Hinzu kommt noch ein weiterer Punkt, der den Eindruck stärkt, dass die Rolle der britischen Presse durch das Referendum gestärkt wurde: 1975, so wird verschiedentlich argumentiert, war die Presse selbst das Referendum. „[...]the powerful feeling engendered by the press that, far more even than in recent elections, the press and broadcasting *were* the referendum. In the absence of a single, permanent organised leadership and official orthodoxy on each side, the press could decide for itself what the issues were. No one else could claim to be a more legitimate arbiter."[679] Diese „Vermittler"-Rolle hatte die Presse 1975 durchaus ordentlich ausgefüllt. In Zeiten, in denen sich die Bevölkerung noch nicht über

674 Vgl. Butler, David und Kitzinger, Uwe. S. 288.

675 Ebd. S. 288.

676 Butler, David und Kitzinger, Uwe. S. 288f.

677 Brit Politics, online (Ceara Bainbridge): Déjá EU – An analysis of media coverage in 1975 and 2016. 25. Mai 2016.

678 Butler, David und Kitzinger, Uwe. S. 287.

679 Ebd. S. 245.

das Internet informieren konnte, hatte die Presse freie Hand in der Themensetzung. „The feeling that the press was the referendum is symbolised most aptly, however, by the *Daily Mirror's* front page on polling day. What was it about? […] it was about the *Daily Mirror*. The newspaper had become the news."

Was Mitte der Siebzigerjahre womöglich noch nicht im Zentrum der Betrachtungen stand – vielleicht auch weil die Medien fast geschlossen für einen britischen EWG-Verbleib waren und es daher kaum gegensätzliche, diskutable Standpunkte gab – ist der direkte Einfluss der Medien auf den Ausgang des Referendums. Aus dieser Perspektive ist das Votum 1975 auch deutlich zugunsten der Europa-Befürworter ausgegangen, weil die Medien geschlossen hinter dem Projekt standen und gar nicht erst die Frage aufkam, welches Medium sich für welche Seite in der Kampagne aussprach. Dies sollte 2016 schon im Vorfeld der Abstimmung ganz anders aussehen: „A succesful campaign will require broad media and political support. […] The media landscape is very different today; forty years ago there were three television channels, now there are hundreds. Newspapers are split on the issue and now, of course, there are the blogs and social media."[680] Klar war, dass im Gegensatz zu 1975, als nur der *Morning Star* und der *Spectator* einen Austritt befürworteten, es 40 Jahre später viel mehr Publikationen geben sollte, die sich gegen eine weitere britische EU-Mitgliedschaft stellen würden. Spannend wird die Frage zu beantworten sein, was zwischen 1975 und 2016 passierte, ob die Vorhersagen der damaligen Out-Kampagne tatsächlich eintrafen und warum in der Zwischenzeit auch die Medien ihr Bild von Europa, der staatlichen Zusammenarbeit gewissermaßen um 180 Grad drehten.

Neben der bereits erwähnten Spaltung der damals regierenden Labourpartei, die vor dem gemeinsamen europäischen Markt als „kapitalistischem Club"[681] warnte, stachen noch einige weitere, auch 2016 durchaus populäre Themen heraus. Ein zentrales Anliegen der 1975er „Outer" war, wie vier Jahrzehnte später auch, die eigene staatliche Souveränität. Zahlreiche *Remain*-Wähler dachten nach 1975, dass sie für starke Handelsbeziehungen zwischen Großbritannien und dem europäischen Kontinent stimmten, die EWG sich aber tatsächlich in der Folge immer mehr zu einem „Superstaat" entwickeln sahen: „A common complaint from those who voted to remain in the EEC in 1975 is that they were hoodwinked – they thought they were voting for a trading arrangement but

680 The Daily Telegraph, online (Matthew Elliott): Seven lessons from Britain's 1975 EEC referendum. 5. Juni 2015.

681 BBC, online (Brian Wheeler): EU referendum: Did 1975 predictions come true? 6. Juni 2016.

ended up with a bossy ‚superstate'."[682] Dies konnten allerdings nur die wirklich uninformierten Wähler behaupten, denn staatliche Souveränität war schon 1975 ein zentrales Thema in der Kampagne. Vor allem die beiden prominentesten „Outer", Enoch Powell (Torys) und Tony Benn (Labour), diskutierten während der gesamten Kampagne über die Rücknahme von staatlicher Souveränität seitens des UK. Mehr noch: Die offizielle Out-Kampagne warnte deutlich vor einer Marginalisierung Großbritanniens bei einer andauernden Mitgliedschaft des UK in der EWG: „In its leaflet to voters, the Out campaign warned that the Common Market ‚sets out by stages to merge Britain with France, Germany, Italy and other countries into a single nation', in which Britain would be a ‚mere province'."[683] Sogar die In-Kampagne gab offen zu verstehen, dass eine weitere EWG-Mitgliedschaft bedeuten würde, staatliche Souveränität mit den anderen acht Mitgliedsstaaten zu bündeln. Die In-Kampagne sah dazu allerdings keine Alternative und betonte, dass das Vereinigte Königreich sich in einer sich schnell verändernden Welt nicht würde allein zurechtfinden können.

Weitere zentrale Themen waren „Arbeitsplätze" und „europäischer Handel". Vor allem Tony Benn behauptete, dass Großbritanniens gerade einmal zweijährige Mitgliedschaft in der EWG bereits 500.000 britische Arbeitsplätze gekostet habe. „He blamed rising unemplyoment on the growing trade deficit between Britain and the rest of the EEC."[684] Die In-Kampagne hingegen warf Benn vor, die Zahlen zusammenhangslos herausgegriffen und für seine Zwecke instrumentalisiert zu haben. Genau dafür wurde er übrigens auch von der britischen Presse zum Teil scharf und persönlich kritisiert. Die allermeisten Zeitungen warnten davor, dass ein Ausscheiden des UK verheerende Folgen für die heimische Wirtschaft und damit auch für den Arbeitsmarkt, dem Commonwealthweit rund 250 Millionen Menschen angehörten, hätte.

Stichwort Commonwealth: Wie in Kapitel 2 dargelegt, stand das britische Empire in den beiden Jahrzehnten nach dem Zweiten Weltkrieg vor einem unaufhörlichen Rückgang beziehungsweise in seiner Gesamtheit vor dem Aus. Und dies führte zu Ängsten vor dem, was möglicherweise folgen sollte: „Britain had to cut most of its trade links with the Commonwealth nations and replace them with trade deals with the EEC. This prompted the Out campaign to claim

---

682 BBC, online (Brian Wheeler): EU referendum: Did 1975 predictions come true? 6. Juni 2016.

683 Ebd.

684 Ebd.

that Britain would effectively cease to be a member of the Commonwealth."[685] Allerdings argumentierten die Vertreter von „In" dafür, dass das UK in jedem Fall im europäischen Kreis bleiben müsse, da dies auch die führenden Vertreter des Commonwealth so sähen.[686] Genau dieser Punkt wurde auch im 2016er Referendum debattiert, als *Leave*-Vertreter mehrfach betonten, dass Großbritannien im Falle eines Brexit starke wirtschaftliche Handelsabkommen mit den Commonwealth-Staaten (und ehemaligen Empire-Mitgliedern) schließen würde. Dies wurde übrigens auch von der Tory-Regierung unter Theresa May vor allem nach der Überreichung des offiziellen Austrittsgesuchs betont.

Was 1975 allerdings noch gar kein Thema sein konnte, auch aufgrund der seitdem weltweiten Entwickung mit unzähligen neuen Krisenherden, war der gesamte Zuwanderungs-Komplex, der 2016 das zentrale Thema sein sollte. „It was barely mentioned at all during the campaign. This was due, in part, to the fact that there were still limits on workers from other member states. Full EU ‚free movement' did not kick in until after the 1992 Maastricht Treaty was signed. But the idea that people would want to come to a depressed, economically stagnant Britain in large numbers would have seemed fanciful at bet in 1975.[687]" Ein eher diskutiertes Problem war damals tatsächlich Auswanderung.

Vergleicht man nun die beiden völlig unterschiedlichen Zeiten, 1975 und 2016, miteinander, lässt sich zwar festhalten, dass aus *Leave*-Sicht auch im neuen Jahrtausend einige Themen wie „Souveränität", „Kontrolle" und „Staatliche Gerichtsbarkeit" vor allem über die Printmedien, viel diskutiert wurden. Doch die In-Kampagne konnte inhaltlich tatsächlich „Frieden", „Stabilität" und „Wohlstand" als starke Punkte anführen, die vor allem nach dem Ende des Ost-West-Konflikts Europa eine bis dahin nicht gekannte prosperierende Zeit verschafften. Wie man am 23. Juni 2016 aber sehen konnte, reichte dies, die Bewahrung des Status Quo bei weitem nicht aus, um eine Mehrheit der Wähler für einen Verbleib in der Europäischen Union zu überzeugen. Wie sehr all diese Punkte im Frühjahr 2016 zu einer undurchsichtigen Gemengelage und damit auch zu großem Chaos in der Berichterstattung über das anstehende Referendum führen sollten, darüber wird das anschließende Analysekapitel 4 Aufschluss geben.

---

685 BBC, online (Brian Wheeler): EU referendum: Did 1975 predictions come true? 6. Juni 2016.

686 Vgl. ebd.

687 Ebd.

## 3.6 Journalisten, Politiker, Spin Doctors: ein abhängiges Verhältnis

In der Untersuchung der britischen Medienlandschaft fallen zwei Punkte besonders auf: Die Macht liegt in den Händen von nur wenigen Medienunternehmen und das Verhältnis zwischen Politikern und Journalisten beziehungsweise Verlagsbesitzern ist in vielerlei Hinsicht sehr speziell. Als Premierministerin Theresa May Anfang Februar 2017 den *Daily-Mail*-Journalisten James Slack zu ihrem Pressesprecher machte, blieb ein medialer Aufschrei aus.[688] Slack selbst war wenige Monate zuvor noch für die berüchtigte „Enemies of the People"-Titelseite[689] der *Daily Mail* verantwortlich, mit der die Entscheidung des britischen High Courts, an der Einleitung des Brexit-Verfahrens sei das britische Parlament zu beteiligen, scharf kritisiert wurde. Im UK ist es keine Seltenheit, dass britische Journalisten von Politikern, vorrangig Ministern und Premierministern, von der anderen Seite ins eigene Boot geholt werden. Ein Verfahren, was übrigens auch in Deutschland mit Blick auf den ehemaligen ZDF-Journalisten Steffen Seibert, der im August 2010 Regierungssprecher von Angela Merkel wurde, bereits vorgekommen ist. Was in Großbritannien aber auffällt, ist der Umstand, dass ausgerechnet Journalisten der *Daily Mail* und der *Sun* in größerer Zahl zur Konservativen Partei und in die unmittelbare Nähe der Regierung wechselten.

Diese Entwicklung ist auf zwei offensichtliche Gründe zurückzuführen: Zum einen verfügen Journalisten, die in die Politik wechseln, über wertvolle Hintergründe, wie die Zeitungen und vor allem die dahinterstehenden Personen denken, handeln und letztlich berichten. Zum anderen haben britische Politiker, vor allem die in der Regierung vertreten oder gar selbst Premierminister sind, oft gewissermaßen Angst vor der Berichterstattung in den heimischen Medien und wollen mit Experten von der Gegenseite einer rücksichtslosen Berichterstattung vorbeugen. Nicht umsonst sind die vergangenen drei konservativen Premierminister Margaret Thatcher, John Major und David Cameron über die heimische Presse und im Kern über deren Europafeindlichkeit gestolpert. Der Druck, der vor allem von der konservativen Presse über Jahre ausgeübt wurde, veranlasste alle drei zu bestimmten Entscheidungen, die sie letztlich den Job kosten sollten, auch wenn vor allem die *Sun* Thatchers Sturz bedauerte. Rupert Murdoch ist hierbei nur das heutzutage prominenteste Beispiel in einer langen Liste von einflussreichen Verlegern und Chefredakteuren im UK: „They were afraid of his

688 Vgl. The Guardian, online (Jane Martinson): Theresa May and her man from another world. 21. Mai 2017.

689 The Daily Mail, online (James Slack): Enemies of the people. 4. November 2016. S. 1.

newspapers and their power to cause trouble. […] he knows he can provide an unrivalled platform for internal rivals to incumbent politicians."[690] Und ganz besonders neue, unerfahrene Politiker „are often surprised by how little power they actually have to made things happen. […] prime ministers soon become convinced that real power lies somewhere else… and keep enviously trying to see if they can seize it."[691]

Zwei weitere bekannte Beispiele für einen direkten Wechsel von den Medien in die Politik gaben im Übrigen auch die Pressesprecher von Margaret Thatcher und Tony Blair. Thatcher hatte Anfang der 1980er Jahre den früheren Labour-Reporter des *Guardian*, Bernard Ingham, zu ihrem Pressesprecher gemacht. Ingham selbst war in den 1960er Jahren lange Zeit Korrespondent für die nördlichen englischen Industrieregionen.[692] Tony Blair seinerseits hatte auf Alastair Campbell zurückgegriffen, der 1997 ein grundlegendes Verständnis von Tabloid-Zeitungen und besonders des Labour-unterstützenden *Daily Mirror* mitbrachte. Beide, Ingham und Campbell, hatten einen großen Vorteil, der für ihre neuen Vorgesetzten von unschätzbarem Wert war: „Margaret Thatcher and Tony Blair had at least two things in common: they were the only post war primes ministers in power for a decade or more and they both appointed press secretaries form northern England who understood worlds they didn't."[693] Die aktuelle Premierministerin Theresa May hatte an genau diese Herangehensweise angeknüpft: „Theresa May has followed their example by picking a northerner, James Slack, as her official spokesman, yet so far she appears to have a perfect understanding of the Daily Mail, where he was most recently political editor."[694]

Tony Blair brauchte im Übrigen verlässliche Kontakte zu den Tabloids, hier vor allem zum Murdoch-Imperium, für ein weiteres Ziel, nämlich um sich seinen einzigen wirklichen Feind während seiner zehn Jahre im Amt vom Leib zu halten: Schatzkanzler Gordon Brown. „Brown early on befriended Paul Dacre, editor of the Daily Mail, and the Mail became a platform for talking up Brown's claims and Blair's inadequacies. But the Murdoch press never followed suit. Had they done so, Blair would almost certainly not have survived his second term.

690 The Guardian, online (David Runciman): Best frenemies: politicians and the press. 11. November 2011.

691 Ebd.

692 Vgl. Ingham, Bernard: The wages of spin. A clear case of communications gone wrong. London 2003. S. 163.

693 The Guardian, online (Jane Martinson): Theresa May and her man from another world. 21. Mai 2017.

694 Ebd.

[…] The ability of the Murdoch press to hold the line against Brown shows what primeministers like about newspaper barons: they don't just have the power to make promises, they have the power to keep other people them."[695]

Stichwort Murdoch: Dieser hatte zwischen 1998 und 2012 allein 113 Meetings mit hochrangigen UK-Politikern.[696] Und dies gehöre zum Selbstverständnis von Politikern und Medien gleichermaßen: „Governments have become preoccupied with courting leaders of all parts of the press […] major political parties, and particularly their leaders over the last 20 or 25 years, have often demeaned themselves by the extent to which they've paid court on proprietors and editors."[697] Ganz besonders im Fokus der Berichterstattung stand die Beziehung zwischen New Labour und Rupert Murdoch, allerdings ohne Konsequenzen für eine der beiden Seiten. „It has been argued that the symbiosis of the press-politician relationship gained particular force during the Labour government under Tony Blair."[698] Murdoch selbst gab einmal vor dem House of Lords zu, „he acted like a traditional proprietor in regard to the Sun and the News of the World by „excercising control on major issues, such as which party to back in a general election or policy on Europe.' "[699]

Die Leveson-Untersuchung im Zuge des *News of the World*-Skandals hatte besonders die Konzentration von Medienmacht in der Hand von wenigen aufgezeigt und „showed exactly how concentration of media power, in a few pairs of hands, corrupted the relationship between politicians and the press and the police. Politicians of all parties paid homage at the court of Rupert Murdoch – understandable when his newspapers made up 37 per cent of the newspaper market and whoes boast was that they could deliver election results."[700] Doch alle bisherigen Versuche der National Union of Journalists, die Politik zu einer Gesetzgebung aufzufordern, in der die Macht von Medienkonzernen und speziell die Konzentration von wenigen Unternehmen auf den gesamten Markt zu beschränken, sind bislang erfolglos geblieben.

---

695 The Guardian, online (David Runciman): Best frenemies: politicians and the press. 11. November 2011.

696 Vgl. Media Reform Coalition: Embedded? Politicians and the Press. A dossier for change. S. 2.

697 Media Reform Coalition: Embedded? Politicians and the Press. A dossier for change. S. 2.

698 Ebd. S. 2.

699 The Guardian, online (Roy Greenslade): Controlling interest. 27. Juli 2009.

700 National Union of Journalists, online (Frances O'Grady): Media ownership: power and influence in the hands of the few. 23. April 2014.

Dies ist in gewisser Weise durchaus nachvollziehbar, denn das Verhältnis zwischen bedeutenden Medienvertretern und Politikern, bis hinauf in 10 Downing Street, beruht in Großbritannien gewissermaßen auf dem Prinzip des Gebens und Nehmens. Blairs ehemaliger Pressechef und Spin-Doctor Alastair Campbell hatte beispielsweise so großen Einfluss auf die politisch-medialen Zusammenhänge im Land, dass er mitunter als heimlicher Vize-Premierminister bezeichnet wurde. Campbell ist eine der prominentesten Figuren, wenn es um das Zusammenspiel zwischen Politik und Presse im UK geht. In London begann er in den 1980er Jahren beim *Daily Mirror* als politischer Korrespondent. Nachdem er aufgrund von persönlichen Krisen kürzer treten musste, knüpfte er Anfang der 1990er Jahre Kontakte zur Labour-Partei, die sich nach dem Tod ihres Vorsitzenden John Smith 1994 neu aufstellen musste und die dem *Daily Mirror* politisch nahestand.[701] 1997 koordinierte er mit Peter Mandelson den Labour-Wahlkampf und wurde nach Blairs deutlichem Wahlsieg dessen Kommunikationschef. Nach Blairs Wiederwahl 2001 blieb Campbell weiterhin auf seinem Posten, geriet in der Folge aber stark in die Kritik.[702] Infolge der Irak-Dossier-Kontroverse, bei der vor einer unmittelbaren Gefahr von potenziellen irakischen Massenvernichtungswaffen gewarnt und eine potenzielle Zeitungsquelle, der ehemalige britische Waffenexperte David Kelly, tot aufgefunden wurde, musste Campbell aufgrund des enormen öffentlichen Drucks auf ihn Ende August 2003 seinen Posten räumen. Seitdem hat er als ehemaliger Blair-Vertrauter rund zehn Bücher veröffentlicht, in denen er einen Einblick in die Verbindung von Presse und Politik gibt. Auch in diesen Werken erhärtet sich der Verdacht, dass im UK gezielt konspirative Kampagnen im politisch-gesellschaftichen Rahmen gefahren werden.[703]

Was „New Labour" während der Regierungsjahre (1997 bis 2007) nahezu perfekt umsetzte, ist die Wahrnehmung, dass ihre Presseberichterstattung häufig so konstruiert war, als sei die Partei nach wie vor in der Opposition: „The real problem with this government's press relations is that, far too often, they are conducted as if Labour were still in opposition. In opposition, hyperbole is not only valid but even necessary, since oppositions have to fight for space in the press and on TV; governments, on the other hand, for better or worse, command attention automatically. After a couple of years in office, the oppositionist approach might

701 Vgl. Campbell, Alastair: Prelude to Power. 1994–1997. London 2010. S. 121.

702 Vgl. Campbell, Alastair: Power and the People. May 1997–June 1999. London 2011. S. 85.

703 Vgl. Campbell, Alastair: Power and Responsibility. 1999–2001. London 2011. S. 37.

have been pardonable. After six years, it is unforgiveable."[704] Während dieser Labour-Jahre schien beinahe jeder Minister „a huge army of special advisors. [...] not sure what they are there for, since ministers ought to be able to make their own political judgments – which, of cours, is what they are elected to do – rather than rely on those of people wo have no first-hand experience of politics"[705] zu besitzen. Ein Beispiel dafür liefert ein aufsehenerregender Skandal um Jo Moore. Sie hatte am 11. September 2001, als das World Trade Center gerade erst von zwei entführten Flugzeugen getroffen, aber noch nicht eingestürzt war, als Special Adviser des britischen Transportminister Stephen Byers in einer internen E-Mail vorgeschlagen: „It's now a very good day to get out anything we want to bury. Councillors' expenses?"[706] Die E-Mail gelangte einen Monat später an die Presse, woraufhin Moore unter starke Kritik geriet und Anfang 2002 schließlich zurücktreten musste. Im Laufe der folgenden Monate wurde bekannt, dass Moore im Windschatten der Terroranschläge und deren weltweiten politischen Nachwirkungen noch weitere „ungünstige" Statistiken an bestimmten weltweit „bedeutenden" Tagen veröffentlichte, an denen diese Neuigkeiten kaum auf Interesse stoßen konnten. Das gute Verhältnis der Murdoch-Presse und New Labour änderte sich erst unter Blairs Nachfolger Gordon Brown: „Murdoch told the Inquiry that he, James Murdoch and Rebekah Brooks decided ‚it was time for a change'. Murdoch decided that the Sun would now no longer support Brown politically and would throw its support behind the Conservatives."[707]

Auch der Versuch von gegenteiliger Einflussnahme ist in der jüngeren britischen Historie anschaulich dokumentiert: Im Rahmen der Referendumskampagne versuchte der seinerzeitige Premierminister David Cameron, den UK-weit berüchtigten Chefredakteur der *Daily Mail*, Paul Dacre, im Vorfeld des Referendums seines Postens entheben zu lassen. Cameron zufolge hatte die *Daily Mail* zu sehr pro Brexit argumentiert und dabei auch den Premierminister selbst, vor allem nach seiner Rückkehr von den EU-Verhandlungen Anfang Februar 2016, unverhältnismäßig stark kritisiert. Camerons Vorhaben blieb erfolglos, im Gegenteil: Möglicherweise hatte die *Daily Mail* nach diesem bekannt gewordenen Versuch erst Recht das Thema „Brexit" ganz oben auf ihre eigene Tagesordnung gesetzt. Ein Indiz dafür ist, dass erst nach Camerons Rückkehr und

---

704 The Guardian, online (Gerald Kaufman): One long harrumph. 22. März 2003.
705 The Guardian, online (Gerald Kaufman): One long harrumph. 22. März 2003.
706 The Daily Telegraph, online (Andrew Sparrow): Sept 11: ‚a good day to bury bad news'. 7. September 2007.
707 Media Reform Coalition. S. 5.

der Verkündung seiner Verhandlungsergebnisse die *Daily Mail* klar Position pro Brexit bezog. Die gesamte Kampagne bekam darüber hinaus eine persönliche Note: „Dacre made no secret of his own dislike for Cameron, especially once the prime minister tried to get him sacked in the run-up to referendum. [...] Newspapers represent the sort of power that politicians know, understand and respect."[708]

## 3.7 Zwischenfazit: Medien und ihr Einfluss auf das politische Geschehen

Britische Medien haben sich in ihrer Historie oftmals diametral zu Politikeransichten verhalten und die politische Linie des UK erheblich mitbestimmt beziehungsweise Politiker in ihrer letztlichen Entscheidungsfindung stark beeinflusst. Dafür hat dieses Kapitel einige belastbare Hinweise gegeben, wie beispielsweise die flächendeckende Gegnerschaft zur Euroeinführung in den 1990er Jahren (gegen die Überzeugung von Tony Blair) und die Entscheidung pro EU-Referendum ab 2013 (gegen die Überzeugung von David Cameron, gegen die LibDems und gegen Labour) zeigen. Dabei haben die Eigentümer zum einen einen gewissen Machtanspruch im Sinn, was durchaus auch nachvollziehbar erscheint, wenn sie ihre Meinungen durch ihre eigenen Publikationen ausdrücken und dadurch Millionen von Lesern im gesamten UK erreichen. Zum anderen sehen sie sich zumindest zum Teil auch ehrlicherweise als Hüter der Demokratie, als Stimme des Volkes, was allerdings in vielen Fällen zu einem fragwürdigen Verständnis von ebenjener Demokratie und dem Volk als Souverän führt. Eine Ausnahme bildet an dieser Stelle ausdrücklich Rupert Murdoch, der zwar vor allem in den Thatcher-Jahren als heimliches 24. Kabinettsmitglied bezeichnet wurde, aber, wie bereits aufgezeigt, kein wirkliches Interesse an einer tiefergehenden Demokratievertiefung im UK besitzt. Ihm geht es darum, dass er mit seinen Zeitungen stets auf der richtigen Seite, also des jeweiligen Siegers steht. Dies wird mit Blick auf seine Publikationen in der Referendumskampagne 2016 erneut ersichtlich, worauf diese Arbeit im nächsten Kapitel genauer eingehen wird. Auch hier gibt es ehrbare Ausnahmen, wie den Scott Trust, den Besitzer des *Guardians* und des *Observers*, der seine Redaktionen bislang zumindest nicht nachweisbar beeinflusst hatte und sich offen dem „liberalen Journalismus" verschrien hatte.[709]

---

708 The Guardian, online (Jane Martinson): Theresa May and her man from another world. 21. Mai 2017.

709 Vgl. The Guardian, online (Roy Greenslade): Controlling interest. 27. Juli 2009.

Das Verhältnis der Medienunternehmer und der Politiker gilt es in der folgenden Analyse ebenfalls zu berücksichtigen. Was bei britischen Zeitungsunternehmen ebenfalls ausdrücklich berücksichtigt werden muss, ist, dass sie nicht ausschließlich an ökonomischen Gesichtspunkten entlang orientiert sind: „newspapers do not adhere to a strict application of the laws of economics. The newspaper industry is an emotional one in which owners ad shareholders seem at times prepared to sustain losses of an extraordinarily high order without flinching."[710] Anders wäre es auch nicht zu begründen, dass Tageszeitungen, die spätestens seit Beginn der 1990er extrem rückläufige Auflagenzahlen zu beklagen haben, trotzdem nichts an ihrer Ausrichtung ändern.

Welchen wechselseitigen Einfluss die Referendumskampagne 2016 auf die Zeitungen im UK hatte, vor allem in Bezug auf die Auflagen, und welche eigenen Ziele diese im umgekehrten Fall mit der EU-Abstimmung verfolgten, wird im folgenden Kapitel erläutert. In diesem wird es um die konkrete Analyse der Wahl und den gesamten vorherigen Referendumszeitraum aus medialer Perspektive gehen.

---

710 Smith, Anthony. S. 24.

# Kapitel 4: Analyse: Einfluss der Tageszeitungen auf das Wahlverhalten

In diesem Kapitel wird es um die konkrete Analyse gehen, nämlich den messbaren Einfluss der in dieser Arbeit untersuchten Zeitungen auf ihre Leser im Rahmen des EU-Referendums. Dass Tageszeitungen bislang schon bei UK-weiten Wahlen einen Einfluss auf ihre Leser und auch auf die Linie der britischen Politik hatten, wurde im vorangegangenen Kapitel anhand verschiedener Beispiele dargestellt. Vom ersten britischen Referendum über den EWG-Verbleib 1975, die Unterhauswahlen 1992, 1997 und 2015 konnten Beispiele dafür gefunden werden, die belegen, dass und vor allem wie sich britische Tageszeitungen im Vorfeld der Abstimmungen positioniert hatten. Die zentrale Frage dieses Kapitels lautet nun: Mit welcher Art von Berichterstattung haben die fünf Untersuchungsobjekte *Guardian*, *Times*, *Sun*, *Daily Mail* und *Daily Express* unmittelbaren Einfluss auf den Ausgang des britischen EU-Referendums vom 23. Juni 2016 genommen?

## 4.1 Methodisches Vorgehen und Untersuchungszeitraum

In der politikwissenschaftlichen und auch in der Medienforschung wird allgemein davon ausgegangen, dass es grundsätzlich einfacher möglich ist, den Einfluss der UK-Medien auf die britische Politik, die Regierungen und deren Leitlinien zu untersuchen als den Einfluss der Medien auf ihre Leser, Wähler und damit letztlich das konkrete Wahlverhalten. Dieser Forschungslücke wird sich die vorliegende Arbeit im Folgenden widmen und dabei insbesondere drei zentrale Fragekomplexe untersuchen:

- (Wie) deckt sich das tatsächliche Wahlverhalten in den einzelnen Ländern und den Regionen des UK mit der Verbreitung der Zeitungen in eben diesen Landesteilen? Gibt es hier einen direkten Zusammenhang zwischen Leser- und Wählerschaft?
- Geht es in der Phase kurz vor der Abstimmung noch um konkrete inhaltliche Argumente, die für oder gegen einen Verbleib in der EU sprechen? Oder wird mit schlichter und möglicherweise bewusst unvollständiger bzw. parteiischer Meinungsmache versucht, die Leser zu emotionalisieren und somit auf das Abstimmungsverhalten der Leser Einfluss zu nehmen?
- Welche Umfragen werden außerdem in den Zeitungen verwendet und welchen Effekt haben diese und welche Quellen liegen diesen zugrunde?

In diesem Rahmen soll deutlich werden, dass verschiedene britischen Medien, die konservativen europakritischen Tabloids allen voran, im Referendum eine große Chance sahen, nun endlich ihren eigenen Positionen zur Europäischen Union, zu Souveränität, Integration, wirtschaftlicher Zusammenarbeit, Freizügigkeit, Zuwanderung und Sicherheit, aber auch zum sogenannten „politischen Establishment“, Ausdruck zu verleihen, diese noch stärker als zuvor in die Gesellschaft zu tragen und das Abstimmungsverhalten ihrer Leser entscheidend zu beeinflussen.

Der Untersuchungszeitraum dieser Arbeit bezieht sich auf die konkrete Referendumskampagne vom 15. April (Start der Kampagne) über den eigentlichen Tag des Referendums (23. Juni) bis zur Übergabe des Premierministeramtes von David Cameron an Theresa May (13. Juli). Dies ist ein passender Rahmen, der die gesamte Kampagne, die Wahl und ihre unmittelbaren Auswirkungen behandelt.

In dieser Arbeit ist eine explizit auf das Forschungsinteresse ausgerichtete Erhebung notwendig. Die größte Herausforderung bei allen Formen der systematischen Inhaltsanalyse liegt im Codierprozess, also in der Zuordnung der für die Fragestellung relevanten Informationen zu den Analysekategorien. Analysiert werden die Titel-, Editorial-, Meinungs- und Kommentarseiten der jeweiligen Zeitungen. Aussagen aus den zugrundeliegenden Dokumenten müssen in Daten umgewandelt werden, die so eine Einordnung der Berichterstattung ermöglichen. Vom 15. April bis 13. Juli 2016 wurden insgesamt 358 Tageszeitungsausgaben untersucht. Davon entfielen 78 auf den *Guardian/Observer* (plus *Guardian Weekly*), 70 auf die *Times*, 70 auf die *Sun*, 70 auf die *Daily Mail* und 70 auf den *Daily Express*. Insgesamt wurden in den fünf untersuchten Zeitungen im Laufe der Erhebung 3.534 Artikel mit Bezug auf das Referendum bzw. die EU herausgefiltert, was einem Schnitt von fast 10 Artikeln pro Tag entspricht. Dieser Durchschnitt ist an dieser Stelle allerdings nicht repräsentativ, denn die durchschnittliche Artikelzahl stieg erwartungsgemäß im Laufe der Kampagne immer stärker an. Zu den untersuchten Artikeln gehören vor allem Berichterstattungen auf Seite 1, Leitartikel, Kommentare, Umfragen und sogenannte „Exklusiv“-Berichte der Zeitungen. Die meisten Artikel aller Zeitungen zum Referendum zwischen dem 15. April (Kampagnenstart) und 23. Juni (Tag des Referendums) veröffentlichte der Guardian, gefolgt vom *Daily Express*, der *Daily Mail* und der *Times*. Die *Sun* belegte im Vergleich aller britischen nationalen Zeitungen Platz 7.

## 4.2 Positionen und Präferenzen im historischen Vergleich

> *„It is often said that newspapers no longer matter. But they do matter when the contest is so close and shoppers see headlines like "BeLeave in Britain" emblazoned across the front pages of tabloids whenever they visit their supermarket. They matter if they have collectively and individually misled their readers for decades."*

Die fünf in dieser Arbeit untersuchten Tageszeitungen haben sich im Vorfeld des EU-Referendums alle für oder gegen eine weitere britische Mitgliedschaft in der Europäischen Union ausgesprochen. Die jeweiligen Positionen waren dabei unterschiedlich stark ausgeprägt. An dieser Stelle folgt ein kurzer Überblick über die einzelnen Positionen und Auflagen zur Zeit des Referendums:[711]

- ***The Guardian***: pro Verbleib (stark), 161.000 Leser
- ***The Times***: pro Verbleib (schwach), 450.000 Leser
- ***The Sun***: pro Austritt (stark), 1,6 Millionen Leser
- ***The Daily Mail***: pro Austritt (stark), 1,5 Millionen Leser
- ***The Daily Express***: pro Austritt (stark), 400.000 Leser

Und die jeweiligen Sonntagstitel:

- ***The Observer***: pro Verbleib (stark), 182.000 Leser
- ***The Sunday Times***: pro Austritt (schwach), 800.000 Leser
- ***The Sun on Sunday***: pro Austritt (stark), 1,4 Millionen Leser
- ***The Mail on Sunday***: pro Verbleib (schwach), 1,3 Millionen Leser
- ***The Sunday Express***: pro Verbleib (stark), 340.000 Leser

Um ihre Positionen durchzusetzen, hatten sich einige der in dieser Arbeit behandelten Zeitungen bereits vor der konkreten Datierung des Referendums klar gegen einen weiteren Verbleib in der Europäischen Union ausgesprochen (siehe Kapitel 3.4 – „Die Untersuchungsgegenstände und ihre Grundausrichtung im Detail"). Vor allem die *Sun* und der *Daily Express* hatten schon mit Beginn der 2010er Jahre Druck auf die Regierung ausgeübt, ein mögliches Referendum abzuhalten und nicht mehr mit der EU um einen neuen „Deal" für Großbritannien zu verhandeln. So titelte die *Sun* beispielsweise im März 2014: „*Sorry Dave, but we don't trust EU to get Britain better deal*"[712] und im darauffolgenden

711 Vgl. Audit Bureau of Circulation, online (www.abc.org.uk): Januar 2017.

712 The Sun: Sorry Dave, but we don't trust EU to get Britain better deal. 23. März 2014. S. 1.

Sommer: „*If UK abandons ship, EU will sink*“[713]. Kurz vor dem Referendum argumentierte die *Sun* im Rahmen ihrer Independence Day-Ausgabe: „This is our LAST chance to remove ourselves from the undemocratic Brussels machine in the vote of a lifetime”[714].

Der *Daily Express* war die erste aller nationalen UK-Zeitungen, die sich bereits zu Beginn der 2010er Jahre deutlich für einen britischen EU-Austritt ausgesprochen hatte und schon um den Jahreswechsel 2010/11 einen eigenen thematischen „Kreuzzug“ um den Austritt aus der EU mit folgender Schlagzeile begründete: „*Get Britain out of Europe*“[715]. Die beiden Express-Titel schrieben sich schließlich zu Beginn des Jahres 2016, als Premierminister Cameron von seinen Nachverhandlungen aus Brüssel zurückkehrte, selbst auf die Fahnen: „This newspaper has long campaigned for a fundamental change in Britain's relationship with Brussels that goes far beyond the modest reforms outlined in the draft deal published by EU Council President Donald Tusk yesterday. Our crusade began on November 25, 2010, when the Daily Express becamce the first mainstream national newspaper to demand that Britain should leave the EU.“[716] Und schließlich die entscheidende Stelle: „The decision to take that stance – mocked by many within the establishment at the time – was taken in response to the growing frustration among readers at rule from Brussels. It became one of the fastest-growing campaigns in newspaper history.“[717] Im Unterschied zu allen anderen an der Kampagne beteiligten Zeitungen sahen die beiden *Express*-Titel nun die Chance, ihre eigene Historie in Bezug auf das nun feststehende EU-Referendum in den Vordergrund zu rücken – und an dieser Stelle wurden sogar die Leser als aktive Helfer mit einbezogen: „We took the message to David Cameron. Supported by Tory and Labour MPs uniting to defy their party leaderships, we delivered sack loads of reader's coupons to the Prime Minister's official residence at 10 Downing Street. Later, thousands of readers backed an online petition the Daily Express organised on an official Government website calling for a vote.“[718]

---

713 The Sun: If UK abandons ship, UK will sink. 30. Juni 2014. S. 1.

714 The Sun, online (Editorial): SUN SAYS BACK BREXIT: We urge you to make history and win back Britain's freedom…believe in yourself and our country's greatness – vote LEAVE. 22. Juni 2016.

715 The Daily Express: Get Britain out of Europe. 11. Januar 2011. S. 1.

716 The Sunday Express, online (Macer Hall): How the Daily Express had campaigned to leave the EU. 2. Februar 2016.

717 The Sunday Express, online (Macer Hall): How the Daily Express had campaigned to leave the EU. 2. Februar 2016.

718 Ebd.

Die Realität sah tatsächlich eher so aus, dass der *Daily Express* eine vor allem politisch stark aufgewühlte Stimmung für sich genutzt hatte und in dessen Sog durchaus gekonnt eine eigene Kampagne startete, die mit dem EU-Referendum ihren absoluten Höhepunkt erreichte.

Die weiteren in dieser Arbeit analysierten Medien offenbarten ihre Positionen schließlich wenige Tage vor der Wahl, auch wenn ihre Berichterstattung schon deutlich vorher stärker oder schwächer in die eine (*Remain*) oder andere (*Leave*) Richtung tendierte. Die *Daily Mail* beispielsweise positionierte sich während der gesamten Referendumskampagne klar pro *Leave*, auch wenn die offizielle Wahlempfehlung erst am 22. Juni 2016 auf der Titelseite erfolgte: „If you believe in Britain vote Leave."[719] Die *Daily Mail* appellierte in ihrem Editorial an das Demokratieverständnis ihrer Leser: „Not even the most passionate of Remain campaigners have dared to suggest the 28-member bloc is democratically run."[720] Allerdings hatte die Mail schon Anfang Februar ihre bereits berüchtigte „Who will speak for England"-Titelseite veröffentlicht, mit der sie zwei zentrale inhaltliche Komplexe – Unabhängigkeit und nationale Identität – als entscheidende Wahlkampfthemen aufgriff. Dabei hatte sie Premierminister Cameron als ein Ziel ihrer Angriffe ausgewählt, der vorgeblich nicht mit genügend Ergebnissen von den Verhandlungen mit den EU-Partnern zurückkehrte: „‚Das soll ein Deal sein, Dave?', stand auf der Titelseite der ‚Daily Mail'. Damit waren die Kampflinien abgesteckt."[721]

Der *Guardian* und die *Times* sprachen ihre Editorial-Empfehlungen ebenfalls erst wenige Tage vor dem Referendum aus und rieten ihren Lesern, für einen britischen Verbleib in der Europäischen Union zu stimmen: „Keep connected and inclusive, not angry and isolated" (*Guardian*)[722] beziehungsweise „Why remain is best for Britain – The best outcome of next week's referendum would be a new alliance of sovereign EU nations dedicated to free trade and reform, led by Britain" (*Times*) waren sachlich fundierte und vergleichsweise unaufgeregte Botschaften.[723] Dabei fiel allerdings vor allem die öffentliche Unterstützung der

719 The Daily Mail (Comment): Lies. Greedy elites. Or a great future outside a broken Europe… If you believe in Britain vote Leave. 22. Juni 2016. S. 1.

720 The Daily Mail, online (Comment): Daily Mail comment: If you believe in Britain, vote Leave. Lies, greedy elites and a divided, dying Europe – why we could have a great future outside a broken EU. 21. Juni 2016.

721 Hesse, Martin et al.: Schwarzer Donnerstag. In: Der Spiegel Nr. 26/2016. S. 18.

722 The Guardian, online (Editorial): The Guardian view on the EU referendum: keep connected and incusive, not angry and isolated. 20. Juni 2016. S. 2f.

723 The Times: Why remain is best for Britain 17. Juni 2016. S. 1.

*Times* sehr viel weniger deutlich bzw. überzeugend aus als die der anderen Zeitungen des *Remain*-Lagers. Dies wird in der folgenden Analyse ebenfalls erläutert.

Interessant ist, das Verhalten beziehungsweise die Positionierung der einzelnen sonntäglichen Schwesternzeitungen in den jeweiligen Kontext zu setzen: Dass der *Observer* (Sonntagstitel des *Guardian*) sich mit einer ausgewogenen Berichterstattung für einen britischen Verbleib in der EU ausgesprochen hatte, ist eher keine Überraschung: „For an international, liberal and open Britain, we need to be part of the EU."[724] Dass allerdings die *Sunday Times* für „a new deal with Europe" und damit für ein britisches Verlassen der Europäischen Union warb, war schon eher eine nicht erwartbare Positionierung.[725] Eine weitere große Überraschung war die Position, die von der *Mail on Sunday* bezogen wurde: „Vote Reain for a safer, freer, more prosperous – and, yes, an even GREATER Britain."[726] Die Zeitung hatte sogar auf ihrer Titelseite eine eigene Umfrage positioniert, nach der das *Remain*-Lager mit drei Punkten in Führung liege.[727] Der Standpunkt der *Sun on Sunday* war hingegen erwartbar: „A vote for Brexit is all it takes to set Britain free. Just four days from now we can set Britain free. Free from the stranglehold of the EU superstate which, from its modest beginnings 60 years ago, has grown into a monster engulfing our democracy."[728]

Im Fall der *Sun*-Zeitungen ist ein interessanter Aspekt, dass sich ihre regionalen Titel in Schottland, Wales und Nordirland (siehe auch Kapitel 3.4.3) zum Teil nicht so lautstark gegen die EU positionierten wie die englische Schwesterzeitung, die am 13. Juni eine „BeLeave in Britain"-Titelseite produzierte und somit ein klares Signal zum Verlassen der Europäischen Union gab.[729]

Insgesamt wurde einer Studie des Reuters Institute for the Study of Journalism der Universität Oxford zufolge bereits im Vorfeld der eigentlichen Referendumskampagne auffällig klar pro Brexit berichtet: Von insgesamt 928 untersuchten

---

724 The Observer, online (Editorial): The Observer viw on how to vote in the European Union referendum. 19. Juni 2016.

725 Vgl. The Sunday Times, online: Time for Britain to strike a new deal with Europe. 19. Juni 2016.

726 Vgl. The Mail on Sunday: The Mail on Sunday Comment: Vote Remain for a safer, freer,more prosperous – and, yes, an even GREATER Britain. 19. Juni 2016. S. 12.

727 The Mail on Sunday: MoS Poll: ‚Remain' surges back to 3-point lead. S. 1 und S. 10.

728 The Sun on Sunday, online: Sun on Sunday says: A vote for Brexit is all it takes to set Britain free. 19. Juni 2016.

729 Vgl. The Guardian, online (Roy Greenslade): The Sun's pro-Brexit campaigning doesn't cross borders. 14. Juni 2016.

Artikeln im Zeitraum Mitte Februar bis Mitte April sprachen sich 45 Prozent für ein Verlassen der Europäischen Union aus, wohingegen nur 27 Prozent für einen Verbleib warben. 19 Prozent galten als gemischt beziehungsweise unentschlossen eingestuft; in neun Prozent nahmen die Autoren keine Haltung ein. Vor allem über das Thema "Europa" wurde im Großen und Ganzen kritisch berichtet: "British newspapers' portrayal of the European Union in the lead-up to the referendum on June 23 has likewise been negative. The Financial Times and The Guardian have backed the Remain campaign, but they have relatively small circulations and preach to the converted. The Times has been evenhanded, though it finally declared on June 18 that it favored staying in the Europeaan Union. But the biggest broadsheet (The Telegraph), the biggest midmarket paper (The Daily Mail) and the biggest tabloid (The Sun) have thrown themselves shamelessly behind Brexit."[730] Von allen nationalen Zeitungen im UK hätten sich demnach 82 Prozent aller Artikel „wohlwollend" mit dem möglichen Brexit auseinandergesetzt. Ein solches Übergewicht kann an den Menschen in den verschiedenen UK-Teilen nicht spurlos vorbeigegangen sein, was entsprechende Befragungen gezeigt haben.

### 4.2.1 Pro und Contra Europa aus Sicht der Presse

Mit dem Referendum hatten die britischen Zeitungen ein Oberthema (die konkrete Abstimmung) und gleichzeitig zahlreiche Subthemen (Europa, Souveränität, Zuwanderung, Wirtschaft, Elite) miteinander verbinden können. Dabei waren die untergeordneten Themenbereiche vor allem für Teile der konservativen Presse ein willkommener Anlass, um offen mit der britischen EU-Zugehörigkeit abzurechnen. Selbst das britische Königshaus wurde mit in die Berichterstattung einbezogen, aus Sicht der *Sun* war dies durchaus clever gemacht war. Denn als die Zeitung in ihrer Ausgabe vom 8. März mit „Queen backs Brexit" titelte, verfehlte diese Schlagzeile nicht ihren Einfluss auf die Öffentlichkeit. Im Gegenteil: Der Aufschrei, den die *Sun* mit dieser Schlagzeile auslöste, war größer als jeder andere vorher, gemessen an Beschwerden in Richtung Presserat. Was die *Sun* in ihre kontroverse Titelseite miteinkalkulierte, war die große Bedeutung der Monarchin für ihre Landsleute: „Abgehoben von den oft trivialen Problemen des täglichen Lebens und den Kontroversen der Parteipolitiker, ist die Krone anschauliches Symbol der nationalen Einheit, des modernen Staates und zugleich der historischen Kontinuität der Nation. Die

---

730 The New York Times, online (Martin Fletcher): Who is to Blame for Brexit's Appeal? British Newspapers. 21. Juni 2016.

Königin ist für den Briten Bezugspunkt seiner Loyalität."[731] Genau deswegen war die „Queen backs Brexit"-Schlagzeile der *Sun* so erfolgreich. Der Meinung der Queen wird im Vereinigten Königreich sehr ernst genommen, sich an dieser orientiert. Dass sich ihre Aussage bezüglich eines Brexits letztlich (sehr wahrscheinlich) als falsch erwiesen hatte und die *Sun* eine Korrektur in ihrer übernächsten Ausgabe abdrucken musste, fiel letztlich kaum ins Gewicht. Denn die Schlagzeile war veröffentlicht und die *Sun*-Leser wussten um die (angebliche) Meinung der Monarchin zur EU.

### 4.2.2 Vor- und Nachteile eines britischen Austritts aus Sicht der Presse

Die Debatten um das Pro und Contra eines britischen Austritts aus der Europäischen Union waren die interessantesten, gleichzeitig auch kritischsten der gesamten Referendumskampagne. Dies belegen zum einen die Titelseiten der Zeitungen im Laufe der Referendumskampagne, die in übergroßer Mehrzahl Themen der *Leave*-Seite abbildeten: „Almost two-thirds of all front-page print leads (65%) were published by newspapers backing Leave. Of these, the Telegraph and Sunday Telegraph led the field with a combined 41 front-page leads on the referendum. Next were the Express and Sunday Express with 33, followed by the Daily Mail with 25 (the *Mail on Sunday* supported Remain). Of the newspapers supporting Remain, the Guardian and Observer published the most EU Referendum front-page leads – 24. Next came The Times (18) and the Financial Times (16). One of the most striking differences was between the Sun (and Sun on Sunday) and the Mirror (and Sunday Mirror). The Sun published 22 front pages related to the referendum while the Mirror published only five."[732]

Europa war für die *Sun*, die *Daily Mail*, den *Daily Express*, aber auch für den *Daily Telegraph* und den *Daily Star* ein jahrzehntelanges Reizthema, mit dem die Zeitungen nun gewissermaßen abrechnen konnten. Zum anderen häuften sich im Laufe der Referendumskampagne die gegenseitigen Angriffe der beiden Kampagnen, die von den Zeitungen entsprechend aufgenommen wurden. Hierbei war es aber vor allem die *Leave*-Seite, die mit ihrer Argumentation den deutlich größeren Platz in den Zeitungen (in allen nationalen Titeln) erhalten hatte.

---

731 Alter, Peter. S. 147.

732 Moore, Martin und Ramsay, Gordon: Moore, Martin und Ramsay, Gordon: UK media coverage of the 2016 EU Referendum campaign. Centre for the Study of Media, Communication and Power. King's College London. Mai 2017. S. 21.

Ein weiterer Aspekt ist, dass mit der EU schließlich das „Monster" bekämpft werden konnte, was britische Journalisten und EU-Korrespondenten wie Boris Johnson einst selbst geschaffen hatten: „The upshot is that Mr. Johnon and his fellow Brexit proponents are now campaigning against the caricature of the European Union that he himself helped create. They are asking the British people to part with a monster about as real as the one in Loch Ness."[733]

## 4.3 Die Titelseiten und ihre Wirkung

Im letzten Monat vor dem Referendum (23. Mai bis 23. Juni) bildeten insgesamt 46 Prozent aller Titelseiten der nationalen Zeitungen das Themen des Referendums oder das Referendum selbst ab, 36 Prozent aller Titelseiten setzten sich dabei positiv mit der *Leave*-Seite auseinander und nur zehn Prozent positiv mit *Remain*.[734] Keine Überraschung ist, dass die beiden auflagenstärksten britischen Zeitungen, die *Sun* und die *Daily Mail*, sich mit ihren Front-Page-Stories klar für *Leave* ausgesprochen hatten: „Some 15 out of the last 22 Daily Mail front pages have favoured the Leave campaign, with none favouring Remain. And 12 Sun front pages have carried stories featuring Leave versus one which favoured Remain. The most slavishly pro Leave newspaper is the Daily Express. Some 21 out of the last 22 front pages have carried stories which favoured Leaving the EU."[735] Zum Vergleich: Im sogenannten „Quality Market" hatte der *Daily Telegraph* mit 14 pro *Leave* (bei zwei pro *Remain*) gerichteten Titelseiten die meisten aller Qualitätszeitungen veröffentlicht. Dabei unterschieden sich die „popular"- und „quality"-Zeitungen deutlich in ihrer Aufmachung, sowohl grafisch als auch inhaltlich, zum Teil deutlich. Beispielhaft stehen dafür eine weitere, angebliche Positionierung der Queen zum Verbleib des Königreichs in der EU und der Positionierung des ehemaligen Londoner Bürgermeisters Boris Johnson pro *Leave*. Beispielhaft für diese beiden Ereignisse, die sich zeitlich noch vor dem eigentlichen Kampagnenstart abspielten, stehen die Aufmachungen in der *Sun* und dem Guardian, die in ihrer Emotionalisierung und auch in der Art der direkten Anrede unterschiedlicher nicht sein konnten:

733 The New York Times, online (Martin Fletcher): Who is to Blame for Brexit's Appeal? British Newspapers. 21. Juni 2016.

734 Vgl. Press Gazette, online (Dominic Ponsford): Strong national press bias in favour of Leave revealed by Press Gazette's Breitometer front-page tracler. 16. Juni 2016.

735 Vgl. Ebd.

**Abb. I:** The Sun, Titelseite, 9. März 2016. Quelle: The Sun – 9. März 2016.

wenn der *Guardian*, der *Daily Mirror*, die *Metro* sowie der *Evening Standard* im Laufe der Kampagne mehr *Remain*-Titelseiten veröffentlichte, muss an dieser Stelle besonders die Auflagenverteilung der einzelnen Zeitungen – und hier vor allem der in dieser Arbeit untersuchten Zeitungen – bedacht werden: Die *Daily Mail*, der *Daily Express*, die *Sun* besaßen zum Zeitpunkt der Referendumskampagnen nach Erhebungen des Audit Bureau of Circulation über eine Auflagenstärke von fast 3,3 Millionen verkauften Zeitungen pro Monat und damit über deutlich mehr als die gemäßigtere konservative, liberale und linke Konkurrenz.[736] Anders ausgedrückt: Mit der *Sun* und der *Daily Mail* befanden sich die beiden mit Abstand auflagenstärksten britischen Tageszeitungen im *Leave- und* Tabloid-Lager.

---

736 Vgl. Audit Bureau of circulation (www.abc.org.uk) und Newswork (www.newswork.org.uk/Market-overview).

A spy at night
Sam Wollaston on a lavish Le Carré drama

The transgender anarchist keeping up with the Kardashians

theguardian

Johnson comes out for Brexit

Activist poll reveals depth of Tory angst

● Mayor denies decision is driven by ambition
● 'Leave' team jubilant at arrival of popular figure
● PM's hopes of support dashed despite late plea

Why Boris is vital



**Abb. II:** The Guardian, Titelseite, 22. Februar 2016. Quelle: The Guardian – 22. Februar 2016.

## 4.4 Die Themen der Kampagne

*„The mobilization of xenophobic sentiments around Brexit also suggests that, at least to some extent, this political choice was motivated by affect rather than rational consideration of collective costs and benefits.“*[737]

Was bei den britischen Medien, und dazu zählen in diesem Zusammenhang auch das Fernsehen und das Radio, während des EU-Referendums am stärksten

737 Frontiers in Psychology, online (Agnieszka Golec de Zavala, Rita Guerra und Cláudia Simão): The Relationship between the Brexit Vote and Individual Predictors of Prejudice: Collective Narcissism, Right Wing Authoritarianism, Social Dominance Orientation. 27. November 2017.

im Fokus stand, und dies hatte auch eine nicht unerhebliche Wirkung auf den Ausgang der Wahl, war, dass das Referendum als „Contest“ zwischen den beiden Kampagnenseiten gesehen wurde „and where coverage was relatively more focused on the contest itself and personalities than any of the complex issues at stake.“[738] Diese Konzentration auf den Wettbewerb war aus Sicht einer ausgewogenen Berichterstattung sicherlich falsch und könnte dazu geführt haben, dass sich die Zuschauer, Zuhörer oder Leser (je nach Medium) entweder ganz abgewandt haben und dem immerhin 28 Prozent großen Lager der Nichtwähler angehört haben oder sich mehr schlecht als recht informiert einer der beiden Kampagnenseiten angeschlossen haben. Im Nachgang des Referendums gab es zahlreiche Stimmen von Wählern beider Seiten, die sich schlecht informiert gefühlt hatten und ihre Wahl bereuten.

Inhaltlich wurde die Vorwahlzeit von einigen übergeordneten Themen geradezu dominiert: wirtschaftliche Folgen, Zuwanderung von EU-Ausländern, staatliche (Grenz-)Souveränität und das Gesundheitswesen. Dabei setzten die einzelnen Zeitungen verschiedene Schwerpunkte. Der *Daily Express*, die *Daily Mail* und die *Sun* priorisierten in ihrer Berichterstattung verstärkt das Thema „Zuwanderung“, was sich dieser Untersuchung zufolge in 32 Prozent, also fast einem Drittel, der gesamten Ausgaben im Untersuchungszeitraum widerspiegelte.[739]

Schon vor dem eigentlichen Kampagnenstart am 15. April konzentrierten sich Boulevardblätter wie die *Sun* (und auch der *Daily Mirror* für das *Remain*-Lager) auf Fragen der britischen Souveränität und Einwanderung, wohingegen sich gemäßigtere Zeitungen wie die *Times* oder der *Guardian* (und auch der *Daily Telegraph*) vorrangig mit wirtschaftlichen Folgen eines möglichen EU-Austritts befassten. Einige Themen dominierten über die gesamten zehn Wochen hinweg, darunter vor allem Wirtschaft, Zuwanderung, staatliche Souveränität und der Gesundheitssektor – an dieser Stelle folgt ein grafischer Überblick über die Themen in allen nationalen Zeitungstiteln während der Kampagne.

Offensichtlich ist die Konzentration von einigen großen Themen durch alle Zeitungen hinweg. Alle Ausgaben aller überregionalen britischen Tageszeitungen zusammengerechnet ergibt sich folgendes Bild: „The economy was the most covered campaign issue (7,028 articles), followed by immigration (4,383 articles), with health a distant third (1,638 articles). Economic claims, though widely

738 The Guardian, online (Janes Martinson): Pro-Brexit articles dominated newspaper referendum coverage, study shows. 20. September 2016.

739 Vgl. Moore, Martin und Ramsay, Gordon. S. 20f.

covered, were highly contested. Warnings about the repercussions of Brexit were routinely dismissed as deliberate Remain 'scaremongering' (a term used 737 times). The Remain claim that Brexit would cost households £4,300 per year by 2030 was discussed in more articles than the Leave campaign's claim that the EU cost the UK £350 million each week (365 articles vs 147 articles). Towards the latter stages of the campaign, and particularly after purdah began, economic issues related to Brexit were increasingly linked to immigration (47% of referendum-related economy articles also mentioned immigration after 27 May)."[740] Während der zehnwöchigen Kampagne sah die Verteilung der drei Topthemen in den einzelnen Wochen wie folgt aus:[741]

Vor allem wirtschaftliche Folgen für das UK im Zuge eines möglichen Verlassens der Europäischen Union wurden sowohl von der *Leave*- als auch von der *Remain*-Seite regelmäßig thematisiert und aus verschiedenen Blickwinkeln diskutiert: „The economy was the most covered campaign issue (7,028 articles), followed by immigration (4,383 articles), with health a distant third (1,638 articles). Economic claims, though widely covered, were highly contested. Warnings about the repercussions of Brexit were routinely dismissed as deliberate Remain 'scaremongering' (a term used 737 times). The Remain claim that Brexit would cost households £4,300 per year by 2030 was discussed in more articles than the Leave campaign's claim that the EU cost the UK £350 million each week (365 articles vs 147 articles). Towards the latter stages of the campaign, and particularly after purdah (pre-election period/Vorwahlzeit, Anm. d. Verf.) began, economic issues related to Brexit were increasingly linked to immigration (47% of referendum-related economy articles also mentioned immigration after 27 May)."[742]

Der zweite große Themenblock war, vor allem durch die *Leave*-Seite hervorgerufen, Zuwanderung. Mit diesem Komplex hatten schon in den Vorjahren besonders UKIP und Nigel Farage gepunktet. „Coverage of immigration more than tripled over the course of the campaign, rising faster than any other political issue. Immigration was the most prominent referendum issue, based on the number of times it led newspaper print front pages (there were 99 front pages about immigration, 82 about the economy). Coverage of the effects of immigration was overwhelmingly negative. Migrants were blamed for many of Britain's economic and social problems – most notably for putting unsustainable

740 Moore, Martin und Ramsay, Gordon. S. 7.
741 Ebd. S. 28.
742 Moore, Martin und Ramsay, Gordon. S. 8.

pressure on public services. Specific nationalities were singled out for particularly negative coverage – especially Turks and Albanians, but also Romanians and Poles.“[743] Die Mehrzahl der negativen Berichterstattung ging dabei von drei Zeitungen aus, die im Zentrum dieser Untersuchung stehen: *Daily Express*, *Daily Mail* und *Sun*. Die drei Zeitungen traten im Rahmen der Referendumskampagne nicht wie erbitterte Gegner um Auflagenzahlen als vielmehr wie Verbündete auf einer gemeinsamen Mission auf.

Daneben war es vor allem der Bereich der staatlichen Souveränität, der medial als Thema der Referendumskampagne eine wichtige Rolle spielte, auch hier für beide Seiten: „Sovereignty was referred to frequently (in almost 2,000 articles), but almost always in the context of other issues – most notably the economy and immigration. Only 6% of articles containing issues of sovereignty also mentioned law-making powers. In contrast, in almost half the articles in which sovereignty was referenced it was associated with 'taking back control'.“[744] Gerade der Slogan „Taking back control“ war im Kern eine Hommage an Thatchers gleichlautenden Ausspruch in den 1980er Jahren.

Die beiden dominierenden Themen der letzten beiden Kampagnenwochen waren „Souveränität“ und „Zuwanderung“. Insbesondere der Slogan „Take back control“ der *Leave*-Seite erwies sich als sehr erfolgreich: „Vote Leave's campaign slogan ‚Take back control‘ proved to be a powerful way of framing the issue of sovereignty in the media.“[745] Das übergeordnete Thema „Souveränität“ verteilt sich dabei wie folgt auf die in dieser Arbeit untersuchten Medien: *Daily Express* (313 Artikel zur Souveränität), *Guardian* (245), *Daily Mail* (185); der Slogan „Take back control“ wurde dabei vor allem vom *Daily Express* (in 170 aller „Souveränität“-Artikel), in der *Daily Mail* (113) und im *Guardian* (93) verwendet.

Dabei ging es im weiteren Verlauf der Kampagne, auf beiden Seiten, zusehends weniger um eine ausgewogene thematische Berichterstattung und letztlich viel mehr um das Aufgreifen von Emotionen beziehungsweise die Emotionalisierung des Lesers, vor allem mit Blick auf das sogenannte „Project Fear“, um die wechselseitige Erzeugung von Angst bei den Wählern: „The language of fear permeated the EU referendum debate. Each campaign predicted frightening outcomes should voters decide to opt for the other side. The Remain campaign forecast dire economic consequences should Britons decide to leave. The Leave

743 Ebd. S. 8f.
744 Ebd. S. 9.
745 Ebd. S. 123.

campaign foretold disastrous effects of mass immigration.“[746] Dabei war es überraschend die *Remain*-Seite im Besonderen, die vor allem das Thema „Angst“ für ihre Berichterstattung benutzte. „Yet it was the Remain side that was most closely associated with using fear as a means of persuasion.“[747]

Interessant ist, dass das „Project Fear“ zunächst von der *Remain*-Seite gegen *Leave* ins Feld gebracht wurde, sich der Begriff in den letzten Wochen vor der Wahl aber zunehmend gegen die Initiatoren selbst richtete.[748] *Leave*-Vertreter wiesen immer wieder darauf hin, dass die *Remain*-Befürworter selbst keine Vision hätten und mit dem „Project Fear“ lediglich vor einer möglichen Ungewissheit nach dem vollzogenen Brexit warnen wollte – ohne eine eigene, überzeugende Alternative für den Fall eines Verbleibs zu präsentieren. Aus dieser Perspektive ist es demnach wenig überraschend, dass sich die Wähler von der eigentlichen Intention des Begriffs „Project Fear“ nicht überzeugt gefühlt haben. Das Thema „Angst“ wurde schließlich auch von den Verantwortlichen der *Leave*-Zeitungen aufgenommen, die sich dem Vorwurf ausgesetzt waren, mit ihrer Kampagne, vor allem gegen Einwanderer, Ängste der Menschen im UK zu schüren: „The editors of these newspapers say they have simply reflected the fears of the British electorate, fears that were largely ignored by the „establishment“ made up of politicians and other papers such as the Guardian and the Financial Times.“[749]

## 4.5 Vokabular und Bilder

*„People never lie so much as after a hunt, during a war or before an election.“*[750] *(Otto von Bismarck)*

Die Referendumskampagne kann nach Auswertung aller Artikel und Daten mit einigem Recht als bislang schmutzigste in britischen Wahlkämpfen bezeichnet werden. Davon zeugen nicht nur die Schlagzeilen auf den jeweiligen Titelseiten, die einen wesentlichen Hinweis auf die Positionierung von vereinzelten Medien

---

746 Moore, Martin und Ramsay, Gordon. S. 123f.

747 Ebd. S. 140.

748 Vgl. Pike, Joe: Project Fear: How an unlikely Alliance left a United Kingdom but a Country divided. London 2016.

749 The Guardian, online (Jane Martinson): Did the Mail and Sun help swing the UK towards Brexit? 24. Juni 2016.

750 Callander, Steven und Wilkie, Simon: Lies, Damned Lies, and Political Campaigns, Games and Economic Behavior. Los Angeles 2007. S. 262. und Moore, Martin und Ramsay, Gordon: S. 128.

geben: „Such headlines were not just the hallmark of an increasingly bitter referendum campaign – with it's relentless focus on anti-immigration stories – but came after years of anti-EU reporting in most of the British press.“[751]

Schon mit Beginn der Referendumskampagne hatten sich beide Lager gegenseitig der Lüge bezichtigt, was sich auch während der folgenden Wochen bis zum Wahltag nicht ändern sollte: „It did not take long for the Leave and Remain campaigns to accuse one another of lying. On the first day of the official campaign – Friday 15 April, the Chief Executive of NHS England, David Nicholson, said Vote Leave's claims about the NHS were untrue. Vote Leave was accused of running a 'campaign of deception'. The Express was quick to respond in an editorial that called the claim false, urging readers to 'ignore the establishment's falsehoods'. By Sunday Boris Johnson had accused the Prime Minister of talking 'bollocks' about Europe, and the following day Trevor Kavanagh went further in the Sun and claimed the 'Establishment in-crowd' were adopting the tactic of Hitler and Goebbels in trying to convince the public of a 'Big Lie'. George Osborne responded by accusing Boris Johnson of 'dishonesty', while Norman Tebbitt said Jeremy Corbyn was guilty of 'either deception or delusion on a grand scale'. The 2016 EU Referendum campaign was littered with claims and counterclaims of dishonesty. Individuals accused other individuals of lying. Individuals accused campaigns of lying. Publications accused individuals and campaigns of lying. Organisations accused campaigns of lying. Not a week went by without a string of accusations of dishonesty.“[752]

Im Mittelpunkt steht an dieser Stelle nicht die Frage, *ob* die einzelnen Kampagnen Unwahrheiten verbreitet haben, sondern *wie erfolgreich* sie damit waren: „'Lying' was only one of a range of terms used. Others used included: dishonesty, deceit, falsehood, untrue, misleading, fib, post-truth, absurd, nonsense, and so on.“[753] Wenn man das Referendumsergebnis schon mit einbezieht, lässt sich feststellen, dass die *Leave*-Seite hier wesentlich erfolgreicher agierte – nicht zuletzt durch Boris Johnsons berüchtigte Behauptung, das UK würde wöchentlich 350 Millionen Pfund an die EU überweisen. Dies sollte sich von Beginn an als eine der zentralen Botschaften der *Leave*-Seite herausstellen. Johnson und seine Mitstreiter wie Nigel Farage oder auch Michael Gove argumentierten, dass

751 The Guardian, online (Jane Martinson): Did the Mail and Sun help swing the UK towards Brexit? 24. Juni 2016.

752 Moore, Martin und Ramsay, Gordon. S. 128f.

753 Ebd. S. 129f.

diese Summm Geld sei, das beispielsweise im National Health Service, dem britischen Gesundheitswesen, besser angelegt wäre.[754]

In diesem Zusammenhang sind das benutzte Vokabular und der Einsatz von Bildern, vor allem auf Seiten der Tabloid-Zeitungen, wichtige Indikatoren, wie eine bestimmte Berichterstattung zur Europäischen Union in den einzelnen Zeitungen aufgemacht wurde. Dabei war in der vorliegenden Analyse vor allem der Einsatz von bestimmten Wörtern bei in der Öffentlichkeit polarisierenden Themen wie „Immigration" wichtig zu beachten: „The words used by certain news outlets to describe the situation regarding immigration and its effects tended to be those associated with natural disasters, epidemics, or incipient catastrophe. Migration was in 'crisis', 'out of control', 'soaring', 'spiraling', 'rampant', 'unsustainable', 'intolerable', 'imploding' and 'relentless'. There was an 'influx' of migrants who were 'flocking', 'swarming', 'swamping', 'storming', 'invading', 'stampeding', 'over-running', and 'besieging' the UK. Britain's borders were a 'shambles', 'collapsing', 'threadbare', 'creaking', and 'buckling'. This impression of imminent disaster was increased by the prominence given to this vocabulary. Looking at front page lead stories alone, the words associated with EU migration included: 'bombshell', 'blow', 'crisis', 'killers and rapists', 'plot', 'fears', 'mauling', 'deception', 'chaos', 'hidden', 'soaring', 'surge', invade', 'coverup', 'swindle', 'Mayday', 'floodgates', 'terror', 'meltdown', and 'criminals'."[755] Auch in ausländischen Medien wurde die Wortwahl der beiden Kampagnen und ihre Widerspigelung in den Zeitungen kommteniert: „Die Worte werden in diesen Tagen wuchtig, die EU-Gegner vergleichen Brüssel mit Hitler und lügen gefährliche Zahlen herbei, während Pathos in die Texte der EU-Befürworter fließt; denn es geht um Großes und Grundsätzliches. Großbritannien ist eine Brücke zwischen Europa und den USA."[756] Dabei schreckten insbesondere auch Journalisten nicht vor martialischen Attacken auf die Gegenseite oder die EU als Ganzes zurück: „Britische Journalisten benutzten Kriegsmetaphern, um den Kampf der Lager zu beschreiben [...] Die Unwahrheit und Häme, die aus den Seiten der ‚Daily Mail' floss, aus der ‚Sun', aus dem ‚Daily Express', machten sogar manchen Brexit-Befürwortern Angst."[757]

Zunächst wirkt überraschend, dass ausgerechnet die *Remain*-Seite das deutlich negativere Vokabular benutzte, indem sie vor einem Verlassen der Europäischen

754 Vgl. Full Fact, online: £350 million EU claim a clear misuse of official statistics. 19. September 2017.

755 Moore, Martin und Ramsay, Gordon. S. 78.

756 Brinkbäumer, Klaus und Harms, Florian: Wer klug ist, bleibt. In: Der Spiegel Nr. 24/2016. S. 8.

757 Hesse, Martin et al.: Schwarzer Donnerstag. In: Der Spiegel Nr. 26/2016. S. 19.

Union warnte und stattdessen nicht die Vorteile einer weiteren britischen EU-Mitgliedschaft in den Vordergrund stellten: „While the pro-Remain articles focused largely on the single issue of the economy, they adopted a generally very negative tone, apparently reluctant to use positive language, and gave pessimistic forecasts of a pro-Brexit future. In contrast, pro-Leave articles adopted a more positive tone, balancing criticism of the status quo with hopeful messages for a pro-Brexit future. Pro-Leave articles did play to fears, notably around migration and sovereignty, but their future-oriented messages were more optimistic."[758] Auch einzelne Personen, hier besonders der *Leave*-Seite, wurden mit zum Teil sehr überzogenen Worten zitiert, beispielsweise Michael Gove, einer der prominentesten Befürworter eines britischen EU-Austritts: „Gove nennt die Union eine ‚Job vernichtende, Elend erzeugende, Arbeitslosigkeit schaffende Tragödie.' Seit Jahren kämpft er für den Austritt."[759]

Während der Kampagne ging es abseits der Zeitungstitelseiten natürlich auch um die Optik und den konkreten Einsatz von Bildern. Für das wichtige „Eye catching", dem ersten und oft entscheidenden Blickfang, ist der Einsatz von Bildern unerlässlich. In diesem Zusammenhang ist das Referendum ebenfalls beispielgebend: „The images used to illustrate articles about migrants were similarly emotive, even though many of them were not news photos but stock pictures (from picture libraries like Getty and Alamy). For example, generic images of overcrowded classrooms, doctors' waiting rooms, and transport systems were used within articles about lack of primary school places, NHS problems and congestion. [...] The Sun, the Express and other papers used photographs of long lines of – what appear to be – foreign people walking, again stock images, similar to the controversial UKIP poster 'Breaking Point'. The Express appears to have used the same image as used by UKIP in its poster, combining it with a photograph of a classroom to give the impression that these people are coming to get places at UK schools."[760]

Der Einsatz von Bildern, auch Politiker in bestimmten (un-)vorteilhaften Posen, war ein ganz wesentliches Element vor allem in der Berichterstattung der *Sun* und des *Daily Express*. Beispielhaft hierfür stehen die zahlreichen Bilder von Flüchtlingen, mit denen und gegen ebenjene in den Boulevardblättern Stimmung erzeugt werden sollte. Dabei ging es nicht nur um die Höhe der jährlichen

---

758 Levy, David et al: UK press coverage of the EU referendum. In: Reuters Institute for the study of Journalism. Oxford 2016. S. 32f.

759 Hesse, Martin et al.: Schwarzer Donnerstag. In: Der Spiegel Nr. 26/2016. S. 15.

760 Moore, Martin und Ramsay, Gordon. S. 79f.

Zuwanderung in das Vereinigte Königreich, sondern auch darum, dass Flüchtlinge für politische, aber vor allem wirtschaftliche und soziale Schwierigkeiten verantwortlich gemacht wurden: „In addition to reporting on public concern about the level of immigration, on the effectiveness or ineffectiveness of migration policy, and on specific consequences of immigration, campaign leaders and certain news outlets explicitly blamed migrants for many of the UK's political, social and economic ills."[761]

## 4.6 Argumente und Emotionalisierung: Beeinflussung von Lesern in der Praxis

Die Referendumskampagne wurde nicht nur, aber vor allem durch die *Leave*-Seite zum Teil stark emotionalisiert und dies dahingehend, dass die EU sukzessive als britisches Feindbild aufgebaut wurde. In diesem Zusammenhang ging es auch um die vom *Leave*-Lager diskreditierte *Remain*-Seite und ihr „Project Fear", woran *Remain* selbst einen wesentlichen Anteil hatte, denn der Begriff „Project Fear" wurde von der *Remain*-Seite als Warnung vor einem Schritte ins Ungewisse bei einem Verlassen der EU proklamiert – nicht wissend, dass sich diese Bezeichnung im Laufe der Kampagne gegen die *Remainer* selbst richten sollte. „The language of fear permeated the EU referendum debate. Each campaign predicted frightening outcomes should voters decide to opt for the other side. The Remain campaign forecast dire economic consequences should Britons decide to leave. The Leave campaign foretold disastrous effects of mass immigration. Yet it was the Remain side that was most closely associated with using fear as a means of persuasion. This was partly because, from the start of the campaign, Leave supporters described Remain's campaign as 'Project Fear'. It was a label that stuck, and that came to be used across almost all media, and even by the Remain campaign itself. From 15 April until the vote on 23 June, 'Project Fear' was referred to in 739 articles. In the final two weeks alone it was referenced in almost 250. 'Scaremongering' was just about as common an accusation, mentioned in 737 Brexit-related articles."[762]

Bereits im schottischen Referendum rund zwei Jahre vor dem EU-Referendum wurde vor dem „Project Fear" gewarnt: „The phrase 'Project Fear' did not originate in the EU referendum. Indeed, it was widely used during the Scottish Referendum of 2014 prior to being used in the Brexit campaign. It began […] as a joke between Better Together staffers that was then used against them. It even

761 Moore, Martin und Ramsay, Gordon. S. 86.
762 Ebd. S. 140f.

became the title of a book documenting the Scottish Referendum campaign by Joe Pike, published in 2015. The strategy of scaring people into voting for the status quo was consciously revived by the Remain campaign, the Spectator wrote, in April 2016 – in light of its effectiveness in Scotland.“[763] In diesem Zusammenhang spielte auch der damalige britische Schatzkanzler George Osborne, und in der Endphase der Kampagne auch US-Präsident Barack Obama, eine entscheidende Rolle: „By the time the official referendum campaign began, Remain claims about the economic damage of leaving had already been described as Project Fear. The use of the term took off, however, after economic warnings made by the Treasury and others in late April. In particular, it was the Treasury report published on Monday 18 April, claiming that every British household would be £4,300 worse off if Britain left the EU, which triggered multiple accusations of scaremongering. Parts of the press reacted angrily, and even Remain supporting papers said it was clear that the Chancellor, George Osborne, who launched the report, intended to frighten people. 'There is nothing subtle about the Remain campaign' Jason Beattie wrote in the Mirror. Though Osborne's warning was 'closer to Project Armageddon than to Project Fear' ('Be afraid of Project Fear'). 'Osborne's new scare', the Mail reported, 'Brexit will ruin the UK for decades, cost every family £4,300 and mean Britain has billions less to spend on public services'. The Express chose to present responses to the report rather than the report itself: 'Fury as scaremongering Osborne warns YOU 'will be £4,300 worse off YEARLY after Brexit'.[764] Obama nahm für die Leave-Kampagne eine besondere Rolle ein, war er es doch, der einen UK-Verbleib in der EU vehement gefordert hatte und als Bedingung für eine weitere special relationship zwischen Großbritannien und den USA gesehen hat.[765]

Bereits Mitte Mai 2016, gewissermaßen zur Halbzeit der Kampagne, war das „Project Fear“ der offizielle Slogan, der von *Leave*-Seite der *Remain*-Kampagne zugesprochen wurde: „By mid-May 'Project Fear' had almost become an official campaign slogan that Leave supporters applied to Remainers. The Express referred simply to 'Project Fear campaigners' rather than Remain campaigners. The Sun described the Prime Minister as 'Project Fear David Cameron'. The Spectator talked about the 'Project Fear brand'. Even the BBC was using the phrase in its

763 Moore, Martin und Ramsay, Gordon. S. 142f.

764 Ebd. S. 143f.

765 Ondarza, Nicolai von (online): Großbritanniens Rolle innerhalb und außerhalb der EU. Herausgegeben von der Bundeszentrale für Politische Bildung. Bonn/Berlin 10. Juni 2016.

reporting: 'For those who support Brexit,' Kamal Ahmed wrote, 'Project Fear, as they describe it, is in full voice'."[766] Darüber hinaus wurde die *Remain*-Seite während der gesamten Kampagne von den *Express*-Titeln, der *Mail* und der *Sun* mit dem sogenannten politisch-gesellschaftlichen „Establishment" assoziiert und das Referendum als „contest between the Establishment and the people"[767] bezeichnet. Diese Art von verbaler „Aufrüstung" verfehlte ihre Wirkung nicht – vor allem auch aufgrund der Nähe von hochrangigen UK-Politikern zur *Remain*-Seite, für die sich manche deutlich engagierter einsetzten als Premierminister David Cameron: „From the start of the official campaign, the Telegraph was already writing that 'The EU referendum is becoming a contest between the Establishment and the people'. In 'an age when people across the world are voting against elites,' the paper said, 'it gives the impression that a vote for Leave is a vote against politics-as-usual'. As the campaign wore on this framing of the campaign as the Establishment or elite against the people increased. In the first fortnight 111 articles about the EU referendum referred to the 'Establishment' or one 'elite' or another. These references rose over the next eight weeks until, in the final fortnight of the campaign, there were 397 EU-referendum articles that mentioned 'Establishment' or 'elite'. Overall, 547 articles mentioned the Establishment during the 10-week campaign, while 636 mentioned elites. Of the Leave-supporting newspapers, The Express referenced the 'Establishment' or 'elite' most over the official campaign, citing the Establishment in 68 articles and elites in 74. The Daily Mail referenced elites in 70 referendum articles. The Sun preferred the term Establishment to elites, using it in 33 articles compared to 23 for elites. Yet it was the Guardian, which supported Remain (if less vociferously partisan than other titles) that referenced the terms more than any other outlet. 96 articles mentioned the Establishment, and 116 referred to elites in the context of the EU referendum in the 10-week campaign."[768] Dabei war lange Zeit überhaupt nicht klar, wer eigentlich „das Establishment" sein sollte. Waren es amtierende Regierungsmitglieder, „Whitehall" oder „Westminster" als Ganzes oder die wohlhabende Elite? „There were some regular obvious candidates, such as the government and international institutions. This included the Treasury, the Bank of England, the IMF, the WTO, the OECD, and the World Bank."[769] Der

766 Moore, Martin und Ramsay, Gordon. S. 144.
767 Ebd. S. 150.
768 Moore, Martin und Ramsay, Gordon. S. 150f.
769 Ebd. S. 158.

Kampf gegen das Establishment war eine zentrale Achse, auf der die *Leave*-Seite ihre letztlich erfolgreiche Kampagne aufbaute.

Ein interessanter Nebenaspekt der gesamten inhaltlichen Kampagne ist der Umstand, dass vor allem die *Mail*-, die *Sun*- und die *Express*-Titel die Zeitungen auf wenig Grundwissen ihrer Leser zum Thema „Europa" setzen konnten. Eine verbreitete Europa-Unwissenheit beziehungsweise eine falsche Vorstellung von europäischen Zusammenhängen im gesamten UK, vor allem in den ländlichen Gegenden hat einigen von ihnen möglicherweise passgenau in die Karten spielte: „Research by the independent UK Electoral Commission in 2013 fund ‚low levels of contextual understanding of the EU, with some participants having no knowledge of the European Union, or the status of UK membership of the EU, at all. Few Brits knew whether the Swiss were fellow EU members or that a draft memo in Brussels would not automatically become British law."[770]

Grundsätzlich lässt sich festhalten, dass es nicht einzelne Titelseiten, Schlagzeilen oder Editorials sind, die Leser zu einem bestimmten Wahlverhalten animieren. Es ist die häufige Wiederholung von Vorurteilen, von Meinungen, letztlich der Spin, der zum Teil über Jahre hinweg Tag für Tag in die Öffentlichkeit transportiert wurde: „It is [...] all about repetition, finding ways of reinforcing those prejudices day after day after day. The messages must be hammered home relentlessly with news stories leading articles, commentaries and cartoons. By playing to the gallery in a drip-drip-drip process over months, if not years, newspapers have an impact on readers who never think about, let alone question, the propaganda thy consume."[771] In ihrer Art, Leser zu überzeugen und damit in eine bestimmte Richtung zu lenken, beeinflussen die Zeitungen auch die gewählten Politiker. „So the run-up to the European Union referendum has provided a fascinating insight into the exercise of press power. With David Cameron trying to sell his renegotiation package to European leaders and, just as pertinently, to his own party, the rightwing Eurosceptic newspapers are now playing a major role."[772] Diese Gemengelage führte dazu, dass sich Meinungen über die Europäische Union im UK jahrelang halten konnten, ob sie der Realität entsprachen oder nicht. Die Leser von bestimmten Zeitungen mussten durch die schiere Wiederholung zwangsläufig zu dem Schluss kommen, dass die Ansichten

---

770 The Guardian, online (Jane Martinson): Did the Mail and Sun help swing the UK towards Brexit? 24. Juni 2016.

771 The Guardian, online (Roy Greenslade): The Brexit drippers: how Eurosceptic papers wage their propaganda war. 11. Februar 2016.

772 Ebd.

ihrer jeweiligen Zeitungen zumindest im Kern einen bestimmten Wahrheitsgehalt besaßen.

## 4.7 Die Auswirkungen von Umfragen während der Referendumskampagne

Die Rolle von Umfragen wird in der Wissenschaft kontrovers diskutiert. Vor allem kurz vor Wahlen kommt ihnen oft eine besondere Bedeutung zu. In der UK-Referendumskampagne 2016 wurden sie von beiden Seiten als wichtiges Instrument der Meinungsmache eingesetzt. Dabei müssen grundsätzlich zwei Arten von Umfragen unterschieden werden: landesweite und eigene (in Auftrag gegebene) Umfragen der Zeitungen.

### 4.7.1 Landesweite Umfragen und „Poll of Polls“

Umfragen spielen in politischen Kampagnen schon seit der Verbreitung von Massenmedien eine viel diskutierte Rolle. Auch beim allerersten britischen Referendum 1975, jenem über die weitere Zugehörigkeit zur Europäischen Wirtschaftsgemeinschaft, gab es landesweite und zeitungseigene Umfragen, die vom letztlich gültigen Endergebnis zwar bestätigt wurden, aber zugleich auch in der Kritik standen. Gerade stichprobenartige Befragungen, die darauf schließen lassen, dass Wahlen bereits im Vorfeld entschieden seien, entpuppten sich in den vergangenen Jahren im Nachhinein als falsch. So gesehen lieferte das Jahr 2016 mit dem Brexit und der nur von wenigen Umfrageinstituten prognostizierten Wahl Donald Trumps zum US-Präsidenten gleich zwei aktuelle und dramatische Beispiele dafür. Hier stellt sich vielmehr die Frage, mit welchen manipulativen Mitteln, im konkreten Fall: Umfragen, Zeitungen ihre Leser zu einem bestimmten Wahlverhalten bringen können. Im Falle der EU-Referendumskampagne im UK hatten mehrere landesweite Meinungsforschungsinstitute die *Remain*-Seite fast über den gesamten Kampagnenprozess vorne gesehen, zwar nicht besonders stark, aber immerhin mit einem Plus von mindestens vier Prozentpunkten. Selbst am Wahltag titelte der London Evening Standard noch in den Nachmittagsstunden: „Latest polls reveal Remain ahead 52 to 48“[773]. Dieses Ergebnis sollte sich wenige Stunden später ins genaue Gegenteil umkehren. Bei der Wahl zum US-Präsidenten wenige Monate später sollten die Meinungsforschungsinstitute erneut und zum Teil deutlich danebenliegen. Trump wurde während der gesamten Präsidentschaftskampagne kaum eine Chance gegeben,

773 The Evening Standard: Latest polls reveal Remain ahead 52 to 48. 23. Juni 2016. S. 1.

viele Beobachter sprachen gar vorschnell von einem möglichen erdrutschartigen Sieg. Auch damit sollten die Meinungsforscher nicht Recht behalten und wurden im Nachgang von zahlreichen Medien für ihre veröffentlichten Umfragen kritisiert.

Im Rahmen der Referendumskampagne muss grundsätzlich zwischen drei Arten von Umfragen unterschieden werden: zeitungsnahe Umfragen, Umfragen von nationalen Instituten und sogenannte „Poll of Polls". Besonders die nationalen Umfragen standen nach der Volksabstimmung im Zentrum der Kritik.

Als „Poll of Polls" gelten Umfragen von Instituten oder von Zeitungen, die mit dem Ergebnis von mehreren einzelnen Umfragen arbeiten und aus diesen mit unterschiedlichen Methoden den Mittelwert für eine noch größere Messung berechnen. Darunter sind beispielsweise WhatUKThinks EU, Elections Etc., HuffPost Pollster, Number Cruncher Politics sowie die Zeitungen *Financial Times*, *Daily Telegraph* und *Economist.* All diese „Poll of Polls", also gewissermaßen „Superumfragen" haben *Remain* vorne gesehen (mit Ausnahme des *Economist*, der am 6. Juni einen 44 zu 44 Split zwischen beiden Lagern ermittelte), allerdings keine mit mehr als vier Punkten Vorsprung.

Die einzelnen nationalen Umfragen lagen zum Großteil auch deutlich neben dem letztlichen Wahlergebnis. Zu den bekanntesten zählen *YouGov*, *Populus*, *Ipsos MORI*, *Opinium*, *Survation*, *ComRes*, *NatCen* und *BMG Research* – auch hier gaben die meisten Umfragen sowohl zu Beginn, in der Mitte als auch zum Ende der Kampagne teilweise deutlich abweichende Ergebnisse bekannt, die sich letztlich nicht im Wahlergebnis widerspiegeln sollten. Noch am Wahltag selbst, am 23. Juni, hatte beispielsweise *YouGov* einen *Remain*-Sieg mit vier Punkten Vorsprung prognostiziert. *ComRes*, auf der anderen Seite, hatte am 22. Juni *Leave* mit 54 zu 46 Prozent vorne gesehen und *ORB* (22. Mai) sogar mit 55 zu 42 Prozent.

Was allerdings bedacht werden muss: Wahlen entpuppen sich oftmals dann als besonders unkalkulierbar, wenn die Umfragen klar für eine Seite sprechen: „It is a paradox that opinion polls can have most effect on elections when they reveal that the outcome is not in doubt."[774] Andererseits hatte diese Art der Befragung auch einen negative Effekt auf die Intensität einer Kampagne: „But polls that point to a landslide inevitably take the edge out of the battle; both sides are discouraged from using the more venomous weapons in their armoury."[775] Beim britischen Referendum 1975 jedenfalls lagen die Meinungsforschungsinstitute mit ihrer Einschätzung richtig: Das Endergebnis von einem Stimmenverhältnis

774 Butler, David und Kitzinger, Uwe. S. 246.
775 Ebd. S. 246.

von 2:1 sollte sich bis am Wahltag bewahrheiten. Und auch wenn es besonders 1975 eher unspektakulär und von nicht allzu großer Bedeutung schien: „The polls not only shaped the final battle. They had had a key role throughout the long saga of Britain's application for membership.“[776] Die klaren Hinweise für eine deutliche „Yes“-Mehrheit in allen Umfragen von April 1975 bis zum Wahltag hatten natürlich auch Auswirkungen auf mögliche Kampagnensponsoren der Gegenseite: „The thumping Yes majorities forecst by every survey form April 1975 onwards discouraged editors form sponsoring any extra work in the last weeks of the campaign.“[777] Und auch die Zeitungen sahen sich nicht dazu veranlasst, besonders stark pro Europa Partei zu ergreifen und maßen dem Thema nicht ausschließlich eine hohe Bedeutung zu: „The Sunday Times, The Observer, The Times and The Daily Mail opted out of polling and the Daily Express and Evening Standard published fewer reports than in a general election.“[778]

Privat in Auftrag gegebene Umfragen gab es damals auch, doch hing eine solche Durchführung immer an den finanziellen Mitteln des Auftraggebers: „The anti-Marketeers had little money to spare for polling and it was not till they were sure of the government grant in mid-April that they felt able to commission any independent surveys.“[779] 1975 hatten die privat Umfragen lediglich die öffentlichen bestätigt: „It seems probable that the main achievements of the private were negative, confirming that the public polls were not in error; that there were no important issues being neglected; that prices were more important than sovereignity; and that the whole country was reacting very uniformly.“[780]

Was war 2016 nun anders? Gegen Ende der Referendumskampagnen haben insgesamt sieben verschiedene nationale Meinungsforschungsinstitute ihre Umfragen veröffentlicht.[781] Sechs von ihnen prognostizierten einen Vorsprung für *Remain* – einer Umfrage zufolge lag *Remain* sogar um zehn Punkte vor *Leave* – und selbst die Umfrage, die *Leave* vorne sah, prognostizierte nur ein hauchdünnen Vorsprung.

Unmittelbar nach dem Referendumsergebnis begann auf beiden Seiten die Aufarbeitung der Ursachen für das Wahlergebnis. Dabei kamen auch die Umfragen ins Zentrum der Kritik, allen voran diejenigen des britischen konservativen Politikers

776 Ebd. S. 246.
777 Ebd. S. 248.
778 Ebd. S. 248.
779 Butler, David und Kitzinger, Uwe. S. 258.
780 Ebd. S. 261.
781 Vgl. Ford, Robert und Goodwin, Matthew: S. 25 und British Electoral Studies: EU Referendum. 6. Oktober 2017.

Andrew Cooper und des von ihm mitgegründeten Meinungsforschungsinstituts *Populus*: „The focus fell immediately on Andrew Cooper's polling. His final tracker had Remain winning with 51.9 per cent of the vote. […],We lost „hearts vs. heads" in April and never got them back', said Cooper. ,We lost „disengaged middle" around the 6th or 7th of June and never got them back.' Cooper's fatal methodological flaw – which affected many pollsters – was that he dramatically underestimated turnout, more specifically turnout from people who do not usually vote."[782] Und dabei ging es um ganz verschiedene Bevölkerungsgruppen: „While Stronger In had been very successful at registering young voters, they were less successful at getting them to the polls. The decision not to enfranchise sixteen- and seventeen-year-olds also cost Remain 650,000 votes. Research by the LSE found that while 64 per cent of eigtheen-to-twenty-fours voted the figure rose in each age group, until it was more than 90 per cent among the over-sixty-fives."[783]

Ein entscheidender Fehler (oder Vorteil, je nach Sichtweise der Kampagnenseiten) vieler Umfragen war sicherlich der letztlich falsche Vergleich zu den britischen Unterhauswahlen 2015: „'We assumed that the demographic profile of those voting in the referendum would be very similar to the profile of those who had voted at the 2015 general election', Cooper explained. ,We had expected the turnout to be higher than at the genereal election, but expected the increase among poorer working-class voters, a clear majority of whom opposed EU membership, would be more or less offset by the increase among young, middle-class voters, who supported Remain by a four-to-one margin. That assumption proved completely wrong: 2.8 million people voted in the referendum who didn't vote at the general election, and we estimate that over 80 per cent of them voted Leave.' "[784] Cooper selbst hatte dabei durchaus auch die Datenauswahl der eigenen statistischen Modellierung kritisiert: „Cooper believes Vote Leave's data-modelling was ,more sophisticated', and enabled them to get postal votes to people who were usually non-voters: ,Among people who voted on the day it was 50–50. Among the people who voted by post, it was 55–45 to leave.' "[785]

Möglicherweise hatte diese Art der Umfrage den Vertretern der *Remain*-Seite auch ein sicheres, letztlich trügerisches Gefühl vermittelt – viele Zeitungen der *Remain*-Seite, vor allem gemäßigtere Zeitungen wie der *Guardian* hatten auf

---

782 Shipman, Tim. S. 463.

783 The London School of Economics and Political Science, online (Ben Clements): The referendums of 1975 and 2016 illustrate the continuity and change in British Euroscepticism. 31. Juli 2017.

784 Shipman, Tim. S. 463f.

785 Ebd. S. 464.

diese Umfragen zurückgegriffen: „Some at Stronger In were also sore after the result that Cooper's analysis had shackled the campaign to a rigid economic fear message, in the belief that would trump immigration with target voters. The consistency of his polling on that issue dissuaded the Conservatives at the top of the campaign from agreeing to a change of approach. His belief, until the end, that Remain was ahead prevented David Cameron from confronting the gravity of the situation he was facing."[786]

Dies führte letztlich dazu, dass sich das *Remain*-Lager, und hier vor allem auch Zeitungen wie der *Guardian* oder die *Financial Times*, trotz der aufgeheizten Stimmung seitens der restlichen britischen Medienlandschaft auch kurz vor dem Referendum und selbst am Tag der Abstimmung noch relativ sicher fühlen konnte. Auch hier spielte *Populus* mit seiner letzten, tagesaktuellen Umfrage eine entscheidende Rolle: „A few hours after voting started in the European Union referendum, Populus released its final opinion poll showing a ten-point lead for Remain. This carried weight because the founder of Populus, Andrew Cooper, was also pollster for the official Remain campaign. His findings had been passed to 10 Downing Street earlier, leading David Cameron and his team to become very confident. There were reports that the Prime Minister was not even going to stay up for the result: he intended to go to sleep early and wake up to victory."[787] Kritiker spielen an dieser Stelle bereits auf seine Prognosen für die Unterhauswahlen 2015 an: „Lord Cooper has form: last year, his bullishly named 'Populus predictor' gave a wonderfully precise figure for the Tories' chance of winning a majority: 0.5 per cent. On polling day, he denounced Cameron's triumphant general election campaign as a 'prolonged exhibition of insanity'. All of which raises a question: why put him in charge of an EU referendum campaign whose failure could (and did) destroy the Prime Minister? Those who worked on the Remain campaign found themselves asking this question in the final weeks before the vote. On polling day, for example, they were dumbfounded to find out that Cooper had released an estimate of a ten-point victory."[788]

Letztlich lag aber nicht nur Lord Cooper in der Prognose dramatisch daneben, was das tatsächliche Wahlergebnis angeht: Keine nationalen Umfrageinstitute hatten bei den vorangegangenen Wahlen die Nichtwähler in ausreichender Form erfasst beziehungsweise deren Wirkung und Anzahl deutlich unterschätzt.

---

786 Shipman, Tim. S. 464.

787 The Spectator, online (Fraser Nelson): Did Andrew Cooper's polls lose the referendum? The blame game begins. 2. Juli 2016.

788 Ebd.

Hinzu kamen zwei weitere Probleme: In Gegenden, wo ohnehin mehrheitlich *Remain* gewählt wurde, wie London oder Schottland, gaben hohe Prozentzahlen an Wählern gar nicht erst ihre Stimme ab. Außerdem mussten, damit *Remain* tatsächlich gewinnen konnte, bestimmte hohe Ergebnisse in Städten und Regionen erzielt werden, was allerdings misslang. Mehr noch: Da gerade Schottland und London mit überwältigender Mehrheit *Remain* wählten – und dies auch im Vorfeld durch im Grunde alle seriösen Umfragen so erwartet wurde – konnten in manchen Bezirken Schottlands und der britischen Hauptstadt nicht genügend Wähler mobilisiert werden: „The first was in Scotland and London, where Remain won handily but were so dominant that many of their supporters did not bother to vote, perhaps assuming the win was in the bag. Cooper said, ‚The overall turnout went up by 8 per cent across the UK, but it went down in Scotland, which we needed to be one of our big regions. It was up in London – by 3 per cent – but less than we needed.' Parts of the capital suffered torrential downpours on polling day, which did have an effect, but not enough to change the result of the referendum. [...] In Scotland Stronger In had hoped to secure between 60 and 70 per cent support from SNP voters. They actually got around 55 per cent. The Nationalists had lot of voters who were attitudinally similar to Ukip voters, and in England would have been voting for Nigel Farage."[789]

Ein weiteres mitentscheidendes Problem bestand in der Einstellung beziehungsweise der Überzeugung der Labour-Wähler: „If we were going to get at best 45 per cent of Tory voters on a 70 per cent turnout, we needed 70 per cent of Labour voters', says Cooper. Polling analysis by Michael Ashcroft after the referendum suggested that Remain won just 63 per cent of Labour voters. [...] A study by Chris Hanretty of the University of East Anglia found that 70 per cent of Labour constituencies actually voted for Leave."[790] Letztlich haben die Umfragen von Andrew Cooper, also *Populus*, einen entscheidenden Beitrag zur falschen Eigenwahrnehmung der *Remain*-Seite und ihrem Festhalten an einer sich als mangelhaft herausstellenden Strategie geleistet: „Studies of the polls after the referendum suggest that Leave was ahead throughout the campaign, but until the final three weeks Cooper's tracker had Stronger In ahead, and even then he briefed Cameron that Remain would scrape home. Of the two tracking polls he produced the more secret of the two, the one that more closely reflected his view, was the less accurate. He chose to publish a separate Populus poll on Referendum night that put Remain ten points ahead. Jim Messina [...] pointed

789 Shipman, Tim: S. 464f.
790 Ebd. S. 465.

out [...] afterwards that Cooper was fourteen points wrong on the day. Cooper's and to some degree Osborne's, mistake was to mentally separate immigration and the economy, while impoverished voters, Dominic Cummings and Arron Banks all understood they were the same issue."[791] Ein *Remain*-Sprecher sagte im Anschluss gar: „We put a huge amount of time, effort and money into our polling, and were led by it throughout the campaign. It was totally and utterly wrong on most of its key assertations. Frankly, we'd have been better off having no polling at all, or going out into the street and randomly stopping every fourth person and asking them what they thought."[792]

Neben den Umfragen, die abgesehen von den Wählern auch das Auftreten von wichtigen Kampagnenvertretern wie Premierminister David Cameron beeinflussten, war der Regierungschef selbst auch ein Grund für das Ergebnis des Referendums. Vor allem das mediale Bild des Premierministers war im Laufe der Kampagne nicht immer glücklich; Cameron war ein leichtes Ziel besonders der *Leave*-Presse (hierauf wird in Kapitel 4.9.1 eingegangen).

### 4.7.2 Polls der Zeitungen und der Kampagnenakteure

Die Zeitungen und vor allem die *Leave*-Kampagne hatten, im Nachhinein, sehr viel näher an der Realität liegende Umfragen veröffentlicht. Ob dies einer vorab seriösen Einschätzung zuzuschreiben ist oder sich dies eher an den „Wunschvorstellungen" der *Leaver* orientierte, ist im Nachhinein schwer herauszufinden. Klar ist: Die *Sun*, Mail und der Express (dieser aber mit stark abweichenden Ergebnissen vom letztlichen Referendumsausgang) hatten jeweils mehrmals in den Wochen vor dem Referendum einen *Leave*-Sieg prognostiziert. Hierbei wichen die Ergebnisse kaum voneinander ab und pendelten sich stets zwischen 53 zu 47 und 51 zu 49 (dem sogenannten „too close to call") ein. Die Tabloids führten dabei vor allem eigene Umfragen unter ihren Lesern durch, zum einen online, zum anderen telefonisch. Diese Umfragen transportierten ein tiefes Vertrauen der *Leave*-Seite in die eigene Strategie und Kampagne. An dieser Stelle sei exemplarisch auf die Umfragen in den Ausgaben der *Sun* (13. Mai, 14. Juni – eigene Umfragen), Mail (15. Mai, 17. Juni – eigene Umfragen) und dem Express (9. Juni, 16. Juni – eigene Umfragen) hingewiesen, die allesamt einen mehr oder weniger deutlichen *Leave*-Sieg prognostizierten.

Ganz anders die zeitungseigenen Umfragen der *Remain*-unterstützenden Zeitungen: Sowohl der *Guardian* als auch die *Times*, der *Daily Mirror* und die *Financial Times* prognostizierten noch in ihren Wahltags-Ausgaben (23. Juni) einen,

791 Shopman, Tim: S. 598.
792 Ebd. S. 598f.

wenn auch knappen, Sieg für *Remain* mit einem Endergebnis von 52 zu 48. Sie benutzten allesamt elektronische oder schriftliche Umfragen und verzichteten auf telefonische Befragungen. Gerade diese waren im Nachhinein ein wichtiges Instrument, um die Stimmung bei den unentschlossenen und den eher gegen einen britischen Verbleib in der EU gerichteten Wählern zu testen – vor allem in den ländlichen Teilen Englands, die sich als wahlentscheidend herausstellen sollten. Und genau hier haben die *Sun* und vor allem die *Daily Mail* ihre Hochburgen.

## 4.8 Auflagenveränderung vor dem Referendum

Eine wichtige Frage im Zusammenhang mit dem Referendum: Was brachte die Vorwahlzeit den Zeitungen aus wirtschaftlicher Sicht? Offensichtlich ist, dass die Referendumskampagne den Tageszeitungen aus wirtschaftlicher Sicht guttat. Auf dem Höhepunkt der Brexit-Kampagne, zwischen Ende Mai und Ende Juni, verzeichneten fast alle nationalen Zeitungen eine, zum Teil deutliche, Auflagensteigerung, die in der heutigen digitalen Zeit ihresgleichen sucht. Im Juni wurden täglich 90.000 Ausgaben mehr verkauft als im Vormonat Mai, insgesamt rund drei Millionen.[793] Die Sonntagstitel hatten sogar eine wöchentliche Steigerung von 111.000 Ausgaben zu verzeichnen. Der *Guardian* beispielsweise steigerte seine Auflage im Vergleich zum Vormonat um 3,29 Prozent, der *Observer* (als *Guardian*-Sonntagszeitung gar um 8,42 Prozent), die *Times* um 2,51 (*Sunday Times*: plus 3,67 Prozent), die *Daily Mail* um 0,28 Prozent (*Mail Online*: plus 7,88 Prozent). Die *Sun*- und Express-Titel verzeichneten UK-weit ebenfalls messbare Aufgabensteigerungen, allerdings geringer als die Zeitungen der Mail-Gruppe. Was bei diesen Prozentsätzen beachtet werden muss: Eine höhere Auflagensteigerung des *Observers* und des *Guardians* heißt nicht, dass sie in absoluten Zahlen zusätzlich mehr Zeitungen als die Mail und die *Sun* verkauft haben, denn ihre Gesamtauflagen betrugen nur einen Bruchteil derjenige der beiden genannten Tabloids.

Die Auflagensteigerungen zeigen grundsätzlich jedoch zwei Dinge: Erstens wollen sich die Wähler, die bislang keine Zeitung täglich beziehen, offensichtlich in der entscheidenden inhaltlichen Phase des Wahlkampfs noch umfassender über die Zusammenhänge des Referendums informieren. Zweitens ist dies ein grundlegender Hinweis auf den Einfluss der Zeitungen auf die politisch-gesellschaftlichen Zusammenhänge im UK und noch mehr für das Vertrauen, das den Zeitungen trotz aller regelmäßigen Kritik von den Lesern entgegengebracht wird. Dies ist beispiellos im Vergleich zu anderen europäischen Ländern.

---

793 Vgl. The Guardian, online (Peter Preston): So Brexit is good for one thing – the broadsheets. 24. Juli 2016.

## 4.9 Die Wahlempfehlungen auf den Titelseiten und in den Editorials

Die Wahlempfehlungen der einzelnen Zeitungen unterschieden sich weniger in ihren konkreten Richtungen nach *Leave* oder *Remain*, als vielmehr in der grafischen Darstellung und ihrem kreativen Erfindungsreichtum. An dieser Stelle folgt ein Überblick über die einzelnen Empfehlungen der Untersuchungsgegenstände, die größtenteils bereits auf den Titelseiten der Zeitungen deutlich sichtbar waren. Ein interessanter Gesichtspunkt ist, dass der *Daily Express* bereits 2011, bedingt durch seinen „Kreuzzug" gegen die Europäische Union („Get Britain out of the EU"), sich klar für einen britischen Austritt aus der Europäischen Union positioniert hatte:

DAILY EXPRESS
SPECIAL EDITION
GET BRITAIN OUT OF THE EU


**Abb. III:** The Daily Express, Titelseite, 8. Januar 2011. Quelle: The Daily Express – 8. Januar 2011.

Auch die *Sun* hatte sich bereits vor der Konkurrenz für einen britischen EU-Austritt ausgesprochen:

THE Sun

Oh Roo behave

WAYNE'S PLEA TO ENGLAND FANS

INSIDE 8-PAGE ROYAL ASCOT GUIDE

BeLEAVE in Britain

THE Sun SAYS

**WE are about to make the biggest political decision of our lives. The Sun today urges everyone to vote LEAVE.**

We must set ourselves free from dictatorial Brussels.

Throughout our 43-year membership of the European Union it has proved increasingly greedy, wasteful, bullying and breathtakingly incompetent in a crisis.

Next Thursday, at the ballot box, we can correct this huge and historic mistake.

*It is our last chance. Because, be in no doubt, our future looks far bleaker if we stay in.*

Outside the EU we can become richer, safer and free at long last to forge our own destiny – as America, Canada, Australia, New Zealand and many other great democracies already do. And as we were the first to do centuries ago.

If we stay, Britain will be engulfed in a few short years by this relentlessly expanding German-dominated federal state. For all David Cameron's witless assurances, our powers and values **WILL** be further eroded. Staying in will be worse for immigration, worse for jobs, worse for wages and worse for our way of life.

Greece is bankrupt. Italy is in danger of going the same way, with even more disastrous consequences. In Spain, 45 per cent of those under 25 are out of work. And numerous even poorer and worse-governed countries are now joining the EU.

**'Remain' is bigger risk in every way**

To remain means being powerless to cut mass immigration which keeps wages low and puts catastrophic pressure on our schools, hospitals, roads and housing stock.

In every way, it is a bigger risk.

The Remain campaign, made up of the corporate establishment, arrogant europhiles and foreign banks, have set out to terrify us all about life outside the EU. Their "Project Fear" strategy predicts mass unemployment, soaring interest rates and inflation, plummeting house prices, even world war.

The Treasury, Bank of England, the IMF and world leaders have all been wheeled out by Downing Street to add their grim warnings.

Nonsense! Years ago the same politicians and economists issued apocalyptic predictions about our fate if we didn't join the euro.

*Thank God we stopped that. The single currency's stranglehold has since ruined the EU's poorer nations and cast millions on the dole.*

We are told we cannot be in the single market without accepting all the rules, free movement of people included. If so, let's leave it and, using our enormous clout as the world's fifth biggest economy, strike great trade deals with the other 85 per cent of the world. And pick and choose the best migrants from the whole world. If we stay in the EU, as Cameron wants, we will finally give up any chance of controlling our population. Cameron admits it.

Vote Leave, and we will reassert our sovereignty – embracing a future as a self-governing, powerful nation envied by all.

We will re-establish the basic principle that we are governed by politicians we elect or eject every five years, not foreign bureaucrats.

**Our country has glorious history**

The Sun has campaigned relentlessly against the ever-expanding superstate that the EU cannot reform.

Remain has conducted a deceitful campaign. It has been nasty, cynical, personally abusive and beneath the dignity of Britain.

Our country has a glorious history. This is our chance to make Britain even greater, to recapture our democracy, to preserve the values and culture we are rightly proud of.

**A VOTE FOR LEAVE IS A VOTE FOR A BETTER BRITAIN.**

VOTE TO QUIT EU ON JUNE 23

**Abb. IV:** The Sun, Titelseite, 14. Juni 2016. Quelle: The Sun – 14. Juni 2016.

Die *Sun* nutzte auch den Referendumstag (23. Juni) für eine besonders kreative Aufmachung ihrer Titelseite. Darauf verwies sie auf den am selben Tag in den britischen Kinos anlaufenden zweiten Teil des Films „Independence Day – Resurgence" und gestaltete das offizielle Filmplakat für den eigenen Aufruf zu einem britischen Independence Day („Britain's Resurgence") um:

**Abb. V:** The Sun, Titelseite, 23. Juni 2016. Quelle: The Sun – 23. Juni 2016.

Die *Daily Mail* verwies in ihrer offiziellen Empfehlung (22. Juni) auf den berühmten Uhrturm „Big Ben“ am Palace of Westminster und damit darauf, dass die Zeit zwischen dem britischen Empire und der Europäischen Union abgelaufen war:

Daily Mail

WEDNESDAY, JUNE 22, 2016 www.dailymail.co.uk DAILY NEWSPAPER OF THE YEAR 65p

Lies. Greedy elites. Or a great future outside a broken, dying Europe . . .

If you believe in Britain vote Leave

Daily Mail COMMENT PAGES 18-19

**Abb. VI:** The Daily Mail, Titelseite, 22. Juni 2016. Quelle: The Daily Mail – 22. Juni 2016.

Die *Mail on Sunday* (19. Juni) wiederum sprach sich für einen Verbleib im europäischen Staatenverbund aus:

The Mail
ON SUNDAY
For a safer, freer, more prosperous – and, yes, an even *Greater* Britain: why we urge you to VOTE REMAIN

IN

OUT

**Abb. VII:** The Mail on Sunday, Titelseite, 19. Juni 2016. Quelle: The Mail on Sunday – 19. Juni 2016.

Die *Times* (18. Juni) warb, mit weniger Emotionen als die Tabloid-Konkurrenz, ebenfalls um einen Verbleib:

THE TIMES
SATURDAY
Weekend Newspaper of the Year
Only £1.50

Why Remain is best for Britain
Leading article, page 29

Eat!
Vegetarian feast for gourmets
INSIDE TODAY

MP's killer

the game

**Abb. VIII:** The Times, Titelseite, 18. Juni 2016. Quelle: The Times – 18. Juni 2016.

Die *Sunday Times* (19. Juni), wiederum ein Beispiel für eine redaktionsinterne Aufteilung zwischen zwei Schwesterblättern, sprach sich dagegen für einen Neuanfang der britisch-europäischen Beziehungen und damit für einen Austritt des UK aus der Europäischen Union aus:

THE SUNDAY TIMES

ESTABLISHED 1822

Time for Britain to strike a new deal with Europe

Every few years in a general election, Britain gets the chance to throw the rascals out. On Thursday it will get the chance to throw itself out while leaving the rascals in. Uncertain leadership has obliged the country to make a choice that better diplomacy might

sometimes enter coalitions of the willing. In the event of Brexit, Brussels may pursue a "global security strategy", perhaps including an EU army, without a UK veto. We must keep out. It is Nato that guarantees our security.

Remember too that we were offered a better deal. We pointed out here a week ago that an

**Abb. IX:** The Sunday Times, Titelseite, 19. Juni 2016. Quelle: The Sunday Times – 19. Juni 2016.

Die meisten der anderen nationalen Zeitungen gaben inhaltlich zwar ähnliche Empfehlungen, optisch war es aber längst nicht so dramatisch wie vor allem in der *Sun*, *Daily Mail* und dem *Daily Express*.

## 4.10 Die Abstimmung am 23. Juni 2016 und ihre Auswirkungen in der Presse

### 4.10.1 Das Ergebnis und die Untersuchungsgegenstände im Vergleich

Das Ergebnis des Referendums sah im gesamten United Kingdom eine sehr unterschiedliche Verteilung: In England und Wales (beide 53 Prozent) und damit in Hochburgen der *Sun*, der *Daily Mail* und auch der *Express*-Titel, sprachen sich die Bewohner relativ klar für ein Verlassen der Europäischen Union aus; in Schottland (62 Prozent) und Nordirland (56 Prozent), wo diese Zeitungen prozentual deutlich weniger stark verbreitet waren, wurde verhältnismäßig deutlich *Remain* gewählt. England hätte ohne London gar mit 57 Prozent den deutlichsten britischen Block für ein Verlassen der EU gestellt. Die gesamte Wahlbeteiligung lag bei 72,2 Prozent, wobei es auch hier deutliche regionale Unterschiede gab: In England gingen die Wähler im Vergleich aller Landesteile mit 74,4 Prozent am meisten in die Wahllokale, in Wales gaben immerhin auch 71,7 Prozent der Wahlberechtigten ihre Stimme ab. In Schottland (67,2 Prozent) und Nordirland (62,7) war die Wahlbeteiligung allerdings deutlich geringer und durchaus auch ein Grund dafür, wieso es letztlich für ein „Ja" zu einem britischen Verbleib in der Europäischen Union nicht reichte. Im Gefühl des sicheren Sieges wurden schlicht nicht genügend Wähler mobilisiert – für einen so knappen Ausgang war dies letztlich mitentscheidend.

Vergleicht man nun das Wahlergebnis der einzelnen UK-Teile mit der regionalen Auflage der Zeitungen, so wird deutlich, dass es hier einen klaren Zusammenhang gibt: Vor allem in England zeigt sich, dass der ländliche Süden entlang der Küsten sowie der postindustrielle Norden, beides Gegenden, die zu den eher rückständigen des gesamten UK gehören, deutlich *Leave* gewählt haben. Und hier, sowohl im Süden, als auch beispielsweise im Nordosten, sind wechselseitig die *Sun*, die *Daily Mail* und, zu einem schwächeren Grad, der *Daily Express*, verhältnismäßig stark vertreten.

In England beispielsweise wurde in jeder einzelnen Region überall außerhalb Londons *Leave* gewählt. Am höchsten waren die Zahlen in den West Midlands, wo sich die Wähler mit 59,11 Prozent für ein Verlassen der Europäischen Union aussprachen. In London wählten zum Vergleich 59,94 Prozent der Wähler *Remain*. Die Regionen und ihr Abstimmungsverhalten im Einzelnen:

**Vereinigtes Königreich, gesamt – *Leave*: 51,9 Prozent – *Remain*: 49,1 Prozent**

Ein besonderes Augenmerk liegt dabei auf England, weshalb die einzelnen Regionen einzeln aufgeführt werden:

**England – *Leave*: 53,4 Prozent; R*emain*: 46,6 Prozent**

London – *Remain* (59,9 Prozent)
South East – *Leave* (51,8 Prozent)
South West – *Leave* (52,6 Prozent)
East – *Leave* (56,5 Prozent)
East Midlands – *Leave* (58,8 Prozent)
West Midlands – *Leave* (59,3 Prozent)
Yorkshire and the Humber – *Leave* (57,7 Prozent)
North East – *Leave* (58,0 Prozent)
North West – *Leave* (53,4 Prozent)

**Wales – *Leave*: 52,6 Prozent – *Remain*: 47,4 Prozent**

**Schottland – *Leave*: 38,0 Prozent – *Remain*: 62,0 Prozent**

**Nordirland – *Leave*: 44,2 Prozent – *Remain*: 55,8 Prozent**

Insgesamt wurde in 263 von 382 Stimmbezirken im gesamten United Kingdom mehrheitlich *Leave* gewählt; in Schottland wählten alle 32 Stimmbezirke *Remain* – was in absolut allerdings nicht so überzeugend wie relativ aussieht: 1,6 Millionen *Remain*-Stimmen standen immerhin mehr als eine Million *Leave*-Stimmen gegenüber. Bei dieser Wahl zeigten sich besondere Auffälligkeiten im Wahlverhalten und der Verteilung der Wählerschaft. So wird beispielsweise deutlich, dass in den Wahlbezirken mit besonders vielen jungen Menschen die Wahlbeteiligung eher niedrig war und in Regionen mit eher älteren Bevölkerungsschichten deutlich über dem UK-Durschnitt lag. Darüber hinaus gab es eine deutliche Tendenz des Wahlverhaltens nach Berufsabschlüssen und der Frage nach der eigenen (englischen bzw. britischen) Identität innerhalb des UK.

Gerade diese Tabelle offenbart, dass zum einen die Wahlbezirke mit einer überdurchschnittlich älteren Bevölkerung klar für *Leave* gestimmt hatten, außerdem diejenigen mit den wenigsten Hochschulabschlüssen und sogar alle, in denen sich die meisten Einwohner als „Englisch" anstatt „Britisch" bezeichnen. Dies ist ein weiterer Hinweis darauf, dass das Referendum zu einem guten Teil auch eine Frage über die eigene nationale Identität war – ein Thema, was besonders die *Daily Mail* in der Kampagne gekonnt aufgenommen hatte. Interessant ist auch ein Blick auf die fünf deutlichsten *Leave*-Hochburgen und ihre Lage im Vereinigten Königreich. Hier wird deutlich, dass die der Vorsprung von *Leave* so deutlich war, dass das absolute Ergebnis gemessen an der Wahlbeteiligung noch klarer ausfällt.

Am Tag nach dem Referendum (24. Juni) wurden die verschiedenen politischen Positionierungen am deutlichsten, denn die Titelseiten der einzelnen Seiten sagten viel über die Reaktion im Rahmen der „Out"-Wahl des Vereinigten Königreichs aus. Am Tag nach dem Referendum überboten sich die Zeitungen teilweise deutlich in ihrer berüchtigten „Kreativität": Der *Daily Express* wähnte sich mit dem Ergebnis am Ziel seiner jahrelangen Kampagne und titelte mit deutlichem Eigenbezug „We're out of the EU – World's most successful Newspaper crusade ends in glorious victory for your Daily Express."[794] Auch die + sah sich am Ziel angekommen: „We're Out!"[795]. Ebenso die *Sun*: „See EU later"[796]. Der *Guardian* zielte mit seiner Titelseite auch auf die Zukunft von Premierminister David Cameron: „Over. And Out."[797] Die *Times* titelte: „Britain's Brexit revolt"[798] und „Brexit for Britain"[799]. Als Illustration folgen an dieser Stelle die Schlagzeilen der in dieser Arbeit untersuchten Zeitungen vom 24. Juni 2016, als der Brexit gegen 5.00 Uhr mitteleuropäischer Zeit endgültig feststand:

794 The Daily Express: We're out of the EU – World's most successful Newspaper crusade ends in glorious victory for your Daily Express. 24. Juni 2016. S. 1.

795 The Daily Mail: We're Out! 24. Juni 2016. S. 1.

796 The Sun: See EU later. 24. Juni 2016. S. 1.

797 The Guardian: Over. And Out. 24. Juni 2016. S. 1.

798 The Times: Britain's Brexit revolt. 24. Juni 2016. S. 1.

799 The Times: Brexit for Britain. 24. Juni 2016. S. 1.

5AM REFERENDUM SPECIAL

Daily Mail

FRIDAY, JUNE 24, 2016 www.dailymail.co.uk DAILY NEWSPAPER OF THE YEAR 65p

Overjoyed: A jubilant Nigel Farage in London early today celebrating the stunning victory for the Leave campaign

# WE'RE OUT!

- After 43 years UK freed from shackles of EU
- PM in crisis as voters reject Project Fear
- Leave surge sends pound to a 31-year low

A HUGE revolt by Middle England last night gave a stunning victory to Brexit.

By James Slack, Daniel Martin and Jason Groves

Turn to Page 2

**Abb. X:** The Daily Mail, Titelseite, 24. Juni 2016. Quelle: The Daily Mail – 24. Juni 2016.

**Abb. XI:** The Sun, Titelseite, 24. Juni 2016. Quelle: The Sun – 24. Juni 2016

SPECIAL SOUVENIR EDITION

DAILY EXPRESS

THE WORLD'S GREATEST NEWSPAPER

WEATHER: SUNSHINE AND SHOWERS

FREE WALKERS SENSATIONS CRISPS SHARING BAG FOR EVERY READER AT ONE STOP

SEE PAGE 44

WORTH £1

ONLY 45p

THAT'S HALF THE PRICE OF THE DAILY MAIL AND 55P CHEAPER THAN THE MIRROR

PLUS Get tomorrow's SUNDAY EXPRESS for half price

SEE PAGE 30

WORLD'S MOST SUCCESSFUL NEWSPAPER CRUSADE ENDS IN GLORIOUS VICTORY FOR YOUR DAILY EXPRESS

# WE'RE OUT OF THE EU

## AND CAMERON QUITS... BORIS NEXT PM

**TEARFUL David Cameron dramatically quit yesterday after the historic Brexit victory spearheaded by the Daily Express.**

The Prime Minister said he will depart Downing Street within three months following his humiliating rebuff by voters in the EU referendum.

By **Macer Hall** Political Editor

Former London mayor Boris Johnson is now the favourite to take over.

Mr Cameron promised that the Government will begin cutting ties with Brussels in response to the electorate's verdict.

"The British people have voted to leave the European Union and their will must be respected," he said yesterday.

Brexit campaigners last night praised the Daily Express for playing a "pivotal role" in winning the Leave vote after our momentous five-year crusade.

Tory MP Tom Pursglove said: "It has been a truly historic vote and the Daily Express should be extremely proud."

REFERENDUM REVOLT: SEE PAGES 2 TO 21

**Abb. XII:** The Daily Express, Titelseite, 24. Juni 2016. Quelle: The Daily Express – 24. Juni 2016.

Etwas weniger dramatisch, aber sichtbar irritiert, titelten der *Guardian* und die *Times*:

**Abb. XIII:** The Guardian, Titelseite, 24. Juni 2016. Quelle: The Guardian – 24. Juni 2016.

THE TIMES

SATURDAY

Brexit earthquake

● Prime minister announces resignation ● Vote to leave threatens break-up of UK

**Abb. XIV:** The Times, Titelseite, 24. Juni 2016. Quelle: The Times – 24. Juni 2016.

Interessant sind in diesem Zusammenhang UK-interne Unterschiede wie die *Sun*-Titelseite am 24. Juni in Schottland, die einen unmittelbaren Zusammenhang zwischen dem Referendumsergebnis und einer möglichen zweiten schottischen Unabhängigkeitsabstimmung innerhalb kürzester Zeit herstellte. Auch der schottische National nutzte das Ergebnis, um sich für ein weiteres schottisches Unabhängigkeitsreferendum auszusprechen:

**Abb. XV:** The Scottish Sun, Titelseite, 24. Juni 2016. Quelle: The Scottish Sun – 24. Juni 2016.

**Abb. XVI:** The National, Titelseite, 24. Juni 2016. Quelle: The National – 24. Juni 2016.

Dass es dazu, zumindest erstmal, nicht kommen sollte, hatte in erster Linie mit dem schwachen Abschneiden der SNP bei den britischen Unterhauswahlen 2017, den von Premierministerin Theresa May angesetzten Snap Elections, zu tun. Die SNP, vormals noch mit einer starken Stimme in Westminster vertreten, wurde auch von der überregionalen Presse stark für ihre Position kritisiert und konnte sich selbst durch die empfindliche Niederlage zunächst nicht mehr als einflussreicher Player positionieren.

Zusammenfassend ist interessant festzuhalten, wie unterschiedlich die einzelnen Zeitungen und die dahinterstehenden Medienunternehmen auf das Ergebnis, das erst in den frühen Morgenstunden des 24. Juni feststand, reagierten. Einige, wie der *Daily Express* und die *Daily Mail*, sahen sich am Ziel ihrer eigenen, teils jahrelang gezielt gesteuerten Kampagnen angekommen. Andere, wie der *Guardian* oder die *Times*, kommentierten den herbeigewählten Brexit nüchterner, aber teils dennoch überrascht. Wirklich gerechnet hatten diese Medien nicht mit dem Ausgang. Grundsätzlich lässt sich an der Reaktion der Zeitungen exemplarisch ablesen, welchen Standpunkt sie im gesamten Referendumsprozess vertreten hatten. Dies zeigen auch die zahlreichen Editorials und weitere Kommentare, die teils sachlich-differenzierend (*Guardian*, *The Economist*, *The Times*), teils sehr emotional-dramatisierend (*Daily Mail*, *Sun*, *Daily Express*, *Daily Star*, *Daily Mirror*) das Referendumsergebnis kommentierten.

### 4.10.2 Die medialen Gründe für den Brexit

Die Gründe für die *Leave*-Wahl waren dabei Umfragen und Studien zufolge vielfältig. Einerseits stand das Referendum wie keine vorherige Wahl für den Kampf um nationale Deutungshoheit in Themenbereichen wie staatliche Souveränität, Zuwanderung, Wirtschaft, andererseits auch um ganz persönliche Aspekte wie Armut, Geringqualifikation und grundsätzlich um persönliche Werte. Dies war im Übrigen eine deutliche Parallele zur US-Wahl wenige Monate später, die ebenfalls für eine bis dato nicht für möglich gehaltene Überraschung sorgte und bei der auch „Identität" und „nationale Souveränität" eine entscheidende Rolle spielten. „Brexit voters, like Trump supporters, are motivated by identity [...]. Age, education, national identity and ethnicity are more important than income or occupation."[800] Der Einfluss von vor allem wirtschaftlich abgehängten Wahlbezirken, in denen besonders deutlich *Leave* gewählt wurde, auf das Gesamtergebnis wurde ebenfalls massiv unterschätzt: „Many local authorities that recorded some of the strongest support for Brexit are struggling areas where average incomes, education and skill levels are low and there are few opportunities to get ahead. [...] In such communities the types of opportunities and life experiences contrast sharply with those in areas that are filled with more affluent, highly-educated, and diverse populations, which gave some of the strongest support to remaining in the EU."[801] Dies machten sich vor allem die Tabloids, welche die *Leave*-Kampagne unterstützten, durchaus gekonnt zunutze: „The key messages were mainly about ‚taking back control' of borders, law-making, and the money Britain contributes to the EU budget."[802] Vor allem diejenigen Wähler, die überzeugt davon waren, ihnen selbst gehe es finanziell schlecht (70 Prozent) und Großbritannien habe seit Anfang des 21. Jahrhunderts einen „Abschwung" erlebt (73 Prozent), wählten mehrheitlich *Leave*.[803] Auch mit diesen Themen argumentierte die *Leave*-Seite während beinahe der gesamten Referendumskampagne,

---

800 The London School of Economics and Political Science, online (Eric Kaufmann): It's NOT the economy, stupid: Brexit as a story of personal values. 7. Juli 2016.

801 Ebd.

802 Swales, Kirby: Understanding the Leave vote In NatCen. Social Research that works for society. The UK in a changing Europe. London 2016. S. 5.

803 Ebd. S. 7.

was sich auch in den Ausgaben vor allem der *Leave*-Seite nahestehenden Zeitungen, hier vor allem: Tabloids, widerspigelt.

Letztlich gelang es der *Remain*-Seite auch nicht, die unentschlossenen Wähler in ausreichendem Maße für sich zu gewinnen – was auch die für einen EU-Verbleib eintretenden Medien nicht entsprechend zu thematisieren vermochten: „[…] the campaign had failed to hold on to its early leads with the various groups it was targeting. Stronger In won only 48 per cent of ‚disengaged middle' voters, and just 43 per cent of ‚hearts vs. heads', the key group of middle-aged women."[804]

Ein wichtiger thematischer Aspekt war der Einbezug von Akademikern beziehungsweise Experten in die Berichterstattung: „Of the small number of academics quoted, one, Professor Patrick Minford, heavily associated with the Leave campaign, accounted for a fifth of all quotes on our sample days. Blue on blue 64% of UK politicians cited in articles were Conservative, and 17% Labour."[805] Auch die parteiinternen Modernisierer der Tories, die ab 2010 zunächst erfolgreich daran arbeiteten, die Partei zu reformieren und einer breiteren Wählerschicht zugänglich zu machen, hatten sich in der Kampagne verkalkuliert: „Perhaps the worst blind spot of the Tory modernisers was their disregard for those unsure about globalisation and immigration — who could be disparaged as Old Tories, bigots, or those who could not make peace with the modern world. The losers. If they didn't like the way the world was changing, well, they could go hang: no one was bringing the 1980s back in a hurry. Modern Conservatives should have no interest in such people. But as it turns out, such people are now the next big thing. It was the skilled working class that swung the EU referendum campaign. […] they felt they had not been listened to — and, anyway, saw the European Union as an undemocratic scam, emblematic of a new economic order that was making things worse for them and their families"[806]

Inhaltich war das Referendum seit dem Frühjahr 2016 offensichtlich der beherrschende Gegenstand in den britischen Medien, auch wenn es zu einigen (kurzen) Zeitpunkten auch andere durchaus populäre Themen gab: „The EU Referendum dominated news coverage early on and towards the end of the campaign, but it competed with other news throughout. Most notably: the Queen's 90th birthday, the Hillsborough report, Leicester City's unexpected Premiership

804 Shipman, Tim. S. 463.

805 Reuters Institute for the Study of Journalism, online: UK press coverage of EU Referendum campaign dominated by pro-Leave. 14. September 2016.

806 The Spectator, online (Fraser Nelson): Did Andrew Cooper's polls lose the referendum? The blame game begins. 2. Juli 2016.

title, the London Mayoral election, the death of Muhammed Ali, and the Orlando nightclub attack. Media coverage of the murder of Jo Cox MP, which happened a week before the vote, has not been counted as EU Referendum coverage. This is because both campaigns, and national media outlets, agreed it should not be politicised.“[807]

Ein durchaus wichtiger Randaspekt, der ebenfalls eine grundlegende Fehleinschätzung der *Remain*-Seite und auch der dieser Seite nahestehenden Printmedien zeigt: David Cameron als Zugpferd und Gesicht für einen britischen Verbleib in der EU – für die Tabloids war dies ein willkommener Anlass, um wiederholt gegen das politische „Establishment“ zu wettern. Cameron selbst war persönlich ebenfalls alles andere als überzeugt von einem britischen Verbleib in der EU – seine Rolle als überzeugter und überzeugender Kampagnenanführer wurde ihm kaum abgenommen. Allerdings hatten nur wenige Zeitungen wie der Guardian bereits am Morgen nach dem amtlichen Endergebnis einen Zusammenhang zwischen dem Ergebnis und der unmittelbaren Zukunft von Premierminister David Cameron hergestellt, die sich bereits drei Wochen später mit der Amtsübergabe an Theresa May klären sollte.[808] Cameron selbst war als Hauptfigur der *Remain*-Seite in einer schwierigen Situation, was Umfragen bezüglich seiner Zustimmungswerte zwischen den Unterhauswahlen 2015 und dem Referendum 2016 zeigen: „David Cameron's leadership of the campaign was high risk. In part this was necessary because of the Labour leader's lack of enthusiasm to campaign for Remain, but it risked framing the referendum as a test of his own popularity. Ipsos MORI's polling suggests that perceptions of that plummeted soon after the 2015 election victory.“[809]

Im Kern zeigen diese Werte, dass es von *Remain*-Seite ein großes Risiko war, auf Cameron als „Zugpferd“ der IN-Kampagne zu setzen. Nach seinem deutlichen Wahlsieg 2015 saß der Premierminister oberflächlich betrachtet zwar fest im politischen Sattel, doch in der Wählerschaft war er offensichtlich keineswegs unumstritten. Auch in diesem Zusammenhang waren die pro *Leave* argumentierenden Medien letztlich geschickter, denn sie stellten den Premierminister spätestens seit dem aus ihrer Sicht gescheiterten Cameron-EU-Deal Anfang Februar als Lügner und wenig durchsetzungsfähig dar. Auch dieses Bild hatte sich in der

807 Moore, Martin und Ramsay, Gordon. S. 16.

808 Vgl. The Guardian, online (Anushka Asthana et al.): UK votes to leave EU after dramatic night divides nation. 24. Juni 2016.

809 Reuters Institute for the Study of Journalism, online: UK press coverage of EU Referendum campaign dominated by pro-Leave. 14. September 2016.

Öffentlichkeit schließlich durchgesetzt, wie auch Camerons Kommunikationsdirektor Craig Oliver im Nachgang des Referendums zugab.

### 4.10.3 Beobachtungen und Befragungen von Wählern in London

Der Autor der vorliegenden Arbeit hat am 23. Juni, dem Tag des Referendums, im Londoner Stadtteil Kensington 20 Wählerinnen und Wähler in verschiedenen Bezirkswahllokalen nach ihrer Meinung zu ihrem Wahlverhalten befragt und im Rahmen eines Fragebogens (siehe Anhang A) befragt.[810] Insgesamt wurden dabei sieben Themengebiete, von der konkreten Wahl (Did You vote „Stay in the EU" or „Leave the EU") über die Konkretisierung der eigentlichen Wahlentscheidung bis hin zu Lesegewohnheiten und der Einflussnahme von Tageszeitungen, behandelt. Auch wenn London als Hauptstadt des UK, die mit fast 60 (genau: 59,9) Prozent für einen Verbleib in der Europäischen Union gestimmt hat (beim höchsten Wahlverhalten in der Stadt seit den Unterhauswahlen 1950), nicht als repräsentatives Beispiel für das gesamte Vereinigte Königreich gelten kann, so ergaben sich doch einige interessante Antworten, die sich mit der Analyse dieser Arbeit decken.

Einerseits haben von den 20 Befragten zwar 16 und damit 80 Prozent für einen Verbleib in der Europäischen Union gestimmt, andererseits haben vor allem die *Leave*-Wähler angegeben, dass sie ihre Entscheidung zwar schon vor langer Zeit (30 Jahren; sobald das Referendum feststand) getroffen hatten, andererseits sich zum Teil aber von der Berichterstattung ihrer Tageszeitungen haben beeinflussen lassen. Und dies, obwohl diese Wähler zum Teil auch aus London kamen. Die Gründe für *Leave* waren dabei besonders interessant: Es gab das simple „I'm sick to death what Europe does", das für den klaren Wut- und Protestwähler spricht, das durchaus hinterfragende „Something has to change. What do all the other countries besides Great Britain, Germany and France bring into the EU as true values?" sowie die beiden durchaus konstruktiven „It would be a win-win for both sides. Europe will also get better with us leaving" und „This could be a new beginning, where everyone benefits". Vor allem die beiden letzten Aussagen spiegeln eine Zukunftsvision wider, bei der sich zeigt, dass zumindest Teile von *Leave*-Wählern nicht nur an die eigene britische Zukunft denken, sondern weiterhin auch Europa im Blick behalten, auch wenn dies nur eine kleine Minderheit ist.

---

810 Vgl. Questionnaire for Voters of the EU-Referendum, London, Thursday, June 23rd, 2016 (Polling day): Survey from Robert Flader in the Kensington area, London, United Kingdom. Siehe Anhang A und B, S. 327–330.

Auf *Remain*-Seite waren es vor allem erwartbare Gründe wie „In an unstable world, we have a stronger voice within the EU", „We don't really know, what will happen if we leave" und „How strong is our position (in the world) if we leave", die von den Wählern als Gründe für ihr „Ja" zu einem britischen Verbleib in der Europäischen Union angeführt wurden. Doch auch die Frage nach der eigenen beziehungsweise der britischen Identität wurde gestellt: „It would be catastrophic if we go out. And then I do want another citizenship" – „I believe in the european project" – „I believe in the european identity". Im Gespräch des Autors dieser Arbeit mit dem Wirtschaftsprofessor Professor Dr. Parviz Dabir-Alai (Richmond Business School, Richmond University) wurde ein weiterer Aspekt thematisiert, der wirtschaftliche Folgen eines Austritts behandelte: „I listened to possibly all the arguments. As I am an economist, arguments for leaving make no sense. Altogether for me, we should stay."[811]

Insgesamt lässt sich festhalten, dass sich die für diese Arbeit befragten Wähler näher mit dem Thema „Großbritannien und Europa" beschäftigt hatten. Dies zeigen auch Aussagen, die auf die Gründe beziehungsweise die Beeinflussung für das konkrete Wahlverhalten abzielen: „Everything! I feel very passionate about Europe" – „I believed and believe very strongly in Europe" – „Uncertainty" – „The thinking: We can't go on like this" – „I don't wanna leave this idea" – „General understanding of world affairs. Britain is part of sustaining a structure. Responsible for over 500 million people. Europe would be poorer without Great Britain. Socially and culturally" – „If we stay, something has still to be done, foremost about immigration. The movement of people, Britain has to monitor. This can't lead to a constitutional crisis." Diese konkreten Aussagen lassen einen direkten Vergleich zu den Argumentationslinien von einzelnen Zeitungen, die in dieser Arbeit untersucht wurden, zu. Die Meinungen der *Stay*- und den *Leave*-Befürworter standen in der überwiegenden Mehrzahl bereits seit mindestens dem Beginn der Referendumskampagne fest.[812]

## 4.11 Zwischenfazit: empirische Befunde und ihre Einordnung

Beim Wahlverhalten im britischen EU-Referendum geht es um einen vielschichtigen Komplex, in dem zahlreiche Faktoren berücksichtigt werden müssen. In

811 Interview des Autors der vorliegenden Arbeit mit Professor Dr. Parviz Dabir-Alai. Anhang C. S. 331.

812 Vgl. Questionnaire for Voters of the EU-Referendum, London, Thursday, June 23rd, 2016 (Polling day): Survey from Robert Flader in the Kensington area, London, United Kingdom. Siehe Anhänge A und B, S. 327–330.

der vorliegenden Analyse ist versucht worden aufzuzeigen, dass es nicht nur ältere Wähler aus den ländlichen UK-Gegenden waren, die den britischen EU-Austritt „herbeigewählt" und jüngeren Generationen damit womöglich eine Zukunft in Europa und vor allem in der Europäischen Union verbaut haben. Hier ist die Analyse in Wirklichkeit tiefergehender: Immerhin gingen laut Sky Data UK-weit von den 18- bis 24-jährigen Briten gerade einmal rund 36 Prozent ins Wahllokal. Bei dem insgesamt recht knappen Wahlausgang hätte eine höhere Wahlbeteiligung dieser Zielgruppe das Ergebnis signifikant beeinflussen können. Von den 25- bis 34-Jährigen gaben letztlich zwar immerhin 58 Prozent ihre Stimme ab, doch auch dies ist im landesweiten Vergleich (Wahlbeteiligung 72 Prozent) wohl nicht ausreichend gewesen, um den britischen Verbleib in der Europäischen Union zu garantieren – immerhin hätte es nur einen „Swing" von etwas mehr als 630.000 Stimmen gebraucht, um Großbritannien in der Europäischen Union zu halten. An dieser Stelle passt dazu der Hinweis, dass immerhin auch ein gutes Drittel der Labour-Wähler den Austritt gewählt hat und dass selbst in der *Remain*-Hochburg London fast 40 Prozent aller Wähler für einen EU-Austritt gestimmt haben – ähnlich wie übrigens in Schottland.[813]

Gerade weil das Gesamtergebnis so knapp war, sollten auch in den einzelnen Ländern des Vereinigten Königreichs, in den Städten sowie den Regionen die Wählerstrukturen genau beleuchtet werden. Gerade in den Tagen und Wochen nach der Wahl wurde vor allem in Kontinentaleuropa der Ansatz gewählt: „Die Alten haben den Jüngeren ihre Zukunft verbaut."[814] Diese Behauptung ist mindestens unvollständig, denn um wissen zu wollen, warum Großbritannien nun aus der EU austreten wird, muss man auch untersuchen, warum zahlreiche Menschen mit Hochschulabschluss und einem Job mit Perspektive gegen einen weiteren Verbleib in der Europäischen Union gestimmt hat. Und warum dies beispielsweise auch fast 40 Prozent der Schotten getan haben, obwohl diese ja durch einen Brexit eher noch mehr in Richtung zweites Unabhängigkeitsreferendum treiben – wogegen sie sich weniger als zwei Jahre vorher entschieden haben.

Die vorliegende Arbeit hat versucht aufzuzeigen, dass all diese einzelnen Faktoren gemeinsam zum Brexit geführt haben, dass in der Summe es vor allem die EU-kritischen Medien im Printbereich waren, die bestehende Stimmungen, sowohl politisch, aber vor allem gesellschaftlich, im Land aufgenommen und ihre Botschaften letztlich besser transportieren konnten als das *Remain*-Lager.

---

813 Vgl. Electoral Commission, online: EU referendum 2016 results. www.electoralcommission.org.uk.

814 Spiegel Online (Jan Fleischauer): Ist die Kanzlerin Schuld am Brexit? 27. Juni 2016.

Möglicherweise passt mit Blick auf die Medien folgende zugespitzte These zum Referendumsausgang: „Politicians (and to a degree the voters) get the coverage they deserve. At times it appeared that both Leave and Remain campaign teams abandoned any coherent idea of deliberative, policy-based argument in favor of exaggerated scenarios, self-serving statistics and appeals to emotions to emotions and fantasies. This is part of a longer-term trend in political communication where the strategy is to destabilise the discourse while controlling your own message based on emotional appeals to voters. The damage being done to democratic deliberation will be long lasting and will get worse after the two main parties continue to implode. [...] The Remainers wildly exaggerated the risks involved in leaving, while the Brexiteers brazenly misrepresented the cost and impact of EU membership and its relationship to other issues such as immigration."[815]

Gerade die Zeitungen hatten im Gegensatz zu vorangegangenen Wahlen im Referendumsprozess 2016 eine zentrale Rolle inne, die sie nur allzu gern ausfüllten: „In this campain [...] they were more important [...] in helping shift the frame of the debate towards issues such as immigration and generally encouraging the febrile mood of lashing out at the status quo and risk-taking."[816] Der Einfluss der Medien könnte an genau diesem Punkt entscheidend gewesen sein: „Many [citizens, Anm. d. Verf.] only made up their minds in the last days of the campaign. So with such a close and unstable campaign the small influence of the press might be significant at the margins."[817]

Dabei muss auch festgehalten werden, dass große Teile der britischen Printmedien ihre Rolle als Wächter der Demokratie im Rahmen des Referendumsprozesses nicht oder nicht ausreichend ausgefüllt hatten. Im Nachgang der Wahl wurde gar von einem spektakulären Versagen gesprochen: „Our mainstream media failed spectacularly. Led, inevitably, by the viscerally anti-EU Mail, Sun, Express and Telegraph papers, most of our national press indulged in little more than a catalogue of distortions, half-truths and outright lies: a ferocious propaganda campaign in which facts and sober analysis were sacrified to the ideologically driven objectives of editors and their proprietors."[818]

---

815 Beckett, Charlie: Deliberation, distortion and dystopia: the news media and the referendum. In: EU Referendum Analysis 2016: Media, Voters and the Campaign. Poole 2016. S. 49.

816 Ebd. S. 49.

817 Beckett, Charlie. S. 49f.

818 Barnett, Steven: How our mainstream media failed democracy. In: EU Referendum Analysis 2016: Media, Voters and the Campaign. Poole 2016. S. 47.

In England war der Vorsprung für *Leave* mit 53,4 Prozent sogar überdurchschnittlich groß: „Local authorities across the length and breadth of England, from rusting postindustrial Labour heartlands to prosperous Conservative suburbs, reported big majorities for Leave on very high turnouts."[819] Die Wahlbeteiligung in ganz Großbritannien war höher als in jeder anderen landesweiten Abstimmung seit 1992 – und trotzdem in manchen Gegenden nicht hoch genug, um *Remain* den entscheidenden Vorsprung zu verschaffen, um das englische *Leave*-Gegengewicht zu egalisieren.[820] Gerade Gebiete mit einer hohen Anzahl von älteren Leuten, darunter tatsächlich viele Rentner, und einer gewissen Affinität für UKIP-Stimmen (East Dorset, Chiltern, East Hampshire, Wealden, Havering und Peterborough) verzeichneten besonders hohe Wahl- und letztlich auch *Leave*-Beteiligungen. In diesen Gebieten erzielten die EU-Gegner mehr als 70 Prozent der abgegebenen Stimmen. Dies gilt vor allem für Kommunen im Osten Englands mit großen Konzentrationen von sogenannten „Left Behind"-Wählern. *Leave* erzielte ebenfalls in Labour-Gebieten teilweise herausragende Ergebnisse, beispielsweise in den ärmeren postindustriellen nördlichen Gebieten wie Hartlepool, Middlesbrough, Blackpool und Doncaster. In diesen Städten beziehungsweise Regionen befinden sich auch starke Auflagengebiete vor allem des *Daily Express*', der *Daily Mail* und der *Sun*. Am anderen Ende des Spektrums standen besonders London, Nordirland, Schottland und (im Grunde alle) Universitätsstädte wie Oxford, Cambridge, Bristol und Bradford klar für *Remain*. Hier hatten und haben liberale und seriösere Zeitungen wie der *Guardian*, aber auch die *Financial Times* einen deutlich höheren Anteil am Zeitungsmarkt.

Diese Punkte führen zu der Annahme, dass die Verbreitung von Zeitungen und das Wahlverhalten in Landesteilen miteinander zusammenhängen. Vor allem dann, wenn die Wahlbeteiligung in diesen Teilen höher ist als bei vorangegangenen Wahlen und sich die Medien dort besonders „stark" für eine bestimmte Wahlempfehlung ausgesprochen haben.

Von den 50 stärksten *Remain*-Wahlbezirken lagen lediglich sieben nicht in England oder Schottland – und die meisten davon waren große Universitätsstädte. Speziell London lag stand im starken Gegensatz zum Rest des Landes. „London wholeheartedly embraced Europe, even as most of England emphatically rejected it."[821]

---

819 Beckett, Charlie. S. 49.

820 Vgl. Ebd. S. 49.

821 Beckett, Charlie: S. 25 und vgl. Robbett, Andrea und Matthews, Peter Hans: Partisan Bias and Expressive Voting. Middlebury 2016.

Unterstützung für einen Brexit zeigte eine klare Trennung nach Klassen, (Aus-)Bildung und hatte auch ethnische Komponenten. „The biggest majorities for Leave were in the least diverse local jurisdictions, or in those with large concentrations of working-lass voters and voters with few educational qualifications.“[822] Auch eine strukturelle Erfahrung von Gemeinden und Städten mit dem demographischen Wandel und besonders mit Zuwanderern aus der Europäischen Union wählten überwiegend den Austritt Großbritanniens aus der EU. *Leave* war auch besonders dort stark, wo die Einwohner sich besorgt bezüglich der Themen „Zuwanderung“ und „EU-Freizügigkeit“ zeigten und wo sich die Menschen selbst eher als „Englisch“ statt als „Britisch“ bezeichneten und schließlich konservative und zum Teil auch eher autoritäre Werte bevorzugen. Unterstützung für *Leave* stimmte in vielen Wahlbezirken auch mit Unterstützung für UKIP bei vorherigen Wahlen überein, „suggesting that the vote for Leave was driven at least in part by the same forces.“[823] Umfragen nach dem Referendum hatten außerdem ergeben, dass bis zu 67 Prozent aller *Leave*-Wähler vor dem Referendum bereits mit dem Gedanken gespielt hatten, UKIP zu wählen oder dies bereits taten.

Die Rolle der britischen Medien im Referendumsprozess wurde im Rest Europas und auch in den USA gleich nach der Abstimmung durchaus kritisch hinterfragt: „Ein Spektakel der Medien“ titelte beispielsweise der Tagesspiegel, „Der Brexit wurde herbeigeschrieben“ urteilte *Die Zeit* und auch die *New York Times* kam zu dem Schluss: „Who is to blame for Brexit's Appeal? British Newspapers“. Politico stellte, ähnlich wie die vorliegende Arbeit, einen direkten Zusammenhang zwischen der Berichterstattung und dem Anstieg der Auflagenzahlen her: „British publishers are enjoying a Brexit bounce. Print sales are up. Traffic to their websites is at record levels.“[824] Und gerade an dieser Stelle war eine Positionierung pro Brexit eine schwer abzuschätzende Business-Entscheidung: „backing Brexit was a sensible business move for the publications that did, because it was consistent with their editorial traditions and in tune with the views of the majority of their readers. According to a You Gov poll, around 70 percent of Sun and Mail readers wanted to leave.“[825]

Was den britischen Zeitungen gerade von anderen europäischen Medien vorgeworfen wird, ist in erster Linie ihr durchaus eigenartiges

822 Ebd. S. 26.
823 Beckett, Charlie. S. 26.
824 Politico, online (Alex Spence): British media's Brexit bounce. 11. August 2016.
825 Ebd.

Demokratieverständnis: „Merkwürdigerweise haben bislang wenige Journalisten laut darüber nachgedacht, dass Demokratie eben weit mehr ist als Mehrheitsregel und Plebiszit: Rechtsstaat, zivile Umgangsformen, Minderheitenschutz und Pressefreiheit gehören auch dazu. Letztere ist – anders als in Großbritannien vor dem Brexit-Votum – verantwortungsbewusst auszuüben. Viele Medien im Vereinigten Königreich haben ihre Macht missbraucht."[826] An dieser Stelle rückte vor allem Rupert Murdoch in den Fokus, der im Zuge des Brexits vor allem neue Möglichkeiten, also Geschäfte, witterte: „Wenn jemand wie Murdoch über ‚Möglichkeiten' spricht, dauert es oft nicht lange, bis es zu Übernahmen kommt. [...] Einige Medien spekulieren bereits, dass Murdoch die niedrigen Börsenkurse, die das Ergebnis des Referendums sind, dazu nutzen könnte, sein Imperium auszubauen."[827]

826 Der Tagesspiegel, online (Stephan Russ-Mohl): Das Brexit-Votum: Ein Spektakel der Medien. 26. Juni 2016.

827 Die Zeit, online (Sascha Zastiral): Der Brexit wurde herbeigeschrieben. 5. Juli 2016.

# Kapitel 5: Schlussbetrachtung: Perspektiven für die britische Medienlandschaft in Zeiten der Brexit-Ungewissheit

*„So much for the waining power of the print media.“*[828]
*(Tony Gallagher, The Sun)*

In den Stunden nach dem historischen Triumph für die *Leave*-Seite sagte der amtierende *Sun*-Chefredakteur Tony Gallagher einen das Referendum zusammenfassenden Satz, dem sicherlich niemand widersprechen konnte: „So viel also zur schwindenden Macht der Printmedien.“[829] Gerade die Tabloids sahen sich mit dem Referendumsergebnis am Ende einer langen und aufwendigen Kampagne angekommen: Sie hatten, so lässt sich Gallaghers Aussage interpretieren, selbst mit für den Ausgang in Richtung Brexit gesorgt. Die Frage, ob es, ähnlich wie bei den Unterhauswahlen 1992 erneut die *Sun*-Blätter (und möglicherweise auch weitere Zeitungen) waren, die mit ihrer Positionierung das EU-Referendum mitentschieden hatten, war in jedem Fall berechtigt. Die *Sun* war 2016 allerdings, wie die Analyse in Kapitel 4 gezeigt hat, im Gegensatz zu 1992 nicht allein in ihrem Feldzug für beziehungsweise gegen etwas, in diesem Fall für die britische „Unabhängigkeit“ und gegen Europa. Ein Großteil der nationalen britischen Zeitungen, vor allem der konservative Teil, positionierte sich deutlich für einen britischen Ausstieg aus der Europäischen Union und „played a vital role in structuring the parameters of the debate.“[830] Die wechselseitige Beziehung zwischen Politikern und Medienunternehmern spielte hierbei bereits im Vorfeld der Kampagne eine wichtige Rolle: „Senior politicans from all the main parties over the past two decades have consistently testified to having had to consider how their policies will ‚play‘ in the opinion-forming press. They have long felt it important to rub shoulders with influential media magnates such as Rupert Murdoch in a bid to elicit his support or at leat assure his acquiescence in new or controversial policy manoeuvres.“[831] Allein die *Daily Mail*, *Sun*, *Telegraph*, *Daily*

---

828 The Guardian, online (Jane Martinson): Did the Mail and Sun help swing the UK towards Brexit? 24. Juni 2016.

829 Ebd.

830 Daddow, Oliver: UK newspapers and the EU Referendum: Brexit or Bremain? In: EU Referendum Analysis 2016: Media, Voters and the Campaign. Poole 2016. S. 50f.

831 Ebd. S. 51.

*Express* und der *Daily Star* verfügten zum Zeitpunkt des Referendums über mehr als vier Mal so viele Leser als ihre Rivalen von der *Remain*-Seite. Diese schiere Masse machte es den *Remain*-Befürwortern schwer, ihre ohnehin mit wenig Selbstbewusstsein vorgetragenen Botschaften an den Leser in den verschiedenen Teilen des Vereinigten Königreichs zu bringen.

Ziel dieser Arbeit war, Folgendes zu zeigen: Die britischen Printmedien ihrerseits haben das politische Chaos, in das David Cameron durch das im Grunde unnötige Referendum und Theresa May durch die ebenso schlecht getimten vorgezogenen Unterhauswahlen ihr Land gestürzt haben, zu einem großen Teil mit verursacht. Zahlreiche (hier konkret: konservative) Zeitungen forderten seit Jahren eine Volksabstimmung über den britischen Verbleib in der Europäischen Union. Dies wurde ihnen mit Camerons Ankündigung, noch im laufenden Jahrzehnt ein Referendum über die weitere britische EU-Mitgliedschaft abzuhalten, erfüllt. Die Presse selbst nahm gleich zwei aktive Posten im Referendum ein: Zum einen stellte sie eine Plattform, auf der sich die Repräsentanten der beiden Kampagnenseiten ihren Kampf um die öffentliche Meinung austragen konnten.[832] Zum anderen spielte die Presse, hier vor allem die Printmedien, selbst eine Themen und Schwerpunkte setzende Rolle, indem sie sich auf bestimmte Politiker und Bereiche festlegte und andere relevante Gebiete außen vor ließ. Mehrere britische Studien zeigten außerdem, dass das Referendum medial vor allem als Tory-internes Thema wahrgenommen wurde und dementsprechend mehr über *Leave* berichtet wurde.

In der zehnwöchigen Kampagne interpretierten die Tabloids ihre Rolle als Vertreter des Volks, des einfachen Mannes, auf zweifelhafte Art und Weise. Mehr noch: Sie haben in der Kampagne ein zutiefst eigenartiges Demokratieverständnis unter Beweis gestellt. Eindrucksvoll illustrierte dies die Titelseite der *Daily Mail* am 4. Februar 2016, während der abschließenden Verhandlungen von David Cameron in Brüssel: „Who will speak for England?“[833] prangerte in großen Buchstaben auf der Titelseite. Diesen Teil übernahm die euroskeptische Presse, die seit Jahrzehnten gegen europäische Institutionen und vor allem gegen „Brüssel“ kämpfte. Interessant ist hierbei die Differenzierung zwischen England und Britannien, was einmal mehr den großen Unterschied zwischen den einzelnen Ländern und Regionen des UK unterstreicht. „Like most pro-leave politicians, the editors of these newspapers say they have simply reflected the fears of the

832 Vgl. Berry, Mike: Understanding the role of the mass media in the EU referendum. In: EU Referendum Analysis 2016: Media, Voters and the Campaign. Poole 2016. S. 14.

833 The Daily Mail: Who will speak for England? 4. Februar 2016.

British electorate, fears that were largely ignored by the ‚establishment' made up of politicians and other papers such as the Guardian and the Financial Times."[834] Letztlich ging es um Argumentation vs. Emotionalisierung und um die Frage, ob nur die Zeitungen echt gesellschaftlich-politische Opposition im UK betreiben. In diesem Fall ist die Presse ihrer eigentlichen Aufgabe nicht beziehungsweise falsch nachgekommen: „Led, inevitably, by the viscerally anti-EU Mail, Sun, Express and Telegraph papers, most of our national press indulged in little more than a catalogue of distortions, half-truths and outright lies: a ferocious propaganda campaign in which facts and sober analysis were sacrified to the ideologically driven objectivites of editors and their proprietors. [...] A referendum that was supposed to be an excercise in informed participation has fuelled hatred and ignorance, and debased our politics. Our mainstream media failed us at a time of greatest democratic need."[835] Und damit sind nicht nur die konservativen Tabloids und Broadsheets gemeint, sondern auch die seriöseren Zeitungen, die sich in überwiegender Mehrzahl nicht mit den Unwahrheiten der *Leave*-Seite und der Tabloids auseinandersetzte und diese nicht oder nicht ausreichend stark in den Fokus der Debatten stellte.

Selbst die *Leave*-Kampagne gab offen zu, dass die *Remain*-Anhänger zwar über die größere Expertise verfügte, diese aber „out of touch with real people"[836] sei. Der Online-Herausgeber der *Daily Mail*, Martin Clarke, sagte zu den Vorwürfen, seine Zeitung hätte jahrelang Ängste vor allem mit Blick auf Migration geschürt: „We don't stoke the fears. The fears are there."[837] Dabei spielten die Kommunikationskanäle eine entscheidende Rolle, denn auch *Leave*-Vertreter wie der UKIP-Vorsitzende Nigel Farage gaben selbst unumwunden zu, dass sich, wenn sich der Wahlkampf ausschließlich auf Twitter und Facebook abgespielt hätte, die deutliche Mehrheit der Wähler wohl für einen Verbleib der Briten in der EU ausgesprochen hätte.

Die Debatte über die Einflussnahme von Tageszeitungen und die Frage, ob sie bestimmte Sichtweisen realistisch (oder eben nicht) reflektieren, gibt es spätestens seit dem eher unerwarteten Sieg der Konservativen Partei bei den Unterhauswahlen 1992. Erst kurz vor dem Referendum 2016 zeigte eine Studie des Loughborough University's centre for research in communication and culture,

834 The Guardian, online (Jane Martinson): 24. Juni 2016.

835 Barnett, Steven: How our mainstream media failed democracy. In: EU Referendum Analysis 2016: Media, Voters and the Campaign. Poole 2016. S. 47.

836 The Guardian, online (Jane Martinson): 24. Juni 2016.

837 Ebd.

dass Themen, die die Printmedien dominierten dies auch im Fernsehen taten. Das Fernsehen reagierte also auf Nachrichten, die zuerst in den Zeitungen veröffentlicht wurden. Möglicherweise ist „Versagen" aber auch nicht der passende Ausdruck und eine möglichst ehrliche Berichterstattung stand vor allem bei den nationalen EU-kritischen Zeitungen nie zur Debatte. Auffallend ist, dass selbst die remainnahen Zeitungen wenig echte Argumente ins Feld führten, die ja durchaus vorhanden waren, und das Problem eines britischen EU-Austritts stets nur von einer Seite betrachteten. Insgesamt lässt sich aber ein klares Fazit nach dem Referendum 2016 ziehen: Professor Steven Barnett, Kommunikationswissenschaftler an der Universität von Westminster, kommentierte die Rolle der heimischen Presse während der Kampagne: „In 2016 our mainstream media failed spectacularly. Led, inevitably, by the viscerally anti-EU Mail, Sun, Express and Telegraph papers, most of our national press indulged in little more than a catalogue of distortions, half-truths and outright lies: a ferocious propaganda campaign in which facts and sober analysis were sacrified to the ideologically driven objectives of editors and their proprietors."[838] Der wichtigen Aufgabe, der Bevölkerung ein möglichst breitgefächertes Bild von den politischen Zusammenhängen im Land aufzuzeigen und verschiedene Seiten umfänglich darzustellen, ist die britische Medienlandschaft im Falle des EU-Referendums nach rationalen Standards definitiv nicht nachgekommen. Vielleicht wollten dies große Teile aber auch gar nicht.

Die *Leave*-Seite hatte mit Unterstützung eines Großteils der Presse die wesentlich besser populärere Kampagne und es letztlich einfacher, mit ihren Argumenten und Sichtweisen zu attackieren und sich mit einer attraktiveren Zukunftsvision als *Remain* zu präsentieren. *Remain* setzte, dies haben die Ergebnisse der vorliegenden Arbeit gezeigt, auf die Erzeugung von Zukunftsängsten im Falle eines möglichen Brexits: „A major theme was risk – risk to the economy, risk to the services, risk to pensions etc."[839] Diese Themen nahmen vor allem in der *Sun*, *Daily Mail* und im *Daily Express* einen beträchtlichen Platz des Inhalts über zahlreiche Wochen ein. In diesem Zusammenhang spielten auch einzelne Personen und ihr Verhältnis zu den Medien eine zentrale Rolle, beispielsweise UKIPs Nigel Farage. Wäre es, vor allem mit Blick auf den sehr knappen Referendumsausgang, überhaupt möglich, sich die *Leave*-Kampagne ohne seine Person

838 Barnett, Steven. S. 47.

839 Keaveney, Paula: Notes for editors: what the campaign press releases tell us about Vote Leave and Britain. In: EU Referendum Analysis 2016: Media, Voters and the Campaign. Poole 2016. S. 75.

vorzustellen? Farage hatte mit seinem Auftreten auch bei den euroskeptischen Zeitungen klare Unterstützung und sie gleichzeitig geschickt genutzt: „He was, as usual, playing the media like a fiddle."[840] Im Grunde hatte Farage in den Jahren vor dem EU-Referendum die UKIP-Partei so professionalisiert, dass er, auch mit (in-)direkter Unterstützung nervöser und unzufriedener Tory-Hinterbänkler, den Premierminister sogar dazu zwingen konnte, eine Volksabstimmung über den weiteren EU-Verbleib abzuhalten „he didn't want but, in the event, never dreamt he'd lose."[841] Cameron selbst unterschätzte die heimische Presse deutlich, obwohl er sie nach sechs Jahren als Premierminister gut hätte einordnen können müssen. Im Gegenteil, Cameron konnte UKIPs Siegeszug nicht stoppen, in dessen Windschatten zahlreiche Populisten in anderen europäischen Ländern Oberwasser gewannen: „Farage has taken his place among a wave of right-wing populist politicians across Europe (Le Pen, Wilders, Orban, Petry) and beyond (Trump) who inspire popular revolt by manipulating the media and appealing as much to emotion as to reason. To this, Cameron [...] had no effective answer. [...] as a figure that changed the course of British politics, an icon that embodies in the neoliberal era, Farage's place in history is now secure."[842]

Besonders im Fokus dieses vielschichtigen Themenkomplexes standen letztlich nur wenige zentrale Personen: „Particularly noteworthy were the sizable direct and/or indirect effects associated with the images of various leaders of the Remain and Leave campaigns, including UKIP Leader Nigel Farage, former London mayor, Boris Johnson, Prime Minister David Cameron and Labour Leader Jeremy Corbyn. Partisan cues were significant too, but their effects were weaker and largely worked indirectly via shaping benefit-cost evaluations and risk assessments."[843]

An dieser Stelle spielten drei der untersuchten Zeitungen eine ganz entscheidende Rolle: die *Sun*, die *Daily Mail* und der *Daily Express*. Sie verfügten schon rein auflagentechnisch über eine starke Überzahl und eine deutlich EU-skeptische Einstellung und Berichterstattung, dass zahlreiche andere Zeitungen dagegen nicht ankamen. Der *Guardian* hingegen verfolgte eine ausgeglichene Berichterstattung und positionierte sich im Vorfeld klar für einen Verbleib in

---

840 Ewen, Neil: The age of Nigel: Farage, the media, and Brexit. In: EU Referendum Analysis 2016: Media, Voters and the Campaign. Poole 2016. S. 86.

841 Ebd. S. 86.

842 Ebd. S. 86f.

843 Clarke, Harold D., Goodwin, Matthew und Whiteley, Paul: Why Britain Voted for Brexit: An Individual-Level Analysis of the 2016 Referendum Vote. In: Parliamentary Affairs 2017. Volume 70. Oxford 2017. S. 460.

der Europäischen Union, auch wenn die Zeitung über eine Auflage von rund 160.000 Lesern verfügte. Die Rolle der *Times* ist ebenfalls eine besondere, gibt es für ihre Positionierung im Grunde zwei Interpretationsmöglichkeiten: Ihre ebenfalls überwiegend ausgewogene, schwach pro *Remain* akzentuierte Berichterstattung während der Referendumsphase kann zum einen als nicht überzeugend genug für *Remain* gesehen werden. Andererseits könnte die *Times* damit genau das gemacht haben, was den meisten anderen nationalen UK-Tageszeitungen vorgeworfen wurde: eine ausgewogene Berichterstattung mit Pro und Contra zum Verbleib in der Europäischen Union.

Bereits während der Kampagnen wurde offensichtlich, dass es dem *Remain*-Lager an Visionen, Zielen und letztlich auch Personen fehlte, die als Führungsfigur infrage kommen würden, ja dass sie mit ihren Positionen auch nicht über genügend Unterstützung der Presse verfügten. Dass mit David Cameron ein außerdem grundsätzlich eher EU-skeptischer Premierminister notgedrungen die *Remain*-Seite anführen sollte beziehungsweise musste, war bezeichnend für die unzureichende Organisation der EU-Befürworter. Cameron selbst hatte jahrelang die EU bekämpft und sogar versucht, Jean-Claude Juncker als Kommissionschef zu verhindern. In der Kampagne war es dann ausgerechnet der britische Regierungschef, der die Vorteile einer britischen EU-Mitgliedschaft der Öffentlichkeit schmackhaft machen sollte. Auf der anderen Seite standen mit Boris Johnson und Nigel Farage zwar streitbare, aber eben auch charismatische, redegewandte und volksnahe Politiker für den EU-Austritt, die in allen Teilen des Vereinigten Königreichs und ganz besonders in den industriell und vernachlässigten englischen Regionen hervorragend ankamen. Dazu war eine zu allem entschlossene euroskeptische Presse ein wichtiger Faktor, um die Menschen im Land davon zu überzeugen, dass „Vote *Leave*“ dieses Mal die richtige Wahl war. Neben seinem persönlichen, wenig überzeugenden Einsatz für *Remain* hatte Cameron Dynamiken in Gang gesetzt, die er selbst nicht kontrollieren konnte und denen er letztlich ausgeliefert war. Sein Versuch, zu Beginn der Referendumskampagne *Daily Mail*-Chefredakteur Paul Dacre zu entlassen, wirkt in diesem Zusammenhang wie ein letzter verzweifelter Versuch, eine zentrale *Leave*-Figur mundtot zu machen. Zu guter Letzt trifft aber auch die *Remain*-Seite der britischen Medienlandschaft eine nicht zu unterschätzende Mitschuld am Referendumsausgang. Schließlich setzten sich die allermeisten Tageszeitungen – mit Ausnahme des *Guardian* – überhaupt nicht mit den teils offen falschen Behauptungen des *Leave*-Camps auseinander. Als Beispiel seien an dieser Stelle noch einmal der „350-Millionen-Pfund-pro-Woche-an-die-EU“-Schwindel (Boris Johnson) und die ebenso offensichtliche wie durchschaubare Lüge, dass 80 Millionen Türken im Zuge einer möglichen EU-Erweiterung auf dem Weg in das Vereinigte Königreich wären (Nigel Farage), aufgeführt, die nur im *Guardian* als tatsächliche Falschaussagen entlarvt und von manchen Zeitungen ungeprüft übernommen wurden.

Die Kampagne selbst hatte es auch nicht in ausreichendem Maße vermocht, mit den „*ordinary people*" zu kommunizieren beziehungsweise in ausreichendem Maße sich mit ihren Sorgen und Gedanken rund um die britische EU-Mitgliedschaft auseinanderzusetzen.[844] Hierzu zählen auch fehlende Antworten auf die Flüchtlingskrise und ein passendes Gesicht, um mit den populäreren Vertretern der *Leave*-Seite gleichzuziehen. Gleichzeitig, dies hat diese Arbeit aufgezeigt, konnten *Remain*-Anhänger nicht in ausreichendem Maße mobilisiert werden. Etwa eine Million Stimmen fehlten am Ende, um am Ende mit den Brexit-Anhängern mindestens gleichzuziehen. Ein weiteres, ganz entscheidendes, Versäumnis war, die unentschlossenen Wähler nicht in ausreichendem Maße zu mobilisieren. Dies gelang der *Leave*-Seite wesentlich besser, weshalb die Wahlbeteiligung letztlich deutlich höher war als von Forschern und Umfrageinstituten angenommen. Da das endgültige Ergebnis – 52 zu 48 Prozent für das gesamte UK – im Referendum so knapp ausgefallen ist, liegt die Vermutung nahe, dass diejenigen britischen Tageszeitungen, die im Vorfeld besonders negativ über die Europäische Union berichtet haben, den Wahlausgang mit ihrer einseitigen Darstellung entscheidend beeinflusst haben. Dazu haben neben teilweise sehr extremen, die Europäische Union diffamierenden Titelseiten und Kommentaren auch die Verwendung von verschiedenen Umfragen in den letzten Tagen und Wochen vor dem 23. Juni 2016 beigetragen.

Die Untersuchungsgegenstände – *The Guardian*, *The Times*, *The Sun*, *The Daily Mail* und *The Daily Express* – hätten unterschiedlicher nicht sein können. Während der Guardian im Laufe der Referendumskampagne die Vorteile der britischen EU-Mitgliedschaft heraushob, zeigte sich die *Times* schon deutlich weniger positiv über die Europäische Union, auch wenn die Berichterstattung im Großen und Ganzen noch einigermaßen ausgewogen war.[845] Dies konnte die Analyse dieser Arbeit weder für die *Sun* noch für den *Daily Express* herausfiltern. Im Gegenteil: Beide Zeitungen beziehungsweise ihre Eigentümer, Herausgeber und Chefredakteure sahen nun endlich die aus ihrer Sicht große Chance gekommen, aktiv mitzuhelfen, Großbritannien aus der Europäischen

844 Vgl. The Financial Times, online (Sebastian Payne): How Leave won: behind the scenes in the battle of Brexit. 11. November 2016.

845 Vgl. The Guardian, online (Editorial): The Guardian view on the EU referendum. Keep connected and inclusive, not angry and isolated. 20. Juni 2016.

Union herauszuschreiben und dabei gleichzeitig ihre eigene Auflage zu steigern. Machtpolitisch und wirtschaftlich war der Brexit, *ihr* Brexit, ein echter, weil unerwarteter Coup.[846]

An der Auflagenzahl lässt sich der Einfluss der Zeitungen auf Wähler und Politik ablesen, wenn man ihn in Vergleich mit dem tatsächlichen Wahlverhalten in den einzelnen Regionen setzt. Allein im Wahlmonat Juni 2016, rund um das eigentliche Referendum, wurden drei Millionen zusätzliche Einzelausgaben von nationalen Tageszeitungen verkauft. Dies entspricht einer Gesamtauflagensteigerung aller nationalen Tageszeitungen von 90.000 Ausgaben pro Tag während des Referendumsmonats Juni.[847] Allerdings profitierten hiervon nicht nur EU-skeptische Blätter, sondern auch gemäßigte oder proeuropäische, aber auflagenschwache Zeitungen wie die *Times* (plus 2,51 Prozent Auflagensteigerung im Vergleich zu Mai 2016) und der *Guardian* (plus 3,63 Prozent). Auch an diesen Zahlen im Nachgang des Referendums lässt sich veranschaulichen, dass Tageszeitungen in Großbritannien nach wie vor einen großen Einfluss auf ihre Leser, also den Wähler haben. „The referendum was a chance for our national press, particularly the tabloid press, to restore its standing after the phone-hacking scandal and to prove its continuing worth to the British people. Sadly, most newspapers chose willfully to deceive, mislead and inflame.“[848] Mit dem Referendum schloss sich aus journalistischer Perspektive der Kreis zu den berüchtigten Euro-Myths Ende der 1980er, Anfang der 1990er Jahre: „They [die britischen Zeitungen, Anm. d. Verf.] decided to follow Johnson's lead by peddling lies and phoney patriotism. They helped him to hoodwink the millions of poorer, less-educated Britons – those who will be the first to suffer from Brexit's consequences – into voting against their own interests. Johnson campaigned against a myth of his own creation, with the result that a mendacious pundit, one who achieved prominence by writing entertaining but dangerous nonsense, is the odds-on favourites to be our next prime minister.“[849] Für gemäßigtere Stimmen war das Referendum selbst „ill-conceived from its very start. In my understanding there was no strong imperative for holding a referendum. It was promised due to Cameron's sense of self-preservation, which ultimately did not work for

846 Vgl. The Daily Express, online: How the Daily Express has campaigned to leave the EU. 2. Februar 2016.

847 Vgl. The Guardian, online (Mark Sweney): Brexit vote boosts national newspaper sales. 21. Juli 2016 und Audit Bureau of Circulations, Juli 2016.

848 The New Statesman, online (Martin Fletcher): Boris Johnson peddled absurd EU myths – and our disgraceful press followed his lead. 1. Juli 2016.

849 The New Statesman, online (Martin Fletcher): 1. Juli 2016.

him personally as he is now an ex-Prime Minister. This happened at enormous cost to the United Kingdom and for generations to come.“[850]

Diese Arbeit hat auch versucht die Frage zu klären, ob das Ergebnis des britischen EU-Referendums (un-)vorhersehbar war. Auch wenn die knappe Wahl pro Austritt für viele nationale und internationale Beobachter wie eine Überraschung aussah, war sie genau das bei genauerem Hinsehen eben nicht. Die politischen Veränderungen der Wähler, der entscheidende Punkt, der letztlich den Brexit auslöste, waren bereits, wenn auch eher unsichtbar, tief verankert in erheblichen Teilen der britischen Gesellschaft. „A slow but steady alteration in the social structure of the electorate and the resultant shift in the focus of political competition away from the working class and toward the middleclass had opened up a clear and growing gap in the electoral market.“[851] Zum Zeitpunkt des Referendums 2016 gab es, von vielen Seiten nicht wirklich bemerkt, zahlreiche ältere, vorrangig weiße, eher national eingestellte und konservative Wähler, die sich aber vom „Mainstream“ vernachlässigt gefühlt haben und klar gegen die grundsätzlichen sozialen, politischen und gesellschaftlichen Werte, die im Land mittlerweile von der Allgemeinheit vertreten wurden, eingestellt waren. Diese gaben allerdings zu einem beträchtlichen Teil ihre Stimme nicht bei den Unterhauswahlen 2015 ab, waren also in vielen Erhebungen schlicht nicht bezifferbar. An diesem „Nicht-gehört-werden“ tragen die großen Parteien, Konservative wie Labour gleichermaßen, Verantwortung. Denn beide haben während ihrer Regierungszeiten, und zwar spätestens ab der Jahrtausendwende, keine Reaktion gezeigt auf die – auch durch die Zeitungen – aufgeworfenen Fragen nach der Begrenzung der Einwanderung, nach den Vorteilen einer tiefergehenden europäischen Integration und des gemeinsamen Binnenverkehrs. War es doch vor allem das Thema „Zuwanderung“, das die Wahl mitentscheiden sollte: „[That, Anm. d. Verfassers] stoked a high profile and deeply polarizing debate that thrust latent conflicts over identity and nationalism, social values and social change, into the center of British politics.“[852]

Hätten die Parteien dieses Thema frühzeitig adäquat behandelt und den Menschen ihre Ängste genommen, wäre UKIP wohl nicht annähernd so einflussreich geworden wie es die Partei letztlich wurde. Besonders ab 2010 wurden die sozialen Konfliktlinien hauptsächlich von UKIP mobilisiert, die sich die Ängste

---

850 Interview des Autors der vorliegenden Arbeit mit Professor Dr. Parviz Dabir-Alai. Anhang C. S. 332.

851 Ford, Robert und Goodwin, Matthew: Britain after Brexit. S. 28.

852 Ebd. S. 28.

und die Stimmung im Land natürlich zunutze machte und diese schließlich in der Frage nach der weiteren EU-Mitgliedschaft Großbritanniens aufwarf. Dies löste einen politischen Domino-Effekt aus, denn mit einer stärker werdenden UKIP-Partei wurden auch konservative Abgeordnete, vor allem sogenannte Hinterbänkler, unruhig und forderten Cameron auf, den britischen Verbleib in der Europäischen Union zu einer Volksabstimmung zu machen. All dies spielte natürlich hervorragend einer euroskeptischen und zutiefst EU-feindlichen Presse in die Hände.

Das britische Referendum selbst legte eine neue, zusätzliche Konfliktlinie offen, die viel eher sozialer als wirtschaftlich-ökonomischer Natur war. Die gesellschaftliche Spaltung Großbritanniens war schon so weit vorangeschritten, dass das Abstimmungsverhalten im Juni 2016 dies letztlich „nur" noch ganz drastisch auf der größtmöglichen Bühne zum Ausdruck gebracht hat. Dass eine Vielzahl von Menschen – letztlich waren es mehr als 17,4 Millionen Briten – sich für einen EU-Austritt entschieden haben, wirkt zwar auf den ersten Blick verständnislos, ist letztlich aber aus konkret aufeinander aufbauenden Gründen geschehen. 2016 waren Politik und Gesellschaft im UK stark gespalten in der europäischen Frage, was vor allem die Remain-Seite stark unterschätzte und was sich schließlich auch im knappen Referendumsausgang widerspiegelte: „It resulted from the long-standing absence of any pro-European faction within the British polity was able to argue for, or defend, the European Union within the UK national debate."[853]

Das Ergebnis des britischen Referendums über die weitere EU-Mitgliedschaft markierte in jedem Fall einen Wendepunkt in der Geschichte nicht nur der Europäischen Union selbst, sondern der gesamten europäischen Integration: „Zum ersten Mal seit ihrer Gründung hat sich ein Mitgliedstaat für einen Austritt entschieden. Die Abstimmung verdeutlicht auch die zentrale Bedeutung der öffentlichen Meinung zur Richtung der EU."[854] Der Brexit ist allerdings kein neues Phänomen, denn bei genauerem Hinsehen ist die europäische Integration bereits durch verschiedene Volksabstimmungen gebremst worden: zum Vertrag von Maastricht 1992 in Dänemark, zum Euro 2003 in Schweden, zum europäischen

---

853 Copeland, Paul und Copsey, Nathaniel: Rethinking Britain and the European Union: Politicians, the Media and Public Opinion Reconsidered. In: Journal of Common Market Studies. 21. Februar 2017. S. 709.

854 Raines, Thomas et al.: Europa – ziehen wir (noch) an einem Strang? Was Bevölkerung und Eliten wirklich über die EU denken – eine repräsentative Umfrage. Forschungsbericht. Chatham House. The Royal Institute of International Affairs. London 2017. S. 20.

Verfassungsvertrag 2005 in Frankreich und den Niederlanden, zum Vertrag von Lissabon 2008 in Irland und dem Assoziierungsabkommen zwischen der EU und der Ukraine 2016. Außerdem sind auch nationale Wahlen zu einem echten Härtetest für die Europäische Union geworden, „was durch die Zerrüttung des öffentlichen Konsenses zur EU in manchen Ländern, die schwindende Unterstützung traditioneller Mainstream-Parteien und den Aufschwung radikaler euroskeptischer linker und rechter Parteien verstärkt wird.“[855]

Aus europäischer Sicht stellt sich nach dem Brexit-Votum mehr als je zuvor die Frage nach der zukünftigen Ausrichtung der EU. Rund um das Referendum gab es im Wesentlichen zwei Theorien über die möglichen Auswirkungen des UK-Ausscheidens auf die Richtung der EU: „Auf der einen Seite erwartete man, dass die britische Abstimmung über den Austritt den Anti-EU-Bewegungen in anderen Ländern Auftrieb geben und im schlimmsten Fall zu einem weitreichenden Prozess der Zersplitterung innerhalb der Union führen könnte. Die alternative Sichtweise war, das der Brexit-Schock, die notwendige Verhinderung einer Zersplitterung und der Wegfall des historisch euroskeptischen Vereinigten Königreichs als Hürde auf den Weg hin zu einer verstärkten Integration ebnen könnte.“[856]

Eine interessante Perspektivfrage wäre sicherlich, welche Auswirkungen der Austritt Großbritanniens auf das breite öffentliche Meinungsspektrum innerhalb der EU-Staaten hat. Gibt es einen Fragmentierungseffekt, sind also Folgeeffekte des britischen Austritts in Form von weiteren ablehnenden Volksabstimmungen mit Blick auf die europäische Zusammenarbeit oder gar die EU-Zugehörigkeit zu erwarten? Wie unterschiedlich positionieren sich die jeweiligen nationalen Medien, vor allem die Zeitungen, zum Thema „Europa“? Drohen bei nationalen Wahlen weiterhin starke EU-skeptische oder gar -feindliche Parteien starke Stimmengewinne zu erzielen? Oder ist eher das Gegenteil zu erwarten und innerhalb der EU ist eher ein Integrationseffekt zu beobachten mit einer Zunahme der öffentlichen Akzeptanz innerhalb der EU? Dies wird vermutlich erst frühestens im kommenden Jahrzehnt beantwortet werden können. An dieser Stelle wird sich dann auch zeigen, ob der Brexit eine Signalwirkung für andere Mitgliedsstaaten hatte. Aktuell dürften potenzielle „Nachahmer“ vor allem von den langwierigen und unklaren Austrittsverhandlungen zwischen dem Vereinigten

855 Raines, Thomas et al. S. 20.

856 Ebd.: S. 20 und vgl. Franzius, Claudio, Mayer, Franz C. und Neyer, Jürgen (Hrsg.): Grenzen der europäischen Integration. Herausforderungen für Recht und Politik. Baden-Baden 2014.

Königreich und der Europäischen Union abgeschreckt werden. Diese sind auch genau zwei Jahre nach dem britischen EU-Referendum noch nicht abgeschlossen, ja noch nicht einmal annähernd auf die Zielgerade eingebogen. Dennoch sind nach dem Brexit auch in anderen europäischen Ländern national orientierte und die EU ablehnende Parteien noch stärker geworden und haben zum Teil (Österreich, Italien) Regierungsverantwortung übernommen.

Die Brexitentscheidung selbst hat bereits eine grundlegende Diskussion über die Zukunft der EU angestoßen. „Spitzenpolitiker haben ihr Bekenntnis zur EU bislang einhellig bekräftigt und eine Zukunftsvision zu skizzieren begonnen, die auch das Potenzial für eine verstärkte Integration in Bereichen wie der Außen- und Sicherheitspolitik umfasst. Der Brexit wird jedoch auch wesentliche Folgen für das Kräfteverhältnis innerhalb der EU und die Richtung der Integration haben."[857]

Die vorliegende Arbeit hat versucht, diese Gründe darzulegen, ihre Verknüpfung aufzuzeigen und in diesem Zusammenhang vor allem die Rolle der nationalen Zeitungstitel als aktiven politischen Mitspieler in Großbritannien darzustellen. Großbritannien ist ein europäischer Sonderfall, dessen Entwicklung nur insofern überraschend scheint, als dass das Land zunächst ab Anfang der 1960er Jahre zunächst vehement versucht hat, Mitglied im europäischen Großkonzert zu werden und als es schließlich einmal reingelassen wurde, innerhalb weniger Jahre damit begonnen hatte, sich gegen eine tiefergehende Integration zu sträuben. Dies war ein spannender Ausgangspunkt für die Arbeit. Die von Anfang an bestehende Euroskepsis, selbst der Beitritt zur EWG erfolgte eher aus wirtschaftlichen Gründen als aus echter Überzeugung und europäischer Verbundenheit, nahmen die britischen Zeitungen gerne zum Anlass, um gegen „Brüssel" zu schreiben und britische Politik stets über europäische Richtlinien zu stellen. Dabei funktionierten konservative Titel wie die *Daily Mail*, die *Sun* und der *Daily Express*, aber auch beispielsweise seriösere Zeitungen wie der *Daily Telegraph* oder die *Sunday Times* als Katalysator, um euroskeptischen Stimmen Raum für ihre Äußerungen zu geben und speziell nach dem Ende des Kalten Krieges eine tiefergehende europäische Integration zu kritisieren und zumindest für Großbritannien auch zu verhindern.

Das Referendum 2016 war der größte politische Triumph der britischen Tabloids – und das, obwohl sie im digitalen Zeitalter unter großem Auflagenrückgang und damit Einflussverlust zu kämpfen haben. „Yet on 23 June 2016 [...] one of the biggest, oldest dreams of the tabloids came spectacularly to life, when Britain

857 Raines, Thomas et al. S. 20.

voted to leave the EU, against the predictions of most broadsheet commentators. It was an outcome for which the tabloids had campaigned doggedly for decades, but never more intensely – or with less factual scrupulousness – than this spring and summer, when the front pages of the Sun, Mail and Express bellowed for Brexit, talking up Britain's prospects afterwards, in deafening unison, day after day."[858] Allein die *Sun* hatte in ihrer drittletzten Ausgabe vor dem Referendum (21. Juni) ihre ersten zehn Seiten inhaltlich komplett mit der Kampagne gestaltet, am Referendumstag selbst waren es sogar elf. Der Referendumsausgang war allerdings nicht der einzige Triumph der britischen Tabloids: Bereits im Rahmen der Unterhauswahlen 2015 hatten vor allem die *Sun*, *Daily Mail* und der *Daily Express* vor der „roten Gefahr" gewarnt, die von Labour und besonders dem damaligen Vorsitzenden „Red" beziehungsweise „Weird" Ed Miliband ausgehen würde, falls die Konservativen die Wahl nicht gewinnen würden. Die Folge: „British politics now feels relentlessly tabloid-dominated."[859] Ein weiterer anschaulicher Hinweis, mit welcher Vehemenz vor allem die *Sun*, der *Daily Express* und die *Daily Mail* ihre Positionen vertreten haben, lässt sich mit Blick auf die unmittelbaren Brexit-Folgen, also Entscheidung des britischen High Court of Justice (4. November 2016), der Übergabe des Austrittsgesuchs (30. März 2017) und besonders der Ankündigung von Neuwahlen (20. April 2017) unterstreichen.

Den Fehler, den David Cameron im Nachhinein mit der Verkündung eines Referendums begangen und damit das Ende seiner politischen Karriere eingeleitet hatte, haben gerade euroskeptische Stimmen im Land dankend aufgenommen, um den unterschwelligen Zeitgeist gewissermaßen zu transportieren und schließlich gemeinsam gegen die Europäische Union zu wettern. Gepaart mit einer schon lange gegen „Brüssel" gerichteten Stimmung war es für die euroskeptischen Zeitungen ein Leichtes, die Europäische Union für alles, was politisch und gesellschaftlich in Großbritannien schlecht lief, verantwortlich zu machen. Dabei passt es zu dieser Analyse, dass ausgerechnet Boris Johnson, *das* Gesicht der *Leave*-Kampagne, die Euroskepsis Anfang der 1990er Jahre mit seinen klar gegen die EU gerichteten Artikeln als Europakorrespondent des *Daily Telegraph* erst gewissermaßen erfand, sie befeuerte und damit auch medial salonfähig machte. Zwischen 1989 und 1994 lieferte er launige, aber gleichzeitig oftmals diffamierende Berichte über den Zustand der Europäischen Gemeinschaft beziehungsweise Union. Es war ein Spiel, andere Zeitungen sprangen auf den Zug auf, der Leser konnte lachen, aber in Wirklichkeit beruhten die Artikel nicht

858 The Guardian, online (Andy Beckett): Revenge of the Tabloids. 27. Oktober 2016.
859 Ebd.

oder kaum auf der Wahrheit. Es ging in erster Linie um Unterhaltung: „Johnson managed to invent an entire newspaper genre: the Euromyth, a story that had a tiny element of truth at the outset but which was magnified so far beyond reality that by the time it reached the reader it was false."[860] Der spätere Londoner Bürgermeister sorgte gleichzeitig für Nachahmer: „[…] the entire British press, to varying degrees, began peddling Euromyths, fuelling the kind of Europhobia that no UK politician dared to stand up to, and which ultimately has now led to Brexit."[861] Kurzum: Boris Johnson, der sich selbst, vor allem in der Öffentlichkeit, zwar gerne als „Spaßvogel" gibt und vermutlich auch dadurch lange unterschätzt wurde, war maßgeblich „am größten Zerwürfnis in Westeuropa seit dem Ende des Kalten Krieges"[862] beteiligt. Mit der spätestens Anfang der 1990er Jahre einsetzenden Anti-EU-Haltung zahlreicher britischer Zeitungen beziehungsweise Verlage hatten die UK-Administrationen damit ein zusätzliches politisch-gesellschaftliches Problem im Land. In zahlreichen westlichen Demokratien sind in den vergangenen ein bis zwei Jahrzehnten populistische Parteien – an beiden politischen Rändern – entstanden, gewachsen und zum Teil sehr erfolgreich geworden. Die Kluft zwischen Nationalisten und Weltbürgern, zwischen Liberalen und Konservativen sowie zwischen politischen Traditionalisten und Anhängern eines multikulturellen Ansatzes ist größer geworden und stellt die etablierten, besonders die beiden großen Volksparteien vor neue Herausforderungen.[863]

Offensichtlich wird, dass die Debatte 2016 von einer bis dahin beispiellosen medialen Aggressivität geprägt war: „Negative coverage of the European Union in British newspapers nearly doubled over the last 40 years. Researchers from Queen Mary University of London found negative coverage of the EU increased from 24 per cent to 45 per cent between 1974 and 2013, at the expense of positive and neutral coverage. Positive coverage fell from 25 per cent to 10 per cent over the same period."[864] Parallel kamen vor allem im Daily Express und der Daily Mail auch erschreckend viele deutsche Ressentiments hinzu, mit denen

---

860 The Guardian, online (Jean Quatremer): The road to Brexit was paved with Boris Johnson's Euromyth. 15. Juli 2016.

861 Ebd.

862 Die Zeit, online (Sascha Zastiral): „Boris Johnson: Wer ist dieser Mann?" 28. September 2016.

863 Vgl. Ford, Robert und Goodwin, Matthew: Britain after Brexit. S. 29.

864 The Independent, online (Samuel Osborne): Negative coverage of EU in UK newspapers nearly doubled in 40 years, study finds. 5. März 2017.

behauptet wurde, die Europäische Union sei ein imperiales Projekt Deutschlands.[865] Ein tatsächlicher und vielleicht ansatzweise nachvollziehbarer Grund für die veränderte Stimmung könnte eher noch in der zweimaligen europäischen (vor allem französischen) Zurückweisung in den 1960er Jahren liegen, als die Briten vergeblich versuchten, Mitglied in der EWG zu werden und beide Male recht deutlich abgelehnt wurden. Britische Historiker haben dies schon zur damaligen Zeit als nationales Trauma bezeichnet.

Ein anderer, damit unmittelbar zusammenhängender Punkt, ist die Rolle der vornehmlich konservativen britischen Euroskeptiker, die schon seit (spätestens) Ende der 1980er Jahre versuchten, eine engere Bindung des UK an die Europäische Gemeinschaft beziehungsweise Union zu verhindern, was sich vor allem auch in der Debatte um die Euro-Einführung zeigte: „Conservative Eurosceptics helped to keep the UK out of the Euro, created the European Conservatives and Reformists group in the European Parliament, and pushed David Camervon into holding an in-out referendum."[866] Eine zeitlang, zumindest, hatten sie damit keinen Erfolg, aber „painstaking parliamentary scrutiny, multiple rebellions and extensive extraparliamentary activity did not stop or reverse the incoming tide of European integration."[867] Doch 2016 waren Politik und Gesellschaft im UK stark gespalten in der europäischen Frage, was vor allem die Remain-Seite stark unterschätzte und was sich schließlich auch im knappen Referendumsausgang widerspiegelte: „It resulted from the long-standing absence of any pro-European faction within the British polity was able to argue for, or defend, the European Union within the UK national debate."[868]

Mit Blick auf die Zeit nach dem (voraussichtlich) Ende März 2019 tatsächlich eintretenden Brexit stellt sich eine weitere spannende Frage: Können sich die britischen Parteien mittelfristig thematisch überhaupt wieder vom Referendum lösen oder wird vor allem die Art des Austritts die britische Politik auch nach dem endgültigen Austreten ähnlich weiterbeschäftigen wie dies in Schottland mit der Frage nach der Unabhängigkeit seit dem Referendum 2014

---

865 Vgl. Spiegel Online (Anna Reimann): Cameron hat ein verantwortungsloses Spiel gespielt. 24. Juni 2016.

866 Lynch, Philip: The triumph and tribulations of Conservative Euroscepticism. In: Jackson, Daniel, Thorsen, Einar und Wring, Dominic (Hrsg.): EU Referendum Analysis 2016: Media, Voters and the Campaign. Poole 2016. S. 77.

867 Ebd. S. 77.

868 Copeland, Paul und Copsey, Nathaniel: Rethinking Britain and the European Union: Politicians, the Media and Public Opinion Reconsidered. In: Journal of Common Market Studies. 21. Februr 2017. S. 709.

der Fall ist. Wird überhaupt eine Partei auf absehbare Zeit wieder eine absolute Mehrheit erreichen können und politische Stabilität garantieren? Die zwei dramatischen politisch-medialen Ereignisse der vergangenen Jahre, das britische Referendum und die Unterhauswahlen zwölf Monate später, haben in jedem Fall langfristige Wirkung auf die britische Politik und besonders auf die Premierministerin, die durch das eine Ereignis (Referendum) erst ins Amt kam, und die durch das zweite (Unterhauswahlen) womöglich langfristig beschädigt wurde: „May's legacy as prime minister will be recorded as the collision of those two dramatic electoral events: the one that put her in charge of Brexit and the one that robbed her of the means to do it her way. The Eurosceptic ultras brandish the 2016 result – the single word "leave" – as license to demand whatever they want. But parliament, elected a year later, has the authority to define Brexit in other, more moderate ways. In popular cultural terms, the referendum was the bigger deal. In constitutional terms, parliament is paramount. The contest between them is nearing its endgame and May looks more like a bystander than a player."[869]

Abschießend rückt die Frage in den Mittelpunkt, ob der Brexit und der gesamte vorherige Referendumsprozess letztlich nur ein Spiel von einigen wenigen einflussreichen Leuten war, die mit dankbarer Hilfe der Medien eine Kampagne losgetreten haben, deren Folgen sie selbst nicht abschätzen konnten. Dies ist trotz einzelner Anzeichen dafür eher nicht der Fall gewesen, wie diese Arbeit gezeigt hat. Vielmehr traten die Medien hier als entscheidender Multiplikator und Verbreiter von grundlegenden gegen die EU gerichteten Stimmungen auf. Die in dieser Arbeit dargelegten Gründe sind so vielfältig, dass man weder behaupten kann: Die älteren Bürger allein haben Großbritannien aus der EU herausgewählt noch gesagt werden kann: Den Austritt haben hauptsächlich letztlich maximal ein Dutzend einzelne Personen zu verantworten, darunter Politiker und Journalisten gleichermaßen. Auch die jüngere Generation wurde nicht von anderen Gruppen um ihre Zukunft gebracht. Was tatsächlich über Jahrzehnte passierte, war eine (auch von der Forschung) unbemerkte, aber stetige tektonische Verschiebung der Wähler, die in Großbritannien das lange Zeit gültige Klassendenken ablöste. weg von einer klaren Parteibindung, hin zu einer generellen sozialen Unzufriedenheit. Diese Unzufriedenheit zeigte sich darin, dass immer mehr Menschen mit politischen Entscheidungen in Brüssel nicht einverstanden waren, die gleichzeitig aber sowohl

869 The Guardian, online (Rafael Behr): The Brexit walls are closing in on Theresa May from two sides. 23. Februar 2018.

in Labour als auch bei den Torys keine politische Heimat mehr gefunden hatten. Die Presse, besonders der konservative Teil der Printmedien, hatten entweder ein gutes Gespür für die generelle Stimmung im UK. Oder sie hatten das notwendige Glück, dass ihre Kritik an den europäischen Institutionen, besonders nach „Maastricht“ Anfang der 1990er Jahre, die Stimmung vieler Menschen im Land getroffen hatte und dies letztlich den entscheidenden Ausschlag beim knappen Wahlausgang zugunsten des Brexits gaben. Die Unzufriedenheit dieser Menschen, gepaart mit der Feindseligkeit zahlreicher Zeitungstitel, die EU-Skepsis prominenter politischer Vertreter und die zumindest im direkten Vergleich mit der *Remain*-Seite deutlich positiveren Visionen der *Leave*-Seite für ein Großbritannien nach dem Brexit waren letztlich die sich auch gegenseitig bedingenden und entscheidenden Gründe für den historischen Wahlausgang des 23. Juni 2016. „The Leave victory was not about demographics alone, though it is clear that age, levels of education, income and newspaper readership are all related to the likelihood of voting Leave. Matters of identity were equally, if not more strongly associated with the Leave vote – particularly feelings of national identity and sense of change in Britain over time.“[870]

Dass die *Leave*-Kampagne inklusive der ihr nahestehenden Zeitungen tatsächlich nicht genau einschätzen konnte oder wollte, wie es nach einem Votum *für* den Brexit mit Großbritannien weitergehen soll, wurde nach dem Referendum schnell deutlich. Mediale Ratlosigkeit und eine plötzlich viel defensivere Presse, auch auf der konservativen pro-Brexit-Seite, zeugten davon, dass die Positionierung pro *Leave* nur wenigen rationalen Argumenten entsprungen war und kein wirklicher Plan dahinterstand, sondern vor allem auf jahrzehntelangen Ressentiments gegen die Europäische Union aufgebaut war. Es gibt, und das zeigen die zähen Verhandlungen zwischen dem UK und der EU über die zukünftigen Beziehungen recht anschaulich, nach wie vor keinen britischen „Plan B“, wie ein zukünftiges Verhältnis zwischen dem Vereinigten Königreich und seinen europäischen Nachbarn aussehen soll. Und auch deshalb warten auf Großbritannien nach dem EU-Austritt zunächst eher keine florierenden Jobs und das von der *Leave*-Seite in Aussicht gestellte Wirtschaftswunder, sondern zunächst einmal internationale Orientierungslosigkeit und ein massiver Mangel an Fachkräften, zum Beispiel im Bau- und Gesundheitssektor. Stattdessen stolpert das Vereinigte Königreich seit dem Referendum von einer innenpolitischen Krise in die nächste, was von großen Teilen der *Leave*-Presse nicht hämisch, sondern mit sorgenvollen Blicken begleitet wird, jetzt, da der Brexit Gewissheit geworden

870 Swales, Kirby. S. 7.

ist. Mit Blick auf die tatsächlichen Folgen des britischen EU-Ausstiegs lässt sich aus Sicht eines anonymen *Leave*-Wählers, der sich nicht darüber im Klaren war, was er mit seiner Stimme tatsächlich herbeigewählt hatte, abschließend folgender Satz in Richtung euroskeptischer Presse zitieren: „I wish you had told us that before.“[871]

871 The Conversation, online (John Jewell): Fourth estate follies. Trawling through the dustbins of the UK media. 28. Juni 2016.

# Bibliografie


Abromeit, Heidrun und Stoiber, Michael: Demokratien im Vergleich. Einführung in die vergleichende Analyse politischer Systeme. Wiesbaden 2005.

Adam, Silke und Pfetsch, Barbara: Europa als Konflikt in nationalen Medien – Zur Politisierung der Positionen in der Integrationsdebatte. In: Marcinkowski, Frank und Pfetsch, Barbara: Politik in der Mediendemokratie. Politische Vierteljahrsschrift. Sonderheft 42/2009. Wiesbaden 2009.

Addison, Adrian: Mailmen. The unauthorized story of the Daily Mail. London 2017.

Alle Zeitungen im Untersuchungszeitraum: The Daily Express (und The Sunday Express): 15. April 2016 bis 13. Juli 2016.

Alle Zeitungen im Untersuchungszeitraum: The Daily Mail (und The Mail on Sunday): 15. April 2016 bis 13. Juli 2016.

Alle Zeitungen im Untersuchungszeitraum: The Guardian (und The Observer): 15. April 2016 bis 13. Juli 2016.

Alle Zeitungen im Untersuchungszeitraum: The Sun (und The Sun on Sunday): 15. April 2016 bis 13. Juli 2016.

Alle Zeitungen im Untersuchungszeitraum: The Times (und The Sunday Times): 15. April 2016 bis 13. Juli 2016.

Alter, Peter: Krone und Königin. Zwischen Tradition und Fortschritt. In: Großbritannien und Deutschland. Nachbarn in Europa. Hrsg. von der Bundeszentrale für politische Bildung. Bonn 1988.

Audit Bureau of Circulation, online: Januar 2017: www.abc.org.uk

Baasner, Frank: Von welchem Europa reden wir? Reichweiten internationaler Europadiskurse. Aus: Schriften zur europäischen Politik, Wirtschaft und Kultur. Baden-Baden 2008.

Bainbridge, Ceara: Déjá EU – An analysis of media coverage in 1975 and 2016. In: Brit Politics – All about British Politics & History. (www.britpolitics.co.uk).

BBC, online (Brian Wheeler): EU referendum: Did 1975 predictions come true? 6. Juni 2016.

Biggs-Davison, John: Council of Europe and Western European Union. Bloomington 1962.

Boltendorf, Jörg: Krisen und Krisenkontrolle in den internationalen Beziehungen am Beispiel des Falkland-Konflikts von 1982. Berlin 1985.

Brettschneider, Frank, van Deth, Jan und Roller, Edeltraud: Europäische Integration in der öffentlichen Meinung. Opladen 2003.

Brit Politics, online: British Political Parties and the Media. 17. Juli 2017: www.britpolitics.co.uk/political-parties

Britannica, online: Daily Express. British Newspaper. 25. Dezember 2017.. https://www.britannica.com/topic/Daily-Express

Brüggemeier, Franz-Josef: Geschichte Großbritanniens im 20. Jahrhundert. München 2010.

Bundeszentrale für politische Bildung (Hrsg.): Großbritannien und Deutschland. Nachbarn in Europa. Bonn 1988.

Bundeszentrale für Politische Bildung (Hrsg.): Großbritanniens Rolle innerhalb und außerhalb der EU. Bonn/Berlin 2016.

Butler, David und Butler, Gareth: Twentieh-Century British Political Facts, 1900–2000. London/New York 2000.

Butler, David und Kitzinger, Uwe: The 1975 Referendum. London/Basingstoke 1976.

Callander, Steven und Wilkie, Simon: Lies, Damned Lies, and Political Campaigns, Games and Economic Behavior. Los Angeles 2007.

Campbell, Alastair: Prelude to Power. 1994–1997. London 2010.

Campbell, Alastair: Power and the People. May 1997–June 1999. London 2011.

Campbell, Alastair: Power and Respoinsibility. 1999–2001. London 2011.

Cashfloat, online (Elizabeth Redfern): A History of The Sun Newspaper. 12. Dezember 2016.

Charmley, John: Der Untergang des Britischen Empires. Roosevelt – Churchill und Amerikas Weg zur Weltmacht. Graz 2005.

Chatham House. The Royal Institute of International Affairs. Britain, the European Union and the Referendum: What drives Euroscepticism? London 2015.

Chippindale, Peter und Horrie, Chris: Stick it up yout Punter. The rise and fall of the Sun. London 1990.

Clarke, Harold D. et al.: Brexit: Why Britain Voted to Leave the European Union. Cambridge u.a. 2017.

Clarke, Harold D., Goodwin, Matthew und Whiteley, Paul: Why Britain Voted for Brexit: An Individual-Level Analysis of the 2016 Referendum Vote. In: Parliamentary Affairs 2017. Volume 70. Oxford 2017.

Conboy, Martin: Tabloid Britain. Deconstructing a community through language. New York 2006.

Copeland, Paul und Copsey, Nathaniel: Rethinking Britain and the European Union: Politicians, the Media and Public Opinion Reconsidered. In: Journal of Common Market Studies. 21. Februar 2017.

Curran, James und Seaton, Jean: Power without Responsibility. The Press, Broadcasting, and new media in Britain. London 2003.

Curtis, John: How deeply does Britain's Euroscepticism run? In: Curtice, John et al.: British Social Attitudes; the 33rd report. NatCen Social Research. London 2016.

Daddow, Oliver: The UK media and ‚Europe': from permissive consensus to destructive dissent. In: Forty Years on: The UK and Europe. Chatham House. The Royal Institute of International Affairs. London 2012.

De Wilde, Pieter, Michailidou, Asimina und Trenz, Hans-Jörg: Contesting Europe. Exploring Euroscepticism in Online Media Coverage. Colchester 2013.

Der Spiegel: Bitte geht nicht! Please fon't go! Warum wir die Briten brauchen. Why Germany need the British. Nr. 24/2016.

Der Spiegel: Europa ist tot. Es lebe Europa? Nr. 26/2016.

Der Tagesspiegel, online (Stephan Russ-Mohl): Das Brexit-Votum: Ein Spektakel der Medien. 26. Juni 2016.

Die Zeit (John F. Jungclaussen): Guardian: Genial, geliebt, gefährdet. In: Die Zeit Nr. 6/2013.

Die Zeit, online (Matthias Krupa): „Ein Königreich für Europa". In: Die Zeit. Ausgabe 26/2016.

Die Zeit, online (Sascha Zastiral): Der Brexit wurde herbeigeschrieben. 5. Juli 2016.

Die Zeit, online (Sascha Zastiral): „Boris Johnson: Wer ist dieser Mann?" 28. September 2016.

Döring, Herbert: Großbritannien: Regierung, Gesellschaft und politische Kultur. Opladen 1993.

Ecke, Oliver: Relevanz der Medien für die Meinungsbildung. Empirische Grundlagen zur Ermittlung der Wertigkeit der Mediengattungen bei der Meinungsbildung. München 2011.

Eichenberg, Richard C. und Dalton, Russell J.: Post-Maastricht Blues: The Transformation of Citizen Support for European Integration, 1973–2004. Irvine 2007.

Ellrich, Lutz, Maye, Harun und Meteling, Frank: Die Unsichtbarkeit des Politischen. Theorie und Geschichte medialer Latenz. Bielefeld 2009.

Engel, Matthew: Tickle the Public. One Hundred Years of the Popular Press. London 1996.

Eppler, Annegret und Scheller, Henrik (Hrsg.): Zur Konzeptionalisierung europäischer Desintegration. Baden-Baden 2013.

Encyclopaedia Britannica: The History of The Times. 12. August 2017: www.britannica.com

Ethical Journalism Network, online: Do British Journalists play by the rules? 20. Dezember 2017. https://ethicaljournalismnetwork.org/british-journalists-play-rules

European Commission. Public Opinion. Special Eurobarometer: Europeans in 2015. Results per country. http://ec.europa.eu/commfrontoffice/publicopinion/index.cfm

Evans, Geoffrey: How Britain views the EU. In: Jowell, Roger et al (Hrsg.): British – and European Social Attitudes: the 15th report: How Britain Differs. Aldershot 1998.

Financial Times, online (George Parker und Alex Barker): How Brexit spelled the end to Cameron's career. 24. Juni 2016.

Foot, Michael, Owen, Frank und Howard, Peter (Cato): Guilty Men. London 1998.

Ford, Robert und Goodwin, Matthew: Britain after Brexit. A Nation divided. In: Journal of Democracy. Volume 28. Number 1. Wahsington/Baltimore 2017.

Ford, Robert und Goodwin, Matthew: Revolt on the Right. Abindgon 2014.

Ford, Robert und Heath, Anthony: Immigration: A Nation Divided? In: Park, Alison et al (Hrsg.): British Social Attitudes 31. NatCen Social Research. London 2014.

Franzius, Claudio, Mayer, Franz C. und Neyer, Jürgen (Hrsg.): Grenzen der europäischen Integration. Herausforderungen für Recht und Politik. Baden-Baden 2014.

Frieser, Karl-Heinz: Blitzkrieg-Legende. Der Westfeldzug 1940. München 2005.

Frontiers in Psychology, online (Agnieszka Golec de Zavala, Rita Guerra und Cláudia Simão): The Relationship between the Brexit Vote and Individual Predictors of Prejudice: Collective Narcissism, Right Wing Authoritarianism, Social Dominance Orientation. 27. November 2017: https://www.frontiersin.org/articles/10.3389/fpsyg.2017.02023/full

Full Fact, online: £350 million EU claim "a clear misuse of official statistics". 19. September 2017: https://www.huffingtonpost.co.uk/entry/boris-johnson-350-million-brexit_uk_59be7e51e4b02da0e142a246?guccounter=1

George, Stefan: An Awkward Partner: Britain in the European Community. Oxford 1990.

Giesen, Bernhard (Hrsg.): Nationale und kulturelle Identität. Studien zur Entwicklung des kollektiven Bewußtseins in der Neuzeit. Frankfurt 1991.

Gilmore, Ian: Inside Right. A Study of Conservatism. London/Tiptree 1977.

Golec de Zavala, Agnieszka et al.: The Relationship between the Brexit Vote and Individual Predictors of Prejudice: Collective Narcissism,Right Wing Authoritarianism, Social Dominance Orientation. London 2017.

Goodwin, Matthew: Britain, the European Union and the Referendum: What drives Euroscepticism? In: Chatham House. The Royal Institute of International Affairs. London 2015.

Goodwin, Matthew: Whether in or out, Britain is divided. In: The World today. June & July 2016.

Goodwin, Matthew und Ford, Robert: Revolt on the Right: Explaining Support for the Radical Right in Britain (Extremism and Democracy). London 2014.

Goodwin, Matthew und Milazzo, Caitlin: UKIP: Inside the Campaign to Redraw the Map of British Politics. Oxford 2015.

Greenslade, Roy: Press Gang. How Newspapers make profits from Propaganda. Basingstoke/Oxford 2003.

Hanska, Iwona, Schuck, Christoph, Vasilache, Andreas (Hrsg.): Nachdenken über Europa. Probleme und Perspektiven eines Ordnungsmodells. Baden-Baden 2009.

Harmsen, Robert: Contesting Europe: Party Politics, National Identity and European Integration. Amsterdam/New York 2004.

Hyam, Ronald: Britain's Imperial Century, 1815–1914: A Study of Empire and Expansion. Basingstoke/Hampshire 2002.

Ingham, Bernard: The wages of spin. A clear case of communications gone wrong. London 2003.

Interview mit Professor Dr. Parviz Dabir-Alai (siehe Anhang C).

Jansen, Jürgen: Britische Konservative und Europa. Debattenaussagen im Unterhaus zur westeuropäischen Integration 1945–1972. Baden-Baden 1978.

Johansson, Sofia: Reading Tabloids. Tabloid Newspapers and their readers. Södertörn 2007.

Judt, Tony: Große Illusion Europa. Herausforderungen und Gefahren einer Idee. München/Wien 1996.

Karlspreis: Der Internationale Karlspreis zu Aachen. Für die Einheit Europas. Preisträger 1950–2016: www.karlspreis.de/preistraeger

King, Anthony (Hrsg.): Britain at the Polls. New York 2002.

King, Gary, Schneer Benjamin und White, Ariel: How the news media activate public opinion and influence national agendas. In: Science Magazine. Volume 358. 12. November 2017. S. 776–780.

King's College London, online: UK media coverage of the 2016 EU Referendum campaign. Centre for the Study of Media, Communication and Power. Mai 2017: https://www.kcl.ac.uk/sspp/policy-institute/CMCP/UK-media-coverage-of-the-2016-EU-Referendum-campaign.pdf

Kingdom, John: Government and Politics in Britain. An Introduction. Oxford 1999.

Knightley, Phillip: The first Casualty. The war correspondent as Hero and Mythmaker from the Crimea to Kosovo. London 2000.

Knill, Christoph: Staatlichkeit im Wandel. Großbritannien im Spannungsfeld innenpolitischer Reformen und europäischer Integration. Wiesbaden 1995.

Kopper, Hilmar, Sebacher-Brandt, Brigitte und Walter, Norbert (Hrsg.): Europa wohin? Stuttgart/Frankfurt am Main 1996.

Koss, Stephen: The rise and fall of the political press in Britain. Chapel Hill 1981.

Leconte, Cécile: Understanding Euroscepticism. New York/London 2010.

Lewis, Justin, Williams, Andrew und Franklin, Bob: A compromised Fourth Estate? UK news journalism, public relations and news sources. In: Journalism Studies. Volume 9, Number 1, 2008.

Loth, Wilfried: De Gaulle. München/Zürich 1997.

Lynch, Philip: The triumph and tribulations of Conservative Euroscepticism. In: Jackson, Daniel, Thorsen, Einar und Wring, Dominic (Hrsg.): EU Referendum Analysis 2016: Media, Voters and the Campaign. Poole 2016.

MacShane, Denis: Brexit. How Britain left Europe. London 2016.

Manning, Paul: News and News Sources. London/Thousand Oaks/New Delhi 2001.

Marcinkowski, Frank und Pfetsch, Barbara (Hrsg.): Politik in der Mediendemokratie. PVS – Politische Vierteljahrsschrift 42/2009. Wiesbaden 2009.

Martin, Geoffrey: Euromythology and Britain in Europe. In: Euopean Business Journal 1996. London 1996.

Marwick, Arthur: Culture in Britain since 1945. Oxford 1991.

Mayring, Philipp (2000): Qualitative Inhaltsanalyse. Grundlagen und Techniken. Forum Qualitative Sozialforschung / Forum: Qualitative Social Research. Weinheim 2000.

McCombs, Maxwell E. und Shaw, Donald L.: The agenda-setting function of Mass Media. Chapel Hill 1972.

Media first, online: Vibrant, varied and still going strong – a guide to UK newspaper audiences. 10. April 2015. http://www.mediafirst.co.uk/our-thinking/vibrant-varied-and-still-going-strong-a-guide-to-uk-newspaper-audiences/

Media Reform Coalition: Embedded? Politicians and the Press. A dossier for change. http://www.mediareform.org.uk/wp-content/uploads/2013/11/Politicians-and-the-Press-Media-Reform-Coalition.pdf

Moore, Martin und Ramsay, Gordon: UK media coverage of the 2016 EU Referendum campaign. Centre for the Study of Media, Communication and Power. King's College London. Mai 2017.

NatCen Social Research, online: 19. Juni 2016: www.natcen.ac.uk

National Union of Journalists, online (Frances O'Grady): Media ownership: power and influence in the hands of the few. 23. April 2014.

Newswork: Multiplatform Numbers. Februar 2017: www.newswork.org.uk/market-overview

Newswork: UK Newspaper Circulation. Mai 2018: www.newswork.org.uk/market-overview

Nuissl, Ekkehard: Massenmedien im System bürgerlicher Herrschaft. Berlin 1975.

Oberkirch, Thomas und Schild, Joachim: Wachsender Euroskeptizismus – Anatomie eines Phänomens. Arbeitspapiere zur europäischen Integration. Trier 2010.

Office for National Statistics, online. 10. Januar 2017. https://www.ons.gov.uk/aboutus/transparencyandgovernance/freedomofinformationfoi/populationbyagegenderandethnicity

Oliver, Craig: Unleashing Demons. The Inside Story of Brexit. London 2016.

Ondarza, Nicolai von: Großbritanniens Rolle innerhalb und außerhalb der EU. Herausgegeben von der Bundeszentrale für Politische Bildung. Bonn/Berlin 10. Juni 2016.

Oxford Royale Academy (online): Black and White and Read All Over: A Guide to British Newspapers. 28. März 2016: https://www.oxford-royale.co.uk/articles/a-guide-to-british-newspapers.html

Parsons, Timothy H.: The British Imperial Century, 1815–1914: A World History Perspective. Lanham/Maryland 1999.

Paterson, William E.: Eine eigene Kategorie – Das Vereinigte Königreich und die europäische Integration. Baden-Baden 2007.

Pike, Joe: Project Fear: How an unlikely Alliance left a United Kingdom but a Country divided. London 2016.

Politico, online (Alex Spence): British media's Brexit bounce. 11. August 2016.

Pool, Ithiel de Sola, Laswell, Harold D. und Lerner, Daniel: The Prestige Press. A comparative Study of political symbols. Cambridge/London 1970.

Powell, David: Nationhood & Identity. The British State since 1800. London/ New York 2002.

Press Gazette, online (Dominic Ponsford): Strong national press bias in favour of Leave revealed by Press Gazette's front-page tracker. 16. Juni 2016.

Raines, Thomas et al.: Europas – ziehen wir (noch) an einem Strang? Was Bevölkerung und Eliten wirklich über die EU denken – eine repräsenttative Umfrage. Forschungsbericht. Chatham House. The Royal Institute of International Affairs. London 2017.

Raymond, Aron: Memoirs; Fifty Years of Political Reflection. New York 1990.

Reeves, Aaron, McKee, Martin und Stuckler, David: 'It's The Sun Wot Won It': Evidence of media influence on political attitudes and voting from a UK quasi-natural experiment. London 2015.

Reuters Institute for the study of Journalism. Oxford 2016: UK press coverage of the EU referendum. http://reutersinstitute.politics.ox.ac.uk/our-research/uk-press-coverage-eu-referendum

Richard, Ivor et al.: Europe or the open Sea? The Political and Strategic Implications for Britain in the Common Market. London 1971.

Robbett, Andrea und Matthews, Peter Hans: Partisan Bias and Expressive Voting. Middlebury 2016.

Rotte, Ralph: Krieg und Wirtschaft. Beiträge zur Politischen Ökonomie von Kriegführung und Kriegswirkung. Berlin 2017.

Rotte, Ralph: Stichworte zur Entwicklung des internationalen Systems 1648–1990/91. Berlin 2014.

Schwarz, Klaus-Dieter: Englands Probleme mit Europa. Ein Beitrag zur Maastricht-Debatte. Baden-Baden 1997.

Shepherd, John: Crisis? What Crisis? The Callaghan government and the winter of discontent. Manchester 2013.

Shipman, Tim: All out war. The full Story of Brexit. London 2017.

Sked, Alan: Großbritannien: Von der Weltmacht zur Mitgliedschaft in der Europäischen Gemeinschaft. In: Großbritannien und Deutschland. Nachbarn in Europa. Hrsg. von der Bundeszentrale für Politische Bildung. Bonn 1988.

Smith, Anthony: The british Press since the War. Vancouver/London 1974.

Smith, Simon: British Imperialism 1750–1970. Cambridge 1998.

Spiegel Online: „Richter Levinson fordert britischen Presserat“. 29. November 2012.

Spiegel Online (Christian Teevs): Die 350-Millionen-Lüge: 22. Juni 2016.

Spiegel Online (Anna Reimann): Cameron hat ein verantwortungsloses Spiel gespielt. 24. Juni 2016.

Spiegel Online (Jan Fleischauer): Ist die Kanzlerin Schuld am Brexit? 27. Juni 2016.

Spiering, Menno: British Euroscepticism. In: Harmsen, Robert und Spiering, Menno (Hrsg.): Contesting Europe: Party Politics, National Identity and European Integration. Amsterdam/New York 2004.

Standard Eurobarometer 71 (fieldwork June-July 2009). European Commission. September 2009: http://ec.europa.eu/commfrontoffice/publicopinion/archives/eb/eb71/eb71_std_part1.pdf

Startin, Nicholas: Have we reached a tipping point? The mainstreaming of Euroscpeticism in the UK. In: International Political Science Review. Volume 36. 19. Mai 2015.

Süddeutsche Zeitung, online (Christian Zaschke): Kämpferisch gegen die Wand. 30. März 2016.

Swales, Kirby: Understanding the Leave vote In NatCen. Social Research that works for society. The UK in a changing Europe. London 2016.

Temple, Mick: The british press. New York/Maidenhead 2008.

Thatcher, Margaret: The Autobiography. London 2013.

The Churchill Society London, online: Mr. Winston Churchill speaking in Zurich 19th September 1946: http://www.churchill-society-london.org.uk/astonish.html

The Conversation, online (John Jewell): Fourth estate follies. Trawling through the dustbins of the UK media. 28. Juni 2016.

The Daily Express: Britain out of Europe. 21. November 2010.

The Daily Express: You will get vote to quit EU. 28. November 2010.

The Daily Express: Get Britain out of the EU. 11. Januar 2011.

The Daily Express: Give us vote to leave EU now. 2. Juli 2012.

The Daily Express, online: How the Daily Express has campaigned to leave the EU. 2. Februar 2016.

The Daily Express: Cameron's EU deal is a joke. 3. Februar 2016.

The Daily Express, online (Kate Chapman): „Daily Express, on the people's side to get Britain out of the European Union.” 22. Februar 2016.

The Daily Mail: The great delusion. 3. Februar 2016.

The Daily Mail: Who will speak for England? 4. Februar 2016.

The Daily Mail, online (James Slack): Enemies of the people. 4. November 2016.

The Daily Mirror: „The Harlot of Fleet Street“. 7. Mai 1982.

The Daily Mirror: Cam's great EU gamble. 3. Februar 2016.

The Daily Telegraph, online: „The time will never be right for David Cameron to hold a referendum on the EU." 5. Juli 2012.

The Daily Telegraph, online (Matthew Elliott): Seven lessons from Britain's 1975 EEC referendum. 5. Juni 2015.

The Daily Telegraph: Ministers to defy PM on Europe. 3. Februar 2016.

The Daily Telegraph, online (Ben Riley-Smith): Boris Johnson: Leaving EU would be like 'prisoner escaping jail'. 6. März 2016.

The Economist: We like it less than ever. 27. Februar 1977.

The Economist, online (Jon Berkeley). Britain and Europe. The reluctant European. 17. Oktober 2015.

The Electoral Commission: Electoral Commission designates ‚Vote Leave Ltd‘ and ‚The In Campaign Ltd‘ as lead campaigners at EU referendum: www.electoralcommission.org.uk. 13. April 2016.

The Electoral Commission: The official result of the british EU referendum: www.electoralcommission.org.uk. 24. Juni 2016.

The New Encyclopaedia Britannica: Micropaedia. Ann Arbor 1993.

The Evening Standard: Latest polls reveal Remain ahead 52 to 48. 23. Juni 2016.

The Financial Times: Cameron face battle to sell EU deal to sceptical Tory MPs. 3. Februar 2016.

The Financial Times, online (Sebastian Payne): How Leave won: behind the scenes in the battle of Brexit. 11. November 2016.

The Great British Class Survey: British Broadcasting Company, The Great British Class Survey: www.bbc.co.uk/science

The Guardian, online (Nesta Roberts): Emphatic ‚No‘ by de Gaulle. Ursprünglich veröffentlicht am 28. November 1967.

The Guardian, online (Roy Greenslade): It's the Sun wot‘s switched sides back to Blair. 18. März 1997.

The Guardian, online (Greenslade, Roy): A new Britain, a new kind of newspaper. 25. Februar 2002.

The Guardian, online (Gerald Kaufman): One long harrumph. 22. März 2003.

The Guardian, online (Owen Gibson): What the Sun said 15 years ago. 7. Juli 2004.

The Guardian, online (Andrew Neil): Wapping: legacy of Rupert's revolution. 15. Januar 2006.

The Guardian, online (Roy Greenslade): Controlling interest. 27. Juli 2009.

The Guardian, online (Roy Greenslade): How newspapers, despite decline, still influence the political process. 21. Juni 2011.

The Guardian, online (Jon Henley): Rupert Murdoch and the battle of Wapping: 25 years on. 27. Juli 2011.

The Guardian, online (David Runciman): Best frenemies: politicians and the press. 11. November 2011.

The Guardian, online (Michael White): Britain, proud home of Euroscepticism. 26. Januar 2012.

The Guardian, online: „Rupert Murdoch: ‚Sun won it' headline was tasteless and wrong." 25. April 2012.

The Guardian, online (Kathryn Hadley): Back when Britain was banging on Europe's door. 13. Oktober 2012.

The Guardian, online (Martin Kettle): „Seven social classes. Three political parties. It's the mathematics of failure. 3. April 2013.

The Guardian, online (Roy Greenslade): Drama in Crimea – historic dispatches from the father of war reporting. 28. Juli 2014.

The Guardian, online (Roy Greenslade): The Brexit drippers: how Eurosceptic papers wage their propaganda war. 11. Februar 2016.

The Guardian, online (Ed Amory): Why print newspapers remain the dominant media power in Britain. 16. Februar 2015.

The Guardian, online (Alberto Nardelli): „Who will win the UK general election?" 7. Mai 2015.

The Guardian, online (Michael White): Cameron vows to rule UK as 'one nation' but Sottish question looms. 9. Mai 2015.

The Guardian, online (Roy Greenslade): The tabloid century: how popular papers helped to define Britain. 18. Mai 2015.

The Guardian, online (Roy Greenslade): Newspapers' readers election votes influence of rightwing press. 8. Juni 2015.

The Guardian: Cameron wins May's backing over Europe. 3. Februar 2016.

The Guardian, online (Roy Greenslade): Did national papers pro-European bias in 1975 affect the referendum? 4. Februar 2016.

The Guardian, online (James Walsh): Britain's 1975 Europe referendum: what was it like last time? 25. Februar 2016.

The Guardian, online (George Arnett): UK became more middle class than working class in 2000, data shows. 26. Februar 2016.

The Guardian, online (Staff and agencies): Sun editor defends 'Queen backs Brexit' headline as watchdog rules it inaccurate. 18. Mai 2016.

The Guardian, online (Robert Booth, Vikram Dodd und Nazia Parveen): Labour MP Cox dies after being shot and stabbed. 16. Juni 2016.

The Guardian, online (Editorial): The Guardian view on the EU referendum. Keep connected and inclusive, not angry and isolated. 20. Juni 2016.

The Guardian, online (Anushka Asthana et al.): UK votes to leave EU after dramatic night divides nation. 24. Juni 2016.

The Guardian, online (John Harris): „If you've got money, you vote in… If you haven't got money, you vote out". 24. Juni 2016.

The Guardian, online (Martin Kettle): The downfall of David Cameron: a European tragedy. 24. Juni 2016.

The Guardian, online (Jane Martinson): Did the Mail and Sun help swing the UK towards Brexit? 24. Juni 2016.

The Guardian, online (Jean Quatremer): The road to Brexit was paved with Boris Johnson's Euromyth. 15. Juli 2016.

The Guardian, online (Mark Sweney): Brexit vote boosts national newspaper sales. 21. Juli 2016.

The Guardian, online (Peter Preston): So Brexit is good for one thing – the broadsheets. 24. Juli 2016.

The Guardian, online (Jane Martinson): Pro-Brexit articles dominated newspaper referendum coverage, study shows. 20. September 2016.

The Guardian, online (Andy Beckett): Revenge of the Tabloids. 27. Oktober 2016.

The Guardian, online (Tim Adams): Is the editor of the Daily Mail the most dangerous man in Britain? 14. Mai 2017.

The Guardian, online (Jane Martinson): Theresa May and her man from another world. 21. Mai 2017.

The Guardian, online (Graham Ruddick): Peter Preston, former Guardian editor, dies aged 79. 7. Januar 2018.

The Guardian, online (Rafael Behr): The Brexit walls are closing in on Theresa May from two sides. 23. Februar 2018.

The Huffington Post, online (Ben Mirza): Who Reads The Papers? 30. Dezember 2013.

The Independent, online (Will Gore): The media missed the real story about Brexit divides – it's not about age, it's all about class. 04. Juli 2016.

The Independent, online (Samuel Osborne): Negative coverage of EU in UK newspapers nearly doubled in 40 years, study finds. 5. März 2017.

The London School of Economics and Political Science, online (Ben Clements): The referendums of 1975 and 2016 illustrate the continuity and change in British Euroscepticism. 31. Juli 2017: http://blogs.lse.ac.uk/brexit/2017/07/31/the-referendums-of-1975-and-2016-illustrate-the-continuity-and-change-in-british-euroscepticism/

The National. 24. Juni 2016.

The New Encyclopaedia Britannica: Micropaedia. Ann Arbor 1993.

The New Statesman, online (Martin Fletcher): Boris Johnson peddled absurd EU myths – and our disgraceful press followed his lead. 1. Juli 2016.

The New York Times, online (Martin Fletcher): Who is to Blame for Brexit's Appeal? British Newspapers. 21. Juni 2016.

The Scottish Sun. 24. Juni 2016.

The Spectator, online (Fraser Nelson): Did Andrew Cooper's polls lose the referendum? The blame game begins. 2. Juli 2016.

The Sun: IN WE GO! 26. April 1982.

The Sun: Stick this up your Junta: A Sub missile or Galtieri's gauchos. 1. Mai 1982.

The Sun: Vote Tory this time. 3. Mai 1982.

The Sun: GOTCHA. Our lads sink gunboat and hole cruiser. 4. Mai 1982.

The Sun: INVASION!. 5. Mai 1982.

The Sun: Traitors in our midst. 5. Mai 1982.

The Sun: BRITAIN 6, ARGENTINA 0. 7. Mai 1982.

The Sun: Straight sex cannot give you AIDS. 3. Mai 1983.

The Sun: It's the Sun wot won it. 11. April 1992.

The Sun: The Sun backs Blair. 17. März 1997.

The Sun: That's for Lockerbie. 21. Oktober 2011.

The Sun: Sorry Dave, but we don't trust EU to get Britain better deal. 23. März 2014.

The Sun: If UK abandons ship, UK will sink. 30. Juni 2014.

The Sun: Who do you think EU are kidding, Mr. Cameron? 3. Februar 2016.

The Sun: Your Brussels deal has done nothing to halt migrants, nothing to win powers back for Britain. Sorry, Prime Minister, but… IT STINKS. 3. Februar 2016.

The Sun: Queen backs Brexit. EU going in wrong direction. 9. März 2016.

The Sun, online (Editorial): SUN SAYS BACK BREXIT: We urge you to make history and win back Britain's freedom...believe in yourself and our country's greatness – vote LEAVE. 22. Juni 2016.

The Sunday Express, online (Macer Hall): How the Daily Express had campaigned to leave the EU. 2. Februar 2016.

The Telegraph, online (Orlando Figes): The Crimean War: The war that made Britain ‚great'. 2. Oktober 2010.

The Telegraph, online: David Cameron: We need to be clear about the best way of getting what is best for Britain. 30. Juni 2012.

The Times: Brussels will have right to reject benefit curbs. 3. Februar 2016.

Thomas, John: Popular Newspapers, the Labour Party and British Politics. London 2005.

Thurman, Neil: Do British journalists play by the rules? In: Ethical journalism network, online. 20. Dezember 2017.

Turner, Alwyn W.: A classless Society. Britain in the 1990s. London 2013.

Turner, Alwyn W.: Crisis? What Crisis? Britain in the 1970s. London 2013.

Turner, Alwyn W.: Rejoice! Rejoice! Britain in the 1980s. London 2013.

Uberti, David: How British media bring UK general election news across the pond. In: Columbia Journalism Review, online. 7. Mai 2015.

UK Electoral Commission: European Parliament Elections 2014. Electoral data report: www.electoralcommission.org.uk

UK essays: A History of UK Newspapers. Analysis. 17. Mai 2017. https://www.ukessays.com/essays/english-language/brief-history-of-the-sun-newspaper-english-language-essay.php

UK Government: EU speech at Bloomberg. 23. Januar 2013: https://www.gov.uk

UK Government: PM statement following Cabinet meeting on EU settlement: 20 February 2016. 20. Februar 2016. https://www.gov.uk

Usherwood, Simon: Opposition to the European Union in the UK: The Dilemma of Public Opinion and Party Management. In: Government and Opposition. Volume 37. April 2002.

Vasilopoulou, Sofia: Mixed Feeling: Britain's conflicted attitudes to the EU before the referendum. Policy Network. London 2015.

Wall, Stephen: The Official History of Britain and the European Community. London 2013.

Watts, Duncan und Pilkington, Colin: Britain in the European Union Today. Manchester 2005.

WELT, online (Christian Frey): Der Kriegseintritt kostete England sein Empire. 10. April 2014.

Wilkes, George und Wring, Dominic: The British press and European Integration. In: Baker, David und Seawright, David: Britain for and against Europe? British politics and the question of European integration. Oxford 1998.

Wolff, Michael: Der Medienmogul. Die Welt des Rupert Murdoch. München 2009.

World and Press: The ‚sweetest victory'. Cameron hails historic election result as three party leaders step down. 1. Juni 2015.

You Gov, online (Smith, Matthew): How left or right-wing are the UK's newspapers? 7. März 2017: https://yougov.co.uk/news/2017/03/07/how-left-or-right-wing-are-uks-newspapers

Young, Hugo: This Blessed Plot. Britain and Europe from Churchill to Blair. London 1998.

Zimmermann, Hubert und Dür, Andreas: Key Controversies in European Integration. New York 2016.

# Anhang A

**Questionnaire**

**for Voters of the EU-Referendum,**
**London, Thursday, 23 June 2016 (Polling day):**
**Survey from Robert Flader in the Kensington area, London,**
**United Kingdom**

1. Did you vote "Stay in the EU" or "Leave the EU"?
2. Why did you vote "*Stay*" or "Leave"?
3. Did you make your decision near-, middle- or long-term?
4. Did your decision change in the last days / weeks / months?
5. What fueled your decision for the vote?
6. Did the media coverage on the "Brexit" influence your decision?
7. Which Newspaper do you read (regularly)?
8. Did reading this specific newspaper affect your final decision on voting?

**Thank You very much for Your help!**

# Anhang B

## Auswertung der Befragung

## 1. Überblick: Wer wurde befragt?

| | |
|---|---|
| Anzahl der Befragten: | 20 |
| Remain-Wähler: | 16 |
| Leave-Wähler: | 4 |
| Frauen: | 10 |
| Männer: | 10 |
| Alter: | 26–60 |
| Aus: | London (15), Birmingham (2),Leicester (2), Liverpool (1) |

## 2. Warum haben Sie „*Remain*“ beziehungsweise „Leave“ gewählt?

### 2.1 *Remain:*

„In an unstable world, we have a stronger voice within the EU.“
„It would be catastrophic if we go out. And then I do want another citizenship."
„I believe in the european project."
„We don't really know, what will happen if we leave."
„How strong is our position (in the world) if we leave."
„I believe in the european identity."
„I listened to possibly all the arguments. As I am an economist, arguments for leaving make no sense. Altogether for me, we should stay."

### 2.2 Leave:

„I'm sick to death what Europe does."
„Something has to change. What do all the other countries besides Great Britain, Germany and France bring into the EU as true values?"
„It would be a win-win for both sides. Europe will also get better with us leaving."

## 3. Haben Sie Ihre Entscheidung bereits lange / schon länger / erst kurzfristig gefällt?

Ergebnis:
**Langfristig (14/20)**
„As soon as the date of the referendum stood firm."
„A long time ago. 30 years."
„I was happy to get the chance to vote and knew what needed to be done."

## 4. Hat sich die Entscheidung in den vergangenen Tagen/ Wochen/Monaten noch einmal / mehrmals geändert?

Ergebnis:
**Kurzfristig (6/20)**
„It was changeable. Went back and forth."
„The campaigns were so emotional, I couldn't make up my mind with real arguments via media."

## 5. Was hat Ihre Wahlentscheidung am meisten beeinflusst?

„Everything! I feel very passionate about Europe."
„I believed and believe very strongly in Europe."
„Uncertainty."
„The thinking: We can't go on like this."
„I don't wanna leave this idea."

„General understanding of world affairs. Britain is part of sustaining a structure. Responsible for over 500 million people. Europe would be poorer without Great Britain. Socially and culturally."

„If we stay, something has still to be done, foremost about immigration. The movement of people, Britain has to monitor. This cant lead to a constitutional crisis."

## 6. Hat die Wahlberichterstattung in den Medien Ihre Entscheidung beeinflusst?

Ergebnis:
**Ja (8/20)**
„You got the feeling the EU is only thinking about themselves."
"I got sensitive information in my daily newspaper."

„We need more sovereignity for our own country. My paper showed me how."
**Nein (12/20)**
„Followed it closely, but it did not affect my decision."
„It really turned me off."
„The messages were very angry, especially of the Leave-Campaign."

## 7. Welche Tageszeitung lesen Sie regelmäßig?

### 7.1 Remain:

*The Guardian* (3),
*The Independent* (3),
*The Times* (1),
*The Economist* (1)
The Telegraph („But as soon as 'Brexit' came on, I stopped immediately, because it is pro leaving the European Union."
Keine.

### 7.2 *Leave:*

*The Sun* (2),
The *Daily Mail* (2),
*The Times* (1),
Keine.

## 8. Hat diese Zeitung Ihre Entscheidung zur Wahl beeinflusst?

Ja (8/20)
Nein (12/20)

# Anhang C

## Interview mit Professor Parviz Dabir-Alai am 23. Juni 2016 in London zum Referendum, „Britishness“ und möglichen Folgen eines Brexits

**Professor Dr. Parviz Dabir-Alai,** Professor of Economics, Richmond, the American International University (Foto: Richmond, the American International University)

Interview took place in London, Kensington, 23 June 2016.

**Professor Dabir-Alai, from your personal point of view: What led to the referendum, which takes place today?**

**Parviz Dabir-Alai (PDA):** There was a lot of pressure for Prime Minister Cameron, from his own Conservative Party, but also from UKIP. Especially the "Brexiteers" had a very simplistic approach. David Cameron was concerned about the rising influence of UKIP and the damage UKIP could do to the Conservative Party's electoral chances in 2015. As a consequence, in January 2013, in an effort to unite the eurosceptic arm of his party and to nullify the influence of UKIP, Cameron promised the referendum we have today. So, essentially, the commitment to holding the referendum could be seen as a way of increasing Cameron's chances of leading a united Conservative Party into the 2015 election. That happened and he got a conservative majority of 12 seats. As a consequence, we now have the referendum…

**What is the best reason to remain in the European Union?**

**Dabir-Alai:** Donald Trump wants us to leave. I think, this says it all. Besides that: I listened to possibly all the arguments. As I am an economist, arguments for leaving make no sense. Altogether for me, we should definitely stay.

**What role does Euroscepticism play in the referendum campaign?**

**Dabir-Alai:** Euroscepticism has a very rich tradition in Great Britain, especially since the 1970s, 1980s. The people are flirting with "Britishness" again at the EU's expense. It seems like all the problems people have are directly transferred to the European Union or to "Brussels".

**What does "Britishness" personally mean for you?**

**Dabir-Alai**: I'm flirting with being British since I came from Iran to the UK as a five years old child. Therefore I can see it has a long association with Britain. For me, it's a linguistic factor in the first place. Besides that, I'm open-minded to European ideas and ideals. I think Great Britain has a very strong place in Europe and the EU, which should not be damaged.

**Do you understand the reasons why Great Britain should leave the European Union?**

**Dabir-Alai:** I speak from an economic standpoint. In that, the problems leading to the point where we are tight now are somehow understandable. When you think of what started with Greece years ago with the financial crisis, we come to a point, where you have to take care of the people, of their views, of their fears. That should have happened a long time ago. Now it's not that big of a surprise so many people are anti-EU – not only in the UK, but in other countries as well.

**Additional Questions after 23 June 2016:**

**When you consider all the political turmoil which took place in the aftermath of June 23rd and which takes place right now: Do you think it was the right decision, or even a "good" idea, to hold a referendum on Britain's EU-membership in such a critical time?**

**Dabir-Alai:** My view is that the referendum was ill-conceived from its very start. In my understanding there was no strong imperative for holding a referendum. It was promised due to Cameron's sense of self-preservation, which ultimately did not work for him personally as he is now an ex-Prime Minister. This happened at enormous cost to the United Kingdom and for generations to come.

**What do you make of the change of government? Was it was consequent and logical step towards a good or even better (as new Prime Minister Theresa May put it) future for Great Britain?**

**Dabir-Alai:** The change of government was inevitable. May has a reputation for competence, so hopefully she will make good progress in the weeks and months ahead. I think her appointment of Liam Fox, David Davis, Boris Johnson and Andreas Leadsom to various ministerial posts is really smart. Leadsom in particular, as she will now have to deal with UK farmers who will be amongst the most affected post-referendum, post-Brexit. I think all these four Secretaries have been offered ministerial portfolios that are little more than poisoned chalices.

Obviously, Britain now has to live with the consequences of Brexit and we'll see what the future holds. It`s too difficult to predict at this point.

**Professor Dabir-Alai, thank you very much for this interview.**